FUERA DE LAS CATACUMBAS
LA POLÍTICA DEL PCE Y
EL MOVIMIENTO OBRERO

FUERA DE LAS CATACUMBAS
LA POLÍTICA DEL PCE Y
EL MOVIMIENTO OBRERO

Emanuele Treglia

ENEIDA
PUNTOS DE VISTA / 28

Título:
Fuera de las catacumbas. La política del PCE y el movimiento obrero

Primera edición: *Marzo 2012*

© Autor:
Emanuele Treglia

© Traducción: Javier Muñoz Soro

© De esta edición:
EDITORIAL ENEIDA
Valderrodrigo, 4
28035 Madrid
www. editorialeneida.com

Diseño de la colección: Lur Sotuela Elorriaga
ISBN: 978-84-15458-03-6
Depósito Legal: M-9222-2012
Impreso en España

No se permite la reproducción total o parcial de este libro,
ni su incorporación a un sistema informático, ni su transmisión
en cualquier forma o por cualquier medio, sea
este electrónico, mecánico, por fotocopia, por grabación, u otros métodos,
sin el permiso previo o por escrito del editor.
Diríjase a CEDRO (Centro Español de Derechos Reprográficos)
si necesita fotocopiar o escanear algún fragmento de esta obra.
Puede contactar con CEDRO a través de la www. conlicencia.com
o por teléfono en el 91 702 19 70.

Esta obra ha sido publicada con una subvención del Ministerio de Educación, Cultura y Deporte, para su préstamo público en Bibliotecas Públicas, de acuerdo con lo previsto en el artículo 37.2 de la Ley de Propiedad Intelectual.

Índice

Prólogo	9
Introducción	13
De la lucha armada al *entrismo* (1948-1961)	23
El PCE en los años cuarenta	28
Caminando, Barcelona indica el camino	44
La Política de Reconciliación Nacional	58
Probando instrumentos	77
Balance de una larga década	96
El salto cualitativo (1962-1966)	113
La luz de Asturias	116
La afirmación de CCOO	137
El movimiento sociopolítico organizado	160
Los «amigos católicos»	171
Conclusión de una etapa	185
Acciones, reacciones, relaciones (1967-1972)	201
La divisoria de 1967	204
Represión y crisis	226
Resistencia y nuevos equilibrios	248
La salida del ostracismo	263
Hacia la libertad	276
Tiempos de transición (1973-1977)	295
La pretransición	297
Buscando la ruptura	321
Hacia el pacto	345
El principio de una nueva época	362
Conclusiones	381
Siglas	390
Fuentes	391
Bibliografía	393

A mis padres, que me han enseñado la importancia de los ideales.
A Asia, para que aprenda el valor de la libertad.

PRÓLOGO

FUERA DE LAS CATACUMBAS

Conocí a Emanuele Treglia hace ya cinco años, a finales de 2006, cuando todavía estaba culminando los estudios universitarios, y entonces me pidió que tutorizara sus estancias predoctorales en España. Enseguida, demostró una inusual capacidad de trabajo participando en el año 2007 en el seminario del Centro de Investigaciones Históricas de la Democracia de la UNED y en el III Congreso de la Asociación de Historiadores del Presente. En realidad, inicialmente Emanuele me expuso su proyecto de investigar los orígenes de la extrema izquierda en España en el contexto de Mayo de 1968. Tengo que reconocer que, finalmente, soy parcialmente culpable del proyecto de tesis doctoral que abordó, es decir, las relaciones entre el PCE y Comisiones Obreras hasta 1977. Sin embargo, su afán y capacidad investigadoras le condujeron a realizar, durante los años de la tesis, otras aportaciones sobre la izquierda «radical», por ejemplo, un artículo sobre la maoísta Organización Revolucionaria de Trabajadores (ORT), surgida a partir del obrerismo cristiano. Prueba, además, de su interés por el contexto de Mayo de 1968, fue la obtención en 2010 del I Premio Javier Tusell a los historiadores noveles, con un impresionante ejercicio de historia internacional y comparada sobre el impacto del 68 sobre la evolución del PCE.

La perspectiva de la investigación del libro *Fuera de las catacumbas* pertenece rotundamente a la historia política o, mejor dicho, a la buena historia sin adjetivos. Hasta este nuevo libro, la mayor parte de las aportaciones sobre la historia de PCE durante la dictadura franquista se habían detenido en la posguerra inmediata, llegando a lo sumo a la formulación de la política de reconciliación nacional. Únicamente, para el caso de los comunistas catalanes del PSUC y los asturianos contamos con una historiografía que se pueda definir como tal. Existen, también, algunas aportaciones desde la óptica biográfica que merecen la pena ser recordadas. Sin embargo, la evolución del PCE durante su década prodigiosa (1965-1976), previa a la legalización, dista mucho de ser bien conocida historiográficamente. Los libros de memorias y la literatura histórica, a cargo, entre otros, de Morán o Estruch, no sirven para compensar ese vacío historiográfico.

Este vacío me ha llevado durante los últimos años a animar a varios doctorandos a realizar tesinas y tesis doctorales sobre esa trayectoria de los comunistas españoles. Puedo recordar las aproximaciones de Felipe Nieto, Pablo Carrión, Blanca Maza, Marcial Carles, Antonia López, Enrique González y Blanca Villa. Por ello, es para mí motivo de enorme satisfacción ver culminada esta excelente investigación en el libro que nos ocupa. El doctor Treglia ha demostrado conocer las reglas del oficio de historiador, intentando agotar las fuentes primarias disponibles. No sólo ha consultado los expedientes del archivo del PCE sino que se ha acercado a los archivos de otras organizaciones antifranquistas, de la administración franquista y de las diplomacias occidentales. Demuestra un excelente dominio de las fuentes impresas y de la bibliografía, contextualizando adecuadamente la evolución de la política sindical del PCE.

Fuera de las catacumbas constituye una aportación decisiva para el conocimiento de la historia política de los orígenes de Comisiones Obreras hasta su conversión en sindicato a partir de la legalidad en 1977. Una historia de Comisiones Obreras que resulta ininteligible sin referirnos a la política del PCE. En efecto, las abundantes aproximaciones a la historia de la conflictividad obrera durante el tardofranquismo han dejado en un segundo plano la trayectoria de las organizaciones de la oposición obrera antifranquista. Recientemente, autores como Xavier Domènech, Javier Tebar, Pere Ysàs y Carme Molinero han abordado la historia del movimiento obrero en Barcelona desde el análisis de la conflictividad, las culturas militantes o la historia social del PSUC, dejando de lado el estudio de la organización, del círculo dirigente y de los debates y luchas internas.

En el libro de Treglia existen, además, personas con nombres y apellidos, a pesar de que el objeto de la investigación no es estrictamente la historia del PCE o de Comisiones Obreras, sino de la relación de simbiosis entre ambos.

La tesis principal del libro realza que más que la política de reconciliación nacional o la definición eurocomunista del PCE fue la capacidad de movilización demostrada a través de Comisiones y de otros movimientos sociales, como el vecinal, lo que permitió a los comunistas españoles salir del aislamiento de posguerra y forzar la legalización del partido durante el primer gobierno Suárez. Más allá de la política y del discurso del PCE, el factor clave de obtención de legitimidad democrática fue su capacidad de dirección de Comisiones Obreras. Además, la experiencia de Comisiones fue transformando la cultura política de las bases del PCE, resultando una vivencia decisiva de negociación y pluralismo que permitió el afianzamiento de una cultura política democrática en una parte sustancial de la organización comunista. Esto no quiere decir que la cultura leninista y la memoria de la guerra civil y de la resistencia guerrillera hubieran pasado a un plano marginal. Prueba de ello, tras los relativos fracasos electorales durante la Transición del «partido del antifranquismo», fueron las sucesivas crisis internas y escisiones del PCE las que hicieron emerger nuevas formaciones leninistas y prosoviéticas.

Sin embargo, el compromiso de Santiago Carrillo con Adolfo Suárez para salir de la ilegalidad, ya que de las «catacumbas» habían logrado salir en los años sesenta, gracias, sobre todo, a Comisiones, pero también a través del trabajo con intelectuales y estudiantes, tuvo su precio. Un precio que no sólo fue la renuncia al proyecto de transición en 1976, a los símbolos republicanos en 1977, y al leninismo en 1978, sino que tuvo como principal oferta al Gobierno la desmovilización de Comisiones Obreras y del movimiento ciudadano. Las células comunistas se convirtieron en agrupaciones territoriales y el movimiento de Comisiones en un sindicato tradicional.

Quizá sea esta la clave de la ausencia hasta el momento presente de un libro importante sobre la historia del PCE durante los años sesenta y setenta. Era una historia que la podría hacer en mejores condiciones un historiador joven que no hubiera vivido la Transición y que, además, fuera ajeno, por razones de origen nacional, a los combates de la memoria sobre el pasado reciente de España.

Abdón Mateos

INTRODUCCIÓN

[El PCE] constituye la más importante fuerza clandestina dentro del movimiento obrero, gracias a la influencia que ejerce sobre Comisiones Obreras. [...] El PCE es, probablemente, el elemento más fuerte de la oposición ilegal.

Embajada USA en Madrid, junio de 1975

La historia del antifranquismo ha sido una historia de avances y retrocesos, de encuentros y desencuentros. Ha sido una historia de proyectos abandonados y de otros perseguidos con tenacidad año tras año. Ha sido, sobre todo, una historia de pequeñas y grandes luchas que han permitido finalmente la vuelta de la democracia a las tierras del Quijote. Es verdad que las fuerzas de la oposición no fueron capaces de provocar la caída de Franco cuando estaba vivo. Su profunda división fue seguramente su punto más débil en la lucha contra un régimen, el surgido con el «alzamiento» del 18 de julio, que disponía de notables recursos para hacer frente al empuje de la «subversión» y logró perpetuarse durante casi cuatro décadas. La salida del ostracismo internacional, la modernización económica, los intentos de institucionalización y, hasta el último momento, el abundante recurso a las medidas represivas contra los opositores fueron los elementos que permitieron a la dictadura sobrevivir. Pero esta supervivencia empezó a parecerse cada vez más a una lenta agonía, tanto que un año y medio después de la muerte del «Caudillo» podía afirmarse que había muerto también su Régimen.

La actividad del antifranquismo, como cada vez más trabajos historiográficos se están encargando de demostrar, había conseguido erosionar irremediablemente las bases sociales, económicas y políticas del franquismo, haciendo impracticable la vía que habría debido llevar a un continuismo o, al máximo, a una pseudorreforma. La oposición, en un constante crescendo a partir de los años cincuenta, había abierto espacios de libertad y contribuido de manera decisiva a la evolución de los valores y las actitudes de los españoles hasta hacerlos incompatibles con los de un Estado autoritario. Las enormes movilizaciones que se produjeron tras la muerte de Franco y que contaron con la participación de centenares de miles de personas en una reivindicación colectiva a favor de la libertad y la amnistía suponían la definitiva salida a la luz pública de esa conciencia democrática cuyas semillas habían sido lanzadas en distintos ámbitos de la sociedad civil por las fuerzas de la oposición y la disidencia a lo largo de las dos décadas anteriores.

La presente obra se propone analizar las dinámicas desarrolladas por el antifranquismo y sus efectos sobre el sistema sociopolítico en general, usando como lente de lectura las relaciones establecidas por el Partido Comunista de España (PCE) con el movimiento obrero, en particular con su componente de mayor relevancia: Comisiones Obreras (CCOO). La hipótesis de nuestro estudio es que esas relaciones constituyeron el caso más significativo de conjunción de las dos vertientes de la lucha contra la dictadura, es decir, la oposición política y la conflictividad social. De hecho, no sólo el PCE se configuró como el «partido del antifranquismo» por antonomasia, y CCOO como el más amplio movimiento de masas de la oposición, sino que entre ambos se estableció un vínculo peculiar que podemos definir como de «simbiosis». Aun con las debidas cautelas, que explicaremos a continuación, se puede afirmar que se trató de una estrecha relación orgánica, de la cual cada una de las partes implicadas extrajo recursos e influencias de varios tipos.

Desde esta perspectiva, el objetivo de la presente obra consiste en comprender los aportes mutuos que permitieron al PCE y a CCOO asumir una posición de primer plano en el cuadro del antifranquismo, así como su contribución fundamental a la afirmación de la democracia en España. El análisis, por tanto, tomará en consideración no sólo ambas organizaciones, sino también una macrodimensión constituida por una multiplicidad de sujetos extremadamente heterogéneos, que van desde las otras fuerzas del antifranquismo al Gobierno, pasando por los diferentes sectores de la sociedad civil.

Hay que precisar desde ahora que el análisis privilegiará un enfoque de tipo político sobre otro de índole social o sindical. Lo cual supone que las protestas y movilizaciones obreras se estudiarán poniendo más el acento en sus repercusiones políticas, en especial sobre el conjunto del sistema franquista, que sobre sus contenidos económicos o meramente laborales. Pero ese enfoque político significa, sobre todo, que los temas serán tratados de manera predominante desde el punto de vista del PCE, y de los objetivos y necesidades derivadas del desarrollo de su línea política general.

La elección de esta perspectiva se basa principalmente en dos clases de consideraciones. La primera se refiere a la naturaleza de las relaciones establecidas entre el partido y Comisiones, pues aunque antes hemos hablado de «simbiosis», el equilibrio interno de fuerzas entre ambos sujetos se resolvía a favor del PCE, que ejerció siempre un papel dominante o, si queremos, dirigente sobre Comisiones. Se trató de un proceso a través del cual el partido afirmó progresivamente su hegemonía sobre el movimiento organizado, hasta convertirlo, de hecho, en el principal instrumento de su política de masas. *Last, but not least,* no se debe olvidar que fue el partido el que buscó desde el principio el contacto con las comisiones originarias, y el que trabajó asiduamente para que éstas crecieran hasta llegar a ser CCOO. Por eso se ha considerado oportuno concentrar nuestra atención en el sujeto que fue el padre, o uno de los padres, del otro, de manera que sea más comprensible la razón del nacimiento y el desarrollo de su relación orgánica.

El segundo orden de consideraciones para situar sobre el PCE el foco del análisis es de naturaleza historiográfica. Sobre el movimiento obrero y CCOO durante el franquismo existe una abundante producción científica que, tras los estudios pioneros de los años setenta, se ha ido enriqueciendo en estos últimos años gracias a nuevas e importantes contribuciones. Estos trabajos han adoptado a menudo una óptica de historia social o del trabajo, y en la mayor parte de los casos han optado por una escala local en lugar de nacional. Por otra parte, la relación de Comisiones con las fuerzas políticas ha sido tratada, sobre todo, en clave de cultura militante.

Gracias a estas obras conocemos cómo ccoo contribuyó decisivamente a la articulación de un tejido social antifranquista y, en consecuencia, a la creación de las condiciones de base que hicieron posible el restablecimiento de la democracia. Sin embargo, dadas sus características apenas descritas, no han explicado de manera satisfactoria cómo el pce orientó «desde arriba» la acción «desde abajo» de Comisiones, traduciéndola en opciones políticas concretas y capitalizándola políticamente. Este libro aspira así a colmar ese vacío historiográfico, al menos parcialmente, considerando que la bibliografía sobre el pce es aún hoy bastante reducida y que, también en su caso, los estudios más sólidos se han centrado principalmente en una dimensión regional, sin llegar, por tanto, a ofrecer una panorámica general de la trayectoria del partido en esos años.

En esta óptica, la idea central de estas páginas es que la hegemonía ejercida sobre ccoo constituyó el pilar portante del protagonismo desempeñado por el pce durante el franquismo y el comienzo de la transición a la democracia. Se pretende demostrar, en suma, que los principales resultados políticos conseguidos por el partido, como por ejemplo su salida progresiva del aislamiento e incluso su legalización, fueron determinados en gran medida por su relación con ccoo. Esto no significa que se infravalore la importancia de la democratización experimentada por el pce, a la cual se dedicará un amplio espacio. Significa subrayar que la renovación de la imagen y del discurso comunista que se puso en marcha con el v Congreso y con el lanzamiento de la Política de Reconciliación Nacional, y que condujo a un gradual alejamiento de Moscú, no habría bastado por sí sola para que el pce fuera reconocido como un interlocutor ineludible por la mayor parte de los actores políticos y sociales que participaban en el proceso de cambio. Para ello resultó determinante su enorme potencial de movilización, o más adelante de desmovilización, que le proporcionaba su influencia hegemónica sobre Comisiones.

En suma, antes de la legitimación democrática, el pce conquistó sobre todo una legitimación a través de la lucha. Algo que logró sirviéndose de Comisiones como instrumento de ataque frontal contra el Régimen y, al mismo tiempo, de labor de zapa desde dentro de una de sus instituciones fundamentales, la Organización Sindical Española (OSE). Creada por la dictadura para garantizar la paz social mediante la represión de las reivindicaciones obreras, acabó así convirtiéndose en una rampa de lanzamiento de la «subversión».

Durante esos años, el partido fue forjando CCOO con la vista puesta en estas funciones indispensables para el éxito de su estrategia, convirtiendo las comisiones obreras originarias en un verdadero movimiento organizado e insertando su acción en un horizonte no sólo económico, sino también sociopolítico. Se puede afirmar que el PCE fue la fuerza que más contribuyó a la creación de la identidad asumida por CCOO bajo el franquismo, dándole un elaborado bagaje teórico y práctico que conformó, de ahí en adelante, sus métodos de acción. Trataremos de demostrar que, al contrario de lo que afirman algunos historiadores desde una versión casi mítica de Comisiones, no se puede hablar de éstas como de un movimiento espontáneo e independiente, o al menos no después de 1964-1965.

La «simbiosis» así delineada permitió a los comunistas adoptar un papel protagonista entre los artífices de la restauración de las libertades en España. No sólo porque las presiones «desde abajo», llevadas a cabo por CCOO, crearon espacios de libertad que se irían ensanchando hasta ocupar gran parte del tejido civil y público, aprovechando las rendijas abiertas por la denominada «trampa de la modernización» y erosionando las bases sociales del Régimen. También porque el potencial de movilización del PCE, unido a la creciente moderación de su imagen, le proporcionaron un notable aumento de su potencial de coalición y negociación, lo cual le consentiría participar más adelante en la configuración de una alternativa democrática y ser uno de los actores principales del célebre «pacto» que señaló el final del régimen autoritario.

Hay que precisar que las dinámicas y procesos que trataremos, como ya hemos señalado en abertura, no tuvieron nunca, o casi nunca, un desarrollo lineal, que hubo progresos y regresiones, acciones y reacciones. Los comunistas tuvieron que someter continuamente sus proyectos a la prueba de la realidad y, con frecuencia, el resultado fue una modificación profunda de sus planes iniciales, cuando no su abandono más o menos explícitamente reconocido. A lo largo de las páginas que siguen, analizaremos ampliamente todas esas operaciones de rectificación y evidenciaremos cómo el pce estuvo constantemente obligado a renunciar a sus objetivos máximos para no perder toda posibilidad de alcanzar los mínimos.

Como punto de partida cronológico hemos elegido 1956 que, por ser el año de lanzamiento de la Política de Reconciliación Nacional y del despertar del movimiento obrero, constituye el momento en que la trayectoria desarrollada por nuestros objetos de nuestro estudio adquiere, sin duda, una relevancia mayor. De todas maneras, el análisis no puede dejar de volver la vista atrás, al menos hasta 1948, cuando Stalin dio su famosa directriz *entrista* y los comunistas iniciaron un tortuoso y lento abandono de la lucha armada. El periodo estudiado termina con la legalización del pce, que tuvo lugar en abril de 1977, ya que marca el comienzo de una nueva fase caracterizada por dinámicas completamente distintas de las que habían dominado en el periodo de lucha contra la dictadura.

El libro se divide en cuatro capítulos, cada uno de los cuales afrontará un arco cronológico en que se desarrolla una determinada fase de las relaciones entre el pce, el movimiento obrero y Comisiones, y el sistema sociopolítico en su conjunto. El primero se ocupará de cómo el partido pasó de la lucha armada a la táctica *entrista* y de cómo ese profundo cambio de método de acción se entrelazó, mediante una serie de condicionamientos mutuos, con la puesta en marcha de una democratización de la política comunista expresada a través de la Política de Reconciliación Nacional. Se examinará la actitud del pce respecto a la aparición de las primeras comisiones obreras, así como los primeros intentos de huelga general puestos en práctica en 1958 y 1959.

El segundo comenzará con las movilizaciones asturianas de 1962, las cuales abrieron una nueva fase para el antifranquismo. Se analizará el nacimiento y la muerte de la Oposición Sindical

Obrera (OSO) y, sobre todo, cómo el PCE dio impulso a la creación de las primeras Comisiones estables, a su consolidación y su articulación en una escala cada vez mayor hasta su afirmación bajo las siglas de CCOO. Se ilustrará, asimismo, la importancia fundacional de las elecciones sindicales de 1966, con particular atención a la elaboración por parte del PCE de todo un acervo práctico y teórico que sería luego asumido por Comisiones. Se profundizará, en fin, en la naturaleza de la colaboración instaurada entre los comunistas y los católicos en el seno del movimiento obrero, algo que además de favorecer la imagen más abierta y tolerante del comunismo, contribuyó a preparar el terreno social para una transición pacífica, rompiendo con los viejos esquemas de la Guerra Civil.

El tercer capítulo tratará la crisis más grave que atravesó CCOO durante la dictadura, precisamente cuando la creación de la Coordinadora General y el éxito de las jornadas madrileñas del 27 de enero y el 27 de octubre de 1967 provocaron la reacción del Régimen. La dura represión consiguiente diezmó las filas de la militancia y paralizó temporalmente al movimiento. Se propondrá un balance, tanto cuantitativo como cualitativo, de esa oleada represiva y de la estrategia comunista para hacerle frente, recurriendo a abogados «orgánicos», promoviendo nuevas generaciones de cuadros y desarrollando campañas internacionales de solidaridad a través de la creación de la Delegación Exterior de CCOO (DECO). Un esfuerzo desarrollado en varios planos que permitió al PCE relanzar Comisiones a partir del bienio 1971-1972. Se analizarán aquí las disputas internas suscitadas por la ya evidente hegemonía comunista, que llevaron al abandono de CCOO por algunos grupos que habían formado parte del movimiento en los años anteriores, y cuyo espacio será ocupado por las nuevas formaciones de extrema izquierda. Los primeros éxitos del PCE en su integración en algunas plataformas unitarias de la oposición, favorecidos por las críticas de los comunistas españoles hacia el sistema soviético, cerrarán este tercer capítulo.

El cuarto y ultimo se ocupará, ante todo, de la acción desarrollada por el partido y por Comisiones en los últimos años de la dictadura, la relevancia del llamado «Proceso 1.001» y la creación de la Junta Democrática de España (JDE). Se estudiará luego la trayectoria seguida por el PCE y CCOO en la fase inicial de la Transición, mostrando su importante contribución a la caída del primer gobierno de la monarquía. El paso de la fórmula de «ruptura democrática» a otra de «ruptura pactada», y la progresiva renuncia de CCOO a su vocación unitaria, para acabar convirtiéndose en una Confederación Sindical, centrarán las últimas páginas de la presente obra, que se cerrará con la narración del llamado «Sábado Santo rojo» de 1977.

Una investigación histórica no puede ser un trabajo exclusivamente individual, porque durante su elaboración el autor se encuentra inevitablemente con pequeñas y grandes ayudas que acaban por resultar indispensables para llegar a buen puerto. Mi caso no es una excepción, y en estos cuatro años de trabajo he contraído numerosas deudas de reconocimiento, demasiadas para saldarlas en unas pocas líneas. Ante todo, un agradecimiento muy especial a Giovanni Orsina, quien me ha enseñado antes y más que nadie qué significa la investigación histórica, y a Alfonso Botti, que ha dirigido la tesis doctoral que es la base de este libro, demostrando siempre su disponibilidad y amabilidad. Mi más sincera gratitud también a Abdón Mateos, mi guía constante cuyas valiosas sugerencias han enriquecido mi estudio, y a Javier Muñoz Soro, por su atenta traducción que ha dado una importante contribución a esta obra. Por supuesto, a la Facultad de Ciencias Políticas de la LUISS, que me ha proporcionado un apoyo indispensable y al Colegio de Docentes del Doctorado en Historia Política de la Edad Contemporánea «F. Chabod», en particular a su coordinador, Stefano Cavazza. Este trabajo se ha beneficiado de las numerosas conversaciones y estímulos de la fraternidad del Centro de Investigaciones Históricas de la Democracia Española (CIHDE) de la UNED, que me ha acogido de la mejor de las maneras posibles: en especial, quiero dar las gracias a Luis Hernando, persona con un alma bondadosa. El presente volumen ha sido posible también gracias a la ayuda recibida por el personal de los archivos y bibliotecas en los que he trabajado estos años, sobre todo a Victoria y Patricia, del Archivo Histórico del PCE. Mando un abrazo a todos los que, en estos años, me han ofrecido amablemente su hospitalidad en mis viajes. La realización de un trabajo como éste resta mucho tiempo a quienes están alrededor: esperando poder recuperarlo, agradezco infinitamente a mis padres su apoyo, y a Valentina, por estar siempre cerca. Envío, por último, un beso a la pequeña Asia, que llegó en medio de esta aventura.

Madrid, febrero de 2012

DE LA LUCHA ARMADA AL *ENTRISMO* (1948-1961)

En abril de 1939 terminó oficialmente la Guerra Civil. Los sublevados, guiados por el general Franco, habían obtenido finalmente la victoria en un violento conflicto de casi tres años, que había dividido en dos bandos opuestos no sólo España, sino también la opinión pública y la clase política de todo el mundo occidental. El nuevo régimen se levantaba sobre un panorama de sangre y ruinas, pero aún necesitó para consolidarse una ulterior oleada represiva que transformó el país en una «inmensa prisión».[1] De hecho, el Nuevo Estado franquista se propuso desde el principio extirpar los que consideraba culpables de los males que amenazaban a España, es decir, los ideales democráticos, el liberalismo y las aspiraciones de emancipación de los grupos subalternos. Para alcanzar ese objetivo resultaba necesario exterminar y someter a los portadores de tales teorías, a los dirigentes y militantes de los partidos republicanos y las organizaciones obreras que, con «cruel ironía histórica»,[2] fueron acusados de rebelión precisamente por quienes el 18 de julio de 1936 se habían rebelado contra los legítimos representantes del poder político. Se contaron por decenas de miles las víctimas de esa represión de clase, llevada a cabo mediante fusilamientos, encarcelamientos y depuraciones. Una violencia dirigida al aniquilamiento total del enemigo, sobre todo durante el primer decenio de la dictadura, que estuvo, por tanto, lejos de ser episódica o secundaria, sino todo lo contrario, pues constituyó un pilar fundamental en la edificación del Nuevo Estado, hasta el punto de poder considerarse una especie de principio fundacional del franquismo.[3]

El régimen de Franco, al mismo tiempo que llevaba a cabo esa intensa represión contra sus enemigos, puso en marcha un proceso de configuración institucional e identitaria. Su primera etapa, iniciada en 1938 mientras la guerra entraba en su última fase, a menudo denominada «era azul», se caracterizó por el predominio de los falangistas, católicos y militares dentro de las diversas familias que componían el *establishment* franquista.[4] En un primer momento, se puede hablar de la existencia en España de un proyecto totalitario, inspirado en el fascismo italiano,[5] de ahí que en el ámbito internacional el Nuevo Estado español se presentara estrechamente ligado a las fuerzas del Eje, come testimonia también la ayuda proporcionada a Alemania en el frente soviético, mediante el envío de una unidad de voluntarios, la *División Azul*, integrada en el ejército alemán. Terminada la Segunda Guerra Mundial, sin embargo, el Régimen se vio obligado a mostrar a las potencias vencedoras una cara más respetable: con esa finalidad procedió a cancelar los rasgos más fascistizantes asumidos en los años precedentes y promulgó algunas leyes, como el Fuero de los Españoles y la Ley de Referéndum Nacional, destinadas a proyectar hacia el exterior una imagen más compatible con el nuevo orden occidental dominado por las democracias.

Ese intento, como sabemos, no obtuvo los resultados esperados, y la Asamblea General de las Naciones Unidas, en su sesión del 12 de diciembre de 1946, recomendó a los Estados miembros que retiraran sus embajadores de Madrid hasta que no se instituyera un gobierno realmente representativo. Sólo con la Guerra Fría y la posibilidad que se le abría al franquismo para sacar beneficio de su innegable pedigrí anticomunista y católico, pudo el Régimen salir gradualmente del ostracismo internacional. Respecto a su naturaleza política, se puede afirmar que la dictadura abandonó a partir de 1945 sus veleidades totalitarias y, progresivamente, se fue configurando como un sistema autoritario caracterizado, según la conocida definición de Linz, por: pluralismo político limitado; ausencia de una ideología elaborada y precisa, compensada por la adopción de una peculiar mentalidad; desmovilización y búsqueda de la aquiescencia pasiva de las masas; un líder o pequeño grupo que ejerce el poder dentro de límites no bien definidos formalmente pero, en realidad, previsibles.[6]

Desde el primer momento, el Régimen se dotó de un aparato sindical, el único legal: la Organización Sindical Española (OSE), llamada también Sindicato Vertical a causa de su estructura jerarquizada.[7] Su objetivo primordial consistía en encuadrar y subyugar al movimiento obrero, impidiendo así que pudiera resurgir una «conciencia de clase». El pilar fundamental de esa estructura se alzó, ya en marzo de 1938, con la promulgación del Fuero del Trabajo, encarnación de la filosofía sindical del Nuevo Estado con influencia evidente del fascismo italiano, donde se afirmaba que la organización nacionalsindicalista se inspiraba en los principios de Unidad, Totalidad y Jerarquía. Su objetivo declarado, en línea con el paternalismo característico del Régimen,[8] consistía en la afirmación del «principio armonizador», es decir, en la eliminación de la lucha de clases. Ésta, según proclamaba el Fuero, debía considerarse superada porque, en realidad, no existía conflicto alguno entre el patrono y el obrero, de hecho los dos eran agentes interesados en la buena marcha de la empresa, lejos por tanto de ser poderes contrapuestos. Unos y otros, en consecuencia, eran encuadrados de manera obligatoria en la OSE, definida como una corporación de derecho público, cuyos mandos procedían exclusivamente de Falange, y organizada en ramas de producción territoriales y nacionales. Todo este entramado constituía el instrumento a través del cual la dictadura prevenía los conflictos laborales antes de nacer.

El «Vertical», como era conocido, se ocupaba en teoría de armonizar los intereses de los patronos y trabajadores, pero en la práctica impedía a estos últimos ejercer cualquier derecho de reivindicación. En el Fuero del Trabajo, por ejemplo, se contemplaban sanciones por la «disminución dolosa del rendimiento en el trabajo», así como por todos los actos que perturbaran la producción o atentaran contra ella. La huelga, por tanto, estaba prohibida e incluso en el Código Penal (art. 222) venía tipificada como «delito de lesa patria», considerando que el Fuero afirmaba que «todos los factores que en la producción intervienen quedan subordinados a su supremo interés de la Nación».[9] Todo ello cobraba un especial significado en los años cuarenta, cuando la economía española se basaba sobre la autarquía y, con mayor motivo, resultaba necesario asegurar el desarrollo normal de la actividad productiva. La institucionalización de la OSE fue completada en 1940 con la promulgación de la Ley de Unidad Sindical y de la Ley de Bases de la Organización Sindical, que dotaban de estructura y organigrama administrativo a la línea política y socioeconómica del sindicato único.

Por su parte, las fuerzas que habían combatido contra la sublevación entre 1936 y 1939 se encontraron durante los años cuarenta en una situación especialmente dura y compleja: diezmadas por la represión dentro del país u obligadas al exilio, tuvieron que emprender un lento proceso de reorganización para elaborar estrategias dirigidas a derribar el Régimen y restaurar la legalidad republicana. Una tarea dificultada aún más por la extrema división de las fuerzas políticas y sindicales que luchaban contra la dictadura, ya que la derrota en la guerra motivó recriminaciones y acusaciones mutuas sobre las responsabilidades y provocó la contraposición tanto de las distintas organizaciones entre sí, como dentro de ellas entre las diversas facciones.[10]

En este contexto las fuerzas antifranquistas no comunistas, guiadas principalmente por el Partido Socialista Obrero Español (PSOE), consiguieron pese a todo impulsar el nacimiento en el exilio de algunos organismos unitarios, primero la Junta Española de Liberación y luego la Alianza Nacional de Fuerzas Democráticas. La finalidad de esa estrategia unitaria era garantizar la supervivencia de un gobierno republicano capaz de presionar a la comunidad internacional para derrocar al Caudillo a través de una intervención exterior. Se confiaba en que los Aliados, una vez terminada la Segunda Guerra Mundial, se habrían ocupado del fascismo español. Pero, cuando esta posibilidad se desvaneció hacia finales de los años cuarenta y principios de los cincuenta, con el «fin de la esperanza»,[11] gran parte de las fuerzas que habían formado parte del Frente Popular se fueron lentamente eclipsando, mientras los socialistas adoptaban una «estrategia de espera», elaborando programas para el posfranquismo y tratando de mantener viva en el ámbito internacional la atención hacia la cuestión española. El problema central de cómo provocar la caída del Régimen fue dejado de lado, y algunos historiadores, como Santos Juliá, han sostenido que de esta manera el socialismo se redujo, dentro de la España franquista, a un «recuerdo histórico».[12]

La Confederación Nacional del Trabajo (CNT), el famoso sindicato anarquista, fue el único grupo de la oposición no comunista, si acaso con la única excepción de la Unión General de Trabajadores (UGT) en algunas zonas muy determinadas, que llevó a cabo serios intentos de reorganización dentro del país durante la primera década de la dictadura, obteniendo resultados sobre todo en Cataluña, el País Valenciano, Madrid y Andalucía. La dura represión, sin embargo, frustró repetidamente esos intentos de acción clandestina, y a finales de los años cuarenta había logrado liquidarlos casi por completo.[13]

El PCE fue la organización antifranquista que en mayor medida intentó, desde el primer momento de la derrota de la República, retomar la lucha efectiva dentro de España contra el Nuevo Estado. En las páginas siguientes, después de haber trazado brevemente la trayectoria del partido en los primeros años de la posguerra, analizaremos el nacimiento y los primeros pasos de su táctica *entrista*, es decir, de la penetración dentro de las estructuras sindicales del Régimen. Una táctica cuyas directrices daría Stalin en 1948, y que buscaba unir sólidamente al partido con las masas. Veremos por qué y cómo los comunistas españoles atravesaron una fase de extrema incertidumbre en su aplicación, hasta que la huelga general de Barcelona de 1951, la imposibilidad de proseguir la lucha guerrillera mantenida desde el final de la guerra y los cambios producidos en el país a principios de los años cincuenta, tanto a nivel político como social, disiparon sus dudas. El V Congreso del PCE, celebrado en el exilio en 1954, y las elecciones sindicales que tuvieron lugar en España ese mismo año, fueron los momentos decisivos para dar un impulso definitivo a la nueva táctica.

Más adelante, esa táctica se insertó perfectamente en el nuevo cuadro teórico-estratégico delineado por la llamada Política de Reconciliación Nacional. La lucha contra la dictadura por medios pacíficos estaba, para el PCE, indisolublemente ligada al éxito de grandes movilizaciones de masas que demostraran el difuso malestar del pueblo con el Régimen, y, por lo tanto, contar con una presencia sólida dentro de la clase obrera se convertía en una condición necesaria para el logro de tal objetivo. Veremos cómo el ciclo de huelgas y protestas del trienio 1956-1958 pareció durante un tiempo confirmar las expectativas comunistas, hasta el punto que el PCE llegó a convocar dos jornadas de lucha que, sin embargo, fracasaron por sus motivaciones mucho más políticas que económicas. A lo largo del capítulo examinaremos también la actitud adoptada por el partido hacia las primeras comisiones obreras, y trataremos de subrayar cómo contenía ya, aunque de forma embrionaria, algunos elementos claves de aquella política sindical comunista que se desarrolló luego plenamente a través de la hegemonización de CCOO. Estudiaremos, por tanto, las bases de esa línea que permitió al PCE convertirse en el partido antifranquista por excelencia, sobre todo a partir de los años sesenta. Desde esta perspectiva los años cincuenta se pueden calificar como un decenio de transición para el partido,[14] un periodo durante el cual se liberó de viejos lastres, renovó su equipo dirigente y puso en marcha tácticas, políticas y modalidades organizativas que maduraron y comenzaron a dar sus frutos en la década siguiente.

EL PCE EN LOS AÑOS CUARENTA

Durante el mes de marzo de 1939 los principales dirigentes del PCE y numerosos militantes abandonaron España, emprendiendo su camino hacia las tierras del exilio: sus metas principales fueron Francia, URSS y México.[15] Se trató de una fuga precipitada y desordenada, sin una preparación previa coordinada, una carencia cuya razón debe buscarse tanto en la convicción por parte de los comunistas de que la guerra se habría prolongado aún, como en el hecho de que, pese a ser muchos de ellos conscientes de la inminente victoria de Franco, no lo declararon por miedo a ser acusados de derrotismo. Su estructura monolítica, fundada en el principio del llamado «centralismo democrático», preservó al partido del fraccionamiento interno que afectó al resto de organizaciones republicanas. Sin embargo, sus primeros intentos de elaborar una estrategia eficaz contra la dictadura y de estrechar los lazos con las fuerzas antifranquistas, ya de por sí difíciles, lo fueron aún más por un acontecimiento externo como mínimo inesperado: la firma en Moscú, el 23 de agosto de 1939, del célebre pacto Molotov-Ribbentrop.

El pacto sorprendió y desorientó a los comunistas españoles: al saberlo, muchos de ellos tuvieron la impresión de estar en un «mundo al revés».[16] Algunos dirigentes consideraron vergonzoso llegar a acuerdos con el nazismo y expresaron abiertamente sus críticas a la conducta de la Unión Soviética, por lo que fueron expulsados del partido. Muchos afiliados, por su parte, aun sin manifestar públicamente su disenso, se sintieron tan defraudados por el pacto que decidieron abandonar la militancia.[17] La mayoría, en cambio, acostumbrada durante años a seguir sin poner objeciones las directrices marcadas por la Internacional Comunista (IC),[18] una vez superado el desconcierto inicial no tuvo grandes problemas en asumir el simple razonamiento de que «si lo ha hecho Stalin, está bien hecho».[19] El PCE hizo plenamente suya la instrucción enviada por Dimitrov, según la cual había que defender el pacto y «pasar a la ofensiva contra la política de traición de la socialdemocracia». De hecho, para justificar el acuerdo con el nazismo ante millones de militantes y simpatizantes comunistas, la URSS afirmó que no había ninguna diferencia en realidad entre las potencias fascistas y las democráticas, pues todas ellas eran imperialistas, capitalistas y, en consecuencia, enemigas de la causa socialista.[20]

Fieles a los dictados que llegaban del Kremlin, los comunistas españoles atacaron a Francia e Inglaterra como Estados que, no obstante toda su retórica democrática, se distinguían por sus instituciones autoritarias, promovían guerras imperialistas y oprimían a su pueblo y a otros.[21] La aplicación de la directriz de Dimitrov tuvo repercusiones, fundamentalmente, en las relaciones con las otras organizaciones que habían luchado en defensa de la República. Si, hasta entonces, se había pensado en seguir con la fórmula del Frente Popular, el PCE se vio obligado entonces a retrotraer su política a la línea anterior al VII Congreso de la Internacional Comunista, acusando a los demás partidos antifranquistas de «socialfascismo», es decir, de ser burgueses, reaccionarios y cómplices del fascismo internacional, bajo sus máscaras revolucionarias. Pasaban a ser, en suma, los principales enemigos del progreso y de las masas trabajadoras, por lo cual se abandonaba toda posibilidad de establecer culaquier tipo de acuerdo ni de colaboración.²² Los comunistas, ya aislados del resto de fuerzas de la oposición por las divergencias surgidas durante la guerra, acabaron así marginándose en un auténtico gueto político.

La línea del PCE volvió a dar un giro decisivo en agosto de 1941 a causa del ataque alemán contra la URSS, que, además, obligó a Stalin a buscar el apoyo de las democracias occidentales. Se abandonó, por tanto, el discurso antiimperialista, y se adoptó nuevamente el antifascista, mientras los partidos comunistas de todo el mundo volvían a intentar la formación de alianzas lo más amplias posibles con otras fuerzas políticas.²³ En el específico caso español, el PCE lanzó la política de Unión Nacional, con la cual se pretendía apoyar una guerra que ahora había pasado a ser justa, la de la URSS y los Aliados contra las potencias del Eje. Se invitó a unirse ya no sólo a todas las organizaciones de la oposición antifranquista, sino también a la burguesía, a los monárquicos y al ejército para, entre todos, derribar la dictadura y restablecer la República sobre la base de la Constitución de 1931. El PCE dejaba de lado los tonos revolucionarios y mostraba su cara más moderada, con la que esperaba ganar credibilidad, no sólo como aliado fiable, sino también para desmontar ante las potencias extranjeras la legitimación que Franco formulaba como «yo o el caos».²⁴ El partido envió numerosas invitaciones a los otros grupos de la oposición para que se unieran a su llamamiento.²⁵

Tales intentos, sin embargo, no tuvieron ningún éxito. Las demás organizaciones antifranquistas estaban decididas a evitar cualquier tipo de alianza con los comunistas, a causa de su subordinación a la URSS y de su actuación, tanto en el curso de la Guerra Civil como durante la vigencia del pacto Molotov-Ribbentrop. El PSOE, en su congreso de 1944, el primero celebrado en el exilio, se expresó de manera clara en ese sentido: declaró su total oposición a instaurar cualquier tipo de colaboración con el PCE, porque lo consideraba un partido totalitario al servicio de Moscú. La principal consecuencia fue que los comunistas quedaron excluidos de los organismos unitarios de la oposición. Sólo en 1946, con el fin de aprovechar el poder contractual de la URSS respecto a las otras potencias vencedoras en la Segunda Guerra Mundial para que éstas emprendieran una acción decidida contra la dictadura de Franco, se permitió al PCE el ingreso en la Alianza Nacional de Fuerzas Democráticas, así como participar en el gobierno de la República en el exilio, primero con Carrillo y luego con Uribe. Para lograr este objetivo, el partido tuvo que abandonar el año anterior la política de Unión Nacional y los intentos de crear organismos unitarios ligados a ella. La colaboración con las otras fuerzas antifranquistas resultó, pese a todo ello, bastante efímera. Los primeros signos de la Guerra Fría, en 1947, determinaron la salida del PCE de la coalición y una renovada radicalización de sus tonos revolucionarios, con invocaciones a la República Popular y el consiguiente nuevo periodo de aislamiento que duraría, al menos, hasta la segunda mitad de los años sesenta.

Mientras la dirección en el exilio elaboraba la línea política apenas descrita, dentro de España los comunistas trataron de organizar desde el principio núcleos capaces de garantizar la supervivencia del partido en el país, y de realizar actividades clandestinas contra la dictadura.[26] El primer intento en ese sentido tuvo lugar ya en abril de 1940, a cargo de Matilde Landa, hasta entonces responsable del Socorro Rojo, pero fue abortado por el Régimen en pocos meses. Más eficaz resultó la actividad de Heriberto Quiñones, quien logró crear en 1941 un verdadero «comité del interior», con sede central en Madrid, el cual llegó a coordinar la reorganización del PCE en numerosas provincias españolas. La dictadura volvió a golpear esta vez, así como en todos los siguientes intentos de reconstrucción del partido,[27] como por ejemplo el que llevó a la constitución de las Juntas de Unión Nacional, unos organismos que tendrían que haber representado la concreción de su idea política dentro del país. Hay que subrayar, por otra parte, que los comunistas fueron durante toda la dictadura las principales víctimas de la represión, algo que cuadraba en la propia identidad de un régimen que había justificado el *alzamiento* en nombre de la lucha contra ellos, a los cuales siguió siempre describiendo como los principales enemigos de España y encarnación de todo mal.[28] Esas repetidas desarticulaciones por parte de las autoridades franquistas impidieron durante todos los años cuarenta que las organizaciones políticas del PCE pudieran actuar en las ciudades españolas, reduciéndolas a un mero papel testimonial.

Por eso el *maquis*, la guerrilla en las zonas rurales y montañosas, fue durante esos años el eje de su lucha dentro del país.[29] Muchos de sus miembros habían participado en la Resistencia francesa, cuya victoria les había animado a continuar ese mismo tipo de lucha en su patria. A partir del verano de 1944 se crearon dentro de España diversas Agrupaciones Guerrilleras, unas fundadas *ex novo*, otras en cambio organizadas sobre núcleos ya existentes, como en el caso gallego. En sustancia, el PCE estaba convencido de que la acción armada, llevada a cabo al principio por grupos pequeños, sería capaz de suscitar un levantamiento popular que pusiera fin a la dictadura. Contaba para ello con la esperanza de una intervención externa por parte de los Aliados, en cuya preparación los guerrilleros podían ser tan útiles como lo habían sido antes en Francia o Italia. Sin embargo, la mayoría de la población aún sufría las consecuencias de tres años de sangrienta guerra civil y no estaba dispuesta a comenzar otra por el temor que provocaban las represalias franquistas.[30] Las potencias vencedoras en la Segunda Guerra Mundial, además, no tenían intención de llevar a cabo una acción militar contra el régimen de Franco: dos factores –interno y externo–, que hicieron evidente el fracaso del proyecto comunista ya en el bienio 1945-1946.

Pero el partido tardó en darse cuenta, y siguió sosteniendo el movimiento guerrillero, siempre en la fe de que el descontento de las masas se traduciría, antes o después, en una sublevación general contra la dictadura. Así, en febrero de 1948 el PCE, ignorante del deterioro de las relaciones entre Yugoslavia y la URSS, envió a Belgrado a dos de sus dirigentes, Enrique Líster y Santiago Carrillo, para pedir a Josip Broz, *Tito*, aviones con los que lanzar en paracaídas hombres y armas sobre la costa levantina. El líder yugoslavo, después de preguntarles si habían consultado el tema previamente con los soviéticos, y ante la respuesta negativa, afirmó que no podía darles lo que solicitaban, aunque sí les ayudó con 30.000 dólares.[31]

La visita a Tito atrajo sobre el PCE la atención de Moscú, que a las puertas del primer cisma del movimiento comunista internacional quería asegurarse la lealtad de los militantes españoles. Fue ésta, según Gregorio Morán, la principal razón por la que Stalin pidió un encuentro con una delegación del partido.³² El encuentro tuvo lugar en septiembre de 1948 y determinó un cambio fundamental en los métodos de lucha adoptados hasta entonces por los comunistas contra el franquismo. Para entender plenamente la importancia de ese cambio es necesario también describir cuál había sido la línea seguida por el partido en relación con el movimiento obrero. Un documento escrito por la dirección en julio de 1939 se expresaba sobre el asunto en los siguientes términos:

> Teniendo en cuenta que el fascismo se esfuerza [...] de encadenar a la masa obrera y campesina y la juventud en sus propias organizaciones (sindicatos y otras formaciones de Falange), y teniendo en cuenta que uno de los más graves peligros que hoy amenazan al Partido es el del aislamiento sectario de las masas y de la pasividad, se considera necesario que los comunistas y obreros revolucionarios ingresen en las organizaciones de masa creadas por el fascismo, con el fin de utilizar las posibilidades legales que ellas ofrecen para mantener el contacto con las masas y organizar grupos y corrientes de oposición y movimientos de obreros y de campesinos contra la opresión y la explotación a que son sometidos y contra el régimen de Franco en general.³³

Esta resolución del Buró Político (BP) sobre la necesidad de penetrar en el interior de las organizaciones de masas de la dictadura, en particular la OSE, anticipaba, por tanto, casi en diez años la célebre directriz *entrista* de 1948. De hecho, ese *modus operandi* no era una invención del PCE, sino que se ajustaba a una larga tradición teórica y práctica del movimiento comunista internacional. Lenin, en 1920, ofrecía ya las primeras coordenadas de esa política al escribir:

> Los revolucionarios inexpertos se imaginan a menudo que los medios legales de lucha son oportunistas [...]. Pero los revolucionarios que no saben combinar las formas ilegales de lucha con *todas* las formas legales son unos malos revolucionarios.

[...] No actuar en el seno de los sindicatos reaccionarios, significa abandonar a las masas obreras insuficientemente desarrolladas o atrasadas, a la influencia de los líderes reaccionarios, de los agentes de la burguesía. [...] Para saber ayudar a la «masa», para adquirir su simpatía, su adhesión y su apoyo, no hay que temer las dificultades, las zancadillas, los insultos, [...] y *trabajar* sin falta *allí donde estén las masas.* [...] Toda la tarea de los comunistas consiste en saber *convencer* a los elementos atrasados, en saber trabajar *entre* ellos y no en *aislarse* de ellos mediante fantásticas consignas infantilmente «izquierdistas».[34]

Otras indicaciones favorables a la utilidad de trabajar en el seno de las organizaciones de masas del fascismo fueron proporcionadas por la Internacional Comunista en su VI Congreso de 1928, y en el sucesivo, celebrado en 1935. En esta última ocasión, Dimitrov, ante el panorama de un fascismo que después de consolidarse en Italia y Alemania parecía extenderse sin freno por Europa, se expresó en los siguientes términos:

En los países fascistas [...] donde el fascismo ha sabido crearse una base de masas, empujando violentamente en sus organizaciones a los obreros y demás trabajadores, la tarea principal consiste en saber combinar la lucha contra el fascismo desde fuera, con la labor para minarlo desde dentro en los órganos y organizaciones fascistas de masas [...] Los comunistas deben trabajar dentro de estas organizaciones como los mejores defensores de los intereses cotidianos de las masas de sus afiliados, teniendo presente que a medida que los obreros encuadrados en estas organizaciones exijan con mayor frecuencia sus derechos y defiendan sus intereses, chocarán irresistiblemente con la dictadura fascista.[35]

El Partido Comunista español, por otra parte, podía basarse en la experiencia histórica de la lucha de su homólogo italiano contra el régimen de Mussolini. De hecho, ya en 1929, y siguiendo las directrices del VI Congreso de la IC, el Partito Comunista d'Italia exhortó a la Confederazione Generale del Lavoro a constituir fracciones sindicales en el seno de las estructuras corporativas fascistas para desarrollar en su interior la lucha de clases. Una táctica que recibió un impulso decisivo por parte de Togliatti, en 1931, y que adquirió una relevancia especial para la acción clandestina de los comunistas italianos, sobre todo tras su llamamiento a la reconciliación nacional.[36] Es decir, el PCE, al proponer el *entrismo* ya en 1939, no hacía sino seguir la línea oficial marcada por el movimiento comunista internacional para la lucha en los países dominados por el fascismo.

En el caso español, sin embargo, tal propósito fue abandonado inmediatamente;[37] de hecho, no hay constancia de que se realizara ningún esfuerzo para moverse en esa dirección. Las razones deben buscarse, ante todo, en la dura represión de la posguerra y en la situación de absoluta desorganización en que se encontraban los militantes dentro del país, que hacían casi imposible cualquier actividad. La táctica *entrista* suscitaba, además, cierta resistencia, porque se temía que fuera instrumentalizada por el fascismo o, por el otro lado, que provocara acusaciones de colaboracionismo por parte de las demás fuerzas de izquierda. Cuando se puso en marcha la OSE hubo algún intento por parte del franquismo de integrar en sus cuadros algunos dirigentes obreros de las organizaciones derrotadas, tanto por la necesidad de contar con personas que tuvieran experiencia en el funcionamiento del sindicalismo, como para ofrecer una fachada de legitimidad. Esos intentos se dirigieron sobre todo hacia la CNT, pero sus resultados fueron escasos y algunos dirigentes anarcosindicalistas pagaron con su vida el rechazo a pasar a las filas del Vertical.[38]

Abandonada la hipótesis *entrista*, al menos por el momento, los esfuerzos comunistas en el campo sindical en el interior de España durante los años cuarenta se concentraron en la reconstrucción de la UGT clandestina.[39] Aunque ligada desde su origen al PSOE, según el PCE debía convertirse en el sindicato unitario de toda la oposición, de manera que se dieron instrucciones a los militantes para que crearan núcleos allí donde fuera posible, tratando de obtener así la colaboración de los otros grupos antifranquistas.[40] La situación de ostracismo en que se movían los comunistas, la represión y la imposibilidad de que un sindicato clandestino pudiera de algún modo defender los intereses cotidianos de los trabajadores, hicieron fracasar absolutamente el intento, como reconocerá más tarde el propio partido.

En ese marco debe situarse el encuentro con Stalin que hemos mencionado más arriba. Antes de celebrarse el PCE envió a Moscú un informe en el que, analizando el estado de la lucha contra el franquismo y bajo la retórica autocelebrativa, se ponía en evidencia cuál era su mayor insuficiencia. El documento sostenía que el partido no había conseguido establecer un sólido vínculo con las masas ni con la clase obrera,[41] y es probable que este tema centrara la conversación con el líder soviético. Según los testimonios disponibles Stalin, más que a la situación internacional o a la ruptura con Tito, se mostró especialmente interesado en la táctica de oposición empleada por los comunistas españoles.

Con este propósito se dirigió a la delegación del PCE, compuesta por Dolores Ibárruri, Francisco Antón y Santiago Carrillo, volviendo a proponer la práctica *entrista*: «Ustedes organizan guerrillas, está bien, pero, ¿por qué no trabajan en las organizaciones de masas legales? [...] Lenin nos enseñó que hay que aprovechar las posibilidades legales, por mínimas que sean. Hay que tener paciencia [...]: luego, cuando sean fuertes, ¡golpeen!».[42] Los españoles trataron de explicarle que el sindicato único no tenía ningún prestigio, que los obreros lo rechazaban por ser un instrumento de Falange y de los patronos para bloquear sus reivindicaciones, que por tanto actuar en su interior podía llevar al partido a desacreditarse ante las masas. Stalin, pese a todo, mantuvo su posición y rechazó cualquier objeción reafirmando su punto de vista. Seguramente, observando el escenario europeo abierto con la Guerra Fría, y dándose cuenta de que el franquismo se iría poco a poco reforzando en ese contexto internacional, consideró muy remota la posibilidad de un derrocamiento del Régimen gracias exclusivamente a la lucha armada de una pequeña vanguardia. Propuso el *entrismo* como una nueva táctica con la finalidad de crear lentamente una unión entre los comunistas y la sociedad civil, y eso significaba pasar de una perspectiva de lucha a corto plazo a una a largo plazo. No por casualidad, durante la conversación Stalin recomendó varias veces a los españoles tener *terpenie*, es decir, paciencia.

Al PCE no le quedó más remedio que aceptar la «directriz Stalin» y adecuarse a ella. Pero respecto a la primera vez que el partido había lanzado la idea del *entrismo*, en 1939, casi diez años después, en 1948, la OSE presentaba algunas novedades significativas que favorecían la infiltración y la acción en su interior, en particular cierta ampliación de las posibilidades legales que podían ser aprovechadas para ese objetivo. Concretamente, se habían creado las figuras del *enlace* (1942) y del *jurado* (1947) con la misión, respectivamente, de defender los derechos de los trabajadores contemplados en los contratos y reglamentos, y de asegurar la armonía entre patronos y obreros. Su número era variable dependiendo del tamaño de la empresa y eran elegidos periódicamente por los trabajadores entre ellos. En 1944 se celebraron las primeras elecciones sindicales y en 1947, en medio del proceso de renovación de imagen que llevaba a cabo el Régimen tras el final de la Segunda Guerra Mundial, se eliminó el requisito de pertenencia a FET y de las JONS para los candidatos. Todo ello no impidió, sin embargo, que la mayoría de los trabajadores mostrara su rechazo o indiferencia hacia las elecciones sindicales, al menos hasta los años sesenta.[43]

La necesidad de poner en marcha un cambio táctico se anunció en una reunión de la cúspide del partido, convocada en octubre de 1948 en un castillo cerca de París. La exposición de la nueva línea corrió a cargo de Vicente Uribe, segundo en el escalafón sólo por detrás de Dolores Ibárruri. Después de asumir que las acciones revolucionarias no podían «ser obra exclusiva de la vanguardia» y que, en consecuencia, la unión con las masas para dirigirlas y movilizarlas debía constituir una «piedra de toque» de la política comunista, criticó la táctica seguida hasta entonces por el partido respecto al movimiento obrero. Afirmó así que había sido un grave error tratar de reconstruir la UGT porque, en las condiciones de la dictadura franquista, un sindicato clandestino no tenía posibilidades efectivas de acción y acababa reduciéndose a un limitado e inoperante núcleo de militantes «alejados del grueso del ejército proletario».[44]

Uribe declaró que por eso había que dejar de impulsar el renacimiento de la UGT, que en la eventualidad resurgiría como un sindicato unitario en el futuro estado posfranquista.[45] A corto plazo, por el contrario, era necesario que el partido comenzase a trabajar donde estaban las masas, porque sólo allí resultaba posible tanto conocer sus problemas como promover su educación y la «formación de su conciencia de clase y transformar todos los enormes motivos de descontento, protesta, indignación y odio, en conciencia política». La línea para lograr ese objetivo era la siguiente:

> El mejor camino es reagrupar y consolidar nuestras organizaciones de Partido, fortalecer ideológica y políticamente a nuestros militantes, trabajar donde están las masas sabiendo combinar el trabajo clandestino con el trabajo en las organizaciones de masas legales creadas por el enemigo fascista. [...] Nuestra conclusión es que debemos trabajar en los sindicatos creados por Falange. [...] Trabajaremos para que el movimiento de masas y las luchas de la clase obrera surjan del interior mismo de las organizaciones creadas por el enemigo contra los intereses vitales de la clase obrera y del pueblo. Llegaremos a esa inteligente combinación del trabajo clandestino del Partido con las posibilidades legales que incluso un régimen fascista no puede cerrar totalmente. [...] En el futuro debe ser la paciencia nuestro primer y principal consejero.[46]

El instrumento principal de esa línea debía ser la participación en las elecciones de la OSE, ocupando cargos en su interior. Se afirmaba, además, que debían ser destinados a esta misión militantes no fichados por la policía, pues tenían más libertad de maniobra. Hay que precisar que el PCE, con esta nueva táctica, adoptaba una política sindical que los socialistas y anarquistas rechazaban de plano, porque consideraban que la oposición contra el régimen franquista debía ser absoluta, y descartaban cualquier posibilidad de acción legal que éste pudiera ofrecer, pues utilizarla equivaldría a un reconocimiento implícito.[47]

Los primeros e inciertos pasos de la nueva táctica

Tras ser aprobada oficialmente en aquella reunión, la nueva estrategia se hizo pública y se difundió entre los militantes a través de las páginas de *Nuestra Bandera*, la revista de educación política del partido. En el número de septiembre-octubre de 1949 se publicó un pasaje de Lenin tomado de *El izquierdismo, enfermedad infantil del comunismo*, así como un artículo de Luis Delage, responsable hasta entonces del proyecto de reconstrucción de la UGT.[48] En el número siguiente fue Carrillo quien escribió sobre el tema. En ambas colaboraciones se encuentran los puntos principales que ya hemos visto en la exposición de Uribe, pero hay que señalar que en ellas se ponía el acento en una línea que podemos definir como de «pequeñas luchas para grandes objetivos»: se concebía el *entrismo* como la base en que apoyarse para defender con eficacia las reivindicaciones, incluidas las más pequeñas, de los trabajadores, así éstos podrían empezar a ver que sus protestas obtenían resultados, y poco a poco desarrollarían una actitud más combativa no sólo en contra de los empresarios y de la OSE, sino de la dictadura en su conjunto. Por ejemplo, se afirmaba:

> Debemos conceder [...] más importancia a una serie de pequeñas, pero numerosas acciones de protesta y de lucha que se desarrollan en fábricas y que pasan ante nuestra vista sin que nos dignemos parar nuestra atención en ellas porque no tienen la categoría de una huelga. [...] En estas acciones se unen todos los obreros de la fábrica o la empresa. [...] Hay que dar a todas estas pequeñas acciones la importancia que merecen. [...] Tales acciones ponen en movimiento a diario decenas de miles de obreros y [...] son un terreno magnífico para ir dando a éstos una conciencia de clase, una formación revolucionaria [...]. Sacando todo el partido posible de estas pequeñas cosas, nos incrustaremos entre las grandes masas de la clase obrera, iremos elevando su conciencia y preparándolas para batallas de clase más amplias e importantes.[49]

Se subrayaban de este modo las posibilidades que el espacio legal daba para caminar hacia metas revolucionarias previniendo al mismo tiempo las acusaciones de «economicismo», es decir, de limitarse a simples luchas de carácter económico perdiendo de vista el objetivo primario: el derrocamiento del franquismo.

El cambio táctico se explicó e ilustró a los militantes no sólo en las páginas de *Nuestra Bandera*, sino también mediante comunicados internos enviados a las distintas organizaciones del partido. En uno de ellos se resumían, en pocas palabras, las razones que habían empujado al PCE al cambio de línea:

1. Salvar de la represión franquista a las organizaciones del P., camuflándolas dentro de las organizaciones legales del Régimen. [...]
2. Ligar al Partido a las amplias masas de trabajadores. [...]
3. Emplear estas organizaciones falangistas como tribuna pública para desenmascararlas ante los obreros como a unos enemigos de los trabajadores apoyándonos en sus propios estatutos y propagandas demagógicas, para mejor destruirlas desde dentro.

En este documento aparecía una ulterior ventaja del *entrismo*, como era proteger a las organizaciones comunistas de la represión, al permitirles, por un lado, confundirse con el conjunto de los trabajadores y, por otro, utilizar la cobertura legal de los cargos sindicales.[50]

Durante los meses siguientes, también en *Mundo Obrero*, el quincenal del PCE, comenzaron a aparecer con frecuencia notas sobre reivindicaciones realizadas por los trabajadores, utilizando los canales del Vertical, y culminadas con éxito.[51] *Mundo Obrero* no presentaba estas protestas como fruto de la actividad de los comunistas, sino del creciente malestar y de la ascendente combatividad de la clase obrera. Se trataba con ello de motivar a la militancia de base a adoptar la nueva táctica, que era presentada no sólo como capaz de alcanzar resultados tangibles e inmediatos, sino como una línea que el partido había elaborado basándose en las condiciones «objetivas» de las masas y del país, para adaptarse a la realidad, en lugar de forzarla. Es decir, se invitaba a los militantes a actuar en el seno de la OSE, recordándoles que en su lucha no estaban solos, como una vanguardia aislada, sino que eran parte integrante de una protesta popular ya iniciada y cada vez más fuerte.

Hay que precisar que en la intervención de Uribe, en las comunicaciones enviadas a las organizaciones del partido y en los artículos de prensa citados, no se hacía referencia alguna al hecho de que la directriz proviniera directamente de Stalin; al revés, se presentaba como fruto de una reflexión autónoma del PCE. De hecho, la verdadera fuente del cambio no fue revelada hasta 1974.[52] No acaban de estar claras las razones de esta decisión: si con ella se intentaba ocultar la dependencia de Moscú, parece un intento condenado al fracaso, porque esa presunta independencia era desmentida por otros muchos aspectos de la acción del partido. Al contrario, una declaración explícita de que había sido el líder soviético en persona quien había aconsejado el *entrismo* probablemente habría ayudado a vencer las resistencias que encontró en su marcha la nueva estrategia.

Los comunistas, de hecho, tardaron años en poner en práctica de manera sistemática la penetración dentro de la OSE. A este retraso contribuyeron varios factores, entre ellos las dificultades que, como hemos visto, hallaba la organización del partido dentro del país.[53] Pero el más relevante fue la enorme desconfianza con que los militantes veían la participación en una estructura creada por el Régimen, precisamente para subyugar a los trabajadores. El temor a caer en el colaboracionismo había ya hecho fracasar el primer intento de *entrismo* en 1939, como señalaron Santiago Carrillo y Dolores Ibárruri durante la entrevista con Stalin, y seguía estando muy presente como un obstáculo que había que superar. Los informes enviados desde España describían el desprecio de la mayoría de los trabajadores hacia el Sindicato Vertical, remarcando así el riesgo tangible de que operar en su interior llevara más a desacreditarse que a unirse a las masas.[54] Rubén Vega ha afirmado en este sentido que existía una especie de *cleavage* generacional, por el cual los jóvenes eran menos reacios a practicar el *entrismo* que los viejos militantes, a menudo procedentes de las filas de la UGT que, en la línea más ortodoxa, lanzaban su anatema contra quien se atreviera a ocupar cargos en el sindicato fascista.[55]

Desconfiaba también de la nueva táctica una parte de la cúpula dirigente del PCE, de manera que se creó una situación paradójica, porque se pedía a los militantes adoptar una táctica con la cual ni siquiera los propios dirigentes del partido estaban plenamente de acuerdo. Un episodio puede ilustrar con eficacia esa actitud que podemos calificar de «esquizofrénica». Como hemos visto, *Mundo Obrero* había empezado a recoger con frecuencia las experiencias de protestas obreras realizadas sirviéndose de las posibilidades legales ofrecidas por la OSE, las señalaba como un modelo a imitar y por eso animaba a participar en las elecciones sindicales que tendrían lugar en 1950, siempre precisando que el *entrismo* debía de servir para actuar contra el Vertical desde su interior, no para legitimarlo.[56] Esta posición se ajustaba perfectamente a la nueva táctica tal y como había sido delineada a nivel oficial desde la reunión de octubre de 1948, pero provocó una reacción tan dura como inexplicable por parte de la misma Dolores Ibárruri, quien, en una carta dirigida a la redacción del periódico en noviembre de 1949, escribía:

> Queridos camaradas: Permitidme llamar vuestra atención sobre un hecho que se viene dando con bastante frecuencia en *Mundo Obrero* en relación con los Sindicatos verticales, y que muestra que entre vosotros existen algunas incomprensiones sobre la política del Partido y del trabajo de éste entre las masas, en las condiciones del franquismo. De hombre es el errar, de necios perseverar en el error, dice un adagio español. [...] ¿Es qué puede nadie pensar que en un régimen como el franquista, [...] fascista por su origen y por su esencia [...], pueden los obreros elegir democráticamente sus dirigentes sindicales y que el franquismo iba a permitir a estos dirigentes movilizar las masas sindicales en defensa de sus reivindicaciones? [...]
>
> Quisiera, camaradas, que cada uno de los redactores de *Mundo Obrero* pensase en cada una de sus palabras antes de escribirlas y se esforzase por comprender lo que significa el trabajar entre las masas, en las condiciones de un régimen policíaco como el franquista. Así se evitarán hechos como el que me veo obligada a criticar, para corregir falsas interpretaciones de nuestra política, o el nacimiento de tendencias extrañas a nosotros, y que pueden producir un gran daño a la causa que con tanto heroísmo y abnegación defienden nuestros camaradas en el interior del país.[57]

Es decir, el más alto cargo del PCE, a pesar de haber participado personalmente en el encuentro con Stalin, parecía sostener posiciones diametralmente opuestas a las que se estaban propagando durante el último año. Hay que subrayar que la *Pasionaria*, aun criticando ásperamente lo publicado por el quincenal, en la carta citada no ofrecía ninguna indicación concreta sobre cómo los comunistas habrían tenido que actuar en el medio sindical. Se creaba así una especie de limbo, mientras los redactores de *Mundo Obrero*, por su parte, eran obligados a realizar un auténtico auto de fe: en el número siguiente publicaron un artículo en el que se disculpaban por haber malinterpretado el carácter de la OSE y la política sindical que respecto a ella debían adoptar los comunistas, definiendo la carta de Ibárruri como «una poderosa ayuda política para todo el Partido».[58]

La principal consecuencia de este hecho consistió en que la participación de militantes del PCE en las elecciones sindicales de 1950, que probablemente habría servido para poner ya en marcha la nueva táctica, fue prácticamente nula. El propio *Mundo Obrero*, dando la vuelta a sus anteriores argumentos, se refirió a las elecciones como una «farsa» y llamó al boicot.[59] Sólo en Barcelona hubo algunos comunistas que presentaron sus candidaturas o dieron su apoyo a un «candidato de protesta» concertado con otros sectores de la oposición, en particular con los movimientos obreros de Acción Católica.[60] En realidad, la participación de militantes del PSUC en las elecciones sindicales se debió no tanto al hecho de que *Treball*, su órgano oficial, pese a la aparente negativa de la dirección en el exilio hubiera dado tímidamente indicaciones en ese sentido, sino sobre todo a su espontánea iniciativa.[61] Los resultados, en cualquier caso, fueron exiguos, y las candidaturas *entristas* sólo tuvieron éxito en unas pocas empresas, caso de Casa Girona, de Elizalde o de los Tranvías.[62] En los demás casos, o bien los comunistas no presentaron candidatos, o bien éstos no obtuvieron resultados porque no lograron concitar el apoyo de los trabajadores, más partidarios de seguir los llamamientos de anarquistas y socialistas al boicot.[63]

Hay que precisar que la incertidumbre inicial en la nueva estrategia *entrista* se correspondía con una persistente fe en la eficacia de la lucha guerrillera. Según la historiografía oficial del PCE, tras el encuentro con Stalin, «para las tareas que surgían en la nueva situación, perdía su razón de ser la lucha guerrillera [...]. La dirección del Partido, de acuerdo con los jefes del movimiento guerrillero, decidió la disolución de dicho movimiento».[64] De acuerdo con esta versión, el abandono de la lucha armada se habría decidido ya a finales de 1948 o principios de 1949. Los documentos, sin embargo, reflejan una realidad muy distinta. De hecho, demuestran no sólo que la dirección del PCE siguió enviando armas y dinero a las Agrupaciones Guerrilleras hasta 1950-1951, sino también que la penetración en las estructuras del Vertical se contemplaba en la estrategia del partido también como un primer paso para asegurar su presencia entre las masas obreras de modo que éstas, llegado el momento oportuno, siguieran a los guerrilleros en un gran levantamiento armado. Con ese objetivo, las Agrupaciones debían ser reconvertidas en grupos de autodefensa y de apoyo al resto de las actividades clandestinas;[65] al mismo tiempo, era necesario dotar a cada célula comunista dentro de las fábricas «de pistolas e incluso metralletas».[66] Como ya señaló Harmut Heine, en esa coyuntura no llegó nunca de la dirección una orden explícita para cesar la lucha armada.[67] En realidad fue la represión franquista, y no una decisión del partido, la que puso fin al *maquis*, casi completamente aniquilado entre 1950 y la primavera de 1952.[68] El PCE lo abandonó simplemente a su destino. Mientras tanto, la huelga general de Barcelona de 1951 acabó de convencer a los comunistas de que era mejor dirigir todas sus energías hacia los movimientos de masas en general y al sindicalismo en particular.

CAMINANDO, BARCELONA INDICA EL CAMINO

El 19 de diciembre de 1950 entró en vigor en Barcelona un aumento del precio de los billetes del tranvía. La tarifa había aumentado sólo 20 céntimos, pero fue suficiente para colmar el vaso del descontento de una población que llevaba once años viviendo en condiciones económicas muy por debajo de las que había conocido antes de la guerra.[69] Desde el 8 de febrero de 1951 aparecieron por la ciudad octavillas anónimas llamando al boicot de los medios públicos para el primer día del mes siguiente. El 1 de marzo, un 97% de los ciudadanos siguió la convocatoria: en la ciudad los tranvías circulaban casi vacíos, mientras las calles aparecían llenas de personas que se dirigían caminando hacia sus lugares de trabajo.[70] La elevada participación en la protesta se explica ante todo por su motivación, una causa concreta, con un objetivo igualmente muy preciso y compartido por la mayor parte de la población (porque no participó sólo la clase obrera, sino también la burguesía e incluso algunos sectores de Falange descontentos por la política adoptada por el gobernador civil). Además, la forma en que se llevó a cabo tenía la ventaja de minimizar el riesgo de la represión, por la razón obvia de que nadie estaba obligado a tomar el tranvía.[71] El boicot siguió los días siguientes hasta que, el 6 de marzo, el Ministerio de Obras Públicas ordenó al Gobierno Civil de Barcelona volver, aunque fuera temporalmente, a las tarifas precedentes.

En la propia Delegación Nacional de Sindicatos se convocó una reunión de enlaces con la intención de restablecer el orden, presionándolos para que dieran buen ejemplo subiendo a los tranvías. Sin embargo, la presión no sólo fue rechazada, sino que tuvo el efecto contrario al esperado: los enlaces elegidos en 1950, tanto los comunistas como los católicos o independientes, así como algunos falangistas, exigieron la libertad de quienes habían sido detenidos durante las manifestaciones en defensa del boicot y aprovecharon la ocasión para pedir un aumento salarial. Así, en la misma sede oficial, una vez que los dirigentes del Vertical abandonaron el local de la reunión, empezó una asamblea que decidió la convocatoria de una huelga general para el día 12. Huelga que obtuvo un seguimiento elevado, superior al 50%, que se extendió desde Barcelona a las zonas industriales limítrofes y que, a pesar de la represión, se prolongó hasta el día 15, movilizando a casi 300.000 trabajadores. La motivación sustancialmente económica de estos hechos no impidió que pronto tuvieran importantes repercusiones políticas: tanto el gobernador civil, Baeza Alegría, como el delegado local de la OSE, Claudio Emilio Sánchez, fueron destituidos en los días siguientes. Su influencia resultó incluso determinante para el cambio de gobierno de julio de ese año, motivado por la necesidad de rectificar la política económica y de poner fin al aislamiento internacional de España, pero también de retomar con mayor energía las riendas del orden público, que por primera vez desde 1939 parecían escaparse de las manos.[72] Lo sucedido en la capital catalana constituía, de hecho, la primera protesta de masas bajo la dictadura, y tuvo el efecto de inspirar, a lo largo de la primavera de 1951, nuevas manifestaciones y huelgas en otras regiones del país, especialmente en el País Vasco y Madrid.[73]

Esos hechos abrieron una nueva etapa en la oposición a la dictadura. Ante todo, pusieron en evidencia el malestar existente en la población a causa de las difíciles condiciones económicas. La autarquía con su consiguiente intervencionismo y proteccionismo, sumada a la exclusión de España del Plan Marshall, había frenado la modernización económica y fue la principal responsable de la situación de miseria generalizada que conoció el país durante toda la década de los cuarenta y los primeros años cincuenta. En 1950 el consumo medio por habitante era la mitad respecto al de 1930.[74] La protesta de Barcelona demostró que este descontento podía pasar del estado latente en el que se encontraba a una explosión popular de dimensiones notables, al menos para llegar a preocupar al Régimen. En un informe gubernamental sobre lo ocurrido puede leerse:

> El panorama actual que plantean todos los vocales de las Secciones Sociales, Enlaces Sindicales y los propios obreros en cuanto se refiere a la angustiosa situación que atraviesan los trabajadores por el constante incremento de los precios [...] es verdaderamente angustioso, creando una inquietud ininterrumpida en fabricas y talleres [...], que en algún momento pudiera plantear conflictos que, teniendo una apariencia de peticiones justas, muy bien podrían ser aprovechados por nuestros enemigos.[75]

El boicot a los tranvías y la huelga posterior presentaron, además, una novedad significativa respecto a manifestaciones anteriores, como la del primero de mayo de 1947 en Vizcaya,[76] puesto que se desarrollaron siguiendo una dinámica espontánea y autónoma respecto a las organizaciones políticas antifranquistas.

En realidad éstas, no obstante su apoyo, no fueron las promotoras, sino que más bien fueron a remolque de los acontecimientos. El PSUC sostuvo el boicot publicando el 1 de marzo un número especial de *Treball* en el que invitaba a participar en la iniciativa, y el día 4 intentó dar al movimiento una clara connotación política difundiendo un manifiesto en el que incitaba a las masas «a transformar la protesta contra las tarifas tranviarias en una gran protesta contra el Régimen». No obstante este llamamiento, como reconocía el propio partido, la mayoría de quienes tomaron parte en la protesta lo hicieron movidos por reivindicaciones de carácter esencialmente económico.[77] Por otra parte, los comunistas no promovieron de ninguna manera la huelga general del día 12; al revés, ésta los pilló desprevenidos y su éxito les sorprendió.[78] Tanto es así que el día 11 se había reunido la Delegación del Comité Central (CC) del PSUC y, «sobre la base de los informes que obraban en su poder, llegó a la conclusión de que a pesar de circular el rumor de huelga para el día 12, la huelga no se produciría porque no había bastante ambiente para ella».[79]

Sin embargo, los comunistas, aunque no habían desempeñado un papel dirigente en la movilización,[80] la reivindicaron *a posteriori* y le dieron un gran relieve en su prensa.[81] Las protestas catalanas, de hecho, fueron decisivas para que el PCE venciera todas sus resistencias y se decidiera finalmente a dar un impulso decisivo a la nueva táctica del *entrismo*. No es casualidad que en *Mundo Obrero* aparecieran titulares como «¡Barcelona marca el camino!» o «Una nueva etapa en la lucha del pueblo español»,[82] y un informe de la dirección no deja lugar a dudas en el mismo sentido cuando afirmaba:

> Los acontecimientos de Cataluña no sólo plantean los problemas del trabajo del Partido de una manera nueva en Cataluña, sino en todo el país. En las presentes circunstancias debemos ser mucho más audaces en nuestro trabajo hacia el interior; concentrar todavía más los esfuerzos del Partido en esa dirección. Se han creado nuevas posibilidades para el desarrollo del Partido y del movimiento de masas en todo el país.[83]

Antonio Mije, en una carta a Dolores Ibárruri, escribía que los acontecimientos de Barcelona eran de enorme importancia, y que de ellos podrían extraerse conclusiones muy útiles.[84] Las enseñanzas eran especialmente dos, estrechamente relacionadas entre sí. La primera era que convocando manifestaciones y huelgas de explícito carácter político no se conseguía movilizar a las masas, bien a causa del miedo a la represión, bien por su creciente despolitización. Era necesario por tanto, para obtener resultados significativos, apoyarse al menos en una primera fase en reivindicaciones de carácter económico que tuvieran relación con los intereses inmediatos y concretos de los ciudadanos, lo cual permitiría además obtener la adhesión de estratos sociales hasta entonces vinculados al Régimen, como los burgueses o los católicos. Insistir en las cuestiones económicas podía, por otra parte, tener igualmente relevantes repercusiones políticas, como demostraban los ceses e incluso en cambio de gobierno. La segunda enseñanza era que los enlaces podían desempeñar una función clave, como había demostrado el hecho de que la convocatoria de huelga general hubiera salido de la reunión sindical del 6 de marzo. No sólo disponían de la cobertura legal que suponía utilizar los locales de la propia OSE para celebrar asambleas, por tanto sin las limitaciones de los encuentros clandestinos, sino que además, como representantes de los trabajadores, estaban mejor situados para conocer sus necesidades y exigencias, para ganar su confianza defendiendo de cerca sus intereses y de ese modo reconducir el descontento obrero primero hacia reivindicaciones económicas y luego políticas.

El PCE dedujo que había llegado el momento de dejar de lado las reticencias y concentrar todas las fuerzas en la conquista de los cargos electivos de la OSE, reforzando su capacidad de movilización. No sólo contribuyó a ello, como hemos visto, el agotamiento que a la altura de 1951 mostraba la lucha guerrillera, próxima a ser totalmente liquidada por la represión. Contribuyó, también, un segundo factor: el final del ostracismo internacional del régimen de Franco y su consolidación. Así, desde principios de los años cincuenta, España comenzó a ser admitida en distintos organismos de la ONU, al mismo tiempo que sus relaciones diplomáticas se normalizaban con la mayor parte de las naciones occidentales, como simbolizaba el regreso de sus embajadores a Madrid. En el nuevo contexto de la Guerra Fría, los Estados Unidos pasaron a considerar España como un territorio de especial importancia estratégica, un interés que culminó con los acuerdos de 1953 entre ambos países. Ese mismo año la dictadura firmó el Concordato con la Santa Sede.[85] Rehabilitado internacionalmente, se desvanecía la posibilidad de un colapso del Régimen a corto plazo, una expectativa sobre la cual la oposición había elaborado sus estrategias desde la derrota. El combate contra el franquismo se convertía en una lucha a largo plazo, y la invitación de Stalin a la paciencia parecía más apropiada que nunca. Manuel Azcárate, por entonces redactor de *Nuestra Bandera*, describió en sus memorias el impacto que tuvo la consolidación del Régimen sobre la estrategia de los comunistas:

> Nos obligó, evidentemente, a una revisión de la estrategia. Había que jugar a largo plazo y dejar las ilusiones de un cambio rápido. Era preciso enterrar la vieja costumbre de brindar cada Nochevieja por estar el año siguiente en una España libre.[86]

La decisión de la cúpula del PCE de optar ya de forma inequívoca por el *entrismo* fue transmitida a los militantes a través de una serie de artículos y documentos internos.[87] La propia Dolores Ibárruri llevó a cabo una crítica de la línea seguida por el partido hasta ese momento, señalando las razones de las principales carencias en la insuficiente conexión con las masas, y explicando las razones en estos términos:

> Esta debilidad era en cierta manera el resultado de un estado de animo refractario a la aceptación de la derrota, era el resultado de la idea infantil de que el franquismo no podría sostenerse en el poder, ni nuestro pueblo soportar más allá de unos meses el yugo fascista. [...]
> No examinamos como corresponde a un partido marxista leninista lo que significaba la derrota, ni se estudió la táctica a seguir en las condiciones del franquismo.[88]

Con esa autocrítica, la *Pasionaria* abandonaba definitivamente la ambigua posición mantenida en ese tema, y daba luz verde al *entrismo*.[89] Un mes más tarde, en julio de 1952, el Comité Central difundía entre las organizaciones un documento fundamental, que no dejaba lugar a dudas sobre la nueva orientación e indicaba claramente el camino a seguir:

> Para ligarnos con las masas y movilizar en torno nuestro incluso a los obreros más atrasados, se impone combinar con nuestro trabajo clandestino la utilización de las posibilidades legales, por insignificantes que sean [...]. Sin dejar de denunciarlos públicamente como instrumentos del Régimen y de los patronos, debemos esforzarnos por penetrar en los Sindicatos Verticales, por utilizar todas las posibilidades dentro de éstos para reunir a los obreros y hablarles de sus problemas y plantear sus demandas. Debemos esforzarnos por que la mayor cantidad de puestos de enlaces sindicales estén en manos de obreros honrados y revolucionarios.[90]

Para ser eficaz, esa táctica requería en primer lugar afrontar el problema de la escasa organización del partido dentro de España, creando una amplia red de comités conectados entre sí en varios niveles, desde el local al nacional. Una estructuración semejante debía comenzar en las fábricas, pues la implantación en ellas constituía una condición *sine qua non* para desarrollar la estrategia sindical.[91] Era preciso que los comunistas demostraran flexibilidad en su trabajo cotidiano para conocer y asumir las demandas de los obreros en cada una de las empresas, poniendo el acento en las cuestiones vitales capaces de suscitar la atención de la mayoría, como por ejemplo la reivindicación del salario mínimo, para lograr un amplio consenso.[92]

Una vía ulterior del PCE en su proceso de reconstrucción consistió en dirigirse principalmente a los jóvenes, porque eso le permitiría reclutar militantes no anclados en los esquemas del pasado ni en los modos de acción propios de los tiempos de la República y la Guerra Civil, por tanto más moldeables a la nueva situación española y a los nuevos desafíos de una sociedad que se encaminaba hacia la modernización. Los jóvenes contaban con otra gran ventaja: la de no estar fichados por la policía a causa de sus antecedentes políticos.[93] Por último, en numerosos artículos y documentos internos del partido se subrayaba la necesidad de dar una mayor formación política tanto a los jóvenes como a los viejos militantes, que pusiera remedio a las deficiencias observadas en su preparación teórica. Para conseguir todos estos objetivos se creó bajo la dirección de Santiago Carrillo, responsable de organización, una Comisión de Interior.[94]

El alba de los tiempos nuevos

1954 fue un año fundamental para la evolución del PCE y su política sindical, pues marcó el inicio de una nueva etapa. Entre abril y mayo se celebraron las primeras elecciones de la OSE, en que la táctica *entrista* se aplicó con convicción. Es suficiente leer el siguiente artículo de *Mundo Obrero* para darse cuenta de que la dirección del partido había dejado atrás las viejas reticencias:

> Las elecciones de enlaces sindicales deben aprovecharse para la movilización en fábricas y talleres, en todos los lugares de trabajo en defensa de los candidatos propuestos por los trabajadores. La propaganda y la agitación deben multiplicarse sabiendo utilizar hasta la más mínima posibilidad legal. [...] Allí donde se pueda se deben organizar reuniones de obreros en las fábricas y lugares de trabajo para elegir sus candidatos, para discutir el plan de reivindicaciones económicas que debe servir de base para la campaña por el triunfo del enlace o enlaces propuestos por los trabajadores. Y en torno al plan de reivindicaciones realizar la unidad de los trabajadores.[95]

El PCE daba de esta forma a sus militantes las directrices para moverse en una perspectiva localista, que consistía en la elaboración de programas reivindicativos que no perdieran de vista las características específicas de cada empresa o fábrica, ni las necesidades de quienes trabajaban en ellas. Para concretar mejor los temas en torno a los cuales buscar el mayor acuerdo posible, se recomendaba celebrar asambleas para discutirlos directamente con los trabajadores. La idea de base era que los programas surgieran lo más posible desde abajo para que los trabajadores pudieran asumirlos como propios, y no como algo impuesto desde fuera. Lo mismo valía para la selección de candidatos a enlaces y jurados: no era necesario que fueran comunistas, lo importante es que gozaran del respeto y de la confianza de sus compañeros, es decir, que tuvieran más posibilidades de resultar elegidos.[96] Todo ello demuestra que en este momento el simple proselitismo había pasado a un segundo plano frente a la prioridad de movilizar a los obreros, despertar su combatividad, empujarles a manifestar su malestar y crear así una verdadera masa crítica. Conscientes de que a corto plazo no existían las condiciones objetivas para una amplia movilización política de carácter antifranquista, trataban de crearlas para un futuro más o menos cercano.

Simón Sánchez Montero, uno de los responsables de la organización clandestina en Madrid, ofrece en sus memorias un ejemplo de primera mano de cómo actuaron los comunistas en la capital con motivo de las elecciones, y de su desarrollo:

> Celebramos varias reuniones. Se hizo una candidatura de gente honesta [...] y se redactó un manifiesto dirigido a los obreros, firmado por la candidatura y difundido legalmente. Desde luego, no era una soflama revolucionaria, pero planteaba problemas laborales importantes para los obreros. [...]. Fue un buen ejemplo de cómo se podían aprovechar, o mejor, crear las posibilidades legales para llegar a los obreros. Y ése era entonces, y lo fue durante mucho tiempo, el gran problema que se nos planteaba a la hora de desarrollar la lucha obrera y la organización del Partido.[97]

Madrid, en efecto, fue según la documentación interna de la OSE, una de las ciudades donde fue mayor la afluencia a las urnas y donde las «candidaturas de protesta» y la táctica del PCE obtuvieron mejores resultados. En Telefónica, por ejemplo, los comunistas rompieron su anterior aislamiento y consiguieron promover la constitución de unos comités unitarios para elaborar los programas reivindicativos y seleccionar a los candidatos.[98] También en Barcelona se lograron buenos resultados, hasta el punto de que el propio delegado provincial del Vertical reconocía que las elecciones habían dejado en evidencia la falta de prestigio de las candidaturas oficiales, afirmando en consecuencia la urgencia de afrontar la cuestión de la efectiva representatividad de la OSE y de su legitimidad a los ojos de los trabajadores.[99]

Pero no en toda España se alcanzaron los resultados positivos de Madrid o Barcelona, pese al tono triunfalista de la prensa comunista.[100] En muchos casos sus candidaturas fracasaron, en parte por la incapacidad de los militantes a la hora de poner en práctica en sus respectivos lugares de trabajo las directrices recibidas desde arriba: tratándose de la primera vez que se aplicaban, era predecible que la inexperiencia en este ámbito tuviese repercusiones negativas. A esto debe sumarse otro factor: la mayoría de los obreros había considerado siempre el Vertical como un instrumento de opresión y le costaba concebirlo de otra manera, por lo que a menudo no acudió a votar ni siquiera las «candidaturas de protesta».[101] El partido sabía que no resultaría fácil cambiar de un día para otro actitudes tan arraigadas, y el propio Carrillo, comentando el caso de un candidato comunista que no había conseguido el cargo de jurado, afirmaba que lo importante a corto plazo no era necesariamente la victoria:

> Lo importante es que nuestros camaradas han discutido y hecho agitación entre centenares de trabajadores, les han presentado un programa de reivindicaciones que aún servirá para continuar movilizándoles; lo importante es que han descubierto a nuevos trabajadores decididos a realizar una actividad a los que ahora se trata de ir atrayendo más cerca del Partido y educando. Un resultado no menos interesante es que los trabajadores han visto que se puede luchar contra la empresa y los falangistas y que tienen dirigentes entre ellos capaces de guiarles.[102]

Las elecciones sindicales de 1954 fueron el primer ensayo de la táctica *entrista* y, más en general, de la nueva política de masas del PCE. Pueden ser consideradas, por tanto, como el prólogo de aquellas formas organizativas que se desarrollarían más plenamente en los años sucesivos, y que serían adoptadas por otros grupos de la oposición.[103]

1954 fue también un año decisivo para los comunistas españoles, ya que en noviembre celebraron su v Congreso, el primero después de la guerra. Se abrió con una larga intervención del máximo cargo del partido, Dolores Ibárruri. *Pasionaria* examinó la situación del país y del Régimen, haciendo hincapié en las pésimas condiciones económicas y criticando duramente el pacto con los Estados Unidos, que había convertido a España en una «colonia yankee» y demostraba cómo el franquismo sólo podía sostenerse gracias a la ayuda exterior. La secretaria general prestó atención además al surgimiento de corrientes de discrepancia interna entre sectores que hasta entonces habían apoyado la dictadura, a veces manifestadas bajo formas de verdadera oposición: se refería en particular a las organizaciones católicas progresistas y a ciertos grupos de la burguesía. Consideraba ya maduros los tiempos para superar las viejas rivalidades y prejuicios y proceder a la creación de un Frente Nacional Antifranquista, es decir, una amplia alianza integrada por todos los grupos sociales y políticos contrarios a la dictadura. Su objetivo era derrocar al Régimen y constituir un gobierno provisional que se ocupara de restablecer las libertades democráticas y de convocar elecciones a cortes constituyentes. No hay que olvidar que el año anterior había muerto Stalin y con él se había concluido la fase más aguda de la Guerra Fría, algo que, por supuesto, no dejaría de tener repercusiones en los comunistas españoles. En su v Congreso rebajaron el tono revolucionario y declararon como meta ya no la República Popular, sino la República democrática elegida por sufragio universal.[104] La edificación de la sociedad comunista era así reenviada a un futuro no precisado: con ello se estaban poniendo los cimientos de su próxima Política de Reconciliación Nacional.

La actividad del partido entre las masas, las recientes experiencias de utilización de las posibilidades legales, y las perspectivas de esta línea de actuación fueron algunos de los temas centrales del Congreso. Los delegados procedentes del interior ilustraron lo realizado al respecto en sus respectivas localidades, y todos se mostraron de acuerdo en las ventajas de la nueva estrategia. Carrillo no dejó de insistir en la necesidad de redoblar los esfuerzos en esa dirección:

> La cuestión estriba hoy no sólo en crear una amplia red de Comités y organizaciones del Partido, sino en ampliar y fortalecer las ligazones del Partido con las masas y no desaprovechar una sola oportunidad de entrar en contacto con éstas, y de orientarles. Esto plantea la obligación para los comunistas de penetrar en todas las organizaciones legales de masa [...]. De llevar nuestra actividad al seno de dichas organizaciones, tomando posiciones y utilizándolas para defender los intereses del pueblo, estar en contacto con él y combatir al franquismo. Es decir, tenemos la obligación de combinar ampliamente la utilización de todas las posibilidades legales, con el trabajo clandestino. Apoyándonos en la utilización de las posibilidades legales el Partido estará ligado con las masas, su organización clandestina se consolidará y se pondrá en condiciones de jugar el papel político que le corresponde.[105]

El v Congreso del PCE determinó la asunción definitiva y oficial de la nueva táctica, integrándola incluso en los nuevos estatutos del partido aprobados en esa ocasión. Así, el punto 35 declaraba:

> Los Comités y militantes del Partido deben prestar particular atención a las organizaciones de masas [...] combatiendo toda tendencia sectaria que conduzca al Partido a aislarse de las masas. Los comunistas deben trabajar en tales organizaciones, [...] utilizando todas las formas y medios legales para ligarse a las masas, defender sus derechos y desarrollar una labor de explicación y educación política dirigida a conducir a los afiliados de las mismas a la acción en defensa de sus reivindicaciones y a la lucha por los objetivos que se fijan en la política del Partido.[106]

El Congreso de 1954 resultó fundamental para dar un impulso decisivo a la acción de masas también porque dio entrada en el Comité Central a personas que se estaban ocupando, o que se iban a ocupar en los próximos meses, de la organización clandestina del partido en el interior: Simón Sánchez Montero, Jorge Semprún, Julián Grimau, Francisco Romero Marín, José Sandoval, Núñez Balsera, Emiliano Fábregas, Mario Huerta o Higinio

Canga. Una promoción que demostraba la creciente importancia que se concedía a su trabajo, y que trataba de reforzarla ulteriormente. Su ascenso supuso una significativa renovación en la cúpula del PCE y formó un grupo dirigente más joven y menos ortodoxo que en los años siguientes, en torno a la figura de Carrillo, llevó al partido «fuera de las catacumbas».[107]

Las decisiones tomadas en el V Congreso llegaron pronto a los principales grupos comunistas dentro de España, que concentraron todos sus esfuerzos en llevarlas a la práctica lo antes posible. Se trataba de hacer despegar la acción de masas que se estaba gestando en los últimos años y que había superado su primer examen con ocasión de las elecciones sindicales de 1954. El contacto con los trabajadores se realizaba a través de células compuestas por unos pocos militantes y que, coordinadas por comités locales y provinciales, constituían la organización de base en el interior. Eran, además, la vanguardia del partido en las fábricas y empresas, donde se encargaban de adaptar a cada caso específico las indicaciones generales recibidas de la dirección.[108]

Pero su cometido no se reducía a sembrar y fomentar el descontento entre los trabajadores para empujarlos hacia la protesta; tenían que promover asambleas e incentivar el debate entre los obreros, como una forma de hacer resurgir entre ellos el hábito de la acción colectiva que había sido sofocado por la dura represión de la dictadura. Dado que el miedo seguía muy presente, la conquista de cargos electivos dentro de la OSE conllevaba considerables ventajas, permitiendo disponer de los locales del Vertical para celebrar las reuniones bajo cobertura legal e infundiendo por eso una dosis de seguridad. En este sentido, un militante de Madrid afirmaba:

> El hecho de disponer del local del S. nos ha permitido celebrar allí reuniones de los obreros de una empresa [...] y discutir libremente y sin miedo a ser interrumpidos por la policía [...]. Y en esas reuniones los obreros se transforman. El solo hecho de estar reunidos sólo ellos, discutiendo sus problemas, la defensa de sus intereses frente al patrón, hace que se sientan más unidos, más fuertes, que se agudice su conciencia de clase. [...] A los obreros viejos, esas reuniones le recuerdan otros

tiempos, hacen revivir en ellos sentimientos quizá un poco enterrados. A los obreros jóvenes les despiertan ideas nuevas, de rebeldía frente al patrono.[109]

En tales ocasiones los temas tratados eran sobre todo de carácter económico, siempre con la idea de evitar temas políticos que pudieran tener el efecto indeseado de asustar o alejar a los trabajadores: su politización ya llegaría con el tiempo.[110] Con esa finalidad los militantes debían difundir las líneas principales de la ideología y del programa del partido de manera velada, ocultando su militancia para evitar la extendida desconfianza hacia los comunistas.

Transcurrido un año de la celebración del V Congreso, la dirección se mostraba, en general, satisfecha con la aplicación de la nueva estrategia en todo el país, y más concretamente con los progresos realizados en Madrid.[111] Persistían, sin embargo, dudas sobre cómo conjugar la legalidad y la ilegalidad, en el temor de caer en el legalismo, es decir, en que la acción se llevara a cabo exclusivamente dentro de los canales permitidos por la ley. El partido tuvo que aclarar que no se debía renunciar por ninguna razón a las luchas extralegales como por ejemplo huelgas o manifestaciones, que seguían siendo decisivas y respecto a las cuales los medios legales debían servir sólo de apoyo y refuerzo, de preparación, pero en ningún caso sustituirlas. En otras palabras, la legalidad franquista debía ser usada en clave revolucionaria.

De hecho, no se podía pensar en alcanzar ningún objetivo decisivo para la transformación democrática del país moviéndose dentro del marco legal, algo impensable por la propia naturaleza de la dictadura del Caudillo. Resultaba necesario, por tanto, perseverar en las acciones clandestinas al mismo tiempo que se utilizaban hasta el fondo los canales abiertos por el Régimen, forzando sus límites, hasta volverlo contra sus mismos creadores. Legalidad e ilegalidad serían las dos almas, contrapuestas y al mismo tiempo complementarias, de la política sindical del PCE hasta el final de la dictadura: el partido aspiraba a entrelazarlas cada día más, hasta que se llegara a un momento en el que al franquismo resultara difícil distinguir qué era legal y qué no lo era.[112]

Un tema que remitía a otro de especial relevancia, como era la seguridad de los militantes encargados de estas tareas. Éstos se movían en el filo de la navaja: por una parte, ocupar un cargo electivo y defender las reivindicaciones siguiendo los reglamentos de la OSE les daba cierta seguridad legal frente a las represalias y la vigilancia de unas fuerzas del orden acostumbradas a luchar contra un enemigo que se movía exclusivamente en la clandestinidad; por otra parte, en cambio, actuar públicamente les exponía a una mayor visibilidad, y permitía a las autoridades identificar a los más combativos y actuar en consecuencia, desde la imposición de multas hasta la cárcel si se demostraba alguna intencionalidad política. El debate sobre esta doble dimensión de la relación entre *entrismo* y represión fue una constante dentro del PCE y del antifranquismo en general hasta el final de la dictadura. En efecto, a lo largo de esta obra veremos que en varios momentos, cuando la represión golpeó con mayor dureza, más fuerte fue la presión para actuar en la clandestinidad, frente a quienes defendían que, al revés, actuar a la luz del día y apoyándose en posiciones legales les hacía precisamente menos vulnerables.

LA POLÍTICA DE RECONCILIACIÓN NACIONAL

En 1956, con ocasión del vigésimo aniversario del inicio de la Guerra Civil, el PCE lanzó su Política de Reconciliación Nacional (PRN), base fundamental de la estrategia comunista hasta el final del franquismo y durante la transición a la democracia.[113] Con ella, el partido invitaba a todas las organizaciones y grupos sociopolíticos antifranquistas a unirse en un frente común, capaz de restablecer en España las reglas del juego democrático sin recurrir a la violencia. Los comunistas eran conscientes de que sólo a través de una extensa y heterogénea alianza de todas las corrientes hostiles al Régimen se dispondría de la fuerza necesaria para abatir pacíficamente la dictadura. Pero, en el camino, era indispensable superar las viejas heridas y divisiones creadas en la sociedad española por la Guerra Civil, y que la continuaban lacerando. Dejar de lado las antiguas rivalidades y rencores era la mejor manera de superar diferencias que sólo favorecían a la dictadura y su perpetuación. La reconciliación de todos los sectores de la sociedad española, excepto aquellos declaradamente franquistas, fue la principal aportación de la nueva línea inaugurada entonces por el pce, el núcleo central de su propuesta, como reflejaba ya su mismo nombre.

La nueva política, que había sido esbozada previamente en una correspondencia entre Carrillo y la *Pasionaria*,[114] fue perfilada en una sesión del Buró Político (bp) en abril, se hizo pública en junio mediante un manifiesto y se discutió colectivamente en el Comité Central (cc) en agosto.[115] En realidad, no supuso una verdadera ruptura con la trayectoria seguida hasta entonces, sino una sistematización, en varios sentidos, de algunos de los principales aspectos que habían caracterizado la línea del pce antes de 1956, así como una evolución acorde con los importantes cambios que se estaban produciendo tanto en España como en los países comunistas. El núcleo de la prn era el llamamiento a la unidad que el partido había realizado ya con la Unión Nacional, y luego con el Frente Nacional Antifranquista. En 1956, sin embargo, los comunistas habían llegado a la conclusión de que la debilidad de sus anteriores propuestas radicaba en el hecho de que los destinatarios eran las organizaciones antifranquistas tradicionales, dentro de un esquema interpretativo de la realidad sociopolítica española anclado en la Guerra Civil. Parecía haber llegado el momento de orientarse hacia las nuevas fuerzas que estaba surgiendo dentro del país y que estaban llamadas a desempeñar «un papel de primer orden en la lucha por los cambios políticos».[116]

Entre estas nuevas fuerzas destacaba el movimiento estudiantil, que había hecho una impetuosa irrupción en la escena política el mes de febrero anterior. La reorganización del mundo académico español después de 1939 había sido coherente con los rasgos dominantes del Nuevo Estado: se estableció un sindicato único, el Sindicato Español Universitario (seu) que, organizado según el modelo del Vertical, preveía el encuadramiento obligatorio, tanto de los profesores como de los estudiantes. La Ley de Ordenación Universitaria de 1943 dejó claro que el objetivo era una enseñanza absolutamente conforme con los valores de la Falange.[117] En la primera mitad de los años cincuenta, gracias al impulso reformista dado por Joaquín Ruiz-Giménez, nombrado ministro de Educación Nacional en 1951, se fueron desarrollando actitudes críticas en el mundo universitario e intelectual que culminaron con las manifestaciones estudiantiles de febrero de 1956 en Madrid, reprimidas por la policía. La respuesta gubernamental no tardó en llegar, en forma de cierre temporal de la universidad madrileña, estado de excepción, numerosas detenciones y el cese de Ruiz-Giménez y de Raimundo Fernández Cuesta, ministro secretario general del Movimiento. Con Ruiz-Giménez salían del ministerio la mayor parte de sus colaboradores, entre ellos los intelectuales falangistas Pedro Laín Entralgo y Antonio Tovar, rectores de las universidades de Madrid y Salamanca, respectivamente.[118] Esos acontecimientos tuvieron un gran impacto en la opinión pública, puesto que muchos de los estudiantes detenidos procedían de familias burguesas del bando vencedor en la Guerra Civil. Por primera vez, los hijos de los vencedores se rebelaban contra el Régimen sostenido por sus padres o hermanos mayores.

El PCE, que llevaba varios años organizando sus núcleos dentro de la universidad,[119] miró con enorme entusiasmo a las movilizaciones estudiantiles de Madrid, tanto que éstas tienen que ser consideradas como un factor clave que empujó el partido a la formulación de la PRN. En primer lugar, evidenciaban que en España había crecido una generación que no había vivido la guerra y que, en consecuencia, pensaba y actuaba fuera de los esquemas determinados por la confrontación bélica. Si los comunistas querían estrechar los lazos con estos jóvenes debían renovar su propio discurso y su léxico, dejando de lado las referencias a las cuestiones del pasado en beneficio de una promesa de futuro.

En segundo lugar, los sucesos de febrero del 56 influyeron en la elaboración de la nueva política del PCE porque terminaron de convencer al partido de que los tiempos estaban maduros para que la reconciliación entre los españoles se pudiera presentar como una posibilidad concreta.[120] Los jóvenes que se asomaban entonces a la vida pública percibían como cada vez más extrañas las viejas rivalidades y parecían dispuestos a abandonarlas definitivamente. No por casualidad el manifiesto que simbolizó la movilización de los jóvenes estudiantes en 1956 hablaba en nombre de «los hijos de los vencedores y los vencidos».

En tercer lugar, las protestas en la universidad demostraban la intensificación de un fenómeno que se estaba delineando desde hacía algunos años y que había sido individuado por el PCE como uno de los factores que hacían factible la propuesta de reconciliación nacional: la emergencia de una oposición al franquismo dentro de los mismos grupos sociopolíticos que lo sostenían. Considerado como uno de los responsables de la movilización estudiantil, había sido detenido Dionisio Ridruejo, exdirector general de Propaganda durante la Guerra Civil y voluntario de la División Azul, quien desde los primeros años cincuenta se pronunciaba de manera cada vez más explícita a favor de la liberalización del Régimen.[121]

Durante esa década se empezó a desarrollar también una creciente disidencia en el mundo católico, tanto en sus organizaciones obreras como en las más propiamente políticas. Entre las primeras, la Hermandad Obrera de Acción Católica (HOAC) y la Juventud Obrera Católica (JOC), inspiradas en la doctrina social de la Iglesia, que trataban de ocupar el vacío dejado por los desaparecidos sindicatos de clase protegiendo a los trabajadores frente a la ineficacia del Vertical. Entre las segundas, algunos sectores de la Acción Católica (AC) fueron poco a poco evolucionando hacia posturas demócrata cristianas.[122] Todas ellas tenían como finalidad preparar un frente católico-liberal capaz de guiar un día a las masas católicas hacia el posfranquismo. No hay que olvidar tampoco la existencia de una oposición monárquica, que ya en 1948 había firmado con los socialistas el Pacto de San Juan de Luz, en lo que podría considerarse el primer episodio de reconciliación nacional.[123] La propia burguesía mostraba señales de malestar hacia la dictadura, como las que condujeron a la huelga de Barcelona de 1951, sobre todo por la negativa marcha de la economía y la consiguiente necesidad de abordar urgentes medidas liberalizadoras.

La dirección del PCE observaba estos fenómenos con el máximo interés y de ellos deducía que el franquismo estaba en crisis, dado que sus bases sociopolíticas se habían reducido a la mínima expresión, y si aún se sostenía era gracias al apoyo internacional de los Estados Unidos y, en el interior, de los latifundistas, la oligarquía financiera y los sectores más reaccionarios de la Iglesia y el Ejército. No sólo eso: se estaba produciendo una implosión del sistema por los enfrentamientos cada vez más graves entre las distintas familias que lo sostenían. Hoy sabemos que este análisis exageraba la debilidad de la dictadura, pero entonces tenía elementos verosímiles. Incluso el cuñado de Franco anotaba en su diario en febrero de 1956 que el Régimen iba «perdiendo simpatías»,[124] y dentro del *establishment* franquista estaba teniendo lugar un conflicto cada vez más agudo en torno a la institucionalización del Régimen. Así, el proyecto de Arrese, dirigido a garantizar el predominio de Falange, se encontró con una férrea oposición por parte de otras familias políticas.[125] Un enfrentamiento que pareció resolver el nombramiento del nuevo gobierno en 1957 y la puesta en marcha de una liberalización económica que iba a permitir a la dictadura, frente a las expectativas del PCE, resistir hasta la muerte de Franco.

Volviendo al análisis comunista, según el cual el Régimen no era sino una oligarquía cada vez más desprovista del apoyo social y político que había tenido en sus primeros años, la conclusión lógica suponía que bastaba un amplio acuerdo entre los distintos sectores antifranquistas, aún divididos por viejos rencores y rivalidades, para provocar una caída pacífica de la dictadura. De acuerdo con esa interpretación, si la creciente disidencia no había sido capaz aún de derrocar al Régimen era sólo porque éste, alimentando con su propaganda el recuerdo de la Guerra Civil, había logrado mantener vivas las heridas legadas del conflicto y la consiguiente fragmentación de la oposición, impidiendo de esa forma la constitución de un frente político unitario contra él. El partido, consecuentemente, lanzaba la PRN con el objetivo primordial de unir las fuerzas de la derecha e izquierda sobre una base mínima de acuerdo, es decir, el restablecimiento de la democracia, subrayando además:

> Fuera de la reconciliación nacional no hay más camino que el de la violencia: violencia para defender el actual que se derrumba; violencia para responder a la brutalidad de los que, sabiéndose condenados, recurren a ella para mantener su dominación. El Partido Comunista no quiere marchar por ese camino [...] El triunfo de la democracia en España es ineluctable. Y el interés no sólo de las masas, sino de la burguesía nacional es que los cambios políticos en España se produzcan sin violencia. Al propugnar el restablecimiento de las libertades y la supresión de la dictadura por vía pacifica, los comunistas lo hacemos para evitar nuevos sufrimientos al pueblo, nuevos quebrantos al país.[126]

El PCE veía en el movimiento estudiantil y en la oposición católica y liberal los nuevos puntos de referencia para la elaboración de una estrategia de lucha común contra la dictadura, siguiendo una línea que partía del V Congreso, cuando los recientes acontecimientos habían hecho que esas fuerzas asumieran una función primordial para los comunistas, al menos no inferior a la que hasta entonces habían desempeñado las organizaciones históricas de la izquierda. El partido se mostraba convencido de que esos grupos acogerían favorablemente la PRN porque:

> Por parte de todos en general [hay] un deseo de reconciliación, de borrar la divisoria de la guerra, de colmar ese foso entre españoles. Éste es un sentimiento general. Esta idea de reconciliación nacional creo que existe muy ampliamente, al lado idea de que no se repita la guerra civil.[127]

A la dirección del PCE no se le ocultaba que, pese a todo, era probable que su propuesta hallara la hostilidad de otros sectores de la oposición, no tanto por sus contenidos como por su proveniencia, considerando la difundida desconfianza hacia los comunistas.[128] Con el objetivo de superar tales reticencias, formulando la PRN se trató con ella de renovar el propio bagaje teórico y abandonar de una vez por todas el discurso más extremista mantenido hasta ese momento. El partido se presentó entonces como una fuerza nacional, declaradamente a favor del pluralismo y de la democracia parlamentaria, afirmando por ejemplo que:

Ningún partido político cuenta hoy con el apoyo de la mayoría de los españoles. La vida impone una política de coaliciones de fuerzas políticas sobre la base de programas mínimos comunes. La vida impone encontrar un terreno en el que podamos convivir y donde cada uno pueda propugnar libremente sus ideas y soluciones. Y ese terreno [...] no puede ser otro que la democracia parlamentaria. Para alcanzar ese terreno debemos entendernos todas las fuerzas que discrepamos de la dictadura franquista.[129]

Una vez que el Régimen hubiera sido derrocado por esa amplia coalición de fuerzas antifranquistas, el PCE defendía la opción de un gobierno provisional para la fase de transición desde la dictadura hasta un Estado democrático, encargado de abolir el sistema de partido único, restaurar las libertades democráticas y convocar elecciones constituyentes. Una posición ya esbozada en el V Congreso, pero que con la PRN remarcaba su moderación con la idea de facilitar el acercamiento a sus potenciales aliados. En este mismo sentido debe interpretarse su disponibilidad a apoyar un gobierno provisional en el que los comunistas no tuvieran representación, así como la ausencia en la declaración de junio de 1956 de cualquier mención no ya sólo a la construcción de una sociedad comunista, sino incluso a la República. Con ese silencio se cumplía una doble exigencia: la de no hacer referencia a la Guerra Civil, que parecía inevitablemente asociada con la experiencia republicana, avanzando así en la superación del pasado y la reconciliación, y la de atraerse a las fuerzas monárquicas, lo que hacía conveniente dejar en suspenso el tema de la futura forma de gobierno. La última decisión al respecto la tendría el pueblo español, expresada en forma de referéndum.

Con esa apertura al diálogo, el PCE trataba de construirse una nueva imagen, la de un actor político razonable y responsable. Es cierto que no obtuvo resultados inmediatos, pues no se logró la formación de un bloque antifranquista amplio, pero sí a medio y largo plazo, porque la PRN y la paralela moderación del discurso que caracterizó desde entonces la trayectoria política del partido deben considerarse factores claves en su éxito para lograr salir del ostracismo al que lo habían condenado el resto de organizaciones de izquierda tras la guerra, lo cual le permitiría desempeñar un papel de primer orden durante el último franquismo y en la transición a la democracia.

En esta operación para redefinir los parámetros teórico-programáticos influyeron también algunos importantes acontecimientos que tuvieron lugar más allá de la frontera española, y cuyas repercusiones fueron trascendentales para todo el movimiento comunista internacional. Así, del 14 al 26 de febrero de 1956, se celebró el XX Congreso del Partido Comunista de la Unión Soviética (PCUS), donde Krushev hizo oficial la doctrina de la coexistencia pacífica y presentó el famoso informe secreto con el que denunciaba los crímenes cometidos por Stalin y derivados de su culto a la personalidad. Este paso decisivo no influyó directamente sobre la formulación de la PRN, pero sin duda favoreció las condiciones para el lanzamiento de la nueva política. Los aires de cambio en el Kremlin en el bienio 1953-1954 y el fin de la época de las purgas y excomuniones convencieron al PCE de la conveniencia de adoptar posiciones más flexibles y menos ortodoxas. Además, la doctrina de la coexistencia pacífica, aplicada en cada uno de los distintos contextos de las naciones occidentales, favoreció las relaciones entre los respectivos partidos comunistas y el resto de fuerzas políticas, lo que abrió el camino de la colaboración.[130]

Pronto, sin embargo, quedaron en evidencia los fuertes límites de la nueva trayectoria del PCE. Aun criticando el culto estalinista a la personalidad, Dolores Ibárruri precisó que no podía condenarse totalmente al difunto líder, que en algunos aspectos debía seguir siendo considerado un modelo: «Stalin –afirmaba ante el CC– era un gran marxista, y sus obras [...] continúan siendo una fuente de conocimientos y experiencias para los comunistas».[131] La *Pasionaria* aplaudió al PCUS por tener el valor de denunciar las persecuciones de los peores años del estalinismo, pero se cuidó mucho de hacer autocrítica sobre las purgas y expulsiones llevadas a cabo dentro del propio PCE durante los años cuarenta, las de Heriberto Quiñones, Joan Comorera, Jesús Monzón o Jesús Hernández.[132] La credibilidad perseguida por los comunistas españoles sufrió un duro golpe cuando, pocos meses después de hacer pública la PRN, aprobaron la invasión de Hungría por las tropas de la URSS y la justificaron con el argumento de que resultaba necesaria para acabar con la contrarrevolución.[133]

Las repercusiones más visibles del XX Congreso del PCUS sobre el PCE fueron de carácter organizativo. Carrillo estaba preparando el ascenso a las máximas responsabilidades del partido, ocupadas por Dolores Ibárruri y Vicente Uribe. En diciembre de 1955 una polémica originada por las diversas interpretaciones sobre el ingreso de España en la Organización de las Naciones Unidas (ONU) fue una pequeña anticipación de las luchas que pronto se desencadenarían por la dirección.[134] El clamoroso informe secreto de Krushev permitió a Carrillo aprovechar el momento de confusión para promover una renovación de los altos cargos: sin posibilidades frente al prestigio de la *Pasionaria*, sus esfuerzos se dirigieron hacia el más débil Uribe.

Asegurado el apoyo de Dolores Ibárruri, quien probablemente preveía el desenlace y quería asegurarse un sitio en la futura cúpula dirigente, Carrillo lanzó su ataque en una reunión del CC celebrada en agosto. Allí se refirió al informe secreto de Krushev y criticó duramente a Uribe, presentándolo como el Stalin español, culpable igualmente de haber creado un culto en torno a su personalidad y de haber utilizado métodos autoritarios. La cuestión de fondo, en realidad, era otra: Uribe se había convertido en el chivo expiatorio contra la vieja guardia del partido que debía ser sustituida, una operación a la que el propio Uribe se prestó llevando a cabo un verdadero auto de fe, consciente de que la única alternativa sería su expulsión del partido. En agosto de 1956 Carrillo podía dar por ganada su batalla por el liderazgo, como se confirmaría definitivamente en el VI Congreso. Los cambios se extendieron al BP, en el cual entraron militantes muy cercanos al futuro secretario general, como Simón Sánchez Montero, Santiago Álvarez y Jorge Semprún, además de Francisco Romero Marín, Tomás García y Sebastián Zapirain como miembros suplentes. De esa manera se hacía con las riendas del partido el grupo de «jóvenes» que en los años siguientes lograría llevar al PCE a desempeñar un papel protagonista en la oposición al franquismo y luego en la construcción de la España democrática.

El despertar del movimiento obrero

La PRN proponía, por tanto, un cambio político en sentido democrático y a realizar pacíficamente. De acuerdo con esa nueva línea, el PCE afirmaba que uno de los medios para alcanzar ese objetivo eran las movilizaciones populares y, a la altura de 1956, consideraba que la situación española hacía presagiar que esa hipótesis podía convertirse en realidad, si no inmediatamente, sí al menos en breve tiempo. Se convenció de ello gracias a las protestas estudiantiles, pero también al «gran crecimiento de la combatividad de la clase obrera»,[135] testimoniado por una oleada de huelgas que había recorrido el país a lo largo de la primavera. Todos esos hechos influyeron decisivamente en el cambio de línea, pues parecían demostrar que las masas estaban dejando atrás el «miedo genético» y adoptando posiciones de conflicto, premisas necesarias para luchar contra la dictadura a través del trabajo sindical en las fábricas. Cinco años después de los acontecimientos de Barcelona de 1951, la realidad confirmaba las expectativas. En la estrategia del partido, el lanzamiento de la PRN en ese contexto no servía sólo para dar un ulterior impulso a la política sindical, haciendo de ella su principal arma contra el Régimen, sino que respondía también a la exigencia de dar una imagen distinta, más moderada y proclive al diálogo. De esta forma aumentaban las posibilidades de colaborar con otras fuerzas, en primer lugar los católicos, que estaban desempeñando un papel protagonista en el renacimiento del movimiento obrero.[136]

La primera gran movilización de 1956 comenzó en Pamplona. El 9 de abril, los trabajadores de López Hermanos se declararon en huelga para solicitar un aumento salarial. En los días siguientes se sumaron a la protesta más de cuatro mil obreros de otras fábricas de la ciudad, y pronto se extendió también a los principales centros fabriles de Vizcaya y Guipúzcoa, hasta llegar a Cataluña. Tuñón de Lara calculó en unos 150.000 obreros los que hicieron huelga entre el 9 y el 16 de abril.[137] Las repercusiones de la movilización fueron notables, pues los huelguistas lograron aumentos que les permitieron recuperar los niveles salariales de 1936, e incluso en Vizcaya el gobernador civil llegó a declarar festivo el Primero de Mayo. Por otra parte, extendieron unas peculiares formas organizativas que tendrían una importancia cada vez mayor en la oposición al franquismo: las comisiones obreras. En su origen, estas comisiones se configuraban como grupos de trabajadores que eran delegados por sus compañeros para presentar a la dirección de la empresa peticiones concretas, saltándose así la mediación del Vertical. En palabras de Nicolás Sartorius, «en todas las fábricas en donde los trabajadores tenían una reivindicación que presentar al patrón, faltando [...] una organización sindical auténtica, [...] se formaba, designaba o elegía una comisión de trabajadores encargada de hablar con la dirección en nombre de los otros, a quienes luego rendía cuentas de su mediación».[138] El nombramiento de los representantes podía hacerse a través de una asamblea o, puesto que a menudo los obreros no tenían la posibilidad de celebrar reuniones, mediante contactos entre ellos a la entrada y salida de las fábricas, durante las pausas, etcétera. Se trataba de formas organizativas espontáneas, que se formaban en vista de reivindicaciones puntuales y que una vez alcanzadas se disolvían. Además se presentaban como esencialmente apolíticas o, mejor dicho, aunque en ellas confluyeran militantes de ideologías distintas, desde comunistas a católicos, desde anarquistas a socialistas, su acción se limitaba en cualquier caso a las reivindicaciones económicas más inmediatas, sin llegar a alcanzar un nivel realmente político.

Tradicionalmente, suele indicarse como primera comisión obrera la surgida en la mina asturiana de La Camocha en enero de 1957. Es una versión difundida por la literatura militante,[139] deseosa de contar con un «mito fundacional» para un fenómeno que, en realidad, tuvo un origen geográficamente plural y cronológicamente anterior a la fecha indicada. Félix Hernández, por ejemplo, ha demostrado que ya a finales de los años cuarenta, en distintos lugares del país, los obreros adoptaban formas semejantes de organización, por otra parte las más naturales e inmediatas de agruparse para defender intereses colectivos, y más aún considerando las fuertes tradiciones autogestionarias arraigadas en el territorio español.[140] La prensa comunista, a su vez, empezó a recoger noticias sobre la actividad de algunas comisiones ya desde los primeros años cincuenta.[141] El PCE, de hecho, prestó atención a este fenómeno antes que cualquier otra organización antifranquista.

Así, en un informe de 1951 que analizaba la participación de los comunistas barceloneses en las elecciones sindicales, Carrillo señalaba el caso de una comisión que ejercía de mediadora entre los trabajadores y el candidato-protesta que había resultado elegido:

> Como ejemplo tenemos el de la Empresa Elizalde, donde han constituido un comité de tres obreros –un cenetista, un católico y un camarada nuestro– que están en contacto con el enlace elegido, al cual orientan y apoyan. Es a través de esta comisión que el Partido orientará al enlace, lo cual puede permitir no sólo cubrir el Partido, sino también la movilización de los obreros.[142]

Al año siguiente, un documento sobre la actividad del partido en Vizcaya resulta especialmente interesante en este sentido, pues en él puede leerse:

> En las fábricas y lugares de trabajo es posible ir transformando la gran cantidad de Comisiones que constantemente forman los obreros para presentar y defender sus reclamaciones, en órganos de unidad obrera con vida permanente, integrados por trabajadores de diversas tendencias [...]. El trabajo del Partido, dentro y fuera de esos órganos, puede hacer, en la perspectiva de ellos, instrumentos de unidad no sólo para la acción reivindicativa, sino también para la acción política contra el franquismo.[143]

Desde 1954, como ha señalado también José Babiano, el partido siguió con creciente interés la formación de algunas comisiones en Madrid, y en el transcurso de las intervenciones durante el V Congreso se indicaron experiencias análogas en varios lugares del país.[144] Especialmente expresivas son las siguientes palabras pronunciadas por Claudín en una reunión celebrada en mayo de 1955:

> Se pueden crear comisiones con diversos motivos; recogida de firmas, visitas a los jefes sindicales, etc. [...] Muchas comisiones de éstas han existido y han desaparecido en el curso de estos últimos años. Hoy que la lucha tiene un carácter más intenso, podemos decir nacional, [...] esto crea condiciones para que dichas comisiones puedan tener un carácter permanente. Pueden surgir en torno a los enlaces, como auxiliares de éstos, y que en el desarrollo de los acontecimientos se transforman en lo principal. Eso contribuirá a crear formas de organización independiente de la clase obrera, y creadas por ella [...]. Tienen además la ventaja de que, por su propia naturaleza, se desarrollarían con carácter más unitario.[145]

Vale la pena recoger, por último, lo que afirmaba un manifiesto del partido dirigido a los trabajadores en el otoño de ese mismo año:

> El Partido Comunista considera útil aprovechar la experiencia de los trabajadores de algunas empresas que han nombrado comisiones obreras, de amplia composición, encargadas de representarles en sus reclamaciones. En los casos en que el enlace sindical sea un obrero honesto, estas comisiones pueden trabajar de acuerdo con él; cuando no es éste el caso, prescinden del enlace y actúan directamente cerca de la empresa o del sindicato. Estas comisiones [...] deben llegar a alcanzar una existencia permanente y tomar en sus manos, en cada empresa, la coordinación de la acción para obtener las reivindicaciones de los trabajadores.[146]

Esta documentación demuestra no sólo que el interés del PCE por las comisiones obreras se remontaba a varios años antes de la oleada huelguística del trienio 1956-1958, a diferencia de lo que suele afirmarse,[147] sino también que las consideraba, en la primera mitad de los años cincuenta, como uno de los instrumentos más importantes de su nueva política sindical. Incluso había esbozado ya las que serían sus líneas principales de acercamiento a ellas en el decenio siguiente, es decir, la necesidad de hacerlas permanentes, de ligarlas a los cargos electivos legales, de utilizarlas ulteriormente también para acciones de carácter político y de aprovechar su naturaleza unitaria para hacer que, en su interior, los comunistas empezaran a romper el aislamiento al que habían sido condenados por el resto de fuerzas políticas de la oposición.

El PCE acogió con gran entusiasmo las noticias sobre las huelgas de Pamplona y el País Vasco.[148] Parecían confirmar su idea, expresada en un manifiesto difundido en febrero, de que había llegado para toda la oposición el momento de pasar a la ofensiva.[149] Si bien en la huelga de Pamplona el partido no había desempeñado un papel relevante, dado que no disponía allí de un nivel organizativo suficiente y por eso sus militantes «actuaron de forma dispersa e irregular»,[150] sí lo hizo en las movilizaciones vizcaínas. En este caso fueron comunistas algunos de los principales promotores de la creación de comisiones obreras y muchos de los líderes de las acciones de protesta, las cuales dieron pruebas aún más convincentes al partido de su utilidad y la urgencia de darles continuidad. Sorprendió, en particular, el hecho de que varios empresarios prefirieran tratar directamente con las comisiones, evitando la mediación de la OSE, porque las consideraba órganos que los trabajadores percibían como propios.

Aun así, Carrillo se quejaba de que las movilizaciones de hubieran producido sin implicar de forma significativa a los enlaces y jurados, a causa de la desconfianza que persistía en aquellas zonas contra el uso de las posibilidades legales. Sugería entonces, como perspectiva para la política sindical del partido, combinar la experiencia de Vizcaya con la de los comunistas en Madrid,[151] quienes estaban tratando de dar vida a una organización estable compuesta por enlaces y jurados que, aun perteneciendo a distintas corrientes ideológicas, tenían en común su rechazo del Vertical. La intención era la de crear un auténtico aparato extralegal de dirigentes sindicales y se remarcaba así, con la mayor precisión, la necesidad de relacionar a quienes desempeñaban cargos legales con el movimiento de masas representado por las comisiones. De otra manera, los primeros sin el segundo quedarían reducidos a una vanguardia aislada, mientras que el segundo sin los primeros perdería un importante ámbito de acción. Hay que subrayar que el PCE, consciente de la dificultad de movilizar a los obreros por objetivos explícitamente políticos, durante las protestas había tratado de centrarse en el difuso malestar debido a las pésimas condiciones económicas. Una línea de acción que Ibárruri había justificado así:

> El Partido ha insistido e insiste sobre el aspecto económico de estas luchas, más particularmente que sobre sus consecuencias políticas. [...] Ésta es una necesidad impuesta por las características de la situación. No hay duda que la clase obrera en su conjunto, está contra la dictadura del general Franco. Pero seria ilusorio pensar que toda la clase obrera [...] se halla convencida de la necesidad de luchar políticamente contra la dictadura y dispuesta a arrostrar los sacrificios consiguientes [...]. En cambio los trabajadores, en conjunto, están cada vez más decididos y resueltos a luchar por más salario, por el pan de sus hijos. Sobre estas bases es posible hacer la unidad de la lucha. Y a eso se debe que nosotros subrayamos sobre todo el aspecto económico de la lucha.[152]

Las movilizaciones de la primavera de 1956 representaron el retorno a la escena pública de aquel medio de acción de los trabajadores que *La Vanguardia* definía como un «arma parricida», y que se creía definitivamente aniquilado en la nueva España franquista: la huelga.[153] Los casos aislados de antes se convirtieron desde entonces en una constante en la vida del país. Un renacimiento de la combatividad del movimiento obrero debido al malestar por la economía y sostenido por una nueva generación de asalariados que, al no haber vivido el trauma de la guerra civil y la inmediata posguerra, estaban más dispuestos a romper el silencio y la pasividad.[154] Además, los jóvenes no habían conocido el sindicalismo histórico, y por eso eran más propensos a adoptar nuevas formas organizativas.

El año siguiente comenzó también con una serie de protestas. La primera, en enero, en Asturias, en la mina La Camocha, en cuyo desarrollo desempeñó un papel decisivo la que suele ser señalada como la primera comisión obrera.[155] La propaganda comunista contribuyó en gran medida a convertirla en un modelo, porque en ella confluían algunos aspectos que se ajustaban perfectamente a la política sindical del partido. Así, La Camocha presentaba ante todo un carácter unitario, integrada por un comunista, un católico, un falangista y un minero sin militancia política,[156] y contó, además, con el apoyo del párroco y del alcalde, casi como un símbolo de la reconciliación nacional. Elementos a los que debe sumarse tanto su duración, pues con nueve días era ya superior a la media, como el hecho de que obtuvo, como resultado de su protesta, la dimisión de un enlace franquista y su sustitución por el comunista Casimiro Bayón, miembro de la comisión.[157] La Camocha adquiría unos rasgos ejemplares porque suponía una demostración de cómo llevar la lucha desde el exterior al interior del Vertical, y por otra parte señaló el inicio de un nuevo movimiento obrero en Asturias, región que no tardaría en volver a ser uno de los centros neurálgicos de la oposición sindical al franquismo. En marzo, la misma zona había sido escenario de huelgas y protestas que, si bien originadas de manera espontánea, vieron una amplia participación de los comunistas. El PCE fue, así, la única de las organizaciones históricas de la izquierda realmente presente, y actuó de forma sistemática con la finalidad de extender la agitación y poner en marcha iniciativas de solidaridad con los huelguistas.[158]

Por otra parte, en enero de 1957 se produjo otro nuevo boicot contra la compañía de tranvías de Barcelona, aunque no alcanzó las dimensiones de 1951, seguida de una movilización semejante desarrollada en Madrid. Esta última tuvo importancia ya no por la participación alcanzada, bastante exigua, sino porque se trató de la primera protesta pacífica convocada y organizada directamente por el PCE. El material de propaganda utilizado con ese propósito, sin embargo, no llevaba la firma del partido, para evitar que la población la percibiera como una iniciativa comunista.[159]

El resto del año transcurrió para el movimiento obrero bajo el signo de las elecciones sindicales. En una coyuntura de crisis y agitación obrera como la descrita, se celebraban en condiciones que parecían especialmente favorables para la estrategia *entrista* del PCE, que, además, había mejorado su nivel organizativo en las principales regiones industriales del país. El partido llamó a la participación para conquistar una sólida base legal útil en las movilizaciones que se anunciaban en el horizonte y para comenzar a estructurar dentro de la OSE un aparato de dirigentes sindicales de oposición. Carrillo convocó en París, durante el verano, a los comunistas más destacados del interior para darles instrucciones al respecto.[160]

Una vez de vuelta en España, esos militantes empezaron a actuar según las directrices recibidas, que principalmente consistían en promover asambleas y reuniones con la presencia del mayor número de trabajadores. En el curso de aquéllas se debía explicar la utilidad de tener representantes sindicales combativos y dispuestos de verdad a defender sus reivindicaciones. Por otra parte, se tenían que elaborar listas electorales lo más compartidas y unitarias posible, en las cuales se integraran candidatos obreros, fueran o no comunistas, que cosecharan la mayor confianza por parte de sus compañeros. Igualmente, en las reuniones había que discutir en profundidad el programa electoral asociado a la lista para disfrutar del más amplio consenso. Para ello el partido aconsejaba añadir a las reivindicaciones particulares de la fábrica otras de carácter más general, tales como el derecho de huelga o la concesión de un subsidio de desempleo.[161]

A pesar de los obstáculos puestos por la OSE, que en muchos se negó a admitir listas o candidaturas de obreros ya conocidos como «rojos»,[162] los resultados conseguidos por la oposición marcaron un notable progreso respecto a 1954. La dirección del PCE expresó su satisfacción, llegando a afirmar que, como consecuencia de las elecciones, había caído la «Muralla de la China entre lo que es legal y lo que es extralegal». Consideraba además que tanto la actividad preparatoria como los resultados obtenidos habían favorecido la reconciliación nacional porque habían «fortalecido la unidad de acción de los obreros en las empresas».[163] Los informes enviados por los militantes desde las principales ciudades del país confirmaban esa valoración positiva.[164] Fueron muchos los comunistas que lograron cargos electivos, entre ellos Marcelino Camacho, elegido como enlace en la empresa madrileña Perkins, quien llegaría a tener un gran protagonismo en las luchas de los años siguientes.[165] La excepción más significativa en este cuadro positivo fue el País Vasco, más aun considerando que había sido el escenario de muchas de las últimas movilizaciones, debido a la desconfianza con que el uso de las posibilidades legales era visto incluso por los obreros comunistas.[166]

Por su parte, el Régimen se mostró preocupado porque en algunas ciudades el número de nuevos enlaces y jurados clasificados como «marxistas» o «extremistas» superaba al de falangistas. A causa de esa inquietud, la policía comenzó a recoger información sobre los nuevos cargos que no pudieran demostrar una probada fe franquista.[167] Efectivamente, las investigaciones destinadas a individuar núcleos subversivos a partir de los representantes obreros sospechosos dieron resultados: en Asturias, por ejemplo, entre finales de 1957 e inicios de 1958 la Guardia Civil localizó y desmanteló los principales grupos comunistas que se habían ido organizando durante los últimos años en las minas y fábricas.[168]

Las elecciones sindicales de 1957 representaron para el PCE una confirmación de sus convicciones acerca de la nueva etapa que se estaba abriendo en la lucha contra el régimen de Franco. En efecto, era la primera vez desde la guerra que los trabajadores participaban conscientemente, y en proporciones significativas, en la designación de sus propios enlaces y jurados. Esa clase obrera que estaba reencontrando su espíritu combativo era para los comunistas el terreno ideal donde extender su influencia entre las masas y estrechar sus relaciones con las otras fuerzas, todo ello en coherencia con la PRN. El partido consideraba que los cargos legales obtenidos tenían que usarse para organizar la oposición obrera, para proseguir la lucha por la democratización de los sindicatos y para fomentar nuevas y cada vez más amplias protestas.[169]

Una nueva oleada huelguística en Asturias siguió allanando el camino en esa dirección. El despido de ocho obreros de la mina María Luisa, el 8 de marzo de 1958, estuvo en el origen de un motín de solidaridad que se extendió pronto por toda la región. Durante la semana siguiente, más de 20.000 obreros se declararon en huelga. El terreno para todas estas acciones había sido preparado por el PCE a través de los nuevos enlaces y jurados, presentando a las respectivas empresas y a los órganos locales de la OSE numerosas reivindicaciones sobre salarios, un problema que seguía sin resolver pese a las protestas del bienio precedente. Cuando el descontento estalló a causa de los despidos, fueron sobre todo los jurados y enlaces comunistas quienes llamaron a la solidaridad, logrando que la oleada alcanzara al resto de las principales minas y fábricas de la región. Por eso su actividad era observada atentamente por las autoridades franquistas que, mientras tenían lugar las huelgas, la describían en estos términos:

> Existen células comunistas. Están organizadas. Se trabaja activamente a todo lo largo y ancho de la cuenca minera, al objeto de conseguir un frente de oposición al Régimen. No se trata de una lucha abierta, sino encubierta. No se argumenta a los trabajadores con razones de tipo político, sino que se procura avivar en ellos el descontento que existe por razones económicas [...]. Nos encontramos, pues, ante una situación cuyo origen radica en un problema económico salarial que, hecho patente en marzo de 1957, se ha ido agravando en el transcurso de estos doce meses. El malestar económico ha sido utilizado con miras políticas y ha dado lugar a que en la actualidad el problema ofrezca un doble frente: económico y político.[170]

La dictadura reaccionó declarando el estado de excepción en la región y procediendo a la detención de unos trescientos huelguistas.[171] Pero, mientras tanto, el eco de las protestas asturianas se había ido extendiendo por toda España y había generado otras huelgas de solidaridad en Cataluña y el País Vasco.[172] También en estos casos los enlaces y jurados comunistas, o pertenecientes a otras corrientes de la oposición, desempeñaron un papel fundamental, legitimándose así a ojos de sus compañeros. La represión franquista golpeó duramente y los numerosos arrestos se sumaron a la larga lista de los efectuados durante las huelgas de los años anteriores.[173] Como consecuencia algunas organizaciones comunistas se encontraron con graves problemas de orgánico: pese a ello, las movilizaciones de 1956-1958 reforzaron la moral del partido y le insuflaron nuevas esperanzas, convenciéndole de la necesidad de continuar en la línea marcada y multiplicando los esfuerzos para ganar nuevas posiciones.

PROBANDO INSTRUMENTOS

El jornadismo

El PCE, con el lanzamiento de la PRN, veía en la movilización popular el medio para poner de manifiesto un extendido malestar contra el Régimen, de manera que la crisis latente pudiera explotar en toda su gravedad y se abrieran las puertas para un cambio pacífico hacia un sistema democrático. Las huelgas de 1956 y 1957 parecieron confirmar estas expectativas, demostraron que la clase obrera había encontrado su espíritu combativo y convencieron al partido de que había llegado el tiempo de alzar más aún el nivel de las luchas. De las acciones espontáneas, localistas y basadas esencialmente en reivindicaciones de tipo económico, podía pasarse ahora a la organización de una jornada de protesta en todo el territorio nacional, con un contenido ya explícitamente político.

Esta iniciativa, expuesta y discutida en el CC durante el mes de agosto de 1957, hasta en su mismo nombre era coherente con la nueva estrategia comunista: se denominó Jornada de Reconciliación Nacional (JRN). Sánchez Montero fue el encargado de explicarla, indicando que tomaría cuerpo a través de un «gran número de grandes y pequeñas acciones», que se llevarían a cabo teniendo en cuenta cuál era «en cada fábrica, taller, mina, tajo, etc., la forma más adecuada de manifestar pacíficamente».[174] Es decir, el partido no se limitaba a proponer el medio ortodoxo de la huelga, sino que afirmaba que ésta podía ser acompañada, o incluso sustituida, por manifestaciones de protesta que se adecuaran mejor a los distintos contextos particulares, con la esperanza de que tal flexibilidad se tradujera en mayores apoyos a su iniciativa. Su carácter político quedaba claro cuando se llamaba a los españoles a apoyar la JRN no sólo como protesta por el coste de la vida y la política económica del Régimen, sino también para manifestar su deseo de libertades democráticas y de una amnistía a favor de los encarcelados y exiliados políticos.

La idea se hizo pública al mes siguiente, mediante un documento aparecido en *Mundo Obrero*, en el que se declaraba:

El Partido Comunista propone a todos los españoles, a todos los partidos y grupos políticos y sociales sin distinción la organización de una JORNADA DE RECONCILIACIÓN NACIONAL, contra la carestía, contra la política económica de la dictadura, por la amnistía y por las libertades políticas. Los comunistas no concebimos la JORNADA DE RECONCILIACIÓN NACIONAL como un movimiento subversivo, como la consecuencia de una conspiración, ni como un choque violento contra la dictadura. [...] Los comunistas concebimos la JORNADA DE RECONCILIACIÓN NACIONAL como una movilización pacífica. [...] Dada la imposibilidad, bajo la dictadura, de manifestarse por medio del sufragio, nosotros vemos dicha JORNADA como un amplio y unánime plebiscito nacional [...]. Vemos esta Jornada como una expresión de los deseos del país de que se produzca un cambio político sin violencia ni derramamiento de sangre.

La jornada, por tanto, se presentaba como un plebiscito contra Franco, una manifestación de la voluntad popular para poner fin al sistema autoritario. Los propios comunistas, de todas maneras, eran conscientes de que una acción de masas, por amplia que fuera, no sería suficiente para derribar al Régimen. Por eso afirmaban que la convocatoria, por más que no fuera el «último acto contra la dictadura», supondría un duro golpe contra ésta y contribuiría a acelerar su final. De hecho, el *jornadismo* postulaba que al hacer coincidir los varios procesos de oposición en una única jornada se causaba un daño superior al Régimen y se aceleraba en manera exponencial su descomposición.

La realización del acto, en la línea propuesta de Reconciliación Nacional, no debía ser obra exclusiva de los comunistas sino de todos los sectores antifranquistas:

> La JORNADA DE RECONCILIACIÓN NACIONAL debe ser una manifestación de unidad de todas las fuerzas político-sociales que desean cambios en la actual situación: debe ser una tarea que asuman en común todos los partidos y grupos sociales desconformes con la dictadura de Francisco Franco. [...] LOS COMUNISTAS CONCEBIMOS ESTA JORNADA COMO LA COINCIDENCIA DE CATÓLICOS, DEMÓCRATACRISTIANOS DE DIVERSA

TENDENCIA, MONÁRQUICOS, LIBERALES, REPUBLICANOS, NA-
CIONALISTAS, SOCIALISTAS, CENETISTAS Y COMUNISTAS. [...]
Esta concepción muestra, por su amplitud, cuán lejos está del
ánimo de los comunistas de hacer de dicha JORNADA un acto
subversivo, violento o revanchista.[175]

En la búsqueda de esa unidad, el partido empezó a enviar propuestas de colaboración a las direcciones del resto de fuerzas y a difundir por doquier sus declaraciones sobre la necesidad de ir juntos a la movilización, alcanzando un acuerdo de acción conjunta.[176] Los esfuerzos del partido, sin embargo, fueron vanos: el anticomunismo de las otras organizaciones de la oposición les llevó a rechazar su participación.

De esa manera, EL PCE se encontró en solitario para afrontar el gran esfuerzo que suponía la tarea de preparar la JRN y el único modo para que la convocatoria, fijada para el 5 de mayo de 1958, no fuera un completo fracaso pasaba ya sólo por obtener el apoyo de la población. Si no se podía desde arriba, alcanzando un acuerdo entre los dirigentes de las diversas fuerzas antifranquistas, se tendría que hacer desde abajo, movilizando la base. Ignacio Gallego, enviado a Asturias con el propósito de preparar la huelga, escribía a la dirección en este sentido:

> La clave del éxito está en apoyarse en las masas descontentas, movilizar lo que tenemos en manos, arrastrar a lo que nos rodea que está con nosotros y crear un clima tal que de confianza a las masas y estas participen activamente en la agitación y organización de la misma. Pues un factor negativo es que no estamos ligados a otras fuerzas políticas y que no tendremos apoyos de este tipo.[177]

En el lugar por excelencia de proselitismo, la fábrica, los militantes comunistas, sobre todo en aquellas en las que habían conseguido el apoyo de enlaces y jurados, serían capaces de convencer a los trabajadores para participar en la Jornada organizando asambleas y reuniones, así como definiendo en cada lugar las modalidades de protesta más adecuadas, siempre tratando de vincular las reivindicaciones particulares de cada empresa a las más generales.[178] Había que crear «millares de círculos y grupos organizadores de la Jornada»,[179] con tareas de propaganda y agitación. Estos planes, sin embargo, hallaron una serie de obstáculos. Ante todo, la debilidad y desorganización del partido en muchas zonas del país, más aún tras la oleada represiva sufrida como consecuencia de las protestas del bienio 1956-1958. En este sentido, se había creado una situación paradójica: el PCE había convocado la JRN en la onda de entusiasmo suscitado por aquellas movilizaciones, sin tener en cuenta que la represión consiguiente le había privado de algunos de sus principales cuadros en el interior. Esas desarticulaciones le impidieron disponer en muchas fábricas de una presencia suficiente para preparar el 4 de mayo. A ello se sumaba el profundo anticomunismo extendido tanto entre el resto de organizaciones antifranquistas como entre la población, lo que dificultaba cualquier iniciativa convocada por el PCE. Desde el interior se intentó repetidamente hacer presentes estos problemas a la dirección en el exilio; así, por ejemplo, un informe procedente de Vizcaya:

> No son pocos los que opinan que la idea es excelente, pero que su realización es muy difícil. Otros se lamentan de que la idea haya sido lanzada por los comunistas, lo cual opinan que es una dificultad para que sea apoyada por gentes que en el fondo ven a los comunistas como enemigos.[180]

La JRN no concitó el apoyo de la población porque, a diferencia de las huelgas de los años anteriores, planteadas desde abajo de forma espontánea, había sido convocada desde arriba por el PCE, y además proponía reivindicaciones explícitamente políticas. Los obreros estaban dispuestos a desafiar la represión franquista para conseguir objetivos concretos que parecían alcanzables a corto plazo, por ejemplo, un aumento salarial o la mejora de las condiciones de vida, pero no tanto a luchar por metas que se percibían lejanas y que se relacionaban con causas partidistas. No hay que olvidar que las condenas por delitos de naturaleza política eran muy superiores a las contempladas para los desórdenes públicos o las alteraciones en las relaciones laborales originadas por causas puramente económicas.

El PCE, consciente de todos estos factores en el momento de poner en marcha la táctica *entrista*, parecía haberlos olvidado completamente al convocar la JRN. De hecho ésta constituía una ruptura respecto a la línea seguida en el movimiento obrero hasta entonces. La paciente obra de organización dentro de las fábricas, con atención a las exigencias concretas y a las demandas económicas, era de repente sustituida por una propuesta de movilización ligada a reivindicaciones políticas que llegaba desde arriba y que los trabajadores percibían como ajena a ellos. La convocatoria del 5 de mayo de 1958, así como la del 18 de junio del año siguiente, constituyeron una fuga hacia delante en el deseo de acelerar los tiempos de la lucha contra la dictadura. Sin embargo, como hemos visto, no existían las condiciones para que una iniciativa semejante pudiera triunfar.

Pese a todos los avisos que llegaban del interior sobre esas condiciones desfavorables,[181] la dirección del partido siguió enrocada en su posición, convencida de que la población descontenta le seguiría como en las huelgas de 1956-1958, sin darse cuenta de las diferencias entre ambas situaciones. Los dirigentes comunistas pecaron de «voluntarismo» y «subjetivismo», por usar su terminología, asumiendo un análisis de la realidad que se apoyaba sólo en los aspectos que confirmaban sus expectativas, y descartando todos los demás.[182]

Por todo ello la JRN fue la crónica de un fracaso anunciado. No se produjeron alteraciones significativas de la habitual actividad económica, ni manifestaciones en las calles.[183] Los comunistas se habían visto obligados a organizarla solos y ahora tenían que afrontar sus consecuencias en la misma soledad, concentrando sobre ellos la represión gubernamental. Entre las detenciones más significativas estuvieron las de Miguel Núñez, responsable del PSUC desde el encarcelamiento de Fábregas, lo que dejaba a la sección catalana otra vez sin dirección.[184] A pesar de todo, el PCE hizo una valoración triunfalista de la jornada, definiéndola como «una grande manifestación popular contra la dictadura del general Franco», en la cual habían participado «millones de españoles».[185] En *Nuestra Bandera,* Dolores Ibárruri escribía:

> La Jornada de reconciliación nacional [...] ha mostrado, en su organización y desarrollo, al mismo tiempo que la debilidad del Régimen, las enormes posibilidades que existen en el país para una lucha de masas de carácter nacional contra la dictadura. [...] Ella ha constituido un gran éxito, porque respondía al sentimiento antifranquista que late en la conciencia popular y que en la jornada ha encontrado su expresión más viva.[186]

El PCE, no obstante su fracaso y empujado por su voluntarismo, convocó una nueva jornada para el año siguiente. Seguía convencido de que las causas que habían impedido el éxito del 5 de mayo eran circunstanciales, y, por tanto, que podían remediarse con una preparación más exhaustiva. La idea de realizar «una acción nacional de protesta» consistente «en una huelga de 24 horas» fue comunicada por primera vez por Carrillo en marzo de 1959.[187] De hecho, Ibárruri fue sorprendida a contrapié y no dejó de expresar su escepticismo al respecto.[188] Estando en Moscú, al final se dejó convencer por la dirección en París que, diciéndole que disponía de amplia información procedente del interior, le describió un ambiente social y político absolutamente propicio para intentar otra movilización general, y logró persuadirla de que todos sus temores eran sólo «frutos de una impresión» que no se correspondía con la realidad.[189]

De modo que el PCE hizo un llamamiento para convocar la Huelga Nacional Pacífica (HNP) el 18 de junio de 1959. La HNP se concebía como una acción conjunta del pueblo, es decir, de los obreros, los campesinos, la pequeña burguesía, los comerciantes, los funcionarios e intelectuales, que podían contar con el apoyo o la neutralidad al menos de las Fuerzas Armadas.[190] También esta vez se puso el acento en su carácter pacífico y de masas, y las reivindicaciones eran exactamente las mismas de la JRN.[191] Sin embargo, respecto a ésta, cambiaba significativamente el nombre: de esta manera la idea de huelga general que tenía profundas raíces en el sindicalismo revolucionario teorizado por Sorel entre los siglos XIX y XX. La suspensión de la actividad laboral sería el detonante de la explosión de todas las contradicciones del sistema vigente. Sin embargo, como ha señalado Sánchez Rodríguez, había notables diferencias entre la idea de huelga general que tenía el PCE y la propia del sindicalismo revolucionario: «Para los sindicalistas se trataba de un hecho que abría las puertas a la revolución social, en tanto que para los comunistas españoles era el medio de acabar con la dictadura y, además, no era una acción exclusiva del proletariado y por ello se convertía en huelga nacional».[192]

El partido, en la línea de su PRN, no consideraba la huelga general como un instrumento de cambio palingenésico, capaz de derribar a la sociedad capitalista en su conjunto, porque un mensaje semejante habría alejado a las clases medias e impedido la formación, siempre buscada, de una amplia alianza. La huelga general era, por el contrario, el instrumento para acelerar la crisis del régimen franquista. La elección de los adjetivos no era casual, tanto por su naturaleza pacífica como nacional, es decir, solicitando el apoyo no sólo del proletariado, sino de todos los españoles de cualquier extracción social pero convencidos de la necesidad de superar las divisiones de la Guerra Civil y unirse contra la dictadura.

La puesta en práctica de la HNP se encontró con problemas muy parecidos a los que habían provocado el fracaso de la JRN, desde la dificultad de movilizar a las masas en nombre de reivindicaciones políticas al escaso nivel organizativo del partido debido a la represión, intensificada ulteriormente con ocasión de la Jornada.[193] La mayor novedad de la movilización del 18 de junio de 1959 respecto a la anterior fue que el PCE logró esta vez romper su aislamiento, obteniendo el apoyo de dos nuevas formaciones antifranquistas: el Frente de Liberación Popular (FLP) y la Agrupación Socialista Universitaria (ASU).[194]

El primero era un grupo nacido en Madrid entre 1957 y 1958, con predominio de jóvenes en sus filas y con una creciente presencia en el mundo universitario. Su inicial inspiración cristiana no le impedía defender posiciones cercanas al socialismo revolucionario que fueron radicalizándose en los años siguientes. Por todo ello ha sido considerado el pionero de la «nueva izquierda» española. Respecto al PCE, el FLP (más conocido como «Felipe») tenía una relación de amor-odio: criticaba su falta de democracia interna, su dogmatismo y subordinación a Moscú, así como el reformismo que implicaba la PRN, pero reconocía su protagonismo en la lucha contra la dictadura frente a la inactividad de otras organizaciones históricas. Desde el primer momento los «felipes» entablaron contactos con los dirigentes comunistas madrileños, y precisamente durante uno de esos encuentros se tomó la decisión de apoyar la HNP. Una decisión que permitía al grupo, aún poco numeroso y bastante desconocido, aumentar su propia visibilidad en esta especie de «bautismo de fuego» en que se encontraba al lado de un partido que, por encima de todas las críticas, consideraba una referencia histórica ineludible.[195]

La participación de la ASU en la HNP remitía a una cuestión más compleja, como eran las relaciones entre el PCE y el PSOE. Si bien la posición oficial de los socialistas era el rechazo hacia cualquier tipo de colaboración con los comunistas, entre los militantes del interior estaba surgiendo voces para superar esta vieja rivalidad en beneficio de un frente unitario contra el franquismo. Ésta fue también la postura de los delegados de la ASU en el Congreso del PSOE de 1958, y explica su adhesión a la jornada del 18 de junio.[196] Por el contrario, la dirección del PSOE en el exilio, después de haber recibido numerosas invitaciones del PCE,[197] se pronunció negativamente, aun siendo consciente de que «en España, la opinión dominante entre los compañeros» era la «de adherirse al movimiento». Su anticomunismo seguía pesando, así como su previsión de que la HNP fracasaría, al igual que había ocurrido con la JRN, con el consiguiente coste en términos políticos y de represión. Tomás afirmó entonces:

> Todo está preparado por el Partido Comunista a sabiendas de antemano que fracasarán, pero ello producirá víctimas y esto es lo que explotará en su provecho el Partido Comunista [...]. La huelga proyectada por los comunistas sólo favorecerá a los patronos que aprovecharán esa oportunidad para tomar represalias y despedir a los obreros que le sobren sin tener que dar indemnizaciones de ninguna clase y, además, el franquismo esgrimirá la propaganda comunista para decir que, una vez más, el Régimen ha salvado a España de otra perturbación proyectada desde Moscú.[198]

La adhesión de la ASU y del FLP cobraba por eso mismo un especial valor simbólico para el PCE, al mostrar una nueva generación que se asomaba a la política libre de prejuicios y por encima de las antiguas divisiones. Para el PCE suponía una vía de romper su aislamiento, aunque no se le ocultaba la escasa contribución que ambas organizaciones podían dar, en términos prácticos, a la movilización más allá de unos reducidos círculos estudiantiles.

Como la movilización del 18 de junio no podía llevarse a cabo únicamente suspendiendo el trabajo, para el desarrollo de todas las tareas previas de propaganda y agitación se formó una amplia red de comités, sobre todo en las fábricas, pero también en las universidades.[199] Se cuidó especialmente la preparación de la huelga en Madrid, sin duda por la mayor repercusión de cuanto ocurría en la capital. No por casualidad, Carrillo envió a su mano derecha, Claudín, como refuerzo del grupo dirigente que residía ya en la ciudad de manera permanente, compuesto por Semprún, Sánchez Montero, Romero Marín y Grimau. A pesar de todas las señales negativas que le llegaban, Carrillo había decidido seguir adelante porque, como admitiría poco después:

> La enorme agitación sobre la huelga serviría para mostrar a las amplias masas que desean terminar con la dictadura, cuál es el camino para llegar a una solución democrática; serviría para mostrarles nuestra salida, [...] la salida de la clase obrera y del pueblo a la situación que existe hoy en España.[200]

En otras palabras, el intento de movilización estaba concebido como una especie de «propaganda por el hecho». Esta actitud *voluntarista* costaría la libertad a muchos comunistas, entre ellos a Simón Sánchez Montero, quien fue arrestado la víspera de la HNP y condenado a veinte años de cárcel. A ésta siguió toda una cadena de detenciones que se abatieron sobre el FLP y la ASU.[201]

El 18 de junio amaneció sin que en ninguna ciudad española, ni siquiera en Madrid, se produjeran protestas significativas. Esta vez el PCE hubo de rendirse a la evidencia y admitir, aunque tímidamente, que «la huelga nacional preparada para el 18 de junio no ha alcanzado las proporciones que sus organizadores y el pueblo esperaban, y que el mismo gobierno del general Franco temía».²⁰² *Lucha Obrera*, órgano oficioso del partido para el movimiento obrero, señaló la falta de una adecuada preparación previa en las empresas como una de las causas del fracaso:

> En la preparación de la huelga de 18 de junio se llegó a cierto grado de unidad por arriba de las fuerzas políticas de oposición, pero esta unidad no se organizó como era necesario por abajo, en las fábricas, en los lugares de producción. Y por carecer de organismos unitarios [...] que orientaran y dirigieran [...] a los trabajadores, no se pudieron vencer los temores y las vacilaciones de muchos de ellos [...]. En esta insuficiente unidad por abajo está una de las razones de que la huelga del 18 de junio no alcanzase en los centros industriales las proporciones que las condiciones objetivas permitían. He aquí una de las grandes lecciones del 18 de junio.²⁰³

Lo que constituía uno de los problemas principales del *jornadismo* no se habría podido resolver, sin embargo, con una mayor preparación de las movilizaciones, porque en realidad tenía que ver con su propia esencia. Un militante asturiano demostraba haberlo comprendido perfectamente cuando, en una carta a la dirección, escribía:

> Nuestra agitación falló en cantidad, pero sobre todo en contenido. No hemos valorado convenientemente la diferencia que existe entre producir una movilización por reivindicaciones económicas concretas y una huelga con objetivos eminentemente políticos.²⁰⁴

Es decir, los militantes comunistas del interior veían claramente que para movilizar a las masas y radicarse entre los obreros había que partir desde abajo y dedicarse a las pequeñas luchas económicas antes que a las grandes manifestaciones políticas. De hecho, es lo que ellos habían hecho desde los acontecimientos de Barcelona de 1951. Un análisis erróneo de la situación española, según el cual el Régimen estaba al borde del precipicio y el pueblo estaba listo para bajar a las calles a darle el último empujón, había llevado a la dirección a creer que había llegado el momento de elevar el nivel de confrontación, pasando del lento y cotidiano trabajo sindical a la convocatoria de grandes huelgas políticas. Un documento interno del partido afirmaba al respecto:

> Los movimientos huelguísticos provinciales y regionales [...] han obtenido éxitos que tal vez hemos sobreestimado [...]: cuando hemos tomado tales éxitos como plataforma en que apoyar movimientos de masas más amplios –los de carácter nacional [...]– los resultados conseguidos no han llenado las esperanzas que en ellos habíamos puesto.

El fracaso del *jornadismo* hizo que los comunistas volvieran sobre sus propios pasos, canalizando otra vez las energías hacia el interior de las fábricas en una obra de educación y concienciación a largo plazo de los obreros:

> Hoy el pueblo español no sabe «leer», y tenemos que enseñarle a «deletrear». El insistir en hablar un lenguaje político a quienes no se hallan en disposición de entenderlo porque no cuentan con el vocabulario adecuado, nos llevará a la comisión de nuevos errores.[205]

Las jornadas de 1958 y 1959 pueden ser consideradas, por tanto, como un paréntesis muy significativo en la evolución del PCE. Su importancia está no tanto en los resultados que lograron, sino en las vías que cerraron, al demostrar que ciertas modalidades de acción eran aún impracticables por el bajo nivel de conciencia política de las masas y la insuficiente fuerza organizativa del partido en el interior.

A partir de ese duro aprendizaje el partido se abstuvo durante años de convocar en primera persona movilizaciones generales, y se limitó a secundar las protestas que surgían desde abajo, entre los propios trabajadores. Carrillo admitió más tarde que no se podía llamar a la huelga «apretando un botón a una hora determinada», tanto menos a una escala nacional.[206] De todas formas los comunistas, aunque no intentaron ponerla nuevamente en práctica en el inmediato, no abandonaron definitivamente la idea de la Huelga Nacional que, como veremos, constituyó parte fundamental de su discurso político y de su estrategia hasta la desaparición de la dictadura, pero sin cumplir nunca efectivamente la función trascendental para la que estaba concebida. El PCE seguiría sosteniendo que la huelga general era el instrumento principal para derrocar al régimen franquista, utilizándolo al mismo tiempo como un mito con el cual mantener vivas las esperanzas en las coyunturas más difíciles frente al desaliento y el fatalismo.[207]

El fracaso del *jornadismo* tuvo, por otra parte, efectos paradójicos en la estructura orgánica del partido. Carrillo, su principal promotor, fue elevado a la máxima responsabilidad, la de secretario general, mientras que Dolores Ibárruri, que había manifestado en más de una ocasión su perplejidad ante tales iniciativas, fue apartada del cargo. Se le nombró «presidente» del partido, un cargo de carácter simbólico, creado *ex profeso,* pero que la *Pasionaria*, con más de sesenta años de edad, aceptó resignada, y para evitar una lucha por el poder que habría dividido al partido y de la que, probablemente, habría salido derrotada. Carrillo, en efecto, contaba con el apoyo de la mayoría de los dirigentes, los «jóvenes», quienes compartían su análisis de la situación española y su estrategia subjetivista.

Ese cambio en la cumbre, consumado de hecho durante el verano de 1959, no se formalizó hasta el VI Congreso, celebrado a finales del mismo año. En esa ocasión no tuvo lugar ninguna innovación significativa en la estrategia del partido, sino una confirmación de la evolución iniciada en 1954. Eso sí, para despejar las dudas que se habían manifestado entre la militancia,[208] se precisó que la Política de Reconciliación Nacional no comportaba el abandono de la lucha de clases ni la construcción del socialismo como su meta final. Hacia ella debía encaminarse, pero respetando las reglas democráticas que se restablecerían tras la caída de Franco. Se recordó también que, aun aceptando una eventual forma de Estado monárquica, si el pueblo se pronunciaba en ese sentido mediante libre plebiscito, los comunistas continuaban siendo fieles a la causa republicana.[209]

La Oposición Sindical

El PCE había prestado mucha atención a la aparición de las comisiones obreras, y en varias ocasiones había manifestado la necesidad de darles continuidad, coordinarlas entre sí y estrechar sus relaciones con los enlaces y jurados elegidos. Las huelgas de 1956-1958 habían demostrado su eficacia y, a partir de entonces, el partido decidió avanzar en ese camino de una manera más sistemática que hiciera de ellas el instrumento de su política obrera. Ya no era suficiente, en la nueva situación creada por la oleada huelguística, tener militantes que ocupasen cargos dentro de la OSE: era necesario coordinar sus acciones y enmarcarlas dentro de una estrategia global. Esa intención se materializó, entre finales de los años cincuenta y la primera mitad de los sesenta, en la fórmula de la Oposición Sindical. En torno a ésta siempre ha existido una cierta confusión, tanto entre la militancia de entonces como entre los historiadores de hoy, lo que ha llevado a considerarla como un intento del PCE de crear un sindicato clandestino propio.[210] Para aclarar en lo posible esta cuestión conviene regresar a las fuentes primarias.

La expresión «oposición sindical» se usó por primera vez en la reunión del Buró Político de septiembre de 1958. Es interesante hacer notar que allí se definió como un «movimiento»,[211] y aun afirmando la necesidad de dotarla de una mayor organización, no se hizo ninguna referencia a la posibilidad de formalizarla en una sigla. Se puede deducir que el partido empezó a usar la expresión de forma genérica, para indicar de forma vaga el conjunto de actividades de protesta sindicales y las formas organizativas que tenían ese objetivo. En otras palabras, al final de los años cincuenta, en contra de lo que suele afirmarse,[212] no existía todavía la Oposición Sindical Obrera (OSO) entendida como un organismo dotado de personalidad específica, sino sólo una expresión indeterminada y omnicomprensiva que funcionaba como una especie de contenedor de todo aquello que presuponía una crítica al Vertical,[213] Una prueba de lo que estamos afirmando se puede encontrar en el hecho de que, hasta 1962, no se difundió ningún documento firmado por la OSO en cuanto tal.

De todas maneras, desde enero de 1959 se empezó a publicar una revista, *Lucha Obrera*, que se autodefinía como «portavoz de la oposición sindical», y que, para favorecer el desarrollo de un movimiento unitario, ocultaba su vinculación directa con el PCE. En el editorial del primer número podía leerse:

> Al abarcar con una mirada el desarrollo de las luchas obreras veremos sin dificultad que estamos en presencia de un movimiento de *oposición sindical*, contra los sindicatos verticales y la dictadura, de gran amplitud. Esta *oposición sindical* se expresa en la unidad obrera y en el carácter de las reivindicaciones formuladas por los trabajadores, en flagrante oposición con [...] los «principios» del sindicalismo vertical.[214]

En estas palabras se encuentra una ulterior confirmación del carácter genérico del concepto de «oposición sindical», hasta el punto de identificarla con la totalidad del movimiento obrero que había protagonizado las movilizaciones de 1956-1958. Otra prueba puede leerse en un importante documento difundido por el PCE con ocasión del vigésimo aniversario del final de la Guerra Civil:

> Ahora, dentro de los sindicatos verticales existen de hecho dos organizaciones distintas y opuestas: la de los burócratas y los jerarcas, la de los agentes del Gobierno y los grandes patronos [...]; y la organización de los obreros, por abajo, en las empresas, en torno a sus enlaces sindicales y, cuando éstos no están a la altura de sus deberes, en torno a los obreros más conscientes y combativos. [...] En la práctica, esta oposición entre la burocracia sindical de los altos jerarcas y las formas de organización de las masas trabajadoras en torno a sus representantes auténticos, significa el nacimiento de una Oposición Sindical de los trabajadores, pletórica de posibilidades para el presente y el futuro. Esta Oposición Sindical no tiene un color político determinado; es un movimiento de todos los trabajadores.[215]

Los ejes de esa oposición sindical debían ser, según el PCE, los comités de empresa permanentes, en torno a los cuales se movería la base no estructurada del movimiento. Tras las elecciones sindicales de 1957 el partido ya había comenzado a tratar de organizarlos en diversas localidades, configurándolos como grupos estables que debían reunir a enlaces y jurados, no sólo comunistas sino también del resto de grupos «dispuestos a luchar contra la política sindical franquista».[216] El tema se trató al año siguiente en varias reuniones y documentos, en los cuales se afirmaba:

> Tenemos que conseguir que los enlaces, en cada empresa, sean un colectivo democrático, unitario, que encauce y dirija la acción de los trabajadores; en definitiva, verdaderos Comités.[217]
>
> Estos Comités deben tener una composición más amplia, no limitarlos sólo a los representantes sindicales legales. Estos forman la cobertura sindical legal, pero es necesario que participen en estos organismos trabajadores que, si no tienen una representación legal, sí cuentan con la confianza de sus compañeros de trabajo y tienen entre estos autoridad y prestigio. Esta composición les daría más carácter unitario. [...] Esto les dará continuidad, no ocurrirá como con las comisiones obreras de otros tiempos que se disolvían una vez conseguido el objetivo propuesto. [...] Los Comités de unidad en fabricas y localidades deben ser la base de una organización independiente, democrática, de la clase obrera, que irá extendiéndose y concretándose con la lucha y la experiencia.[218]

Los comités, por tanto, tendrían que estar compuestos tanto por quienes ocupaban cargos electivos en la OSE, desde posiciones diversas, fueran o no comunistas, como por simples obreros que desarrollaban cualquier clase de oposición al sindicalismo oficial. Se crearían a partir de la defensa de reivindicaciones particulares surgidas en cada fábrica y el partido insistía en su carácter unitario, siempre pensando en cómo escapar del ostracismo al menos a nivel de base.[219] Desde una perspectiva comunista representaban la fusión de lucha legal y extralegal,[220] pero tenían que responder además a la exigencia de dar al conjunto de la oposición un punto de referencia estable, bajo forma de organismos permanentes y organizados. Sólo así podría existir en cada lugar de trabajo un centro desde el cual podría dirigirse la actividad reivindicativa del movimiento de masas no estructurado, y darle continuidad. En suma, para el PCE los comités consistían en una especie de institucionalización de las comisiones, cuya naturaleza temporal y no estructurada les impedía desarrollar las luchas obreras en todo su potencial. En este sentido, Claudín afirmó:

> Sucede a veces que la comisión presenta las reclamaciones, la dirección de la empresa o los jerarcas hacen promesas y la comisión en la práctica deja de actuar esperando el resultado y dejando en la pasividad también a los obreros. Pasan las semanas y los meses y aprovechando un momento propicio, [...] la empresa toma la contraofensiva. [...] La debilidad en muchos casos de la acción de los enlaces y vocales obreros, es debido a que se desarrolla sin estar respaldada, coordinada y en cierto modo empujada, controlada por las comisiones salidas de los mismos obreros y capaces no sólo de representar a éstos, sino de organizarles, movilizarles. Y sin esta combinación de las comisiones ilegales o extralegales con los enlaces y vocales, cada vez es más difícil que éstos puedan desempeñar un papel eficaz.[221]

Semejantes argumentos eran utilizados, asimismo, en *Mundo Obrero*, donde podía leerse:

> La falta de comisiones o comités *permanentes* de oposición sindical en las empresas, impide en muchas ocasiones materializar en acción el ambiente favorable de lucha de los obreros. Estos, carentes de dirección, sin el órgano que elabore sus reivindicaciones, las popularice y establezca las formas de lucha más apropiadas al momento, llegan a tener una falsa sensación de impotencia, por no contar con el órgano orientador que transforme sus energías en acción incontenible. Si en las fábricas donde tales hechos se producen existiesen los comités de oposición sindical respectivos, las luchas no pasarían por ese trance pasivo [...]. El comité estudiaría y encontraría las formas más eficaces de acción.[222]

Este enfoque retomaba la idea leninista de que «el elemento espontáneo no es sino la *forma embrionaria* de lo consciente»,[223] cuya lógica consecuencia era que la organización resultaba imprescindible para que madurara el espíritu revolucionario de los obreros españoles. Los comités, también llamados «comisiones permanentes» de oposición sindical, eran considerados «los órganos más adecuados y eficaces de unidad y de acción de los trabajadores».[224] El PCE estaba interesado en darles estabilidad no sólo para incrementar su eficacia, sino también controlarlos y utilizarlos como instrumentos de su política: pese a sus llamamientos a la unidad, el objetivo de los comunistas consistía en orientarlos, de manera más o menos velada, hacia sus propias exigencias. Por otra parte, los comunistas eran los obreros con mayor preparación y recursos respecto a sus compañeros en las comisiones y, sobre todo, los únicos que actuaban siguiendo una línea sindical y política previa, lo que a menudo les permitía asumir el papel dirigente.[225] Algo que podría acentuarse con el tiempo, siempre que la provisionalidad diera paso a una mayor estabilidad y estructuración. De esa manera el partido, aun contando con un escaso número de militantes, disponía de una vanguardia compacta que podría encauzar un amplio movimiento de masas supuestamente independiente, controlando su evolución. Esta posibilidad ya había sido delineada por Carrillo en 1956, después de las movilizaciones que habían tenido lugar en Vizcaya:

> Con no más de doscientos comunistas organizados, el Partido ha podido desempeñar el papel dirigente en la huelga. ¿Cómo 200 han podido dirigir a 45.000? [...] A través de las Comisiones Obreras, nombradas democráticamente por los trabajadores [...]. Sin apoyarse en las Comisiones Obreras, el Partido no hubiera podido dirigir a los trabajadores. La organización del Partido, los órganos dirigentes del Partido pueden inspirar, orientar, pero no reemplazar ni sustituir a la organización [...] –en este caso las comisiones– que se han dado los trabajadores. [...] Donde no existían estas formas [...] el Partido solo, aún llamando a la huelga, no ha conseguido desencadenarla.[226]

Después de haber creado los comités/comisiones permanentes en distintos lugares de trabajo, el paso siguiente consistía en establecer una conexión entre ellos a escala primero local y luego nacional, indispensable para llevar a cabo acciones de protesta que superaran los estrechos límites de la empresa hasta alcanzar todo el territorio español, con las consiguientes repercusiones. Así, la oposición sindical abandonaría su fase espontánea inicial para evolucionar «dentro del armazón de los sindicatos verticales» como «una verdadera organización obrera, con sus órganos dirigentes propios» que, aparte de «impulsar la acción por las reivindicaciones económicas y políticas», se configuraría al mismo tiempo como «el embrión de los futuros sindicatos de clase unitarios».[227]

Convencido de que la existencia de varias centrales sindicales debilitaba la capacidad combativa de los trabajadores, incluso desde antes de la Guerra Civil el PCE había defendido la creación de un único sindicato que agrupase en sus filas a todos los trabajadores. Durante los años cuarenta había creído que la UGT podía desempeñar esa función, pero con la táctica del *entrismo* pasó a considerar que ese objetivo sólo podía alcanzarse mediante una transformación de la propia OSE en sentido democrático.[228] La estructuración de la oposición sindical, bien dentro del Vertical y sirviéndose de sus canales legales, bien en la ilegalidad, se insertaba así en la perspectiva de preparar el terreno a un futuro sindicalismo unitario posfranquista.

Las elecciones sindicales de 1960 se vieron como una importante ocasión para «reforzar la unidad de los obreros en las empresas», y «para organizar Comités unitarios en cada una de ellas».[229] El PCE invitó a participar, sosteniendo que se debía aprovechar la campaña electoral para crear comisiones y, una vez surgidas, para sostener las candidaturas de protesta y elaborar programas con las principales reivindicaciones, adquirieran un carácter permanente. Se tenía que aprovechar esa oportunidad para hacer obra de agitación entre los obreros y explicarles la conveniencia de una mayor coordinación. Esta vez, sin embargo, los resultados supusieron un frenazo respecto a los progresos realizados en la anterior convocatoria, tanto que desde Madrid se comunicaba a la dirección:

> Hemos de reconocer que no hemos conseguido la más pequeña parte de lo que hubiera sido nuestro deseo, en esta ocasión

no hemos tenido la suficiente fuerza de empuje para haber obtenido los más mínimos resultados.[230]

Pesaban, sin duda, las consecuencias de la represión llevada a cabo por el Régimen tras las movilizaciones del *jornadismo* y las huelgas del bienio 1956-1958, a las que se sumó un largo goteo de detenciones. Entre ellas las de muchos militantes tras su vuelta a España después de haber asistido al VI Congreso del partido, sobre el cual la policía española estaba bien informada gracias a sus infiltrados.[231] Si por un lado la represión había dejado al PCE en una situación de debilidad orgánica, por otro reavivaba el miedo de los trabajadores y su temor a participar en las elecciones. Además la OSE, con la intención de bloquear el renacimiento del movimiento obrero desde la raíz, rechazó muchas de las candidaturas sobre las que tenía datos o sospechas de no ser «afectas» al Régimen.[232] Pese a esos exiguos resultados, el partido consideró que las elecciones habían constituido una experiencia importante porque habían permitido a los comunistas establecer contactos con otros sectores, en particular católicos. Unas relaciones que serían utilizadas para proceder con más determinación en la organización de la Oposición Sindical.[233]

A finales de 1961, el enfoque mantenido hasta entonces respecto a la oposición sindical sufrió un importante giro. Efectivamente, en la reunión plenaria del CC celebrada en octubre se propuso por primera vez formalizarla, convirtiéndola en un verdadero organismo dotado de personalidad específica:

> Que esa oposición sindical tenga su personalidad –afirmó Sandoval–, que publique sus manifiestos, [...] y que tenga incluso representación desde el punto de vista de la organización... Yo lo planteo como sugerencias, pero creo que va en la línea general del Partido. [...] Pienso que es completamente necesario, indispensable, que tenga una declaración de principios, un programa, una plataforma, que debe de conocerse, de publicarse.

Fue entonces cuando se decidió crear la OSO, cuya primera aparición pública tuvo lugar en el transcurso de las huelgas asturianas de 1962, como veremos en el próximo capítulo. En realidad sus contornos siguieron siendo poco precisos, ya que abarcaban tanto las comisiones permanentes como el conjunto de la base del movimiento. La formalización de la sigla, de todas maneras, respondía a lógicas bien precisas. El pce podía, ante todo, presentarla como un organismo independiente y usarla como cobertura para convocar movilizaciones sin que éstas aparecieran promovidas por los comunistas, para obtener así un mayor eco.[234] Se esperaba, asimismo, que la formalización facilitara el proselitismo entre los trabajadores, pues siempre resultaba más fácil proponer a las masas de colaborar con algo ya existente que incitarlas a crearlo de la nada.

BALANCE DE UNA LARGA DÉCADA

Al inicio de los años sesenta, el pce en el interior tenía que afrontar problemas de organización, ya que la represión le había privado de alguno de sus principales dirigentes y había desarticulado numerosas células. A pesar de ello, aparecía como la principal fuerza antifranquista. La evolución que había experimentado en el último decenio, abandonando la lucha armada, le había permitido comenzar a echar raíces entre las masas y hacer sentir su presencia dentro de las fábricas. Si en un primer momento el partido se había mostrado indeciso a la hora de aplicar la «directriz Stalin», en el curso de los años cincuenta poco a poco se convenció de que la penetración en la ose y el uso de las posibilidades legales le abrirían un fértil campo de acción, con el objetivo de fomentar la agitación entre los obreros e inculcar en ellos, aunque lentamente, una conciencia política antifranquista.

Ya en la primera mitad de la década se había vuelto evidente para la dirección comunista que el *entrismo* podía favorecer enormemente el desarrollo de un amplio movimiento de oposición, porque tenía ventajas que pueden ser resumidas, parafraseando a Fishman, de la siguiente manera: proporcionaba a los activistas y a los dirigentes del partido una sede para sus actividades legales, dándoles la posibilidad de estar en contacto directo con los trabajadores, y les permitía, al ganar los cargos de enlaces y jurados, asumir un liderazgo visible en las fábricas, capaz de catalizar con mayor eficacia el descontento obrero.[235] Con el lanzamiento de la PRN, poniendo el acento sobre los medios pacíficos para acabar con la dictadura, el partido dio un impulso ulterior a su política sindical, hasta hacer de ella su arma principal en la lucha contra el franquismo. Los resultados conseguidos operando en esa dirección fueron, de allí a pocos años, de una entidad suficiente como para preocupar al Régimen, que en 1960 daba a las fuerzas del orden las siguientes instrucciones para impedir el ascenso del PCE:

> Es muy importante la vigilancia en los medios sindicales, pero no por procedimiento policial normal, sino mediante la utilización de elementos de confianza que estén ya de antemano trabajando en fábricas y talleres. [...] Sería muy útil la edición de algún periódico u hoja clandestina con apariencia de proceder del PC [...], para sembrar la confusión [...]. A este fin se debería utilizar el mismo léxico, las mismas ideas e introducir, de vez en cuando, alguna instrucción contraria y tendente a crear escisiones, disidencia y disgusto.[236]

En el desarrollo de la nueva línea, el PCE se benefició del surgimiento de las comisiones obreras. Los historiadores han discutido si en la visión del partido existió una contraposición entre éstas y su política sindical.[237] Pero la cuestión está así mal planteada. Admitir esta hipótesis significaría ignorar que los comunistas, como hemos visto, consideraron inmediatamente las comisiones como un instrumento eficaz a través del cual poner en práctica su nueva estrategia, por eso tomaron parte activamente desde el principio. Pero una interpretación que afirmara que no había ninguna incompatibilidad entre la política sindical del PCE y las comisiones obreras primigenias implicaría no entender cuál fue la contribución de los comunistas para convertirlas en lo que llegó a ser CCOO, con características diferentes, al menos en parte, respecto a sus orígenes.

Hay que adoptar, por lo tanto, una perspectiva distinta, asumiendo como punto de partida el hecho de que el partido vio desde el principio las potencialidades de las comisiones, aunque al mismo tiempo consideraba que algunos de sus rasgos tenían que ser profundamente modificados. Sólo así puede explicarse cómo los comunistas, desde la segunda mitad de los años cincuenta, trabajaron para convertir las comisiones en permanentes, para coordinarlas entre sí y para vincularlas a los cargos sindicales electivos. La fórmula de la oposición sindical iba en ese mismo sentido, pues suponía un intento de integrar las comisiones en una política sindical que el PCE tenía ya bien delineada en sus trazos fundamentales. Hay que subrayar además que, como hemos visto, las indicaciones procedentes de la dirección fueron decisivas para orientar a los militantes de base en sus acciones. Cuánto y cómo todo ello llevó a una mutación de la naturaleza original de las comisiones es algo sobre lo que volveremos en el próximo capítulo.

Si en una primera fase el PCE se había mostrado bastante reticente a promover acciones de masa, prefiriendo a las huelgas el trabajo de organización entre las bases para preparar las futuras movilizaciones, el renacer de la combatividad obrera a partir de 1956 le convenció de que había llegado el momento de abandonar las anteriores cautelas y utilizar los recursos acumulados en los años precedentes para pasar a la ofensiva. Desde entonces la actividad agitatoria del partido se desarrolló según un *modus operandi* que un informe gubernamental resumía así:

> Las instrucciones del Comité Central del Partido Comunista tienden a que sus miembros fomenten, sobre todas las cosas, el izquierdismo. No quieren formar adeptos [...] sino lograr sobre todo un gran ambiente y una proliferación del pensamiento y de las tendencias políticas izquierdistas. En otra etapa, cuando se haya logrado el anterior, llegará la hora de recoger [los frutos] de toda la masa izquierdista.[238]

El objetivo del PCE era crear una masa crítica y combativa y, al mismo tiempo, aparecer como el referente principal e ineludible para todo el movimiento de oposición dentro de España. Le interesaba, en particular, presentarse ante las nuevas corrientes antifranquistas como la única de las organizaciones históricas que se alejaba del inmovilismo del exilio para actuar de forma concreta en la lucha por la democracia. La propia convocatoria de las jornadas del 5 de mayo y del 18 de junio se insertaba en esa política destinada a adquirir visibilidad. Así pues, para salir de su aislamiento, el PCE buscaba la legitimación a través de la lucha: una posición que podía parecer prematura en los años cincuenta, pero que en la década siguiente permitió al partido salir fuera de las catacumbas y asumir los rasgos de un «partido de masas en la clandestinidad».

NOTAS

[1] MOLINERO, C., SOBREQUÉS, J., SALA, M. (eds.), *Una inmensa prisión*, Barcelona, Crítica, 2003.
[2] NICOLÁS MARÍN, M. E., ALTED, A., *Disidencias en el franquismo (1939-1975)*, Murcia, Diego Marín Librero, 1999, p. 13.
[3] JULIÁ, S. (ed.), *Víctimas de la Guerra Civil*, Madrid, Temas de Hoy, 2004; RODRIGO, J., *Cautivos*, Barcelona, Crítica, 2005; VEGA SOMBRÍA, S., *De la esperanza a la persecución*, Barcelona, Crítica, 2005; GÓMEZ BRAVO, G., *El exilio interior*, Madrid, Taurus, 2009.
[4] PAYNE, S., *El Régimen de Franco, 1939-1975*, Madrid, Alianza, 1987, pp. 245 y ss.; CAZORLA, A., *Las políticas de la victoria*, Madrid, Marcial Pons, 2000.
[5] GENTILE, E., DI FEBO, G., SUEIRO, S., TUSELL, J. (eds.), *Fascismo y franquismo cara a cara*, Madrid, Biblioteca Nueva, 2004.
[6] LINZ, J., «An authoritarian regime. Spain», en ALLARDT, E., LITTUNEN, Y. (eds.), *Cleavages, Ideologies and Party Systems*, Helsinki, Westmark Society, 1964, pp. 291-341. Sobre la naturaleza política del franquismo: TUSELL, J., *La dictadura de Franco*, Barcelona, Altaya, 1996.
[7] LUDEVID, M., *Cuarenta años de Sindicato Vertical*, Barcelona, Laia, 1977; APARICIO, M. A., *El sindicalismo vertical y la formación del Estado franquista*, Barcelona, EUNIBAR, 1980; SÁNCHEZ LÓPEZ, R., NICOLÁS MARÍN, M. E., «Sindicalismo vertical franquista: la institucionalización de una antinomia (1939-1977)», en RUIZ, D. (ed.), *Historia de Comisiones Obreras (1958-1988)*, Madrid, Siglo XXI, 1993, pp. 1-46; BERNAL, F., *El sindicalismo vertical*, Madrid, CEPC, 2010.
[8] BABIANO, J., *Paternalismo industrial y disciplina fabril en España (1938-1958)*, Madrid, Consejo Económico y Social, 1998.
[9] *Fuero del Trabajo*, XI, 1-3.
[10] Sobre la oposición durante el primer franquismo: HEINE, H., *La oposición política al franquismo*, Barcelona, Crítica, 1983; TUSELL, J., *La oposición democrática al franquismo (1939-1962)*, Barcelona, Planeta, 1977.
[11] HERMANOS, J., *La fin de l'espoir*, París, Julliard, 1950.
[12] JULIÁ, S., *Los socialistas en la política española*, Madrid, Taurus, 1997, pp. 12, 283 y ss.; SACALUGA, J. A., *La resistencia socialista en Asturias (1937-1962)*, Madrid, Pablo Iglesias, 1986; GILLESPIE, R., *The Spanish*

Socialist Party, Nueva York, Oxford University Press, 1989, pp. 53 y ss.
[13] PAZ, A., *CNT 1939-1951*, Madrid, FAL, 2001; HERRERÍN, A., *La CNT durante el franquismo*, Madrid, Siglo XXI, 2004.
[14] Sobre los años cincuenta como periodo de transición, tanto para el franquismo como para la oposición, ver: MATEOS, A. (ed.), *La España de los Cincuenta*, Madrid, Eneida, 2008.
[15] WINGEATE PIKE, D., *En the service of Stalin. The spanish communists en exile, 1939-1945*, Oxford, Clarendon Press, 1993; Íd.., *Jours de gloire, jours de honte*, París, Societé d'édition d'enseignement supérieur, 1984; ESTRUCH, J., *El PCE en la clandestinidad (1939-1956)*, Madrid, Siglo XXI, 1982, pp. 7 y ss.; HEINE, H., *La oposición política...*, cit., pp. 85 y ss.; CARRIÓN, P. J., «La delegación del PCE en México (1939-1956). Origen y límite de una voluntad de liderazgo de la oposición», en *Espacio, Tiempo y Forma*, n.º 16, 2004, pp. 309-336.
[16] AZCÁRATE, M., *Derrotas y esperanzas*, Barcelona, Tusquets, 1994, p. 197.
[17] ESTRUCH, J., cit., pp. 33-37. Los expulsados fueron unos cuarenta, todos pertenecientes al *Partit Socialista Unificat de Catalunya* (PSUC).
[18] BIZCARRONDO, M., ELORZA, A., *Queridos camaradas*, Barcelona, Planeta, 1999.
[19] ÁLVAREZ, S., *Memorias. III*, A Coruña, Ediciós do Castro, 1988, p. 132.
[20] DIMITROV, G., *Diario. Gli anni di Mosca (1934-1945)*, Turín, Einaudi, 2002, pp. 196, 194.
[21] *España y la guerra imperialista*, noviembre 1939, Archivo Histórico del Partido Comunista de España (AHPCE), Documentos, carpeta (carp.) 20; IBÁRRURI, D., *La Socialdemocracia y la actual guerra imperialista*, 1940, AHPCE, Dirigentes, caja (c.) 14.
[22] «Por la reconquista y liberación de España», *España Popular*, n.º 1, febrero 1940; *La lucha armada del pueblo español por la libertad e independencia de España*, 1940, AHPCE, Documentos, carp. 21; DÍAZ, J., *Las lecciones de la guerra del pueblo español*, 1940, AHPCE, Dirigentes, c. 8.
[23] DIMITROV, G., *Diario...*, cit., pp. 320, 325.
[24] *¡Por la Unión Nacional de todos lo españoles, contra Franco, los invasores germano-italianos y los traidores!*, agosto 1941, AHPCE, Documentos, carp. 22; ESTRUCH, J., cit., p. 76; MARTÍN RAMOS, J. L., «La política de Unión Nacional Española», en *Papeles de la FIM*, n.º 24, 2006, pp. 111-128.
[25] *Carta abierta del Secretariado del Partido Comunista de España al Partido Socialista Obrero Español*, 1941, AHPCE, Documentos, carp. 22.
[26] Para la situación del PCE en los primeros años del franquismo, véanse los informes de Pedro CHECA: *Informe sobre España*, mayo 1940, e *Informe sobre el país y el partido*, noviembre 1940, AHPCE, Activistas, c. 93, carp. 40. Para la actividad del PCE dentro de España durante los años cuarenta: MORÁN, G., *Miseria y grandeza del Partido Comunista de España (1939-1985)*, Barcelona, Planeta, 1986, pp. 36 y ss.; MARTÍN RAMOS, J. L., *Rojos contra Franco*, Barcelona, Edhasa, 2002; FERNÁNDEZ RODRÍ-

GUEZ, C., *Madrid clandestino*, Madrid, Fundación Domingo Malagón, 2002; HEINE, H., «El Partido Comunista de España durante el primer franquismo», en BUENO, M., HINOJOSA, J., GARCÍA, C. (eds.), *Historia del PCE. Primer Congreso, 1920-1977*, Madrid, FIM, 2007, Vol. I, pp. 397-426; GARCÍA PIÑEIRO, R., «El PCE en Asturias bajo el franquismo (1937-1967)», en ERICE, F. (ed.), *Los comunistas en Asturias (1920-1982)*, Gijón, TREA, 1996, pp. 147-168.

[27] Quiñones fue detenido gracias a la delación de otro comunista. La dirección del PCE en el exilio. Dado que actuaba con notable independencia, lo acusó de ser un traidor y un agente británico, por eso lo «purgó» pronto entregándolo a las autoridades franquistas. GINARD I FÉRON, D., *Heriberto Quiñones y el movimiento comunista en España, 1931-1942*, Palma de Mallorca, Documenta Balear, 2000.

[28] SEVILLANO CALERO, F., «Nuestros auténticos enemigos. La imagen del comunismo en la dictadura franquista», en BUENO, M., GÁLVEZ, S. (eds.), *Nosotros los comunistas*, Sevilla, FIM/Atrapasueños, 2009, pp. 183-202.

[29] ARASA, D., *Años 40: los maquis y el PCE*, Barcelona, Argos Vergara, 1984; Íd.., *La invasión de los maquis*, Barcelona, Belacqua, 2004; VV.AA., *El movimiento guerrillero de los años cuarenta*, Madrid, FIM, 1990; SÁNCHEZ CERVELLÓ, J., *Maquis: el puño que golpeó al franquismo*, Barcelona, Flor del Viento, 2003; REIGOSA, C., *La agonía del león. Esperanza y tragedia del maquis*, Madrid, Alianza, 2004; SERRANO, S., *Maquis*, Madrid, Temas de Hoy, 2006.

[30] TUÑÓN DE LARA, M., «El poder y la oposición», en TUÑÓN DE LARA, M., BIESCAS, J. A., *España bajo la dictadura franquista*, Barcelona, Labor, 1980, pp. 248-249.

[31] LÍSTER, E., *Así destruyó Carrillo el PCE*, Barcelona, Planeta, 1983, p. 53.

[32] MORÁN, G., cit., p. 134.

[33] *La situación de España y las tareas actuales del Partido*, 8-VII-1939, p. 10, AHPCE, Documentos, carp. 20.

[34] LENIN, V. I., *La enfermedad infantil del izquierdismo en el comunismo*, Madrid, Akal, 1975, pp. 104, 44-45, 47.

[35] DIMITROV, G., *Informe ante el VII Congreso de la Internacional Comunista*, Madrid, Escolar, 1977, pp. 43, 45.

[36] NEGLIE, P., *Fratelli in camicia nera*, Bolonia, Il Mulino, 1996, pp. 11 y ss.; AGOSTI, A., *Togliatti*, Turín, UTET, 1996, pp. 152 y ss.; TOGLIATTI, P., *Lezioni sul fascismo*, Roma, Editori Riuniti, 1970.

[37] *Informe de la delegación del BP del PCE al CC del PCUS sobre la situación política y el Partido*, 5-VIII-1948, p. 23, AHPCE, Documentos, carp. 20.

[38] ELLWOOD, S., *Prietas las filas*, Barcelona, Crítica, 1984, pp. 210 y ss.; HERRERÍN, A., *La CNT durante el franquismo...*, cit., p. 25 y ss.

[39] Para los intentos comunistas de reconstruir la UGT en el exilio: MATEOS, A., *Historia de la UGT. Vol. 5. Contra la dictadura franquista, 1939-1975*, Madrid, Siglo XXI, 2008, pp. 8-15.

[40] *Algunos aspectos del trabajo en los sindicatos*, 1946, AHPCE, Nacionalidades y Regiones (NyR), Levante, c. 77.
[41] *Informe de la delegación del BP del PCE al CC del PCUS sobre la situación política y el Partido*, 5-VIII-1948, cit., pp. 15-32
[42] Citado en CLAUDÍN, F., *Santiago Carrillo*, Barcelona, Planeta, 1983, p. 96. Una versión casi idéntica de la conversación es narrada por sus protagonistas en sus respectivas memorias: CARRILLO, S., *Memorias*, Barcelona, Planeta, 1993, pp. 418-420; IBÁRRURI, D., *Memorias de Pasionaria*, Barcelona, Planeta, 1984, pp. 126-127.
[43] BULNES, R., «Del sindicalismo de represión al sindicalismo de integración», en *Horizonte Español 1966*, París, Ruedo Ibérico, 1966, pp. 285-325. Hay que precisar que la figura del jurado, aunque se había creado en 1947, no se activó prácticamente hasta 1953, cuando fue promulgado el reglamento que disciplinaba en detalle sus características y competencias.
[44] *Informe del camarada Uribe en la reunión de cuadros celebrada en París en el año 1948*, octubre 1948, pp. 7-8, 9, 16, AHPCE, Dirigentes, c. 33.
[45] *Resumen del camarada Uribe en la reunión de cuadros celebrada en París en el año 1948*, octubre 1948, pp. 12, 14, AHPCE, Dirigentes, c. 33.
[46] *Informe del camarada Uribe en la reunión de cuadros celebrada en París en el año 1948*, octubre 1948, cit., pp. 13, 20-21, 24, 41.
[47] MATEOS, A., «Comunistas, socialistas y sindicalistas ante las elecciones del Sindicato Vertical», en *Espacio, Tiempo y Forma*, n.º 1, 1988, pp. 379-412.
[48] LENIN, V. I., «¿Deben actuar los revolucionarios en los sindicatos reaccionarios?», DELAGE, L., «Algunos problemas fundamentales de la clase obrera española y nuestras tareas en esta situación», *Nuestra Bandera*, n.º 30, septiembre-octubre 1949, respectivamente pp. 760-767 y 737-759.
[49] CARRILLO, S., «Sobre las experiencias de dos años de lucha», *Nuestra Bandera*, n.º 31, noviembre-diciembre 1948, pp. 834.
[50] *Apuntes sobre el informe del camarada V. Uribe dando cuenta de la reunión y los acuerdos secretos del BP y el CC sobre la nueva táctica del Partido*, 28-II-1949, pp. 5-6, AHPCE, NyR, Aragón, jacket (j.) 60. Véase también *Carta a Aragón*, 1-VI-1949, AHPCE, Varios años 40, c. A, jj. 38-39.
[51] «Para impulsar la creciente acción de la clase obrera», *Mundo Obrero*, 18-VIII-1949; «Acción reivindicativa de los trabajadores en el seno de los Sindicatos Verticales», *Mundo Obrero*, 20-X-1949; «Resultados y experiencias de las luchas de los trabajadores desde los Sindicatos Verticales», *Mundo Obrero*, 22-IX-1949.
[52] Fue Carrillo quien lo reveló en un célebre libro-entrevista con Régis Debray y Max Gallo: CARRILLO, S., *Demain l'Espagne*, París, Seuil, 1974. Aquí se hace referencia a la versión española: *Mañana España*, París, Colección Ebro, 1975, pp. 124-125.
[53] *Carta de Rogelio*, octubre 1950, *Carta de la Dirección del Partido a los camaradas de Madrid,* 1951, AHPCE, NyR, Madrid, jj. 866, 868; *Informe del C/C*, 1950, AHPCE, NyR, Aragón, jj. 117-118.

[54] *Informe del camarada Salvador*, 1950, AHPCE, NyR, Madrid, jj. 838-841; *Informe de Carrillo y Antón*, enero 1951, p. 12, AHPCE, Dirigentes, c. 30.
[55] VEGA, R., «Las fuerzas del trabajo: los comunistas en el movimiento obrero durante el franquismo», en BUENO, M., GÁLVEZ, S. (eds.), cit., p. 315.
[56] «Los jerarcas sindicales franquistas al descubierto», *Mundo Obrero*, 29-IX-1949.
[57] «Carta de la camarada Dolores Ibárruri a la redacción de 'Mundo Obrero'», *Mundo Obrero*, 17-XI-1949.
[58] «Sobre la justa crítica de la camarada Dolores Ibárruri a la redacción de 'Mundo Obrero'», *Mundo Obrero*, 1-XII-1949.
[59] «La farsa de las elecciones sindicales», *Mundo Obrero*, septiembre 1950.
[60] LARDÍN I OLIVER, A., *Obrers comunistas*, Valls, Cossetània, 2007, pp. 211 y ss.
[61] *Informe de Carrillo y Antón*, enero 1951, cit., p. 7.
[62] *Sobre las eleccions sindicals*, octubre 1950, *Informacions de Catalunya*, 12-XI-1950, *Informe mensual*, 1951, AHPCE, NyR, Cataluña, jj. 587-588, 320-321, 539-540.
[63] *Cómo se han elegido los delegados sindicales*, 1950, *Informe d'Amadeo*, 1950, AHPCE, NyR, Cataluña, jj. 545, 541.
[64] VV.AA., *Historia del PCE*, París, Editions Sociales, 1960, p. 237.
[65] SANTINDRIÁN, V. M., *Historia do PCE en Galicia (1920-1968)*, A Coruña, Edicios do Castro, 2002, p. 365; LÍSTER, E., *De la experiencia de la lucha guerrillera en España (1939-1951)*, 1965, p. 11.
[66] *Amplio extracto del informe emitido por el Secretario General del Partido*, octubre 1949, pp. 16-17, AHPCE, NyR, Levante, jj. 626-629. Véase también *Informe general*, marzo 1951, pp. 14-15, AHPCE, Dirigentes, c. 34, carp. 23.
[67] HEINE, H., *La oposición política...*, cit., p. 469. Sólo en Asturias aparece documentado que llegó una orden explícita para disolver la Agrupación Guerrillera, pero esa instrucción se relacionaba, sobre todo, con el hecho de que los guerrilleros habían comenzado a actuar con excesiva independencia respecto al partido. GARCÍA PIÑEIRO, R., *Los mineros asturianos bajo el franquismo*, Madrid, Fundación 1 de Mayo, 1990, pp. 276 y ss.; Boletín interior del PCE, agosto 1951, AHPCE, NyR, Asturias, c. 79.
[68] MORENO, F., «La represión en la posguerra», en Juliá, S., (ed.), cit., pp. 382-388.
[69] MOLINERO, C., YSÀS, P., *Patria, justicia y pan*, Barcelona, Edicions de la Magrana, 1985.
[70] FANÉS, F., *La vaga de tramvies del 1951*, Barcelona, Laia, 1977; RICHARDS, M., «Falange, Autarky and Crisis: The Barcelona General Strike of 1951», en *European History Quarterly*, n.º 29, 1999, pp. 543-585; FERRI, L., MUIXÍ, J., SANJUÁN, E., *Las huelgas contra Franco (1939-1956)*, Barcelona, Planeta, 1978, pp. 148 y ss.
[71] BALFOUR, S., *La dictadura, los trabajadores y la ciudad*, Valencia, Alfons El Magnànim, 1994, p. 43.

[72] DE RIQUER, B., *La dictadura de Franco*, Barcelona, Crítica/Marcial Pons, 2010, pp. 358 y ss.
[73] *Resumen de los partes mensuales reservados del mes de marzo de las delegaciones provinciales de sindicatos*, abril 1951, Archivo General de la Administración (AGA), Secretaría General del Movimiento (SGM), c. 51/19021.
[74] DEL ARCO, M. A., «Morir de hambre. Autarquía, escasez y enfermedad en la España del primer franquismo», en *Pasado y Memoria*, n.º 5, 2006, pp. 241-258.
[75] *Resumen de los partes mensuales reservados del mes de marzo de las delegaciones provinciales de sindicatos*, abril 1951, cit., p. 2.
[76] LORENZO, J. M., *Rebelión en la ría. Vizcaya 1947*, Bilbao, Universidad de Deusto, 1988.
[77] *Sobre las huelgas de febrero-mayo 1951 en España*, 28-9-1951, pp. 4, 22, AHPCE, Movimiento Obrero (MO), c. 89, carp. 4.
[78] *Informe sin título*, 1951, p. 2, AHPCE, Documentos, carp. 32.
[79] *Sobre las huelgas de febrero-mayo 1951 en España*, 28-IX-1951, cit., p. 7.
[80] Lo cual no impidió al Régimen describir el boicot y la huelga como el fruto de un complot comunista organizado desde el extranjero, intensificando la caza a los «rojos». En tal contexto las fuerzas del orden desarticularon el 9 de junio la dirección del PSUC arrestando a su líder, Gregorio López Raimundo: LARDÍN I OLIVER, A., *Activitats comunistes clandestines*, Barcelona, Edicions 62, 2006.
[81] «La gran accio de masses del poble de Barcelona», «Com es desenvoluparen les grans accions de masses del poble barceloni», *Treball*, 15-III-1951; «Huelga general de Barcelona», *Mundo Obrero*, marzo 1951. Tanto *Treball* como *Mundo Obrero* publicaron números extraordinarios sobre el tema.
[82] *Mundo Obrero*, abril 1951.
[83] *Informe general*, marzo 1951, p. 12, AHPCE, Dirigentes, c. 34, carp. 23.
[84] *Carta de A. Mije a D. Ibárruri*, 15-IV-1951, AHPCE, Dirigentes, c. 32, carp. 6.
[85] VV.AA., *Del aislamiento a la apertura*, Madrid, Comisión Española de Historia de las Relaciones Internacionales, 2006; VIÑAS, Á., *En las garras del águila*, Barcelona, Crítica, 2003; MARTÍN DE SANTA OLALLA, P., *De la victoria al concordato*, Barcelona, Laertes, 2003.
[86] AZCÁRATE, M., *Derrotas...*, cit., p. 337.
[87] *Informe de Santiago sobre la actividad del P. en el interior*, 3-V-1952, AHPCE, Dirigentes, c. 30; «Aprovechemos la experiencia de Barcelona», *Mundo Obrero*, 15-II-52; IBÁRRURI, D., «Por la paz, la independencia nacional y la democracia», *Nuestra Bandera*, n. 7, febrero 1952, pp. 13-41; «Estudiar y discutir mejor, asimilar profundamente el informe de la camarada Dolores», *Mundo Obrero*, 15-VIII-1952.
[88] IBÁRRURI, D., *Al camarada Vicente Uribe, a todos los camaradas del Buró Político*, 28-VI-1952, pp. 1-2, AHPCE, Dirigentes, c. 31, carp. 13.2.
[89] MORÁN, G., cit., p. 183.

[90] *Carta del CC del PCE a las organizaciones y militantes del Partido*, julio 1952, p. 20, AHPCE, Documentos, carp. 33.
[91] *Reunión sobre la situación del país y del Partido*, noviembre 1953, p. 36, AHPCE, Activistas, c. 92; *Carta de la Dirección del Partido a los camaradas de Madrid*, 1951, p. 5, AHPCE, NyR, Madrid, j. 868.
[92] *Resolución sobre el trabajo del Partido en Euzkadi*, 9-V-1952, p. 7, AHPCE, Documentos, carp. 33.
[93] *Resolución sobre el trabajo del Partido en Vizcaya*, 1953, AHPCE, Documentos, carp. 34; CARRILLO, S., *Informe de Carrillo al Buró Político*, septiembre 1953, p. 65, AHPCE, Dirigentes, c. 30.
[94] *Reunión sobre la situación del país y del Partido*, noviembre 1953, cit.; IBÁRRURI, D., «Sin teoría revolucionaria no puede haber movimiento revolucionario», *Mundo Obrero*, 28-II-1953; CARRILLO, S., *Informe de Carrillo al Buró Político*, septiembre 1953, cit., p. 67.
[95] «Ante las elecciones de enlaces sindicales», *Mundo Obrero*, 31-I-1954.
[96] CARRILLO, S., «Como utilizar las llamadas elecciones sindicales», *Mundo Obrero*, 15-II-1954; «Los obreros luchan por sus reivindicaciones», *Mundo Obrero*, 31-III-1954.
[97] SÁNCHEZ MONTERO, S., *Camino de libertad. Memorias*, Madrid, Temas de Hoy, 1997, pp. 212-213.
[98] *Carta del Delegado Provincial de Madrid sobre las elecciones sindicales*, 1954, AGA, SGM, c. 51/19045; *Informe de Alonso*, 24-IV-1954, *Informe sobre las elecciones a jurados de empresa en la Telefónica*, 24-IV-1954, AHPCE, Activistas, c. 93.
[99] *Informe sobre sindicatos de Barcelona*, 1954, AGA, SGM, c. 51/19045.
[100] «Las elecciones de los jurados de empresa», *Mundo Obrero*, 30-IV-1954; «Las elecciones de enlaces sindicales», *Mundo Obrero*, 15-V-1954.
[101] *Información general*, abril 1954, AHPCE, NyR, Euskadi, c. 72, carp. 3.
[102] CARRILLO, S., *Informe sobre problemas de organización*, noviembre 1954, p. 53, AHPCE, Documentos, Actas Congresos.
[103] BABIANO, J., *Emigrantes, cronómetros y huelgas*, Madrid, Siglo XXI, p. 225.
[104] IBÁRRURI, D., *Informe del Comité Central al V Congreso del PC de España*, y *Programa del Partido Comunista de España. V Congreso*, noviembre 1954, AHPCE, Documentos, Actas Congresos.
[105] CARRILLO, S., *Informe sobre problemas de organización*, noviembre 1954, cit., p. 47.
[106] *Estatutos del Partido Comunista de España aprobados por el Congreso*, noviembre 1954, AHPCE, Documentos, Actas Congresos.
[107] PRESTON, P., «The PCE's long road to democracy», en KINDERSLEY, R. (ed.), *En search of Eurocommunism*, Londres, MacMillan, 1981, pp. 36-65.
[108] *Estatutos del Partido Comunista de España aprobados por el Congreso*, noviembre 1954, cit., puntos 31-33.
[109] *Informe sobre el Partido en Madrid*, 23-V-1955, p. 15, AHPCE, Activistas, c. 93.

[110] *Orientación para el trabajo de los camaradas Moreno y Luís Segundo en su próximo viaje*, sin fecha, AHPCE, Activistas, c. A, j. 166.
[111] CARRILLO, S., *Informe sobre el desarrollo de la situación política en España después del V Congreso*, diciembre 1955, pp. 24 y ss., AHPCE, Dirigentes, c. 3.
[112] *Informe sobre las elecciones sindicales*, diciembre 1957, AHPCE, Documentos, carp. 38; «Sobre la combinación del trabajo ilegal con la utilización de las posibilidades legales», *Mundo Obrero*, 31-VII-1955.
[113] Sobre la PRN ver: SÁNCHEZ RODRÍGUEZ, J., *Teoría y práctica democrática en el PCE. 1956-1982*, Madrid, FIM, 2004, pp. 19-64; los trabajos de ERICE, F., VALVERDE, J. y BABIANO, J. contenidos en *Papeles de la FIM*, n.º 24, 2006, pp. 129-179.
[114] En marzo de 1956 Carrillo escribió a Ibárruri: «Creo que habría que dar la perspectiva de un periodo en que se ponga fin a las guerras civiles, a los pronunciamientos y a las intervenciones extranjeras que han ensangrentado el suelo de España durante el siglo XIX y el XX; un periodo en que las contiendas civiles se diriman civilmente, en el terreno de la legalidad democrática, una legalidad en que pueden encontrar lugar los que defendimos la República y los que estuvieron en frente». *Carta a Dolores*, 11-III-1956, p. 9, AHPCE, Dirigentes, c. 30.
[115] *Reunión del Buró Político del Partido Comunista de España*, abril 1956, *Pleno del Comité Central del Partido Comunista de España*, 25 julio-4 agosto 1956, AHPCE, Documentos, Reuniones y Plenos (RyP); *Declaración del Partido Comunista de España. Por la reconciliación nacional, por una solución democrática y pacífica al problema español*, junio 1956, *Opiniones, sugerencias y observaciones al proyecto de documento del Comité Central*, julio 1956, AHPCE, Documentos, carp. 37.
[116] *Reunión del Buró Político del Partido Comunista de España*, abril 1956, cit., p. 3.
[117] MARAVALL, J. M., *Dictadura y disentimiento político*, Madrid, Alfaguara, 1978, p. 157; RUIZ CARNICER, M. A., *El Sindicato Español Universitario (SEU), 1939-1965*, Madrid, Siglo XXI, 1996.
[118] LIZCANO, P., *La generación del 56*, Madrid, S&C, 2006.
[119] NIETO, F., «La constitución de la organización comunista de los intelectuales. Madrid, 1953-1954», en *Espacio, Tiempo y Forma*, n.º 20, 2008, pp. 229-247.
[120] *Reunión del Buró Político del Partido Comunista de España*, abril 1956, cit., pp. 15 y ss.
[121] MORENTE, F., *Dionisio Ridruejo: del fascismo al antifranquismo*, Madrid, Síntesis, 2006; GRACIA, J., *La vida rescatada de Dionisio Ridruejo*, Barcelona, Anagrama, 2008.
[122] TUSELL, J., *La oposición democrática al franquismo...*, cit., pp. 314 y ss.
[123] HERNANDO, L., «Buscando el compromiso: la negociación del Pacto de San Juan de Luz», en *Espacio, Tiempo y Forma*, n. 18, 2006, pp. 225-244.
[124] FRANCO SALGADO-ARAUJO, F., *Mis conversaciones privadas con Franco*, Barcelona, Planeta, 1976, p. 164.

[125] MOLINERO, C., YSÀS, P., *La anatomía del franquismo*, Barcelona, Crítica, 2008, pp. 27 y ss.
[126] *Declaración del Partido Comunista de España. Por la reconciliación nacional, por una solución democrática y pacífica al problema español*, junio 1956, cit., pp. 3, 28.
[127] *Reunión del Buró Político del Partido Comunista de España*, abril 1956, cit., p. 23.
[128] NADAL, M., «Los problemas de la reconciliación nacional», *Mundo Obrero*, octubre 1956.
[129] *Declaración del Partido Comunista de España. Por la reconciliación nacional, por una solución democrática y pacífica al problema español*, junio 1956, cit., p. 28.
[130] AZCÁRATE, M., «Sobre algunos de los fundamentos teóricos de la política de coexistencia», *Nuestra Bandera*, n. 15, 1956, pp. 74-84.
[131] *Pleno del Comité Central del Partido Comunista de España*, 25 julio-4 agosto 1956, cit., pp. 87-95.
[132] GINARD I FÉRON, D., *Heriberto Quiñones...*, cit.; MARTORELL, M., *Jesús Monzón: el líder comunista olvidado por la historia*, Pamplona, Pamiela, 2000; HERNÁNDEZ, F., *Comunistas sin partido. Jesús Hernández, ministro en la Guerra Civil, disidente en el exilio*, Madrid, Raíces, 2007.
[133] «No podemos ser neutrales frente al fascismo», *Mundo Obrero*, noviembre-diciembre 1956.
[134] MORÁN, G., cit., pp. 253 y ss.; las dos interpretaciones se encuentran en CARRILLO, S., «Sobre el ingreso de España en la ONU», *Nuestra Bandera*, n.º 15, 1956, pp. 11-33, y *España y la ONU*, 30-XII-1955, AHPCE, Radio España Independiente (REI).
[135] *Pleno del Comité Central del Partido Comunista de España*, agosto 1957, p. 129, AHPCE, Documentos, RyP.
[136] BABIANO, J., «La Política de Reconciliación Nacional y sus repercusiones en el movimiento obrero», en *Papeles de la FIM*, n.º 24, 2006, pp. 175-179.
[137] TUÑÓN DE LARA, M., cit., p. 289; FERRI, L., MUIXÍ, J., SANJUÁN, E., cit., pp. 228 y ss.
[138] SARTORIUS, N., «Introduzione» a CALAMAI, M., *Storia del movimento operaio spagnolo dal 1960 al 1975*, Bari, De Donato, 1975, p. 13.
[139] Ver CAMACHO, M., *Charlas en la prisión*, Barcelona, Laia, 1976, p. 71; ARIZA, J., *Comisiones Obreras*, Barcelona, Avance-Mañana, p. 13.
[140] HERNÁNDEZ, F., «El sindicato vertical y las protestas obreras en un periodo oscuro (1948-1950)», en NAVAJAS, C., ITURRIAGA, D. (eds.), *Crisis, dictaduras, democracia*, Logroño, Universidad de La Rioja, 2008, pp. 209-222. Otros historiadores habían ya señalado la aparición de comisiones antes de 1957, por ejemplo: GARCÍA PIÑEIRO, R., *Los mineros asturianos...*, cit., p. 335; GARCÍA PIÑEIRO, R., ERICE SEBARES, F., «La reconstrucción de la nueva vanguardia obrera y las Comisiones de Asturias (1958-1977)», en RUIZ, D. (ed.), cit., p. 142; SACALUGA, J. A., cit., p. 107.

[141] «Plante en una fábrica de Badalona», *Treball*, 1-III-1950; «Victorioses lluites de la classe obrera», *Treball*, 1-II-1951; «Gracias a su unidad, los obreros arrancan una reivindicación», *Mundo Obrero*, 31-XII-1952.
[142] *Informe de Carrillo y Antón*, enero 1951, cit., p. 11.
[143] *Resolución sobre el trabajo del Partido en Euzkadi*, 9-V-1952, cit., p. 5.
[144] BABIANO, J., *Emigrantes, cronómetros y huelgas...*, cit., pp. 226 y ss.;.*Informe de Gonzalo*, 14-IV-1954, p. 6, *Informe de Alonso*, 24-IV-1954, p. 1, AHPCE, Activistas, c. 93; *Informe de Cipriano (Euzkadi)*, noviembre 1954, p. 287, AHPCE, Documentos, Actas Congresos.
[145] *Reunión de dirigentes*, 13-V-1955, p. 13, AHPCE, Documentos, carp. 36.
[146] *Ante la perspectiva de un invierno de hambre*, 21-X-1955, p. 10, AHPCE, Documentos, carp. 36.
[147] RUIZ, D., «De la guerrilla a las fábricas. Oposición al franquismo del Partido Comunista de España 1948-1962)», en *Espacio, Tiempo y Forma*, n.º 13, 2000, pp. 105-124.
[148] *Queridos tíos*, 18-IV-1956, AHPCE, NyR, Madrid, j. 807.
[149] «Manifiesto del PCE (febrero 1956)», *Mundo Obrero*, marzo 1956; *Reunión del Buró Político*, 11-III-1957, p. 4, AHPCE, Documentos, carp. 38; «La situación política a la luz de las huelgas de primavera», *Mundo Obrero*, mayo-junio 1956.
[150] *Informe sobre Navarra*, noviembre 1956, p. 7, AHPCE, NyR, Euskadi, j. 361.
[151] *Carta a Dolores*, 8-VI-1956, AHPCE, Dirigentes, c. 30.
[152] *Pleno del Comité Central del Partido Comunista de España*, 25 julio-4 agosto 1956, cit., p. 42.
[153] «Don José Antonio Girón dio posesión de la cartera de Trabajo a su sucesor», *La Vanguardia*, 1-III-1957.
[154] MOLINERO, C., YSÀS, P., *Productores disciplinados y minorías subversivas*, Madrid, Siglo XXI, 1998, p. 41.
[155] *Informe de 51*, enero 1957, AHPCE, NyR, Asturias, j. 6.
[156] La comisión estaba integrada por un quinto miembro cuya identidad se desconoce: VEGA, R., «La conflictividad laboral», en VEGA, R., SERRANO, B., *Clandestinidad, represión y lucha política*, Gijón, Ayuntamiento de Gijón, 1998, p. 167.
[157] *Pleno del Comité Central del Partido Comunista de España*, agosto 1957, cit., p. 204; *Actas del VI Congreso del Partido Comunista de España*, diciembre 1959, p. 221, AHPCE, Documentos, Actas Congresos.
[158] *Informe n. 141 de Asturias*, 8-III-1957, AHPCE, NyR, Asturias, j. 7; GARCÍA PIÑEIRO, R., *Los mineros asturianos...*, cit., pp. 339-341; BENITO DEL POZO, C., *La clase obrera asturiana durante el franquismo*, Madrid, Siglo XXI, 1993.
[159] *Información de Madrid*, 28-I-1957, *Informe de Madrid*, febrero 1957, AHPCE, NyR, Centro, jj. 9, 11.
[160] *Llamamiento del PCE a los trabajadores*, 31-VII-1957, *Reunión del Buró Político*, 8-V-1957, AHPCE, Documentos, carp. 38.

[161] *Informe de Juán. Madrid*, 27-XII-1957, AHPCE, NyR, Centro, j. 58; *Elecciones sindicales*, 1957, AHPCE, NyR, Cataluña, jj. 911-913. Un panorama de las candidaturas obreras presentadas se encuentra en *Elecciones sindicales*, 28-X-1957, AHPCE, NyR, Centro, j. 43. Para la preparación de las elecciones en las distintas zonas del país: *Pleno del Comité Central del Partido Comunista de España*, agosto 1958, AHPCE, Documentos, RyP.

[162] *Cartas de (1)*, 6-XI-1957, *Informe de (1), de (2)*, agosto 1957, AHPCE, NyR, Centro, jj. 45, 27-28.

[163] *Declaración sobre los resultados de las elecciones sindicales*, marzo 1958, pp. 2, 3, AHPCE, Documentos, carp. 39; *Elecciones sindicales*, 1957, AHPCE, Documentos, carp. 38.

[164] *Carta de (1)*, 13-X-1957, *Notas sobre como se han desarrollado las elecciones a enlaces sindicales y sus resultados en algunas empresas*, noviembre 1957, AHPCE, NyR, Centro, jj. 41, 45; *Carta de Ramón*, 1957, AHPCE, NyR, Asturias, j. 18; URIBE, V., «Actividades y resultados en torno a las elecciones sindicales», *Nuestra Bandera*, n. 20, 1958, pp. 38-47.

[165] CAMACHO, M., *Confieso que he luchado. Memorias*, Madrid, Temas de Hoy, 1990, p. 156.

[166] *Informe*, 18-XI-1957, *Informe de Benito*, 27-XII-1957, *Información de Guipúzcoa*, abril 1958, *Informe de Laso*, diciembre 1957, p. 4, AHPCE, NyR, Euskadi, jj. 378, 380, 388, 375-376.

[167] *Resultados electorales*, 1957, *Nota informativa de la Delegación Nacional de Información e Investigación*, 2-XI-1957, AGA, SGM, c. 51/19086.

[168] GARCÍA PIÑEIRO, R., «El PCE en Asturias bajo el franquismo (1937-1967)», cit., p. 159.

[169] *Informe sin título*, 28-XII-1957, AHPCE, NyR, Andalucía, j. 34; *Informe de Pedro*, 1958, AHPCE, NyR, Cataluña, j. 944.

[170] *Situación en la cuenca minera asturiana*, 12-III-1958, pp. 3-4, AGA, SGM, c. 51/18376; *Pleno del Comité Central del Partido Comunista de España*, agosto 1958, cit., p. 78; GARCÍA PIÑEIRO, R., *Los mineros asturianos...*, cit., pp. 342-343.

[171] «Nota facilitada por la Dirección General de Seguridad», *ABC*, 30-III-1958.

[172] MOLINERO, C., YSÀS, P., «Comisiones Obreres», en GABRIEL, P. (ed.), *Comisions Obreres de Catalunya (1964-1989)*, Barcelona, CERES, 1989, pp. 37-43; *Informe de (1)*, 11-IV-1958, e *Informe sobre viaje a (2) y (10)*, 27-V-1958, AHPCE, NyR, Euskadi, jj. 388-392.

[173] Sobre las detenciones: «Hay que poner un freno a la represión», *Mundo Obrero*, 30-XI-1958.

[174] *Pleno del Comité Central del Partido Comunista de España*, agosto 1957, cit., pp. 249, 255.

[175] «Resolución del Comité Central sobre la Jornada de Reconciliación Nacional», *Mundo Obrero*, número extraordinario, septiembre 1957.

[176] *Manifiesto del Partido Comunista en el primero de mayo*, abril 1958, AHPCE, Documentos, carp. 38; «Carta del Buró Político del PCE a las fuerzas

republicanas y personalidades oficiales del exilio», *Mundo Obrero*, 4-X-1957; «En torno a una propuesta», *Mundo Obrero*, 28-II-1958.

[177] *Carta de Asturias*, abril 1958, p. 3, AHPCE, NyR, Asturias, j. 35.

[178] *Queridos camaradas*, 1958, AHPCE, NyR, Centro, j. 66; *Informe sin título*, 28-XII-57, AHPCE, NyR, Andalucía, j. 34; *Informe de Vizcaya*, 7-III-1958, AHPCE, NyR, Euskadi, j. 387.

[179] *Informe de Bilbao*, 2-XI-1957, pp. 3-4, AHPCE, NyR, Euskadi, j. 372.

[180] *Informe de Benito*, 27-XII-1957, p. 3, AHPCE, NyR, Euskadi, j. 380.

[181] *Informe de Vizcaya*, marzo 1958, AHPCE, NyR, Euskadi, j. 387.

[182] VILAR, S., *Por qué se ha destruido el PCE*, Barcelona, Plaza&Janés, 1986, pp. 68, 151.

[183] La historiografía está generalmente de acuerdo al presentar la JRN como un fracaso. Para su desarrollo en diversas regiones de España, y para el debate sobre ella, ver: HERNÁNDEZ, F., «La jornada de reconciliación nacional del 5 de mayo de 1958», en *Espacio, Tiempo y Forma*, n.º 20, 2008, pp. 281-293.

[184] Núñez fue condenado a 15 años: *Causa 144/58. Diligencia*, e *Causa 144/58. Sentencia*, AHPCE, Represión franquista, c. 41, carp. 13.1.

[185] *Declaración del Partido Comunista de España sobre la Jornada de Reconciliación Nacional*, 20-V-1958, p. 2, AHPCE, Documentos, carp. 39.

[186] IBÁRRURI, D., «Un plebiscito nacional contra la dictadura franquista», *Nuestra Bandera*, n.º 21, julio 1958, pp. 8-9.

[187] *Carta a Dolores*, 4-III-1959, p. 9, AHPCE, Dirigentes, c. 16.

[188] *Querido camarada Santiago*, 1-V-1959, AHPCE, Dirigentes, c. 16.

[189] *Recordatorio de la reunión del BP*, 29-V-1959, AHPCE, Documentos, c. A, j. 293.

[190] *Por una Huelga General Pacífica Nacional de 24 horas contra la dictadura*, 1959, AHPCE, Documentos, carp. 40.

[191] *Protesta contra el aumento del coste de la vida y la política económica de la dictadura, así como petición de amnistía y libertad política: Llamamiento del Partido Comunista de España*, junio 1959, AHPCE, Documentos, carp. 40.

[192] SÁNCHEZ RODRÍGUEZ, J., cit., p. 60.

[193] *Informe de (1) (2)*, marzo 1959, AHPCE, NyR, Asturias, j. 32.

[194] En principio se había sumado también el Partido Social de Acción Democrática de Ridruejo y la Izquierda Democristiana, que luego retiraron su apoyo. En Cataluña, en cambio, se pudo contar con la participación del Movimiento Socialista de Catalunya (MSC). Para un panorama sobre las conversaciones celebradas entre los comunistas y las otras fuerzas políticas: *Carta de Ramón*, 23-V-1959, *Querido Pepe*, 1-VI-1959, *Texto de los acuerdos*, 31-V-1959, AHPCE, Dirigentes, c. 32; *Carta de Aurelio*, 25-V-1959, AHPCE, NyR, Centro, jj. 100-101.

[195] GARCÍA ALCALÁ, J. A., *Historia del FELIPE (FLP, FOC y ESBA)*, Madrid, CEPC, 2001; RICO, E., *Queríamos la revolución*, Barcelona, Flor del Viento, 1998.

[196] MATEOS, A., «La Agrupación Socialista Universitaria, 1956-1962», en Íd., *Las izquierdas españolas desde la Guerra Civil hasta 1982*, Madrid, UNED, 1997, pp. 79-108.
[197] *A la Comisión Ejecutiva del PSOE*, 1-VI-1959, AHPCE, Documentos, carp. 40.
[198] *Reunión de las CCEE de la UGT y del PSOE en el exilio*, 21-V-1959, pp. 140-142, Archivo Histórico de la Fundación Francisco Largo Caballero (AHFFLC), UGT en el exilio, CE UGT, sig. 253-1.
[199] *Informe*, 1959, AHPCE, NyR, Centro, j. 122.
[200] *Actas del VI Congreso del Partido Comunista de España*, diciembre 1959, cit., p. 52.
[201] *Unas notas sobre el proceso de S. Sánchez Montero*, septiembre 1959, AHPCE, Represión franquista, c. 42; GARCÍA ALCALÁ, J. A., cit., p. 67; MATEOS, A., «La Agrupación Socialista Universitaria, 1956-1962», cit., p. 91.
[202] *Declaración del Partido Comunista de España sobre la Huelga Nacional*, julio 1959, AHPCE, Documentos, carp. 40.
[203] «Lecciones del 18 de junio para la oposición sindical», *Lucha Obrera*, n.º 2, julio-agosto 1959, pp. 13-14.
[204] *Informe de Asturias*, julio 1959, p. 4, AHPCE, NyR, Asturias, j. 41.
[205] *El PCE ante la realidad española*, julio 1959, pp. 1, 6-7, AHPCE, NyR, Centro, j. 110.
[206] *Pleno del Comité Central del Partido Comunista de España*, octubre 1961, p. 109, AHPCE, Documentos, RyP.
[207] *A los Comités del Partido*, agosto 1960, AHPCE, Documentos, carp. 41; SÁNCHEZ RODRÍGUEZ, J., cit., p. 61.
[208] *Informe de (1) sobre su viaje a (2)*, 14-III-1957, p. 3, AHPCE, NyR, Euskadi, j. 358.
[209] *Programa del Partido Comunista de España aprobado en el VI Congreso*, diciembre 1959, AHPCE, Documentos, Actas Congresos.
[210] Tanto un análisis de las diversas interpretaciones de la Oposición Sindical como una primera explicación al respecto se encuentran en ERICE, F., «La política sindical del PCE en los orígenes de las Comisiones Obreras: las confusiones en torno a la OSO», en BUENO, M., HINOJOSA, J., GARCÍA, C. (eds.), cit., Vol. II, pp. 107-120.
[211] *Acta de la reunión del B.P.*, 29-IX-1958, p. 5, AHPCE, Documentos, Anexo, c. A, j. 289.
[212] MORÁN, G., cit., pp. 322-324.
[213] *Conclusiones sobre la reunión de (1)*, 7-II-1959, p. 5, AHPCE, NyR, Centro, j. 148.
[214] «Nuestra misión», *Lucha Obrera*, n.º 1, enero 1959, p. 3.
[215] *El balance de veinte años de dictadura fascista*, 1-IV-1959, pp. 67-68, AHPCE, Documentos, carp. 40.
[216] *Informe sobre Valladolid*, 6-XII-1957, p. 3, AHPCE, NyR, Centro, j. 56.
[217] *Pleno del Comité Central del Partido Comunista de España*, agosto 1958, cit., p. 286.
[218] *Examen por la comisión sindical de la Ley de Convenios Colectivos*, mayo

1958, p. 8, AHPCE, MO, j. 9.
[219] GARCÍA, E., «La organización de las masas», *Nuestra Bandera*, n.º 27, julio 1960, pp. 23-25.
[220] «Algunas experiencias de las ultimas acciones obreras», *Mundo Obrero*, 1-VII-1961.
[221] *Pleno del Comité Central del Partido Comunista de España*, octubre 1961, pp. 184-185, AHPCE, Documentos, RyP.
[222] «Una necesidad imperiosa: organizar la oposición sindical», *Mundo Obrero*, 1-VI-1961.
[223] LENIN, V. I., *¿Qué hacer?*, México D. F., Ediciones de Cultura Popular, 1979, p. 30.
[224] *Resolución política*, diciembre 1959, p. 4, AHPCE, Documentos, Actas Congresos.
[225] *Informe de (1), de (2)*, agosto 1957, cit., p. 3; *Informe de (1) de (2)*, agosto 1957, AHPCE, NyR, Levante, j. 1.
[226] *Pleno del Comité Central del Partido Comunista de España*, 25 julio-4 agosto 1956, cit., pp. 423-424.
[227] *El balance de veinte años de dictadura fascista*, 1-IV-1959, cit., p. 69; *Manifiesto del PCE a los trabajadores*, noviembre 1959, AHPCE, Documentos, carp. 40; «Unidad y organización contra la carestía, la baja del salario real y el paro», *Mundo Obrero*, 1-X-1959; «Los jerarcas sindicales y su actitud ante la trágica situación de los obreros», *Lucha Obrera*, n. 3, septiembre-octubre 1959, pp. 21-22.
[228] *Queridos*, febrero 1957, AHPCE, NyR, Asturias, j. 7.
[229] «Ante las elecciones sindicales», *Lucha Obrera*, n.º 10, agosto 1960, p. 2.
[230] *Acerca de las elecciones sindicales*, noviembre 1960, AHPCE, NyR, Centro, j. 235.
[231] *Querida camarada Dolores*, 23-3-1960, AHPCE, Dirigentes, c. 16; *Declaración del PCE sobre la represión*, 15-III-1960, AHPCE, Documentos, carp. 41; «Frente a la represión policíaca», *Mundo Obrero*, 1-3-1960.
[232] *Informe confidencial sobre las elecciones sindicales en España*, 1961, AHPCE, MO, j. 11.
[233] *Sobre los resultados de las elecciones sindicales y la organización de la lucha de la clase obrera*, 1960, AHPCE, Documentos, carp. 41.
[234] *Pleno del Comité Central del Partido Comunista de España*, octubre 1961, cit., pp. 200-201.
[235] FISHMAN, R., *Organización obrera y retorno a la democracia en España*, Madrid, Siglo XXI, 1996, p. 131.
[236] *Proyecto de plan a desarrollar a la vista de las instrucciones cursadas por el CC del PC ibérico*, 20-X-1960, p. 2, AGA, SGM, c. 51/18799.
[237] Las dos valoraciones divergentes en RUIZ, D., cit., y VEGA, R., «Las fuerzas del trabajo: los comunistas en el movimiento obrero durante el franquismo», cit.
[238] *Informe de la Secretaría particular del Ministro*, 1959, AGA, SGM, c. 51/18799.

EL SALTO CUALITATIVO (1962-1966)

La segunda mitad de los años cincuenta fue un periodo de importantes transformaciones no sólo para el PCE y la oposición antifranquista, sino también para el régimen surgido del *levantamiento* del 18 de julio. En 1957 se produjo un cambio fundamental en los equilibrios de poder internos de la dictadura y en su línea política, tanto que marcó la división entre el primer y segundo franquismo, poniendo fin a la llamada etapa «azul» e inaugurando la «tecnocrática». Con el objetivo de responder a la crítica situación por la que atravesaba el Régimen a causa, por un lado, de los enfrentamientos internos a propósito de la institucionalización y, por otro, del fracaso de la política económica autárquica seguida hasta entonces y del consiguiente malestar de la población, el 25 de febrero de ese año Franco formó un nuevo gobierno.[1] Éste contó con la participación, por primera vez, de dos personalidades no adscritas a ninguna de las tradicionales familias de la dictadura: Mariano Navarro Rubio, en el Ministerio de Hacienda, y Alberto Ullastres, en el de Comercio. Ambos tenían en común la pertenencia al Opus Dei y el no ser políticos «profesionales», sino expertos en materias jurídico-económicas; de ahí la etiqueta de «tecnócratas» que pronto se les adjudicó. Su entrada en el gobierno había sido obra de Carrero Blanco, quien varios meses antes ya había colocado a otro tecnócrata opusdeísta, Laureano López Rodó, al frente de la secretaría general técnica de la Presidencia. Desde aquel momento, el grupo fue adquiriendo cada vez mayor poder.

El cambio gubernamental de febrero significaba la victoria de sus proyectos sobre los propugnados por los inmovilistas y los sectores falangistas. La solución tecnocrática pretendía modernizar el franquismo y así garantizar su supervivencia, incluso tras la muerte de Franco, para lo cual conjugaba el mantenimiento de las estructuras políticas autoritarias con la racionalización económica y el desarrollo de una economía capitalista.[2] De esa forma se esperaba asegurar el apoyo de las clases medias, que en los últimos años daban cada vez mayor muestras de descontento, y preparar el terreno para la entrada del país en la recién creada Comunidad Económica Europea.[3] Con una mejora del nivel de vida general de la población se pondría freno, además, a las crecientes protestas obreras. Los nuevos ministros pusieron fin definitivamente a la fase autárquica, promovieron el ingreso de España en los principales organismos económicos internacionales, en particular el Banco Mundial y el Fondo Monetario Internacional, y con el Plan de Estabilización de 1959 pusieron en marcha una serie de medidas deflacionistas para reducir el déficit del país, así como otras dirigidas a convertir la economía española en una economía de mercado.[4]

La nueva política inaugurada por los tecnócratas dio resultados muy pronto. A principios de los años sesenta tuvo lugar un verdadero «milagro» económico, con tasas de crecimiento sólo superadas por Japón, con los consiguientes fenómenos de urbanización y emigración desde el campo, industrialización y elevación del nivel de vida, cada vez más cercano al de los principales países occidentales. Todo ello tuvo profundas repercusiones sociales y políticas, en gran medida como consecuencia no deseada de la acción del Régimen.[5] Si, por un lado, el desarrollo económico permitió evitar el colapso económico y renovar el maltrecho consenso entre las clases medias y altas, por otro activó la llamada «trampa de la modernización» que Lipset, en un célebre trabajo de 1959, describió de esta forma: «Los factores de industrialización, urbanización, riqueza y educación están estrechamente interrelacionados. Y los factores producidos por el desarrollo económico llevan consigo el correlato político de la democracia».[6] Hoy sabemos que esta formulación pecaba de determinismo, al no contar con el comportamiento de los actores en juego, pero aún es válido su mensaje principal: la instauración de un sistema capitalista genera un mayor grado de complejidad y de dinamismo social, que acaba haciendo incompatibles las exigencias de ese pluralismo económico con el autoritarismo político.

El cambio gubernamental de 1957 y las sucesivas medidas

de liberalización económica pueden, por lo tanto, considerarse factores decisivos en la preparación del terreno socio-político que hizo posible después la llegada de la democracia en España. Con el desarrollo y la modernización se multiplicaron los ámbitos y las iniciativas que escapaban, al menos de hecho, al control del Estado dictatorial, haciendo posible el «regreso de la sociedad civil». Baste pensar en el impulso que el turismo dio al contacto de los españoles con otros modelos políticos y culturales presentes en los países occidentales, del mismo modo que la necesidad de beneficiarse de las ventajas de un eventual ingreso en el Mercado Común empujó a un número cada vez mayor de empresarios a ver en el Régimen un obstáculo para sus negocios.[7]

La nueva política tecnocrática abrió una fractura que fue ensanchándose hasta amenazar la estabilidad del edificio franquista, como demuestra la Ley de Convenios Colectivos aprobada en 1958.[8] Esta nueva normativa permitía a los empresarios negociar directamente con los representantes sindicales las condiciones laborales, hasta entonces impuestas homogéneamente por el Estado a nivel nacional. La negociación sustituía a la imposición, para hacer más eficientes las estructuras productivas en un modelo abierto que dejaba atrás la autarquía, y para ello resultaba imprescindible la colaboración de los trabajadores. Era necesario, por tanto, que los empresarios hicieran mayores concesiones salariales y que, en general, adoptaran una actitud de mayor diálogo respecto al periodo anterior.[9] En realidad, la finalidad primaria y explícita de la ley no era otra que el incremento de la productividad, pero la consecuencia no deseada fue el incremento de la conflictividad laboral. Como puede fácilmente suponerse, a partir de ese momento la acción de los enlaces y jurados cobró mayor eficacia, y aumentaron las posibilidades de movilizar a la masa de trabajadores en torno a un objetivo común. Se entiende así que David Ruiz afirme que la Ley de Convenios Colectivos fue «el cambio de mayor importancia registrado en la esfera de las relaciones laborales» durante el franquismo.[10]

La estrategia teórica y las acciones concretas de dos sujetos sociopolíticos estrechamente relacionados entre sí, es decir, el PCE y Comisiones Obreras, se integraron en el nuevo contexto de la España de los años sesenta y, abriendo «espacios de libertad», contribuyeron de forma decisiva a que los cambios dictados por las exigencias de modernización y de apertura se convirtieran en un arma de doble filo para el Régimen. Analizaremos, en primer lugar, la oleada de huelgas de la primavera de 1962. Como había ocurrido con los acontecimientos de Barcelona de 1951 y con las movilizaciones de 1956-1958, aquélla inauguró una nueva fase en el desarrollo del movimiento obrero antifranquista. En la estela de la «luz de Asturias», el PCE aceleró su política sindical, abandonando el paso lento seguido hasta entonces, y logrando, de allí a pocos años, los objetivos principales que se había marcado desde principios de los años cincuenta.

No se trata ya sólo de que entre 1962 y 1966 surgieran numerosas comisiones estables en diversos puntos neurálgicos de la geografía española, sino de que éstas se fueron articulando en varios niveles, estableciendo formas de coordinación a escala tanto sectorial como territorial. Los comunistas, que en este proceso tuvieron como principales aliados a los militantes de las organizaciones obreras católicas, fueron capaces de integrarse con eficacia en los espacios que se iban abriendo en la estructura del Vertical como consecuencia de los intentos de reforma promovidos por Solís. Así, por ejemplo, la posibilidad de celebrar legalmente asambleas de trabajadores en sus locales. De esa manera las Comisiones Obreras adquirión una cada vez mayor presencia pública, afirmándose como la principal fuerza de oposición tras el éxito conseguido por sus candidaturas en las elecciones sindicales de 1966. Asimismo fueron logrando una identidad, especialmente por la acción del PCE, que permaneció *grosso modo* hasta su transformación en Confederación Sindical. Es decir, a mediados de los años sesenta se configuraron como un auténtico movimiento sociopolítico organizado.

LA *LUZ DE ASTURIAS*

En marzo de 1962 Rossana Rossanda vino a España enviada por el Partido Comunista Italiano (PCI), de cuyo Comité Central formaba parte, para examinar de cerca la situación política del país. Después de haber tenido varias entrevistas clandestinas con exponentes de los distintos sectores de la oposición, a su vuelta elaboró un informe a la dirección donde dibujaba un panorama que, contrariamente a las expectativas, se presentaba fragmentado y desolado, sin que dejara presagiar nada especialmente relevante a corto o medio plazo. La «chica del siglo pasado» se fue tan desilusionada de sus andanzas por tierras españolas que lo definió como «un viaje inútil».[11] Por eso mismo, la observadora italiana y la opinión pública internacional fueron cogidas por sorpresa cuando, sólo unas semanas después, se inició en Asturias la oleada de huelgas más importante desde el final de la Guerra Civil.

Una sanción impuesta a siete trabajadores de la mina Nicolasa de Mieres, en los primeros días de abril, fue la chispa que hizo explotar el descontento de la clase obrera asturiana, que además de no haber visto satisfechas sus aspiraciones tras las movilizaciones de 1957-1958 había sufrido las consecuencias del Plan de Estabilización y sus medidas de congelación salarial e incremento de la productividad. En el curso de unos días, los sancionados consiguieron la solidaridad ya no sólo de sus compañeros, sino de los trabajadores de numerosas minas y fábricas de la zona, en una reacción en cadena que se extendió como una mancha de aceite por las cuencas del Turón y Nalón hasta Gijón y el resto del territorio asturiano. La dimensión de la protesta llevó al gobierno a decretar el 24 de abril el cierre de todos los establecimientos mineros de la zona, e inició una dura represión mediante despidos, detenciones y deportaciones.[12]

La represión no impidió que las movilizaciones desbordaran el marco regional, cuando el día 27 los obreros de la fábrica vizcaína La Basconia realizaron una huelga parcial conjugando sus propias reivindicaciones y la solidaridad con sus compañeros asturianos. Desde ese momento, la oleada de protestas se extendió por todo el País Vasco. El 4 de mayo, el Gobierno decretó el estado de excepción en Asturias, Vizcaya y Guipúzcoa, sin conseguir frenar una protesta que adquiría un auténtico carácter nacional, con huelgas en las fábricas catalanas, andaluzas, leonesas, madrileñas y gallegas. En total, entre abril y mayo, se movilizaron alrededor de 300.000 trabajadores en 28 provincias. Esos días se formaron comisiones obreras en la mayor parte de los centros interesados, y a través de ellas se llevaron a cabo las reivindicaciones. La represión provocó, por primera vez, una amplia respuesta de los intelectuales y, aparte de los actos que tuvieron lugar en varias universidades, nombres tan destacados como los de Ramón Menéndez Pidal, José Luis López Aranguren, Dionisio Ridruejo o Alfonso Sastre, aparecieron entre los firmantes de una carta colectiva al ministro Manuel Fraga reclamando libertad de información y el cese de la represión.

La oleada de protestas de la primavera de 1962 tuvo un enorme impacto internacional, que adquirió especial relevancia, puesto que ese mismo año España había presentado su solicitud de admisión a la Comunidad Europea. Por primera vez desde el final de la guerra, la atención de la opinión pública mundial se centró en el «problema español». En Francia, Italia, Gran Bretaña, Alemania, Bélgica, Suiza o los Estados Unidos la prensa publicó numerosas noticias sobre las huelgas, y fueron numerosas las iniciativas destinadas a recoger fondos para los trabajadores españoles o para denunciar la represión de las libertades por el régimen de Franco. Las organizaciones sindicales internacionales desempeñaron un papel decisivo en esta campaña de solidaridad y el modelo sindical franquista fue objeto de severas críticas en el seno de la Organización Internacional del Trabajo (OIT).[13]

La dictadura, siguiendo el guión acostumbrado, presentó todo como una maquinación del comunismo internacional aliado con la masonería, que desde hacía meses estaba enviando a España agentes formados en la «escuela de agitadores comunistas de Bolonia» con el objetivo de turbar la «paz social».[14] Los partidos antifranquistas, incluidos los comunistas, en realidad no habían tenido un papel relevante en el inicio de las huelgas, surgidas espontáneamente por motivos económicos. Las organizaciones de la oposición empezaron a moverse sólo a finales de abril, aunque su actividad resultó decisiva al final por varios motivos: para dar publicidad a las protestas dentro de España y ante el mundo, para prolongar la movilización y extenderla hacia otras zonas del país, y para recoger y distribuir fondos entre los huelguistas.

A causa de su debilidad orgánica, los socialistas no protagonizaron acciones especialmente incisivas ni en Asturias ni en el resto de España, limitándose en la mayor parte de los casos a la difusión de propaganda. Sólo en el País Vasco la UGT contribuyó a las protestas gracias a la presencia de militantes como Nicolás Redondo. La actividad del PSOE y la UGT sí resultó determinante fuera de España. Así, gracias al apoyo recibido por otras fuerzas de la Internacional Socialista y de la Confederación Internacional de Organizaciones Sindicales Libres (CIOSL), lograron organizar protestas en las principales capitales europeas y recibieron notables sumas de dinero.[15]

Muy significativo fue el papel de las organizaciones obreras católicas, hasta el punto de que Franco manifestó un profundo disgusto por su «acción subversiva».[16] La HOAC y la JOC, en efecto, participaron activamente en las huelgas y, junto a los comunistas, fueron los principales impulsores en la creación de comisiones obreras durante el conflicto. Además, al ser organizaciones legales, y contar incluso con la colaboración de algunos sacerdotes, pudieron servirse de los recursos materiales a su disposición. Su acción obtuvo una cierta legitimación gracias a un célebre editorial de la revista *Ecclesia*, que afirmaba la necesidad de reconocer legalmente el derecho de huelga, aunque bajo ciertas condiciones.[17] El FLP, por su parte, se distinguió sobre todo por promover acciones de solidaridad en las universidades. En esa coyuntura tuvo su «bautismo de fuego» la Unión Sindical Obrera (USO),[18] recién creada por militantes del apostolado laico, partidarios de un sindicalismo autogestionario, especialmente activa en Asturias y Vizcaya.[19]

> En realidad, el PCE, en lugar de ese conspirador oculto culpable de las protestas de abril y mayo que describía la prensa franquista, a la vigilia de los acontecimientos de Asturias se encontraba en una grave situación de debilidad orgánica. A principios de 1960, después del VI Congreso del partido, su Comité Provincial había sufrido numerosas detenciones, quedando prácticamente desarticulado. Desde París se había enviado a Eduardo Rincón con la misión de reconstruirlo y de iniciar un intenso trabajo de preparación teórica entre sus

militantes. Sin embargo, fue arrestado por las fuerzas del orden el 22 de noviembre de 1961, junto a otros miembros del núcleo dirigente del partido en la región: Faustino Sánchez, José Antonio García Valle, Julio Gallardo y Genaro González Palacios.[20] En abril de 1962, por tanto, la organización del PCE asturiano carecía casi totalmente de cuadros, lo que comprometió mucho su capacidad operativa. Las propias autoridades franquistas eran conscientes de eso y, frente a la versión propagada por la prensa oficial, el gobernador civil de Oviedo escribía en su memoria anual:

[El PCE] por las desarticulaciones llevadas a cabo en el año 1961, prácticamente quedó desorganizado en esta provincia, como se infiere del hecho de que las acciones de huelga de los meses de abril y mayo sorprendieron al Partido Comunista que no pudo sacar el provecho que hubiera deseado de la situación.[21]

En un primer momento, la base militante no tenía instrucciones de la cúpula sobre la actitud que debían adoptar ante el movimiento de protesta que estaba surgiendo espontáneamente. Desde la cárcel, y sin tener noticias de primera mano sobre lo que estaba ocurriendo, los dirigentes transmitieron a los comités locales solamente el consejo de actuar con prudencia y estudiar bien la situación antes de hacer nada, dándoles libertad para tomar en cada lugar las iniciativas que consideraran más adecuadas a la situación.[22] El resultado fue que las organizaciones de base del partido optaron en todas partes por participar activamente en las movilizaciones y trabajar para que adquirieran cada vez mayores proporciones. Esa inicial carencia de instrucciones fue colmada a partir del 24 de abril cuando, coincidiendo con el cierre de las minas, la dirección del PCE en el exilio dio instrucciones internas y difundió su punto de vista sobre las huelgas a través de su emisora Radio España Independiente (REI), de *Mundo Obrero* y de varios comunicados públicos.

REI cumplió en esa situación un papel decisivo, pues sus emisiones ofrecían diariamente indicaciones que habrían necesitado mucho más tiempo para llegar por otros canales.[23] Además, su público no se limitaba a la militancia comunista, ya que al ser la única emisora en lengua española no controlada por el Régimen había llegado a ser un punto de referencia para todos aquellos que buscaban informaciones distintas de las difundidas por los medios oficiales. De esa manera se convirtió, durante la primavera de 1962, en la principal fuente de información para los huelguistas, pero también para todos los españoles interesados en saber qué estaba sucediendo en las fábricas y minas. Gracias a su amplia red de corresponsales podía dar una panorámica de las acciones de protesta realizadas en cualquier parte del país y, aunque no dejara de exagerar muy a menudo su alcance, al menos rompía el silencio oficial. Como se afirmaba en sus emisiones: «Informar es, en las condiciones de la dictadura franquista, un arma de lucha».[24]

La actividad principal de los militantes asturianos se centró en formar parte de las comisiones obreras ya existentes o, allí donde aún no se habían creado, en contribuir a su constitución. Definidas en esos días por el PCE como «órganos de oposición sindical», se configuraron dentro de su táctica como instrumentos fundamentales para el desarrollo de las movilizaciones, sirviendo de catalizadores de la protesta en un doble sentido: cuando los trabajadores de una empresa o mina ya habían proclamado la huelga, formar una comisión permitía sistematizar sus reivindicaciones y tener un grupo dirigente que pudiera presentarlas al patrono, al gobernador civil o, incluso, como se verificó durante la visita a mitad de mayo del ministro Solís a Asturias, al mismo secretario general de la OSE; en cambio, allí donde todavía no habían sido realizadas protestas, la comisión podía erigirse en el centro propulsor de la movilización.[25]

Siguiendo esa lógica, en abril y mayo surgieron comisiones en la práctica totalidad de los centros de trabajo afectados por las huelgas, ya no sólo en Asturias o el País Vasco, sino en buena parte del territorio nacional, sobre todo gracias a la iniciativa comunista.[26] De entre todas las organizaciones antifranquistas, no cabe duda de que el PCE fue la que más contribuyó a la extensión de la oleada de protestas, trabajando en dos frentes. El primero fue el de propaganda y agitación. En este ámbito un papel fundamental fue desempeñado por REI, que incitó continuamente a los obreros a la movilización: «Una Asturias multiplicada a escala nacional es lo que hace falta», se proclamaba, por ejemplo, en una de sus transmisiones.[27] El segundo frente estaba constituido por la acción directa en los centros de trabajo, dando impulso a las comisiones para promover la movilización, bien mediante llamamientos a la solidaridad con los huelguistas asturianos, bien utilizando reivindicaciones específicas de la empresa donde se actuaba.[28] La debilidad orgánica en que se encontraba el PCE, no sólo en Asturias sino también en el resto del país a causa de la represión de los años anteriores, no le permitió obtener en todas partes los mismos resultados: los mejores se lograron en Cataluña, Galicia, algunas zonas de Andalucía y en las fábricas de Madrid con mayor presencia del partido.[29]

En la creación y desarrollo de las comisiones participaron, al lado de los comunistas, sobre todo militantes católicos de la HOAC y la JOC, obreros sin una identidad política concreta y, en menor medida, y sólo en algunas zonas determinadas, miembros de USO. Se registró también la presencia de algunos militantes socialistas y anarquistas, que dejaron de lado sus prejuicios anticomunistas en esas circunstancias. El PCE vio en este carácter unitario de las huelgas y de las comisiones la confirmación de su política de alianzas; de ahí que su propaganda pusiera el acento en este aspecto, afirmando que la unidad tenía que continuar después de las protestas y extendida desde la base a las cúpulas dirigentes de las distintas organizaciones de la oposición.[30] Pero la unidad de acción lograda en los meses de abril y mayo fue, de hecho, circunstancial y no pasó de la militancia de base, ya que el resto de los grupos mostró poco interés en hacer permanente y oficial su relación con el PCE. Ni siquiera las octavillas se firmaron conjuntamente.

El partido no dejó de intentar la politización de las huelgas, uniendo a las reivindicaciones estrictamente económicas otras de carácter antifranquista, como el derecho de huelga, la amnistía o, en términos más generales, la petición de libertades democráticas.[31] En cuanto a su actividad en el ámbito internacional, se realizó a través de otros partidos comunistas y de los sindicatos controlados por ellos, los cuales organizaron numerosas manifestaciones de solidaridad en sus respectivos países. En Italia, por ejemplo, la CGIL realizó en el puerto de Génova un boicot a todas las naves españolas, que se extendió del 16 al 22 de mayo.[32] No disponemos de información sobre la cifra total de dinero recaudado a través de esas iniciativas en todo el mundo, aunque *Mundo Obrero*, considerando tan sólo una campaña de suscripción realizada entre los comunistas, tanto dentro como fuera de España, afirmaba que el partido había recibido a finales de mayo 434.219 pesetas de la época destinadas a la solidaridad con los huelguistas.[33]

Hay que destacar que el PCE, gracias a la propaganda de la REI y a la acción de sus militantes en las empresas, basándose en la idea de poner en movimiento la mayor masa crítica posible y de dar visibilidad al descontento de la gente, fue el principal responsable de la prolongación del conflicto.[34] Éste se agotó en los últimos días de mayo, cuando se apagaron los últimos focos de protesta y los obreros fueron volviendo al trabajo. Por un lado, el cansancio, las numerosas detenciones, despidos y deportaciones, por otro, la satisfacción de algunas de sus reivindicaciones, pusieron fin a la que había sido la mayor oleada de movilizaciones registrada en el país desde el principio de la dictadura. Las huelgas de esa primavera no sólo determinaron, gracias a su impacto mediático internacional, el «regreso de España a la historia»,[35] sino también un antes y un después en la historia del antifranquismo, cerrando el ciclo de transición abierto por los hechos de Barcelona de 1951, y alimentado por los del trienio 1956-1958.

Las huelgas del 62 pusieron de manifiesto que dentro del país el protagonismo en la oposición ya no correspondía a las organizaciones históricas de la izquierda, sino a las nuevas que se habían ido desarrollando en los años cincuenta y que, en la mayor parte de los casos, estaban integradas por jóvenes que no habían vivido la Guerra Civil. El PCE logró entonces extender su influencia entre el movimiento obrero y el antifranquismo gracias a que durante el último decenio, a diferencia de los socialistas y anarquistas, había modificado sus modos de actuación para adaptarlos a un contexto que cambiaba. Esa primavera consagró, además, a las comisiones obreras como los organismos de lucha más eficaces de los trabajadores y las formas de acción semiclandestinas desbancaron definitivamente a las clandestinas. Se hizo evidente, finalmente, esa que, según Álvaro Soto, ha sido una característica constante de las huelgas durante el franquismo, es decir, que teniendo en origen causas económicas han acabado por tener consecuencias políticas.[36]

A pesar de que los intentos de politización de las protestas tuvieron un éxito muy limitado, los acontecimientos de esa primavera lograron un enorme impacto sobre el Régimen, hasta el punto de provocar un cambio de gobierno. En ese momento la dictadura se encontraba en una coyuntura particularmente delicada, porque, precisamente cuando estaba solicitando su admisión en el Mercado Común, las huelgas primero, y más tarde, a principios de junio, el célebre «contubernio de Munich»,[37] atrajeron la atención internacional sobre la falta de libertad en España. Para tratar de contrarrestar el deterioro de la imagen de su régimen, el 11 de julio Franco procedió a una remodelación del gobierno. Las novedades más significativas fueron la salida del mismo del integrista Arias Salgado y la entrada del aperturista Fraga Iribarne en el Ministerio de Información y Turismo y del tecnócrata López Bravo en el Ministerio de Industria, en la línea ya iniciada de modernización de la dictadura. Las huelgas convencieron al Régimen de que ya no bastaba sólo la represión para acabar con el malestar de las clases trabajadoras y de que resultaba urgente satisfacer algunas de sus necesidades. Cada vez con mayor insistencia se empezó a hablar de una reforma sindical y se promulgó un decreto en virtud del cual se hacía una distinción entre conflictos de naturaleza estrictamente laboral y los de intencionalidad política: una idea que tomó forma, aunque de manera inevitablemente contradictoria, con la despenalización en 1965 de los primeros tras la reforma del artículo 222 del Código Penal.[38]

Lo acaecido a lo largo de esos dos meses de 1962 adquirió para el PCE un carácter ejemplar. Asturias se convirtió en un punto de referencia, símbolo de vanguardia obrera. Así, cuando en octubre el Comité Ejecutivo (CE), nueva denominación del Buró Político desde el VI Congreso, decidió poner en marcha una campaña de reclutamiento para reforzar sus filas, la llamó *Promoción Asturias*, «en honor al heroísmo de masas de los mineros».[39] Sorprendido por las dimensiones que había adquirido la movilización, y entusiasmado por la combatividad de los trabajadores, la dirección del partido creyó llegado el momento, tras los fracasos de 1958 y 1959, de lanzar una nueva proclama de huelga general para acabar de una vez con la dictadura. Según esa perspectiva, preparando bien el terreno a través de la organización de los núcleos comunistas y las comisiones unitarias en cada lugar de trabajo, así como fomentando el descontento de las masas, se podría volver a plantear una situación semejante a la de abril-mayo, y por fin el mito de la huelga general podría transformarse en realidad.

Galvanizado por ulteriores movilizaciones que tuvieron lugar de nuevo en Asturias a finales del verano, en enero de 1963 el partido llegó a declarar que todo hacía presagiar que ése podía ser el año del final del franquismo.[40] Pero el análisis del PCE se basaba en un modelo de conflictividad obrera que, sin embargo, ya no volvería a repetirse. Con la entrada en vigor a pleno ritmo de los convenios colectivos que se produjo precisamente en 1962 –se firmaron 1.538, frente a un total de 821 en los cuatro años anteriores–, las protestas terminaron limitándose al interior de cada empresa o rama de la producción. Si, por un lado, el nuevo sistema aumentaba la eficacia de los enlaces y jurados, ofreciendo a los trabajadores canales de acción y posibilidades de encuentro que propiciaban la organización, por otro desactivó el mecanismo de las huelgas en cadena, invalidando las perspectivas comunistas en ese sentido.[41] También por eso las huelgas de 1962 marcaron un antes y un después.

La prueba de ello llegó ya en el verano de 1963. Entre julio y septiembre, siempre en Asturias, mineros y obreros protagonizaron nuevas huelgas. Sin embargo, en esta ocasión no superaron el ámbito regional. El PCE, que había confiado entonces en la posibilidad de una huelga general nacional, en la reunión del Comité Central celebrada en noviembre se interrogó sobre las razones que habían impedido hacer realidad esa hipótesis, a pesar de todos sus esfuerzos.[42] Entre las explicaciones que se dieron, además del hecho de que era verano y de que los trabajadores habían visto en buena parte cumplidas sus demandas tras las huelgas del año anterior, estaba también la que señaló al nuevo modelo de relaciones laborales producido por la normativa de los convenios colectivos, que hacía mucho más difícil extender las protestas por motivos económicos más allá de cada empresa y, con mayor motivo, de cada provincia o región. La consecuencia fue que el partido, no obstante siguiera invocándola en su propaganda, se vio obligado a aplazar la convocatoria de la huelga general a un futuro no precisado.

Las primeras comisiones estables

El PCE no había sido ni el motor ni el piloto del movimiento de protesta de la primavera de 1962. A pesar de ello, había ejercido una notable influencia en su desarrollo gracias a la labor propagandística realizada por medios como la radio *Pirenaica* y, lo que nos interesa más, por la posición de liderazgo que sus líderes habían asumido en la mayor parte de las comisiones surgidas durante los conflictos. Tras las huelgas, por tanto, el partido consideró que había llegado el momento de definir con mayor precisión su política sindical, con las comisiones obreras convertidas, aún más que antes, en la clave del edificio. Era urgente hacer de ellas órganos de lucha permanentes, según escribía *Lucha Obrera:*

> [El movimiento de abril y mayo] ha abierto nuevas posibilidades al desarrollo de las Comisiones Obreras, a la formación de órganos unitarios, representativos y dirigentes de los trabajadores en las empresas. No nos referimos a las efímeras comisiones que han venido creándose en estos pasados años y que desaparecían una vez cumplida la misión encomendada. En Asturias ese período ha sido superado.[43]

Asimismo, López Raimundo afirmaba en una carta a la ejecutiva del PCE:

> Consolidar y ampliar esta realidad dando a la Oposición Sindical una estructura permanente en cada empresa, en cada industria y en cada localidad es ahora una tarea capital.[44]

En el primer número de *Nuestra Bandera* de 1962, salido de imprenta poco antes de las huelgas, el partido había lanzado una encuesta sindical con la idea de elaborar la estrategia más adecuada para las condiciones reales del movimiento obrero. El cuestionario propuesto para ello se componía de cinco preguntas, sobre si se consideraba más eficaz la lucha puramente clandestina o la que combinaba métodos legales e ilegales; sobre en qué deberían consistir los órganos de la oposición sindical y cuál debería ser su composición; sobre cómo debería ser su programa, si para el futuro del sindicalismo posfranquista se consideraba preferible el pluralismo o una central única y, por último, qué nombre debía tener el movimiento de oposición sindical.[45] La iniciativa perseguía la colaboración mediante un método participativo que diera voz al mayor número posible de opiniones, para poder así actuar de acuerdo con una línea respaldada por un amplio consenso.

Se quería conocer, de esta forma, las opiniones de militantes comunistas, pero también de otras personalidades destacadas del movimiento obrero pertenecientes a otras fuerzas, en particular de algunos dirigentes socialistas. La misión fue encomendada a Claudín. Uno de los invitados a participar fue Antonio Amat, quien rechazó la petición de responder públicamente al cuestionario, incluso bajo pseudónimo, pero dio su punto de vista sobre algunas cuestiones. Por ejemplo, se declaró contrario al *entrismo* por el descrédito que podía comportar el hecho de ocupar cargos dentro de la OSE, y afirmó su «identificación absoluta con la opinión contraria a la división sindical después de la caída de la estructura fascista».[46] A favor de la futura unidad sindical se declaró también otro histórico dirigente socialista, Wenceslao Carrillo, padre de Santiago, quien rechazó asimismo participar en la encuesta afirmando: «Vosotros no habéis modificado vuestra táctica ni la que parece ser vuestra finalidad. Sois un partido político español sometido voluntariamente a la disciplina de la Unión Soviética».[47]

En el número siguiente del periódico se publicaron una treintena de respuestas, pero en ellas no había casi ninguna novedad. Puesto que habían sido enviadas principalmente por los militantes de base, bien adoctrinados en los últimos años sobre la línea oficial del partido en materia sindical, se limitaron en su mayoría a repetir sus elementos fundamentales: necesidad de combinar lucha legal e ilegal, de crear organismos unitarios estables, de ligar las reivindicaciones políticas a las económicas, y de proceder, en la fase posterior al franquismo, a la constitución de una central sindical única.[48] Las únicas discrepancias se producían en asuntos de relevancia menor, como el nombre que había que dar al movimiento de oposición sindical. Las denominaciones propuestas fueron de lo más variado, pero en ese momento –septiembre de 1962– ya no tenía importancia, pues ya había sido tomada una decisión al respecto.

La dirección del PCE, de hecho, ya desde principios de mayo se había decidido por Oposición Sindical Obrera (OSO), al considerar oportuno en el transcurso de las movilizaciones de la primavera pasada que hubiera una sigla oficial capaz de atribuirse la representación del movimiento de las comisiones, incluso en el ámbito internacional. Es decir, se había inclinado por institucionalizar la fórmula genérica que usaba hacía años. Durante las dos últimas semanas de huelgas ya habían aparecido en distintos puntos del país octavillas en nombre de presuntos comités locales de la OSO, aunque sólo en junio se dio publicidad al primer comunicado nacional firmado con esas siglas, donde se llamaba a la lucha por la libertad de los obreros detenidos antes y después de las huelgas, y por la readmisión en su puesto de trabajo de los despedidos.[49]

Desde el principio el partido trató de presentar la OSO como un amplio movimiento unitario, si bien fuera del reducido círculo comunista carecía de consistencia. Basta pensar que tanto entonces como en los años sucesivos la mayor parte de los documentos que llevaban esa firma en realidad habían sido escritos por el secretario general u otros miembros de la cúpula del PCE. Cuando, por ejemplo, en noviembre de 1962 se difundió un comunicado de la OSO de Asturias, Madrid, Cataluña, Euskadi y Andalucía,[50] éste no era el fruto de ninguna reunión de militantes sindicales de las citadas regiones, sino que había sido redactado por Carrillo y Semprún.[51] La nueva sigla era un recipiente vacío, o como mucho semivacío, pero aspiraba a contener la mayoría de quienes se movían en la oposición obrera.

El PCE delineó la hipotética fisonomía que debería asumir la OSO en numerosas formulaciones elaboradas entre 1962 y 1965, a veces contradictorias, que se injertaron en la trayectoria seguida hasta ese momento. Nos limitaremos a ilustrar lo que constituyó el núcleo fundamental de esas propuestas. El partido creía que el eje de la Oposición Sindical lo formarían las comisiones de empresa con carácter permanente.[52] Aun así, hay que precisar que respecto al periodo anterior esa misma idea se formuló con un nuevo léxico: se dejó de usar, poco a poco, la palabra «comités» y se empezó a hablar de «Comisiones Obreras de Oposición Sindical». El cambio de denominación era bastante significativo por dos razones: llamarlas Comisiones Obreras así, con mayúscula, les otorgaba una mayor formalidad y simbolizaba su intenso desarrollo, que el PCE se proponía acelerar, mientras que la expresión «Comisiones Obreras de Oposición Sindical» actuaba como un anillo que ligaba el movimiento de comisiones a la nueva sigla creada por el partido, como si las primeras fueran partes integrantes de la segunda.

Las Comisiones permanentes, al menos en un primer momento, para evitar las dificultades y obstáculos que inevitablemente surgirían para formarlas desde abajo, tenían que ser constituidas desde arriba por militantes comunistas que ocupaban cargos legales, agrupando en torno suyo a los obreros más concienciados. Cada Comisión debía estar compuesta, de acuerdo con una indicación de máximos, según una proporción de cuatro obreros por cada enlace o jurado, como afirmaba el siguiente documento:

> Bien orientado, este trabajo puede permitirnos constituir de manera legal esas Comisiones Obreras de O.S. Los enlaces pueden apoyarse en estos trabajadores para organizar la protesta y sentirse respaldados ante las presiones de la empresa.[53]

Para que esos órganos fueran realmente unitarios, se insistía en la necesidad de atraer a los representantes sindicales y a los obreros que militaban en otras fuerzas antifranquistas, o sin militancia política conocida.[54]

Hay que añadir que, consciente de que no todas las comisiones surgidas por reivindicaciones puntuales podrían adquirir una condición estable en esa primera fase, el PCE elaboró un modelo que podríamos definir «a dos niveles»: uno de vanguardia organizada, compuesto por las Comisiones de empresa permanentes, y otro de base, con las comisiones espontáneas y provisionales que, por el momento, podía seguir poco estructurado. De ese modo se trataba de conjugar la exigencia comunista de una organización bien definida, con el carácter «movimentista» propio de las comisiones desde su nacimiento. Desde esta perspectiva, las comisiones se configuraban como los órganos de base «fluidos, cambiantes, adaptables a todas las circunstancias y momentos de la lucha», de la OSO.[55] Una fluidez, sin embargo, que sólo se toleraría mientras no hubiera otra solución. Además, hay que evidenciar que, según la óptica del PCE, crear desde arriba comisiones estables redundaría en la estabilización y consolidación de las surgidas espontáneamente desde abajo.[56]

La actividad de la OSO se desarrolló también en el ámbito internacional, asumiendo a menudo la denominación de Oposición Sindical Obrera de España (OSOE), al frente de la cual el partido situó a Carlos Elvira.[57] Su actividad consistió en recaudar fondos y en impulsar iniciativas de denuncia de la falta de libertades políticas y sindicales bajo el régimen franquista. De hecho, este brazo internacional de la OSO nació en 1962 para proseguir la campaña de solidaridad a favor de los trabajadores detenidos, despedidos o sancionados con motivo de las huelgas de la primavera y el verano anterior. Al desarrollar su actividad en el seno del sindicalismo internacional controlado por los comunistas, reunió considerables sumas de dinero, tanto por parte de la Federación Sindical Mundial (FSM), como de diversos sindicatos nacionales como, por ejemplo, la CGIL italiana y la CGT francesa, que se sumaron a los fondos obtenidos gracias a las suscripciones obtenidas entre los comunistas españoles.[58] Al acabar el año, la cifra total de las ayudas superaba los tres millones de pesetas.

En septiembre de 1963 la OSOE lanzó una significativa campaña de solidaridad, mientras la nueva oleada de huelgas de los obreros y mineros asturianos daba sus últimos coletazos. La campaña se dio por concluida a finales de febrero de 1964 después de haber recaudado, según los datos oficiales, 6.853.026 pesetas.⁵⁹ Al mismo tiempo, la OSOE estrechaba sus relaciones con el sindicalismo internacional comunista, estableciendo contactos con el Consejo Central de los Sindicatos Soviéticos y participando con una delegación propia en el Congreso de la FSM.⁶⁰ En coherencia con su intención de presentarse como un movimiento obrero que daba cabida también a los católicos, en septiembre de 1963 envió un escrito al papa Pablo VI, donde le exponía la situación de miseria y la falta de libertades en que se hallaba la clase obrera española. Además, le dirigía diez súplicas que, en resumidas cuentas, pedían a la Iglesia que retirara su apoyo a Franco y utilizara su significativa influencia para lograr el restablecimiento de la democracia.⁶¹

Dentro de España, mientras tanto, el PCE daba instrucciones a sus militantes para llevar a cabo acciones de agitación. Si los acontecimientos de 1962 habían demostrado que la combatividad obrera estaba progresando, los comunistas debían contribuir a ese incremento según una lógica expuesta en estos términos:

> Si somos conscientes de que la vía para lograr las grandes cosas nace de una gran actividad, nuestro esfuerzo debe centrarse en lograr esa gran actividad, sin preocuparnos demasiado del volumen o la importancia de los logros que vamos a obtener inmediatamente. [...] Es necesario, en esta etapa, bombardear los sindicatos con todo género de presiones y exigencias. [...] Para que los trabajadores comprendan rápidamente que no es esa la vía. Que es preciso contar con organizaciones más idóneas.⁶²

El Régimen coincidía igualmente en señalar que la estrategia comunista consistía en «provocar todo género de conflictos laborales, alimentándolos una vez planteados, con una creciente e incansable serie de exigencias».⁶³ Creando un clima de protestas generalizado el PCE pensaba que no tardaría en recoger sus frutos, el más importante de ellos el avance en la organización del movimiento obrero. Se había visto, por otra parte, que existía una especie de círculo virtuoso entre conflictividad y organización, pues la primera, al poner en movimiento las masas, propiciaba la segunda que, a su vez, fomentaba otras protestas en los centros dirigentes y los puntos de apoyo legales, facilitando el nacimiento de nuevas protestas y alimentándolas con mayor comodidad.

Una típica ocasión que favorecía las reuniones de trabajadores y el impulso de sus reivindicaciones la representaban las elecciones sindicales, como las convocadas por la OSE para la primavera y verano de 1963. Aquella vuelta electoral presentó algunas peculiaridades respecto a las anteriores. Desde ya al menos una década, como hemos visto, el PCE exhortaba a sus militantes y a los trabajadores en general a la participación, e hizo lo mismo esta vez directamente o a través de la OSO.[64] En Asturias y Vizcaya, los comunistas, sin embargo, al igual que muchos obreros católicos y sin afiliación, adoptaron una posición de «abstención activa».[65] El núcleo asturiano, en plena fase de reconstrucción bajo la renovada guía de Horacio Fernández Inguanzo,[66] decidió poner las siguientes condiciones a su participación:

- Reintegración a sus hogares de todos los deportados por participación en las huelgas de 1962.
- Incorporación a sus puestos de trabajo [...] de los deportados y despedidos por huelgas.
- Que los enlaces elegidos por los obreros sean respetados en el ejercicio de su función, garantizándoles que no serán represaliados ni perseguidos por la policía por cumplir con su deber de defensa de los intereses de los trabajadores.
- Que los directores de empresas dejen de ser los jefes sindicales de las mismas.
- Aplazamiento de las elecciones hasta el regreso de los desterrados.[67]

Asturias y Vizcaya, en efecto, eran las zonas donde más intensa había sido en 1962 la represión, que, tras la primavera, había continuado con las huelgas realizadas a finales de ese año. Entre las víctimas había numerosos enlaces y jurados, de manera que las peticiones cumplían una doble finalidad: por una parte, de solidaridad con los afectados por la represión, y, por otra, de garantía para los eventuales representantes elegidos, pues se había extendido la idea de que «elegir buena gente es meterla en la cárcel».[68] En Asturias, las condiciones se presentaron públicamente a los delegados de la OSE, tanto a nivel local como nacional. Como no fueron aceptadas, el PCE dejó libertad de acción a sus militantes, sugiriendo que éstos juzgaran si la participación era o no oportuna, según la situación de cada empresa. El resultado fue que, por doquier, los trabajadores de la región optaron por el boicot.[69]

En Vizcaya, en cambio, las protestas en solidaridad con las víctimas de la represión tomaron otro rumbo que llevó, justo antes de la celebración de las elecciones, al nacimiento de la primera comisión estable significativa, la Comisión Obrera Provincial de Vizcaya (COPV).[70] Confirmación de la teoría del PCE, según la cual las movilizaciones favorecerían la organización obrera, su creación culminaba una larga serie de reuniones y manifestaciones lideradas por comunistas y católicos desde el año anterior para solicitar la readmisión de los trabajadores despedidos y el regreso de los deportados. Como ilustraba poco después el responsable vizcaíno del partido:

> Así tenemos, que después de una de estas manifestaciones, concretamente durante el periodo de las elecciones sindicales, setenta trabajadores se reúnen en la sacristía de una iglesia en Bilbao [...], directamente de la manifestación. Y prácticamente de esta reunión de setenta obreros, sale una comisión obrera en la cual están representadas una serie de fábricas importantes de la ría de Bilbao.[71]

En su composición dominaban los católicos de la HOAC, seguidos por los comunistas y los militantes nacionalistas de Solidaridad de Trabajadores Vascos (STV). La COPV se pronunció a favor del boicot de las elecciones después de haber intentado inútilmente negociar sus peticiones con las autoridades, prácticamente idénticas a las presentadas por los trabajadores asturianos. Tras las elecciones, no sólo se consolidó, sino que, sobre todo por iniciativa comunista y siguiendo el *modus operandi* del partido al que nos hemos referido antes, comenzó a dar impulso a la formación de Comisiones Obreras en otras empresas. Una actividad que dio pronto sus frutos, pues cerca de un año y medio más tarde se contaban en la región una veintena de Comisiones de empresa estables.[72] Se abría así una nueva e intensa fase en el desarrollo del movimiento obrero antifranquista. Hay que subrayar, además, que entre 1964 y 1965 el pce logró aumentar notablemente su peso dentro de la copv, asegurándose un control más sólido.[73]

Volviendo a las elecciones de 1963, en las demás zonas se obtuvieron unos resultados semejantes a los de anteriores votaciones, confirmando las metas alcanzadas y registrando algún avance. Por la importancia que asumirían en un futuro próximo, se debe destacar la consolidación de los núcleos del partido en Barcelona y Madrid, donde fue reelegido Marcelino Camacho.[74] Especialmente significativo fue el caso de Sevilla, donde la dirección del partido había sido recientemente encomendada a Juan Menor.[75] Allí fueron elegidos dos militantes comunistas que, desde ese momento, tendrían un papel de primera importancia en el desarrollo del movimiento obrero: Eduardo Saborido y Fernando Soto.[76] Ambos muy jóvenes, 23 y 25 años, respectivamente, y ambos obreros metalúrgicos, representaban la nueva vanguardia que se ocuparía de consolidar y estructurar ccoo, primero en la región andaluza y más tarde a nivel nacional.

En Madrid, a partir de las elecciones, el movimiento obrero experimentó un notable desarrollo. Paradójicamente fueron los mismos aparatos de la dictadura los que dieron una contribución decisiva, cuando la Delegación Provincial de Sindicatos puso en marcha en la Escuela Sindical de La Paloma unos cursos de formación de enlaces, mientras a iniciativa de la Secretaría General del Movimiento se creaba el Centro Social Manuel Mateo con «la educación, el adoctrinamiento y la recreación cultural de los militantes sindicales» como objetivos primordiales.[77] Tales iniciativas eran concebidas por los falangistas como instrumentos a través de los cuales se podía crear consenso entre los trabajadores y de ese modo se reforzaba su posición en los equilibrios de poder dentro del Régimen.

José Solís, Delegado Nacional de Sindicatos y ministro-secretario general del Movimiento, estaba tratando de revitalizar la OSE y aumentar su peso social, político y económico desde finales de los años cincuenta. Como pensaba que la única manera de alcanzar ese objetivo estaba en la colaboración de los obreros, promovió algunos mecanismos y puso en marcha dinámicas para favorecer la participación de los trabajadores en el Vertical, debilitado por las crecientes protestas. Esperaba así legitimar el sindicato, y de paso reconducir el descontento de los trabajadores por canales oficiales, sustrayéndolo a la influencia de los grupos de oposición.[78]

El «aperturismo» sindical de Solís, sin embargo, acabó teniendo efectos contrarios a los perseguidos. Centros como el Manuel Mateo, de hecho, proporcionaron a los dirigentes de la oposición obrera espacios donde reunirse legalmente, estrechar contactos y coordinarse, rompiendo así el aislamiento, tanto respecto al partido como a la propia empresa. El núcleo madrileño del PCE, que se encontraba en una fase de reorganización tras la represión del *jornadismo* y los efectos de la ejecución de Julián Grimau[79] y el arresto de José Sandoval,[80] tuvo en los locales de La Paloma y de Manuel Mateo un lugar donde discutir y colaborar cotidianamente, no ya sólo con los enlaces y jurados católicos, sino incluso con falangistas radicales, como Ceferino Maeztu. Una similar *ocupación de los espacios públicos* y oficiales se produjo simultáneamente en Sevilla, donde Soto y José Hormigo lograron que el mismo Solís en persona autorizase las reuniones legales en la sede de la OSE.[81]

Aprovechando estas posibilidades, se impulsaron una serie de movilizaciones con la colaboración de otros grupos. Camacho y Ariza, que se estaban convirtiendo en los máximos dirigentes obreros del partido, coordinados por Víctor Díaz Cardiel, podían contar en Madrid con una clase obrera que había aumentado enormemente sus efectivos como consecuencia del desarrollo económico y la emigración desde las zonas rurales hacia el cinturón industrial de miles de personas que querían mejorar sus condiciones de vida y se mostraban especialmente dispuestas a luchar para conseguirlo.[82] A finales de 1963 se promovieron algunas acciones de protesta con motivo del convenio provincial del sector metalúrgico.[83] El 10 de marzo siguiente se celebró una manifestación ante el edificio situado en el Paseo del Prado, donde se estaba celebrando el III Congreso Sindical, y una amplia comisión –de 15 a 20 miembros entre enlaces y jurados– entregó a los congresistas un documento con varias reivindicaciones obreras.[84]

En ese clima fue cobrando cada vez mayor fuerza la idea de formar un organismo estable, y con ese objetivo el comité madrileño del PCE celebró numerosas reuniones durante el verano de 1964. Esos planes culminaron el 2 de septiembre, cuando en el transcurso de una asamblea de enlaces y jurados que tenía lugar en el Salón de Actos del Sindicato Provincial del Metal, los comunistas allí presentes propusieron la constitución de una comisión permanente del sector para defender con continuidad los intereses de los trabajadores. Nació así la Comisión de Enlaces y Jurados de la Metalurgia de Madrid, que pronto simplificó su nombre por Comisión Obrera del Metal. Sus componentes fueron elegidos en esa asamblea y otra posterior, celebrada el 16 de septiembre, con predominio neto de los comunistas: nueve, junto a dos católicos, un falangista «de izquierda» y un número reducido, aunque no precisado, de obreros sin militancia definida.[85]

No es casualidad que en Madrid, como luego en Barcelona, Sevilla y otras ciudades, las primeras Comisiones surgieran en el metal. El desarrollo económico y la industrialización habían provocado la incorporación de las nuevas generaciones obreras a un sector que no dejaba de crecer y que, desde los primeros años sesenta y hasta el final de la dictadura, registró las tasas más altas de conflictividad.[86] Se convirtió así en la principal cantera de militares obreros del PCE. La Comisión del Metal de Madrid, creada desde arriba, llegó a ser el modelo de la política sindical desarrollada ya desde hacía más de una década, y demostraba definitivamente la eficacia del *entrismo* en la OSE y del uso de sus resquicios legales:

> De hecho, es la aparición [...] de lo que pudiéramos llamar el nuevo movimiento obrero, el movimiento de las comisiones obreras; de lo que llamamos nosotros la Oposición Sindical. Supone un verdadero salto cualitativo en el desarrollo de la lucha de masas. Se trata de un movimiento organizado, con

dirigentes públicos, ligados a las masas [...], que rompe los marcos de la legalidad franquista e impone *de facto* formas nuevas, profundamente democráticas.[87]

LA AFIRMACIÓN DE CCOO

Mientras la acción del movimiento obrero estaba gradualmente dando los frutos esperados, en 1964 el PCE tuvo que afrontar dos graves rupturas internas. Una fue la escisión que se produjo a su izquierda, sustancialmente por el reflejo en el comunismo español del divorcio entre China y la URSS. Tanto dentro como fuera del partido estaban tomando forma, desde finales de 1963, varias corrientes que, inspirándose en el maoísmo o en tendencias vagamente trotskistas, acusaban a la dirección carrillista de revisionismo y de haber sacrificado el espíritu revolucionario en el altar de los compromisos con la burguesía. Esos grupos, que renegaban de la evolución del PCE después de 1956, se fusionaron en diciembre de 1964 dando vida al PCE (m-l), siglas del Partido Comunista de España (marxista-leninista). La nueva formación política, que pronto tuvo que hacer cuentas a su vez con disidencias internas, no causó inicialmente especial preocupación en la cúpula del PCE, dado el número exiguo de sus miembros, provenientes en su mayoría de la emigración o, en menor medida, del mundo universitario.[88]

Mucho más notable resultó el impacto de la disidencia de las «dos F», en referencia a Fernando Claudín y a *Federico Sánchez*, nombre en la clandestinidad de Jorge Semprún.[89] En primer lugar, por la relevancia de los dos protagonistas, miembros destacados de la dirección del partido, el primero incluso considerado la mano derecha de Carrillo, mientras que el segundo, durante la última década, había sido el principal responsable de la actividad comunista en el sector intelectual del interior. La capacidad analítica de ambos disidentes, por más que se les acusara de «desviacionistas de derecha», contribuyó a que las consecuencias de la división fueran aún más profundas.

Las «dos F», en efecto, cuestionaron algunos aspectos centrales de la política del PCE y, sustituyendo la fe por el realismo, criticaron sobre todo la idea básica según la cual el franquismo y la oligarquía capitalista estaban al borde del abismo. Pensaban, por el contrario, que, tal y como demostraban las cifras, el Plan de Estabilización y las sucesivas medidas de liberalización económica habían sido un éxito para las clases dominantes, permitiéndoles recuperar a sus bases. En ese mismo sentido subrayaban que era un error identificar en exceso el franquismo con la dominación del gran capital, como hacía el PCE, creyendo que la caída de uno llevaría a la del otro, y que el día en que llegara la democracia, el poder pasaría de la oligarquía capitalista a las masas populares. Para Claudín y Semprún, en cambio, se debía distinguir más claramente entre franquismo y capitalismo, para darse cuenta de que en un futuro próximo –aunque menos de lo que creía el partido– sería posible liquidar el primero, pero no tan fácil hacer lo mismo con el segundo.

De hecho, el capitalismo español conoció durante esos años un enorme crecimiento, de manera que lo más probable era no que entrara en crisis tras la desaparición del régimen de Franco, sino que se transformara el medio de dominación del gran capital dejando atrás las viejas formas fascistas y adoptando las democráticas para conservar el poder, levantando un sistema homologable al de Europa occidental. Por tanto, los derechos y libertades democráticas no serían incompatibles con el poder de los grandes monopolios, lo que significaba aplazar indefinidamente la perspectiva de la construcción de una sociedad socialista. Por otra parte, siempre según Claudín y Semprún, tampoco la clase obrera demostraba unos niveles de conciencia que hicieran esperar una situación revolucionaria a corto plazo. Las huelgas de 1962 podían ser un espejismo porque, a diferencia de la interpretación del PCE, no presentaban todavía un contenido político relevante y había que prepararse para una lucha a largo plazo.

Consideraciones que, inevitablemente, conllevaban una crítica al subjetivismo que siempre había formado parte de la teorización del partido. Los dos disidentes afirmaban que el PCE olvidaba el viejo principio leninista, según el cual la acción debía estar fundada en un análisis científico de la realidad, cuando desde hacía años planteaba su estrategia sobre una interpretación distorsionada de la situación española y sobre la creencia del inminente derrumbe del franquismo. Una ilusión que, como había ocurrido con el fallido *jornadismo*, llevaba a muchos militantes a la dispersión y la desesperanza al no ver cumplidas las promesas que, según el partido, estaban al alcance de la mano. A esos fracasos Carrillo había respondido reivindicando el subjetivismo como un componente esencial de cualquier partido revolucionario, convencido de que sólo así, presentada la victoria como una meta cercana, podían pedirse sacrificios a la clase obrera. En otras palabras, que el engaño servía para combatir el inmovilismo y el fatalismo.

Defender sus tesis les costó a Claudín y Semprún la expulsión del partido a principios de 1965, acusados de revisionismo y derrotismo, de haber renunciado a la meta de la revolución y de haberse resignado a la inevitabilidad del capitalismo, cayendo en posturas socialdemócratas. Carrillo no podía tolerar una contestación de semejante alcance a la línea ideológica del partido, precisamente la que le había aupado al puesto de secretario general. No surgió, sin embargo, ninguna corriente a favor de Claudín y Semprún que pusiera en peligro la unidad del partido, y sólo Juan Berenguer se vio obligado a abandonar el PSUC, de cuyo CE era miembro, por apoyar sus tesis.

Las nulas consecuencias cuantitativas de la polémica no impidieron que ésta tuviera una notable repercusión al cuestionar, desde dentro del propio PCE, algunos de los puntos más débiles en la línea de flotación teórica del partido. Con grandes dosis de realismo puso en evidencia la distorsionada interpretación de la situación sociopolítica española, y el tiempo le dio la razón en sus previsiones sobre la evolución política del país. El mismo Carrillo, aun sin admitirlo explícitamente, en el curso de los años siguientes incorporó a sus análisis algunos de los elementos claudinistas. La polémica con Claudín y Semprún obligó al partido a moverse con mayor cautela, y seguramente fue una de las razones de que el partido, pese al entusiasmo provocado por la oleada de movilizaciones del bienio 1962-1963, se abstuviera de convocar una huelga general, aunque su prensa siguiera hablando de ella como de algo inminente.

De todas maneras, por mucho que los análisis teóricos enfriaran las ilusiones revolucionarias de los comunistas, el intenso desarrollo del movimiento obrero durante esos años no dejaba de alimentarlas. Admitiendo que los disidentes tuvieran razón sobre el escaso nivel de conciencia de las masas, el mejor remedio continuaba siendo el de dar más pasos en la organización y politización de las comisiones, que en este caso sí parecían confirmar la validez de la estrategia del partido. En todos los puntos principales de la geografía española se estaban registrando notables progresos, y se alcanzó una nueva meta cuando en noviembre de 1964, a las de Vizcaya y Madrid, se sumó la importante Comisión Obrera Central de Barcelona (COCB).

Desde el final del verano de ese año el PSUC, inspirado en el ejemplo madrileño, había multiplicado sus esfuerzos entre la clase obrera,[90] y empezado a tejer una extendida red de contactos con otros grupos de la oposición, en particular con la Alianza Sindical Obrera (ASO).[91] La ASO había nacido en 1962 a partir de la Alianza Sindical (AS) formada por CNT y UGT, pero se había ido distanciando de ésta por divergencias tácticas y, especialmente en Cataluña, agrupaba en sus filas a muchos católicos procedentes de la HOAC y las JOC. Los militantes del PSUC, de la ASO y, en menor medida, de USO y del Front Obrer de Catalunya (FOC), la versión catalana del FLP, llevaron a cabo numerosas reuniones y acciones con participación también de obreros sin afiliación política o sindical. El primer fruto de ese proceso fue la constitución, en una asamblea celebrada el 17 de octubre de 1964, con asistencia de unos sesenta trabajadores, de la Comisión Obrera Provisional de Barcelona (COPB), compuesta por nueve delegados en representación de otras tantas ramas de la producción. Bajo el punto de vista de la militancia política había un absoluto equilibrio, pues junto a tres comunistas había otros tres católicos y tres independientes.

Una vez establecido un centro de coordinación, aunque provisional, la actividad de las organizaciones obreras se concentró en estructurar una red de comisiones en cada uno de los sectores productivos. Entre ellos, el metalúrgico contaba con una mayor presencia comunista, y fue donde antes se creó la respectiva Comisión Obrera, pues en menos de un mes logró reunir a trabajadores procedentes de más de cuarenta fábricas del sector. Gracias a los esfuerzos conjuntos de comunistas y católicos la situación experimentó una rápida evolución, tanto que ya el 20 de noviembre, tras haber conseguido la constitución de Comisiones Obreras en todos y cada uno de los principales sectores productivos, se celebró en la iglesia de Sant Medir una asamblea con unos trescientos trabajadores, en el curso de la cual se fundó la COCB como expresión de las recién creadas comisiones de ramo, sustituyendo como organismo coordinador a la COPB.[92]

Sebastian Balfour ha puesto de manifiesto las significativas diferencias en el nacimiento de CCOO –con esta sigla nos referiremos, a partir de ahora, al movimiento organizado de las Comisiones Obreras estables– en Madrid y Barcelona. Mientras que, en el primer caso, surgieron en el seno mismo del Vertical, sirviéndose de sus locales e integrando exclusivamente enlaces y jurados que, en virtud de su cargo, disponían de cierta cobertura legal para sus actividades, en el segundo, al igual que en Vizcaya, tuvieron un origen clandestino, y si bien muchos de sus miembros ocupaban también cargos electivos en el Vertical, su actividad se desarrolló prevalentemente de manera extralegal.[93] La explicación está, sobre todo, en el hecho de que en Cataluña la OSE se había enfrentado desde los años cuarenta con un movimiento obrero mucho más fuerte que el de Madrid; de ahí su menor permisividad y su reticencia a abrir espacios que pudieran ser utilizados por los propios obreros.

Otra diferencia al respecto entre el caso madrileño y catalán derivaba del diferente grado de heterogeneidad en la composición de las respectivas CCOO. Si la Comisión del Metal de la capital presentaba desde el principio una neta mayoría comunista, la COCB tuvo un carácter más plural. Pero precisamente esa multiplicidad de tendencias condujo pronto al surgimiento de polémicas internas entre militantes del PSUC, de la ASO y del FOC, con acusaciones recíprocas de intentar imponer el control, disputas que se convertirían en una constante en el desarrollo de CCOO en Cataluña. Así, en 1965 se intensificaron tras la detención de casi todos los miembros de la COCB, ocasión que el PSUC aprovechó para intentar aumentar su peso, lo que acabó provocando la salida de la ASO. Como resultado tanto de la represión como de estas divergencias internas, las CCOO permanecieron en Cataluña en un *impasse* hasta las movilizaciones relacionadas con las elecciones sindicales de 1966.[94]

Las CCOO de Madrid, por el contrario, entre 1965 y 1966 asumieron un papel de referencia del nuevo movimiento obrero, no sólo para el PCE y el resto del movimiento a escala nacional, sino para la naciente opinión pública y las propias autoridades gubernamentales. Ello se debió, ante todo, al elevado grado de organización alcanzado en el año y medio siguiente a la constitución de la Comisión del Metal, pese a que ésta convocó en diciembre de 1964 una manifestación con escaso éxito por la ausencia, según sus mismos convocantes, de «una amplia red de comisiones en las cuales apoyarse».[95] Es decir, se había empezado el edificio por el tejado, sin proporcionarle los necesarios cimientos en la base, lo que iba en detrimento de la movilización obrera, que en la capital no acababa de expresar toda su potencialidad. Era necesario, por tanto, proceder a la constitución de CCOO estables en una doble vía: a la del Metal debían sumarse otras análogas, de manera que se pudiera contar con comisiones provinciales centrales para varios ramos de la producción, y al mismo tiempo, para darles el necesario apoyo de la base, había que impulsar la creación de comisiones en el mayor número posible de empresas.[96]

Con esos objetivos, el núcleo madrileño del PCE aumentó notablemente los recursos dedicados al movimiento obrero, y, a diferencia de lo que ocurría en otras zonas del país, creó un grupo liberado de otras obligaciones que se dedicara exclusivamente a la actividad sindical. Los contactos entre los comunistas activos en CCOO y el comité del PCE pasaban primero por Díaz Cardiel y, tras su detención en abril de 1965, por Mario Huertas, alias *Luis Segundo*. Se multiplicaron exponencialmente las reuniones en distintos frentes: en los locales de la OSE los enlaces y jurados, obviamente ocultando su afiliación política, ilustraban públicamente a los trabajadores acerca de la utilidad de crear comisiones en sus respectivas empresas; paralelamente, Camacho, Ariza y Martínez Conde celebraban frecuentes encuentros con otros militantes obreros comunistas para dirigir esa tarea, según las directrices emanadas por el partido. No faltaban tampoco conversaciones periódicas con miembros de la HOAC, la JOC o USO para organizar ese movimiento.[97]

Tanta actividad dio resultados, en primer lugar, a nivel de los órganos dirigentes y de coordinación. Así, a principios de 1966 a la del metal se añadieron las Comisiones Provinciales de Construcción, Artes Gráficas, Transporte, Química, Banca y Enseñanza. Incluso se creó la *Inter*, es decir, una comisión intersectorial que coordinaba todas ellas, y en la que los comunistas, bajo la guía de Camacho, se encontraban en una posición de neto predominio.[98] Mientras en Barcelona y Vizcaya se había formado una comisión central, a partir de la cual se habían constituido posteriormente las sectoriales, en Madrid el proceso fue inverso. Lo más difícil en la capital resultó la articulación de las Comisiones Obreras de empresa, porque la combatividad de los enlaces y jurados chocaba, dentro de cada empresa, con una masa obrera apática y desmovilizada. De ahí que los mejores resultados se obtuvieran, durante 1965, en aquellas empresas –Perkins o Marconi, por ejemplo– y sectores –el Metal sobre todo– donde había una mayor presencia comunista. Sólo desde finales de 1966, con motivo de las elecciones sindicales, se consiguió efectivamente articular una significativa red de CCOO estables a nivel de base.[99]

Las Comisiones madrileñas se erigieron en principal referente del nuevo movimiento obrero, no ya sólo por el grado organizativo alcanzado, sino porque trabajaron activamente para exportar su modelo a otros puntos del país. La dirección del PCE, en razón de su predominio en ellas y de la favorable posición geográfica, consideró oportuno convertirlas en «el motor del movimiento obrero a escala nacional».[100] Para ello, desde mediados de 1965, Camacho y Ariza viajaron por varias regiones de España, entre ellas Asturias, Barcelona, Valencia e Andalucía,[101] dando instrucciones y estableciendo contactos que resultaron a la larga decisivos, no sólo para el surgimiento de CCOO en muchas ciudades, sino también para la ulterior formación de una Coordinadora General a escala nacional. Junto a esas conversaciones *in situ* debe destacarse la intensa correspondencia entre la Comisión del Metal y las que estaban surgiendo en otros lugares, en particular con la Comisión de Enlaces y Obreros Metalúrgicos de Sevilla.[102] Bajo el liderazgo de Soto y Saborido, ésta se había creado en 1965 siguiendo el mismo guión de la madrileña, es decir, en el curso de una asamblea de representantes sindicales celebrada en los locales de la OSE como culminación de una serie de luchas y movilizaciones desarrolladas en los meses anteriores.[103]

Todo ello favorecía la expansión de las Comisiones por la base, dado que los obreros las vieron cada vez más como instrumentos eficaces en el nuevo sistema de relaciones laborales basado en la negociación de convenios colectivos, tanto en la representación de los enlaces y jurados como en las formas de presión por medios extralegales. Hay que tener presente que el desarrollo económico y la apertura hacia el exterior estaban generando unas expectativas crecientes en una clase obrera que aspiraba a un nivel de vida equiparable al de sus vecinos europeos. Confirmando en buena medida el análisis de los disidentes del PCE, se estaba formando una significativa franja de trabajadores que, aun desinteresándose absolutamente de los problemas relativos al cambio de régimen, daban su apoyo a las Comisiones Obreras para todo lo relativo a cuestiones puramente económicas.

La presencia de las Comisiones y su intensa actividad de propaganda a través de medios legales atrajeron hacia ellas el interés público e, incluso, les permitió adquirir un pseudoreconocimiento oficioso. También en este sentido fueron los comunistas madrileños quienes desempeñaron un papel protagonista, favorecidos por las facilidades que ofrecía la capital para obtener mayor visibilidad. Se trata, por tanto, de un tercer factor que hizo de CCOO de Madrid el símbolo y referente de todo el movimiento. La progresiva conquista de una personalidad pública entre 1965 y 1966 se logró, por ejemplo, gracias a la publicación de numerosos artículos de Camacho, Ariza, Martínez Conde y Nicolás Sartorius en diversas revistas toleradas legalmente, entre las que destacaba *Cuadernos para el Diálogo:* fundada y dirigida durante los primeros años por el exministro Joaquín Ruiz-Giménez, se hizo portavoz de un nuevo liberalismo de inspiración democratacristiana, adoptando posiciones favorables hacia el derecho de huelga y la libertad de asociación.[104] Los dirigentes obreros comunistas tuvieron otras tribunas de difusión pública, como conferencias en Colegios Mayores o círculos de vario tipo.

Todas estas actividades atrajeron hacia CCOO el interés de unas clases medias liberales que, aspirando a una evolución del sistema político-económico hacia la democracia que culminara finalmente el ingreso de España en el Mercado Común europeo, comenzó a ver en la falta de libertades sindicales un obstáculo para el desarrollo del país. Un sector de los empresarios mostró, asimismo, mayor inclinación que en el pasado hacia la negociación, puesto que creían conveniente, como mostraba una encuesta realizada por los sociólogos Juan J. Linz y Amando de Miguel, la existencia de organismos que permitieran una relación más directa entre el personal y la dirección, con el objetivo último de incrementar la productividad. La OSE, según casi la mitad de los entrevistados, no representaba realmente a los trabajadores, ni gozaba de su confianza.[105]

La creciente presencia pública de CCOO provocó finalmente la respuesta del Régimen, que se vio obligado, en 1966, a precisar públicamente su falta «de reconocimiento legal».[106] En realidad, el ministro Solís había concertado a principios de 1965 un encuentro con Camacho, Ariza y otros exponentes de la recién creada Comisión del Metal de Madrid para tratar de buscar alguna forma de integración de ese nuevo fenómeno dentro de la OSE.[107] Cuando se convenció de que iba a resultar imposible, optó por restringir esos canales legales que habían dado vida a CCOO, por ejemplo cerrando el centro Manuel Mateo, aunque los militantes obreros encontraron la forma de seguir celebrando sus reuniones en otros locales legales, primero en los Círculos Doctrinales «José Antonio», y después en la parroquia del Pozo del Tío Raimundo gracias al apoyo del padre Llanos.

La importancia que había adquirido CCOO quedó sancionada oficialmente en el PCE durante su VII Congreso, celebrado en agosto de 1965. Algunos meses antes, el partido ya había organizado en Francia la primera reunión con los principales dirigentes obreros que actuaban en el interior de España.[108] El objetivo era intercambiar experiencias, delinear un panorama general de la situación del movimiento y, al mismo tiempo, trazas sus futuras líneas de desarrollo. Muchos de los que acudieron a la reunión pertenecían a las nuevas generaciones, y los dirigentes del pce estaban muy interesados tanto en conocerlos como en establecer una buena coordinación. Una vez en el Congreso, se reconoció oficialmente el peso determinante asumido por los dirigentes obreros, captando a algunos de ellos para formar parte del cc,[109] según una ratio de un representante por cada una de las zonas donde las Comisiones tenían mayor desarrollo: Marcelino Camacho por Madrid, Cipriano García por Cataluña, David Morín por el País Vasco, Horacio Fernández Inguanzo por Asturias, y Fernando Soto, aunque en calidad de miembro suplente probablemente debido a su joven edad, por Sevilla.

Mientras las Comisiones hacían enormes progresos, quedaba abierta la cuestión de la oso. Hay que tener clara la distinción entre la sigla formal y lo que, según el pce, debía ser su contenido concreto. En este segundo aspecto no había ningún problema, porque el partido estaba alcanzando progresivamente, al menos desde un punto de vista organizativo, los objetivos preconizados por su política sindical a lo largo de la última década. Las Comisiones permanentes estaban convirtiéndose en una realidad en muchas zonas del país y articulándose en varios planos, formando una red que desde las empresas ascendía hasta los niveles sectoriales y provinciales, y muy pronto se llegaría a la constitución de un órgano de coordinación nacional. Habían demostrado así su capacidad para aprovechar eficazmente todos los resquicios legales que dejaba el sindicalismo oficial, principalmente gracias a los cargos que muchos de sus miembros ocupaban como enlaces y jurados electos, y gozaban cada vez en mayor medida de un fuerte apoyo de la base obrera que les permitía organizar protestas y movilizaciones con una participación que superaba ampliamente el círculo de la vanguardia militante. A lo cual contribuía el pluralismo de su composición, por más que la presencia comunista fuera mayoritaria, o en cualquier caso significativa.

De acuerdo con todos estos elementos, se puede afirmar que el intenso desarrollo de Comisiones Obreras entre 1964 y 1966 suponía una materialización del modelo de oposición sindical que el pce había planteado desde los años cincuenta, y que, tras las huelgas de 1962, había denominado OSO. Esta sigla, sin embargo, no tuvo la misma fortuna que la propuesta que contenía. Fuera del partido generó una gran desconfianza, pues era vistas como «el sindicato comunista clandestino» y acabó siendo relegada al mismo aislamiento al que era sometido el PCE desde el final de la guerra.[110] En realidad, el problema era sobre todo de léxico: con OSO, los comunistas querían indicar «el movimiento de todos los trabajadores en lucha contra el régimen franquista»,[111] es decir, todo el conjunto de las comisiones que se estaban estructurando y estabilizando, pero el hecho de que la sigla hubiera sido acuñada y promovida por el PCE hizo creer, sin embargo, que se trataba efectivamente de una central sindical comunista.

Por mucho que la contradicción entre la OSO y las Comisiones no existiera realmente, al menos en la intención del PCE, y bajo el punto de vista del modelo de oposición obrera que perseguían, sí existió en la percepción externa del fenómeno. Por ejemplo, para los comunistas las reuniones de la OSO y de las Comisiones debían coincidir, mientras que el resto de fuerzas y la mayoría de los trabajadores, en cambio, las veían como cosas muy distintas y evitaban las primeras, aunque acudían en masa a las segundas. Los comités de la OSO, por lo tanto, acabaron por configurarse, en la práctica, como un duplicado de los núcleos del PCE dedicados a las actividades sindicales. A este propósito desde Sevilla se escribía a la dirección:

> Los camaradas del comité provincial, con el propósito de poder coordinar e impulsar la actividad de la Oposición Sindical, teniendo en cuenta que disponen de camaradas que son enlaces, jurados, vocales provinciales y nacionales, habían decidido formar un comité provincial de la O. Sindical [...]. Han llegado, incluso, a tener una reunión para su constitución. Pero resulta que todos los participantes son camaradas. De esta manera el Comité de la Oposición Sindical resulta que es otro comité del P., es decir, un desdoblamiento.[112]

La percepción externa, unida a un anticomunismo muy difundido, hizo que la OSO no consiguiera ampliar sus filas más allá de la militancia del PCE, y quedara, por tanto, lejos de su objetivo de englobar todo el nuevo movimiento obrero.[113] Un fracaso que determinó su progresivo abandono entre 1965 y la primera mitad de 1966, sobre todo por iniciativa de los militantes y dirigentes obreros del interior, quienes habían dejado de hacer referencia a la OSO en su actividad cotidiana, y empezaron a hablar sólo de Comisiones Obreras. Un cambio de léxico que se produjo en los lugares donde primero se habían establecido las Comisiones estables, caso de Madrid o Barcelona, y donde terminar con esa ambigüedad terminológica había llegado a ser una cuestión relevante, como afirmaba un militante madrileño:

> Son los propios órganos de la Oposición Sindical que antes todo el mundo confundía. [...] La OSO, esa es la organización sindical de los comunistas –decían. Cuando se veía «Metal», órgano de la Oposición Sindical Obrera del Metal, la gente decía: este es el Sindicato [de los comunistas]. Y nosotros discutíamos con la gente de los sindicatos cristianos [...] o bien con cualquiera de las fuerzas, y automáticamente planteaban esto. Cuando la dirección del Partido o cuando el Partido comprende la necesidad de esto, entonces se transforma. No desaparece «Metal» [...], pero no es ya el órgano de la Oposición Sindical Obrera, sino el boletín de apoyo a las comisiones obreras.[114]

A menudo se ha descrito este proceso como un enfrentamiento entre la línea promovida por la cúpula del partido en el exilio, que habría insistido en la fórmula de la OSO, y la puesta en práctica por la base del interior, favorable a las Comisiones, y que finalmente habría prevalecido.[115] En realidad, no es correcto en este sentido hablar de un auténtico enfrentamiento, primero porque no había conflicto entre los distintos modelos de oposición sindical, y luego porque la dirección no opuso resistencia alguna al abandono de las siglas OSO cuando se dio cuenta de que, para alcanzar los mismos objetivos, resultaba más provechoso utilizar las de CCOO. En lugar de seguir proponiendo una nueva denominación desde arriba, para decir lo mismo era preferible servirse de una ya ampliamente popular entre los trabajadores, posiblemente dotándola de una mayor oficialidad mediante su formalización en las siglas CCOO.

No hubo, al menos en lo que refleja la documentación, una decisión oficial que decretara el final de la OSO: ésta, simplemente, cayó en desuso. Al igual que su brazo internacional que, según afirmaba el propio Elvira, consistía en una delegación que no era sostenida por el movimiento de las Comisiones Obreras ni lo representaba realmente.[116] La OSOE, sin embargo, no desapareció totalmente, sino que se trató sólo de un eclipse temporal, ya que reapareció pocos años después bajo la denominación de Delegación Exterior de Comisiones Obreras (DECO).

Las elecciones sindicales de 1966

A finales de 1966 se celebraron nuevas elecciones sindicales. Para el nuevo movimiento obrero constituían una verdadera prueba de fuego, un pulso entre el Régimen y la oposición, pero también entre las distintas posiciones dentro del antifranquismo. De hecho, el PCE y CCOO debían demostrar que su estrategia sindical se había impuesto definitivamente sobre la defendida por las centrales históricas.

El ministro Solís consideraba asimismo estas elecciones como una ocasión decisiva para poner a prueba su «reformismo» y, al mismo tiempo, darle un nuevo impulso. A través de la prensa y la televisión, así como en los mismos lugares de trabajo, llevó a cabo una intensa campaña propagandística bajo el lema «Vota al mejor», garantizando que el proceso electoral se realizaría de manera correcta y que la OSE pondría a disposición de los trabajadores todo lo necesario para que pudieran participar activamente y discutir abiertamente los programas de las distintas candidaturas. Una operación que tenía tres objetivos: incrementar el peso político del Movimiento, poner freno a la creciente protesta obrera, integrándola en el Vertical, y legitimar a los ojos de la opinión pública española e internacional el sistema, precisamente cuando estaba bajo observación de la OIT, afirmando su representatividad.[117]

UGT y CNT, que junto al STV habían firmado en 1961 el pacto de la AS, con la dúplice intención de revitalizar el sindicalismo histórico y levantar una barrera contra los avances comunistas dentro del movimiento obrero, se pronunciaron también esta vez a favor de la abstención.[118] Para la dirección de UGT, la táctica de doble juego o de «caballo de Troya» que adoptaba el PCE era absolutamente irresponsable.[119] Participar en las elecciones, sobre todo considerando la operación promovida por Solís, significaba para los socialistas dar un aval al Régimen y su parodia de democratización, legitimándolo ante la opinión pública internacional. Por el contrario, la abstención consciente significaba «no implicarse en las maniobras» del Régimen, y «manifestar la repulsa expresa, directa y sin compromisos a un pretendido sistema sindical» que no tenía «en cuenta para nada los intereses de los trabajadores».[119]

Más complejo resultaba el caso de CNT. Si, de hecho, la posición oficial coincidía con los socialistas en su defensa de la abstención, sin embargo, sobre la organización pesaba el espectro del «cincopuntismo», es decir, las negociaciones de un grupo de confederales con la OSE durante el año anterior.[121] El Régimen intentaba materializar de nuevo la antigua idea, que se remontaba a la inmediata posguerra, de incorporar a sus filas sindicales a la militancia cenetista, una operación que cobraba especial importancia a mediados de los años sesenta por el mencionado proyecto de Solís de revitalizar la OSE y porque se veía como una de las pocas posibilidades de frenar el avance del PCE y Comisiones.[122]

Los objetivos perseguidos por Lorenzo Íñigo y los demás cenetistas «cincopuntistas» eran sustancialmente dos. Ante todo, sirviéndose del estatus legal y los recursos del Vertical, esperaban lograr la reactivación de una CNT que estaba al borde de su desaparición, al menos dentro de España, y de esa manera abrir al anarcosindicalismo nuevas perspectivas de futuro.[123] En todo ello había, además, un fuerte componente anticomunista, que le acercaba a la OSE:[124] se quería así evitar que el PCE llegara a tomar las riendas del sindicalismo posfranquista, aunque paradójicamente ello les llevara a un acuerdo con la dictadura y a abandonar esa coherencia entre medios y fines que siempre había defendido el movimiento anarquista.

Las conversaciones entre el grupo cenetista y los representantes del Vertical se habían concretado en un acuerdo firmado en noviembre de 1965 con los cinco puntos por los que luego fue conocido, donde se afirmaba la necesidad de una central sindical única, la legalización de la huelga por motivos económicos, el desarrollo del cooperativismo y del mutualismo.[125] El resto de la CNT acusó a los «cincopuntistas» de traición, mientras que UGT se distanciaba igualmente. Incluso el propio régimen empantanó las negociaciones en 1966, por la oposición de Carrero Blanco y Alonso Vega, de manera que su único fruto fue el ingreso de algunos excenetistas en el Vertical, y su participación en las elecciones. A pesar de la escasa importancia, tanto desde el punto de vista cuantitativo como de su relevancia en el devenir futuro del movimiento obrero, la breve experiencia del «cincopuntismo» desacreditó el anarcosindicalismo y contribuyó a su ulterior pérdida de influencia entre los trabajadores.

Conviene destacar que a mediados de los años sesenta se asomaba a la escena sindical una nueva generación de militantes favorables a la participación de los anarquistas en Comisiones Obreras, en contra de la posición oficial de la CNT.[126] Dichos sectores tuvieron su principal órgano de expresión en la revista *Presencia*, dirigida por Luis Pasamar y publicada entre 1965 y 1968. En sus páginas, por ejemplo, podía leerse:

> [CCOO] han resultado ser, en la práctica, las que se han demostrado más eficaces para interesar y movilizar a los núcleos obreros de las principales capitales.[127]
>
> Podemos no estar de acuerdo con la actitud o las determinaciones de las comisiones obreras; podemos también aquí especular si están influenciadas por la democracia cristiana o por el Partido Comunista; podemos discutir su contenido revolucionario o desaprobar su posible orientación conservadora [...]. Lo que no podemos, en cambio, es desechar la realidad de esas comisiones (y por realidad entendemos una fuerza, en esencia y potencia, que tiene una influencia en la vida nacional).[128]

Las Comisiones, por lo tanto, eran consideradas en *Presencia* como una realidad, seguramente la que mayor fuerza e influencia estaba adquiriendo dentro de la protesta antifranquista. De ahí que los anarquistas no pudieran estar ausentes en ellas, e incluso algunos defendieran formar parte activa para transformarlas en sentido libertario, potenciando algunos de sus rasgos originarios como el asambleísmo y la espontaneidad (lo cual suponía un antídoto contra la resignación y el inmovilismo al que parecían condenados los dirigentes de la CNT y la FAI en el exilio, sobre todo después de haber renunciado a la lucha armada).[129] Más que evitar las Comisiones porque aumentaba la presencia comunista, se trataba de entrar en ellas precisamente para no dejarlas en manos del PCE.[130] Para revitalizar el anarquismo español y contrarrestar la influencia comunista en el movimiento obrero, *Presencia* señalaba una línea de acción diametralmente opuesta tanto a la posición oficial de la CNT como al «cincopuntismo». Una línea sin continuidad, ya que no obtuvo el consenso suficiente, algo que seguramente supuso una oportunidad perdida por el movimiento anarcosindicalista para poner remedio a su largo declive dentro del país.

Para el PCE y Comisiones, las elecciones sindicales de 1966 representaron un evento crucial desde varios puntos de vista. Ante todo, se trató de la primera ocasión en la que CCOO participó como tal en el proceso electoral, es decir, en calidad de movimiento organizado con una personalidad específica. En todas las ocasiones anteriores, las «candidaturas protesta» habían sido promovidas por el PCE y otras organizaciones proclives al *entrismo*, pero aún no existían unas comisiones estables y organizadas que pudieran pronunciarse en ese sentido y actuar en consecuencia. En 1966, en cambio, CCOO había alcanzado un nivel de desarrollo y una importancia tal que le permitían intervenir en las elecciones utilizando sus propias siglas y presentando explícitamente sus propios candidatos. Sólo unos meses antes de la convocatoria se había afirmado definitivamente la personalidad de CCOO ante la opinión pública, cuando en marzo y junio las Comisiones de Madrid difundieron dos importantes manifiestos, *Ante el futuro del sindicalismo* y *Declaración de las Comisiones Obreras de Madrid*,[131] en los cuales por primera vez se exponían de manera sistemática y orgánica sus principios de base. Los dos documentos adquirían así un auténtico carácter fundacional, sancionando el estado de madurez alcanzado.

En esta situación, el PCE contemplaba las elecciones sindicales como la ocasión perfecta para que las Comisiones dieran definitivamente un salto cuantitativo y cualitativo. La conquista de más cargos dentro de la OSE permitiría impulsar el movimiento obrero tanto a nivel oficial como clandestino, consolidarlo, reforzarlo y ampliarlo orgánicamente, lo cual, a su vez, facilitaría las acciones de masa y su progresiva politización. En la correspondencia interna del partido pueden encontrarse afirmaciones en este sentido:

> En las condiciones presentes, la combinación de un potente movimiento de comisiones obreras –que sería fortalecido por la conquista de posiciones legales– con los enlaces y jurados, [...] y las ligazones que se crearían entre estas diversas formas de organización extralegales y legales, nos darían en conjunto un movimiento obrero con una *organización y una coordinación*, cuya eficacia tal vez pudiera compararse a la de un sindicato legal en otras condiciones. Me refiero a eficacia para organizar y coordinar las acciones combativas de masa en escala elevada, provincial e incluso nacional. Un sistema de organizaciones extralegales y legales de ese tipo, bien combinadas, proporcionaría a la oposición una palanca, un punto de apoyo decisivo.[132]

Un éxito de las candidaturas de CCOO las consagraría como la única organización realmente representativa de los trabajadores, deslegitimando el proyecto «reformista» de Solís y provocando su naufragio. En las previsiones más optimistas se llegaba a hacer hipótesis sobre el derrumbe del Vertical. Por todo ello las elecciones de 1966 constituían la primera gran batalla del PCE por la instauración de la libertad sindical:

> Después de las próximas elecciones sindicales –afirmaba Carrillo– sobre todo si las Comisiones obreras obtienen en los centros fundamentales una verdadera victoria, el problema de los sindicatos democráticos independientes de clase se va a plantear en España en un nivel mucho más elevado de lo que lo está ahora. [...] Una vez realizadas las elecciones, si tenemos los resultados que cabe esperar, la lucha por el sindicato de-

mocrático independiente de clase va a plantearse en nuestro país de manera muy directa, muy abierta.[133]

La victoria de las candidaturas de CCOO sería un duro golpe, no sólo para la OSE, poniendo en el orden del día la cuestión de la democracia sindical, sino también para el franquismo en su conjunto, dando un impulso a todo el movimiento de oposición, incluso al estrictamente político. Considerando esa importancia y a diferencia de otras convocatorias, en las que había dejado libertad de voto y admitido la abstención por las distintas circunstancias existentes a nivel local, esta vez el PCE declaró obligatoria la participación de sus militantes en las elecciones sindicales: no podía «haber abstención en ninguna parte».[134] En una reunión del núcleo comunista madrileño de declaró que:

> Las elecciones sindicales son el problema más importante que tiene el P. ante sí. Es una batalla que va a tener gran importancia en toda la lucha posterior contra el Régimen. Va a acelerar todo su proceso de descomposición [...]. Todas las organizaciones y militantes deben ir a esta batalla con la firma decisión de ganarlas [...]. En esta batalla tienen que participar todos los camaradas, nadie puede justificar su no participación».[135]

Los comunistas no ahorraron críticas ni hacia los «cincopuntistas», acusados de oportunistas que se habían dejado vencer por la resignación ante el enemigo, ni hacia la CNT y la UGT en el exilio, porque pretendían esconder tras una fachada de «pureza revolucionaria» su inmovilismo.[136]

Todas las energías y los recursos del partido tenían que concentrarse como nunca hasta ese momento en las elecciones. Desde la primavera dio instrucciones a sus militantes para prepararlas de manera concienzuda, bien a través de la prensa clandestina, bien a través de comunicados y correspondencia interna. En septiembre, en lo que constituía una prueba más de la importancia que concedían al evento, se celebró otra reunión de cuadros y dirigentes obreros comunistas en París con la finalidad de analizar la situación de las Comisiones en distintos puntos del país y trazar una estrategia común en vísperas de las elecciones. Desde un punto de vista general, la dirección del partido insistió en que el medio principal para asegurar una elevada participación y la victoria de las candidaturas de oposición consistía, al igual que en el pasado, en la celebración previa de reuniones y asambleas abiertas. En ellas se podían confrontar a nivel de base las diferentes opiniones, tendencias y exigencias de los trabajadores, pudiendo así elaborar programas y formar candidaturas unitarias que gozaran de un amplio respaldo. Junto a las asambleas era necesaria, por supuesto, una intensa propaganda oral y escrita, dedicándole todos los recursos disponibles. En una reunión del grupo comunista de la Inter de Madrid se afirmó:

> Tenemos que hacer comprender a los camaradas que en este período electoral el contacto con el máximo de trabajadores es indispensable [...]. No ya en asambleas y reuniones sólo, sino también los contactos personales; es decir, que en cada fábrica no debe quedar un sólo trabajador sin que hallamos hablado con él sobre las elecciones. [...] Nada debe hacerse en relación con las elecciones que no sea abierto.[137]

Entre mayo y junio, los comunistas trataron sobre todo de organizar reuniones legales en los mismos lugares de trabajo y los locales de la OSE, la mejor manera de asegurarse una mayor asistencia de público. Para ello, los enlaces y jurados del partido enviaron varias cartas a los dirigentes del Vertical, en las que le solicitaban que se pusiera a disposición de los trabajadores espacios donde reunirse para discutir las candidaturas y los programas de las elecciones. Como puede verse en la siguiente carta enviada a Solís, los comunistas usaban un lenguaje moderado y recurrían a argumentaciones razonables que incidían sobre el tan anunciado «aperturismo» del ministro:

> Nosotros, trabajadores, [...] creemos necesaria una vida sindical activa [...]. Necesitamos conocernos entre nosotros, para evitar que al momento de elegir a aquellos que nos van a representar, lo hagamos a ciegas [...]. Pretendemos confeccionar nuestro programa reivindicativo [...]. Para ello necesitamos lugares donde reunirnos con libertad. Sr. Solís, al dirigirnos a

Vd. es precisamente para solicitar que se nos habiliten locales donde poder realizar tales reuniones.[138]

Allí donde no había acceso a los locales del Vertical, los militantes del PCE, ayudados por los católicos, utilizaron las parroquias y círculos para sus reuniones. Desde finales de agosto, en la fase final previa a las elecciones, la actividad en ese sentido se hizo febril. Las autoridades franquistas, conscientes de que la situación estaba en plena «ebullición»[139] y corrían el riesgo de que se les fuera de las manos, en muchos casos enviaron a la policía a interrumpir esas reuniones y a detener a los participantes. Camacho comenzó a ser vigilado por la policía y fue sometido a varios interrogatorios sobre los preparativos de las elecciones por Comisiones Obreras. Incluso el padre Llanos recibió advertencias para que dejara de abrir su parroquia a reuniones ilegales.[140] Los comunistas no dejaron pasar la oportunidad de denunciar en la prensa esta contradicción flagrante entre la propaganda demagógica de Solís y la absoluta falta de libertad sindical que demostraban estas intimidaciones.[141]

Las agitaciones previas a las elecciones, así como los viajes realizados por los comunistas de la Inter madrileña por varias regiones españolas, consiguieron un aumento significativo del número de Comisiones estables durante la segunda mitad de 1966. Se crearon en lugares donde no existían, a causa de la dura represión, no por falta de movilización sino precisamente por lo contrario, por sus altas tasas de conflictividad. Ése fue el caso de Asturias y de Guipúzcoa, donde nacieron durante el mes de agosto la Comisión Provincial Minera y la Comisión Obrera Provincial, respectivamente. En otros lugares como Valencia, Galicia y algunas zonas de Andalucía se pusieron entonces las bases que permitieron el establecimiento de Comisiones, justo después de las elecciones. Allí donde, sin embargo, se contaba ya con Comisiones estables, éstas fueron reforzadas y ampliada su red por la base. Así, en Sevilla se llegó a constituir una Inter, y en Cataluña se salió del *impasse* gracias a una extraordinaria reactivación del movimiento obrero.[142] A la celebración de reuniones y asambleas se unió un enorme esfuerzo organizativo, poniendo en marcha otra vez el círculo virtuoso entre conflictividad y organización: las Comisiones eran instrumentos fundamentales para preparar la batalla electoral que, a su vez, gracias a la oleada de agitación que generaba, daba ulterior impulso a su desarrollo.

Además, el pce trabajó para hacer que las candidaturas presentadas tuvieran un carácter unitario, sobre todo gracias a la colaboración de miembros de las organizaciones obreras católicas y de uso. Para propiciar la colaboración y el encuentro con las otras fuerzas, el partido dio instrucciones a sus militantes de no difundir propaganda relativa a las elecciones sindicales que llevara las siglas del pce: «El P. no debe lanzar ahora ningún documento. Toda la propaganda la deben hacer las comisiones [...] Se pueden difundir manifiestos y otro material, pero el nombre del Partido no debe aparecer».[143] Los comunistas pretendían así disimular la creciente hegemonía que ejercían sobre las Comisiones, conscientes de los efectos negativos que ese hecho tenía, no sólo para lanzar unas candidaturas unitarias, sino también para que luego esas candidaturas fueran votadas por el mayor número de trabajadores. En las columnas de *Nuestra Bandera* y *Mundo Obrero* aparecieron varios artículos defendiendo el voto, pero en ellos ccoo se presentaban como un movimiento totalmente separado del partido, y que éste sostenía sin tener ningún tipo de relación directa.

En las varias asambleas y reuniones celebradas para elaborar los programas electorales los comunistas subrayaron siempre, con esa misma intención, las reivindicaciones de carácter económico: «No hay que olvidar que son éstas las que movilizarán a la mayoría de los trabajadores, y si queremos llegar hasta los obreros con menos consciencia de clase el camino para ello es el planteamiento con mucha fuerza de las reivindicaciones materiales».[144] Entre las reivindicaciones que se incluyeron en el programa de ccoo prácticamente de toda España estaban, por ejemplo, el salario mínimo diario de 250 pesetas y su aumento paralelo al incremento de la inflación, la semana laboral de 44 horas, el derecho de cuatro semanas de vacaciones al año, etcétera. Estas reivindicaciones generales se añadían a otras específicas de cada empresa, localidad o sector productivo. El derecho de huelga y la libertad de reunión fueron las únicas demandas de carácter más político.[145]

Los resultados de las elecciones sindicales constituyeron un gran éxito para la línea preconizada por el PCE y CCOO, tanto por la elevada participación, muy superior a la de convocatorias anteriores, en lo que constituía ya de por sí una victoria sobre las posiciones abstencionistas de los socialistas y anarquistas, como porque las candidaturas obreras, allí donde se presentaron, fueron elegidas en la mayoría de los casos en lugar de la oficialistas.[146] En realidad, los candidatos de las Comisiones obtuvieron los mejores resultados en la primera fase electoral, porque en la segunda, llegado el momento de elegir los representantes de escalafones más elevados, los dirigentes de la OSE, preocupados por lo que estaba ocurriendo, recurrieron a toda clase de obstáculos burocráticos, maniobras irregulares y medidas represivas. Entre ellas, según las fuentes comunistas, la falsificación de listas, el cambio de candidaturas, la expulsión de los candidatos y sus partidarios de los locales sindicales, llegando incluso a impedir a los miembros de las Comisiones asistir al escrutinio de los votos y a actos de agresión sobre algunos de ellos.[147]

Tanto la prensa como los documentos internos del PCE describieron los resultados electorales como un «triunfo aplastante» de CCOO.[148] No poseemos datos precisos sobre el número total de miembros de las Comisiones elegidos, aunque sabemos que unos 1.200 militantes del partido lograron ser elegidos como enlaces o jurados.[149] Hay que tener presente, sin embargo, que los hombres de Comisiones que ocuparon cargos dentro de la OSE fueron una minoría respecto al conjunto de representantes sindicales elegidos en todo el país. Aun así, las elecciones de 1966 representaron una victoria del nuevo movimiento obrero, porque lo que a escala nacional no pasaba de ser una minoría, en realidad se concentraba en algunas zonas especialmente relevantes desde el punto de vista político y económico, donde sí llegaban a constituir una mayoría.

Los 1.200 enlaces y jurados comunistas, en efecto, se distribuían sobre todo por las provincias con mayores tasas de industrialización y de crecimiento, como Madrid, Cataluña y Asturias, y dentro de esas ciudades en las empresas de mayores dimensiones, donde sumados a los otros miembros de las Comisiones lograban en muchos casos conquistar la totalidad de los puestos electivos. Por poner algún ejemplo, en las elecciones de primer nivel de Madrid los candidatos de CCOO en la empresa Standard fueron elegidos en su totalidad, mientras que en la Pegaso fueron 40 sobre 48 puestos de enlace, y 9 sobre 12 de jurado. En Barcelona, en la Hispano Olivetti y en la Seat las candidaturas obreras obtuvieron casi el cien por cien de los votos, así como en Sevilla en la Hispano Aviación y en CASA. Directamente, o a través de Comisiones, el PCE dispuso así desde las elecciones de 1966 de numerosos enlaces y jurados posicionados estratégicamente como representantes en las grandes empresas, las que tenían mayor capacidad de movilización y donde las acciones de protestas tenían una mayor repercusión política, económica y social.

Es cierto que las elecciones sindicales de ese año no llevaron al derrumbe del Vertical, pero implantaron la oposición obrera en el seno de la OSE en unas proporciones hasta entonces desconocidas. Desde el punto de vista de las dinámicas internas del antifranquismo representaron la definitiva afirmación del nuevo sindicalismo sobre el histórico. Demostraron, de hecho, que UGT y CNT habían perdido contacto con las nuevas generaciones a causa de su falta de flexibilidad táctica y por eso ya no eran capaces de ejercer una influencia significativa sobre los trabajadores españoles. CCOO, por el contrario, gracias a la línea elaborada por el PCE se erigió en el principal movimiento organizado de la oposición. Lo cual llevaba a Carrillo a escribir a Ibárruri en estos términos:

> Las elecciones han sido una derrota completa de la política suicida, ininteligente, de los dirigentes socialistas y anarquistas de Toulouse. De una política inspirada en el anticomunismo, en el afán ilusorio de resucitar el pasado [...]. No han comprendido que las Comisiones Obreras [...] han superado ese período en que socialistas y anarquistas se disputaban la hegemonía en el movimiento obrero. Que entre ayer y hoy ha habido la guerra y 30 años de lucha contra el fascismo.[150]

EL MOVIMIENTO SOCIOPOLÍTICO ORGANIZADO

Hacia la mitad de los años sesenta, sobre todo tras su afirmación en las elecciones sindicales de 1966, las CCOO cerraron la primera etapa de su desarrollo y asumieron rasgos identitarios que, *grosso modo*, permanecieron sin grandes variaciones hasta su transformación en una Confederación Sindical legal. Se trataba, en sustancia, de su conformación de acuerdo con un modelo estructural y teórico elaborado principalmente por el PCE y que Comisiones fueron haciendo suyo conforme crecía y aumentaba la influencia comunista en su seno, llegando a configurarse como un movimiento sociopolítico organizado.

La multiplicación de las Comisiones estables, su creciente penetración en el Vertical y su progresiva coordinación a escala sectorial, provincial y, pronto, nacional, hicieron que sobre su originaria base, esencialmente movimentista y abierta, expresada a través de asambleas, protestas y huelgas, se fuera superponiendo una vanguardia organizada. Ésta la componían, siguiendo las indicaciones del PCE en su fórmula de Oposición Sindical, aquéllos que eran elegidos por sus compañeros para formar parte del núcleo estable de las Comisiones y que podían o no ocupar cargos dentro de la OSE. Una dialéctica entre movimiento y organización que llevó a los comunistas a definir a CCOO, entre 1966 y 1977, como un «movimiento organizado». Como escribía Nicolás Sartorius:

> Movimiento y organización, en Comisiones, forman una unidad dinámica: no son sólo una u otra cosa, sino el conjunto de sus relaciones recíprocas en el proceso de la lucha. [...] Las Comisiones no son una organización de afiliados, sino un movimiento organizado de elegidos, de delegados o representantes, de participantes en asambleas, acciones, etc.[151]

Por un lado, se consideraba ya superada la fase de «inmadurez», donde la comisión correspondía únicamente a la asamblea y a su emanación temporal con la finalidad de conseguir un objetivo específico. Por otro, el PCE se daba cuenta de que dotar a las Comisiones de una estructura demasiado rígida podría alejar a muchos de sus participantes, la mayoría de los cuales no aceptaría convertirse en afiliados de una auténtica organización, con sus estatutos y con sus disciplina, menos aún si estaba controlada por los comunistas. A lo que se añadía el riesgo de sufrir una mayor persecución policial. Sobre este tema Camacho ha afirmado que:

> La base del movimiento de CCOO está constituida por las asambleas de trabajadores [...]. Es decir, lo que corrientemente se llama comisión no es más que la parte organizada del movimiento de Comisiones Obreras. Si fuéramos organización nos alejaríamos de las masas que [...] no comprenden o temen, incluso, la necesidad de asumir los riesgos de la represión e incluso repetiríamos ciertos errores del sindicalismo clásico, nos esclerotizaríamos. Pero también, por otra parte, si no tuviéramos una parte organizada, la que llamamos comisión, correríamos el riesgo, con la represión, de no asegurar la continuidad del movimiento, o de no recoger ni acumular las experiencias de todo tipo, de aquél, en su proceso ascendente de luchas y de autocreación.

Para poder aprovechar las ventajas derivadas de una y de la otra, la opción del PCE consistió en convertirlo en «un movimiento con una parte organizada, pero no una organización»,[152] recurriendo a esa figura retórica del oxímoron tan típica, como han señalado Flores y Gallerano, del discurso de todos los partidos comunistas.[153]

La parte organizada de CCOO estaba constituida por una vanguardia que seguía el típico esquema leninista de acción en una doble perspectiva. Por un lado, como portavoz de las masas, individuando las principales necesidades y tratando de darles una respuesta satisfactoria, es decir, mediante una tarea de recepción y de reelaboración de los estímulos procedentes de abajo. Por otro lado, después de haber obtenido así la confianza y el apoyo de los trabajadores, tenía que dar a éstos una orientación desde arriba, educándolos, dándoles conciencia de clase e infundiéndoles un espíritu combativo, de manera que pudieran ser movilizados por objetivos no sólo de orden económico sino también político.[154] En este sentido, durante las huelgas y las acciones de protesta la base del movimiento reforzaba momentáneamente a la vanguardia, al mismo tiempo que formaba su necesaria fuerza de choque.

CCOO, tanto a nivel de vanguardia como de base del movimiento, se proclamaba «plural e independiente» respecto a cualquier organización política.[155] Pero estos rasgos pertenecían más a la autorepresentación y al discurso identitario de las Comisiones que a la realidad factual de una «hegemonía de hecho» ejercida cada vez más sobre ellas por los comunistas. Es cierto que dentro de ellas actuaron siempre, aunque en proporciones variables dependiendo de los momentos y de las zonas, militantes de otras fuerzas e incluso obreros sin filiación política. Sin embargo, el PCE consiguió llevar a cabo un progresivo control gracias a distintos factores. Era el único grupo que había elaborado una línea de acción y un acercamiento sistemático hacia las comisiones obreras desde los primeros años cincuenta. Destinó, además, a esta misión amplios recursos organizativos, económicos y propagandísticos, en medida mucho mayor que cualquier otra fuerza de las que participaban en el movimiento. Sus militantes, por último, formaban una extensa red por todo el territorio nacional y se distinguían por su notable preparación política, su disciplina, abnegación y elevado espíritu combativo, lo que hacía de ellos los mejores representantes a los ojos de sus compañeros. A esos factores debe añadirse otro esencial, como era que el PCE, aun cayendo en contradicciones y en valoraciones forzadas o simplemente equivocadas, logró presentar un *modus operandi* y unas modalidades organizativas que fueron bien aceptadas, gracias a su demostrada eficacia, por otros trabajadores que participaban en las Comisiones, y que terminaron por ser incorporadas al bagaje teórico-práctico de éstas. Basta pensar, por ejemplo, en el *entrismo* o en la afirmación de la necesidad de convertir en permanentes las comisiones y en coordinarlas a escala cada vez mayor.

La hegemonía de hecho del PCE dentro de CCOO se podía dar por concluida en 1966. Conformadas ya al modelo de oposición sindical delineado por el partido, como hemos visto, en casi todas las Comisiones estables había una presencia mayoritaria de comunistas. Éstos actuaban dentro del movimiento obrero aplicando la línea general fijada por la cúpula del partido,[156] con una cierta flexibilidad para adecuarla a las distintas situaciones concretas que se les presentaban, pero que en ningún caso puede ser confundida con una presunta autonomía o independencia de los militantes respecto a la dirección. Algo sobre lo que afirmaciones como la siguiente no dejaban lugar a dudas:

> Los enlaces y jurados del Partido no dejan, por haber sido elegidos tales, de ser miembros del Partido. Es más, si han sido elegidos esto es porque el Partido ha decidido que debían presentarse a las elecciones y todos los miembros del mismo han luchado por lograr la victoria en las elecciones. Queda bien claro que si son enlaces lo son en tanto que comunistas. Están, por esta razón, sometidos a la disciplina del Partido y tienen los mismos derechos y deberes que los demás miembros y en los lugares de trabajo se deben a la disciplina de la organización. Quiere todo esto decir que la actividad de los enlaces del Partido debe ser establecida, determinada y controlada por los comités del Partido a quienes los enlaces deben rendir rigurosamente cuentas de toda su actividad y cuyas orientaciones y decisiones tienen la obligación de aplicar.[157]

Si los comunistas desempeñaban dentro de CCOO una actividad dirigida por el partido y sometida a su disciplina y control, se deduce lógicamente que, cuando formaban el grupo más numeroso en una comisión, lo que ocurría en la mayoría de los casos, ésta se transformaba de hecho, y más allá de su proclamada independencia, en una correa de transmisión del partido. En sus reuniones se afirmaba explícitamente que éste debía «controlar las C.O.»,[158] y como señalaba un informe gubernamental, sobre todo desde 1966 era prácticamente total la coincidencia que existía entre las líneas programáticas del partido y las de CCOO.[159] El PCE intentó resolver esta contradicción entre su control real y la autonomía formal de las Comisiones recurriendo, una vez más, a un oxímoron, es decir, atribuyéndose «un papel no dominante, sino dirigente», aunque la distinción entre ambos conceptos no dejaba de ser como mínimo capciosa. Según Sartorius:

> No es lo mismo dominar que dirigir un movimiento, un Estado, etc. En el primer caso se establece entre el partido o los

partidos [...] y las instituciones de que se trate una conexión mecánica, burocrática, muerta; en el segundo, una relación dinámica, democrática, viva.[160]

Mientras, en el primer caso, la línea decidida por los comunistas se habría impuesto automáticamente, sin admitir ninguna clase de discusión, al definirse como «dirigente» el partido no renunciaba a su control sobre CCOO, pero al menos se mostraba dispuesto a instaurar un diálogo abierto con otras fuerzas y con el conjunto de obreros que las formaban, haciéndoles partícipes del desarrollo de sus ideas y escuchando sus propuestas al respecto. En palabras de Carrillo:

> El papel dirigente del Partido es algo muy complejo. Es verdad que de una manera general nosotros somos los portadores de la línea y de las soluciones justas. Pero nuestro papel dirigente será más efectivo, más real, más completo cuando sepamos integrar sin reservas a nuestra propia línea y a nuestras iniciativas, las iniciativas, los juicios, las opiniones positivas de otros elementos ligados a las masas.[161]

El PCE necesitaba ofrecer esta cara dialogante para preservar la naturaleza plural de CCOO, que constituía un óptimo terreno para establecer relaciones con elementos de otros grupos sociales y políticos. El partido esperaba que la colaboración cotidiana en la base del movimiento obrero facilitara a su vez los contactos con las direcciones de otras fuerzas de la oposición, única manera de hacer realidad la amplia alianza antifranquista preconizada por la PRN. Desde esa perspectiva, las Comisiones eran contempladas como el principal instrumento para derribar pacíficamente la dictadura a través de acciones de masas, pero la participación de un gran número de trabajadores sólo sería posible si aquéllas eran percibidas como independientes y sin un color político definido, más aún si ese color era el rojo. De ahí que los dirigentes de CCOO trataran siempre de ocultar su afiliación al partido, aunque a menudo ésta era algo demasiado evidente.

El PCE también necesitaba asegurar la participación masiva de la clase obrera en Comisiones, porque éstas se concebían como el embrión de una central sindical única y unitaria tras la desaparición del Vertical. Esa idea de un sindicato único como instrumento fundamental de la lucha de los trabajadores formaba parte del acervo teórico comunista ya desde los tiempos de la I Internacional, y se basaba en la convicción de que la unión era fuerza del movimiento obrero y de que sus divisiones sólo favorecían a la burguesía.[162] El PCE había defendido ya esta línea durante la Segunda República, la había acentuado en el curso de los años, y ahora al partido se le presentaba una gran oportunidad para materializarla con las Comisiones que, desde mediados de los años sesenta hasta al menos 1977, afirmaron siempre su voluntad unitaria.[163] Pero alcanzar ese objetivo requería que las Comisiones siguieran apareciendo como plurales y autónomas.

En la perspectiva trazada por el partido, CCOO, eventualmente cambiando sus siglas después de haber alcanzado un acuerdo con los otros sindicatos de la oposición, podría ocupar el lugar dejado por el Vertical y utilizar su patrimonio en un nuevo marco de funcionamiento totalmente democrático. Resulta interesante señalar que los comunistas preveían la afiliación automática, no voluntaria, en esa futura central única de carácter casi omnicomprensivo:

> [Hay] muchas gentes que al hablar de la libertad sindical están pensando no en una libertad y democracia sindical efectivas, sino en el pluralismo sindical. [...] Si nosotros confundimos la libertad sindical con el pluralismo sindical les serviremos en bandeja la posibilidad de dividir a la clase obrera [...]. La implantación de la afiliación voluntaria –que lleva aparejadas la libertad de no afiliarse y el pluralismo sindical– sería nefasto para los trabajadores.[164]

Igualmente relevante era la función que CCOO podía desempeñar para el reclutamiento de militantes, que se realizaría a través de un modelo de adhesión al partido que George Lavau, en su clasificación de las diversas tipologías de afiliación al comunismo, ha definido de «adhesión-impregnación», es decir, una adhesión derivada de la hegemonía comunista en un ambiente concreto:[165] para el caso que nos interesa, este ambiente estaba constituido por CCOO y la futura central sindical única. Son iluminadoras, en este sentido, las siguientes palabras de Carrillo:

> La inmensa mayoría de los que hoy firman diciendo estamos con la Comisión Obrera, mañana van a firmar el boletín de adhesión al P. Comunista [...]. Mucha gente que sigue hoy a las Comisiones Obreras las sigue considerándose unida, muy cercana, muy próxima al Partido y mucha de esa gente militará con nosotros.[166]

CCOO, desde 1966 empezó a definirse como un movimiento organizado «sociopolítico», en otros términos, «fundamentalmente reivindicativo, aunque no exclusivamente reivindicativo».[167] Tenía un carácter social reivindicativo porque expresaba y tenía ante todo como objetivo una solución a los problemas económicos inmediatos de la clase obrera. Al mismo tiempo, presentaba un perfil político porque las reivindicaciones que parecían referirse exclusivamente a temas laborales –caso del derecho de huelga o la libertad sindical– asumían de hecho un significado político en un contexto dictatorial, y porque a nadie se le ocultaba que su finalidad última era el derrocamiento del régimen franquista y la afirmación de las libertades democráticas.[168]

Desde los orígenes de su política sindical, la estrategia del PCE consistía en lograr éxitos en las reivindicaciones económicas inmediatas para obtener, de ese modo, el apoyo de las masas obreras y servirse de ellas en la lucha propiamente política. Se partía de una perspectiva reducida –mejoras salariales o condiciones de trabajo– para ascender luego a otra más amplia, la que perseguía el cambio de régimen. El partido concebía así la acción sindical como un instrumento útil para obtener resultados concretos a corto plazo, que le darían credibilidad entre los trabajadores y le proporcionarían una base sobre la que partir para proyectos políticos más ambiciosos.

El fracaso del *jornadismo* y la escasa politización de las huelgas de 1962 favorecieron esta táctica, como hemos visto, y llevaron al PCE a una actitud cauta, concentrándose en consolidar y estructurar un movimiento obrero. Desde la segunda mitad de los años sesenta, hizo que CCOO incorporara la perspectiva de lucha política a su identidad, e incluso llegó a concebirlas casi como una reedición del modelo del *soviet*. Según Carrillo:

> Las Comisiones Obreras hoy en nuestro país son un poco lo que eran los *soviets* obreros [...] en vísperas de la revolución de Febrero cuando todavía no eran órganos de poder [...]. Cuando eran lo que son hoy las Comisiones Obreras: por un lado, el instrumento de defensa de los intereses inmediatos de los trabajadores; por otro, un instrumento de lucha política de los trabajadores, en un país donde la autocracia había liquidado a los sindicatos y las formas de expresión democrática, y los obreros [...] creaban esas formas de democracia propia para organizar su lucha.[169]

A medida que las CCOO iban adquiriendo una estructura mejor definida y una mayor presencia pública, y en la medida que aumentaba la hegemonía comunista en su seno, más empujaba el PCE para que en sus declaraciones y en sus programas se incluyeran objetivos de signo claramente político. En Madrid, gracias al auge pionero de la Comisión del Metal, los comunistas se movieron en ese sentido desde 1965. Como escribía un militante de ésta a la dirección del partido:

> Debemos encontrar una coyuntura propicia para que en las asambleas e incluso en el programa de comisiones pueda introducirse la demanda general de democracia. Yo sé que este es un salto adelante, que no se puede hacer mecánicamente en cualquier momento, pero me parece con el curso que llevan las cosas es un salto que debemos preparrnos a hacer en la primera oportunidad favorable.[170]

El gobernador civil de la capital, por su parte, señalaba en 1966 que en el curso del año las protestas obreras, sobre todo las que se habían producido en el sector metalúrgico, tenían «un gran trasfondo político».[171] En cuanto a otras zonas de España se puede afirmar, con carácter general, que la politización de CCOO tuvo lugar decididamente desde 1967, sobre todo tras la creación de la Coordinadora General y como respuesta al endurecimiento de la represión, como tendremos oportunidad de ver en los próximos capítulos.

A mitad de los años sesenta, el PCE se interrogaba sobre el papel político que las Comisiones podrían desempeñar no sólo en la lucha contra la dictadura, sino también en un futuro Estado democrático en la España posfranquista. Una reflexión que se encuadraba en otra más amplia que el partido estaba desarrollando en esos momentos, y que giraba en torno a la pregunta clave *Después de Franco, ¿qué?* Articulando y profundizando las líneas claves trazadas con la PRN, el partido trataba de elaborar un programa que recogiera su propuesta conjunta de organización política, económica e institucional a realizar una vez caída la dictadura. Esta cuestión se afrontó en un coloquio que la cúpula del PCE celebró en los primeros meses de 1965,[172] cuyas conclusiones principales pasaron luego a constituir la parte central del informe presentado por Carrillo en nombre del CE en el VII Congreso del partido.

El secretario general retomaba los elementos esenciales de la nueva trayectoria iniciada la década anterior. Afirmaba que el órgano central de la soberanía popular debía ser el Parlamento elegido, al igual que los otros órganos representativos a distintos niveles, por sufragio universal, según un mecanismo proporcional. El poder ejecutivo sería emanación del Parlamento, y actuaría bajo su control, dentro de un sistema de pluripartidismo:

> Nuestra concepción del Parlamento supone, naturalmente, un sistema de pluripartidismo. [...] Nuestra crítica de los partidos burgueses y de la socialdemocracia es conocida [...] [pero] los partidos, aun con los defectos inherentes a aquéllos, son un elemento de democracia en la vida política de un país, en tanto reflejan la diversidad de intereses y de posiciones de diferentes clases y capas sociales.[173]

El intento por parte del PCE de afirmar su fe democrática resultaba contradictorio, sin embargo, con su ausencia de crítica hacia algunos conceptos claves del marxismo-leninismo no particularmente compatibles con la democracia, como la dictadura del proletariado. En el VII Congreso, el secretario general prefirió obviar la cuestión, consciente de que proyectaba su sombra sobre cualquier profesión de fe democrática, pero se decidió a afrontarla dos años después en la obra *Nuevos enfoques a problemas de hoy*. Pero Carrillo no resolvió el problema rechazando el concepto de dictadura, cualquiera que fuera su naturaleza, sino haciendo un ejercicio de lo que, con palabras de Orwell, podemos definir como puro «bipensamiento». Partiendo de la consideración de que cualquier tipo de Estado representa la dictadura de una clase sobre otra, afirmaba que si la dictadura de la burguesía puede asumir una forma democrática o fascista, la dictadura del proletariado, por el contrario, es siempre antitética al totalitarismo, por el mero hecho de que en ella el poder se sostiene en las masas populares. No sólo: Carrillo llegaba a sostener, pese a la evidente paradoja lógica y léxica, que en la concepción del PCE la realización de la dictadura del proletariado en España consistiría, en realidad, «en un régimen de democracia política, pluripartidista».[174] La persistencia de algunos rasgos típicos de la identidad comunista suponía una hipoteca sobre la nueva imagen democrática que el partido trataba de construirse desde mediados de los años cincuenta.

Al elaborar el modelo de organización del futuro Estado posfranquista, el PCE consideraba a la altura de 1965 que en lugar del Senado, como segunda Cámara, se institucionalizara un Consejo Económico-Social, equivalente en el ámbito económico al Parlamento, en el plano estrictamente político. Se pensaba que «los problemas de la organización de un Estado democrático residen no solamente en el establecimiento de las reglas de la democracia política, como sucedía con el viejo parlamentarismo, sino en el establecimiento [...] de las reglas de la democracia económica», pues «sin democracia económica no hay democracia política estable». De otra forma, los grandes monopolios conservarían un enorme poder que, al no estar sometido a ningún tipo de control popular, podría influir de manera prepotente el proceso decisorio de los órganos políticos democráticamente elegidos.[175]

La creación de ese Consejo Económico-Social, donde estarían representadas las distintas clases sociales en proporción a su peso real –es decir, con una mayoría de la clase obrera–, tenía la función de asegurar que las cuestiones económicas fueran también afrontadas democráticamente, mediante prácticas de concertación, y no dejadas al arbitrio de las oligarquías capitalistas.

De ese modo surgiría un Estado democrático de nuevo tipo, una verdadera «democracia político-social».[176] Una formulación que retomaba la reciente polémica con Claudín y Semprún, en cuanto la institucionalización de un Consejo Económico-Social junto al Parlamento se dirigía a evitar que, tras la caída del régimen franquista, el poder siguiera en manos del gran capital, como habían vaticinado los disidentes, por más que se abandonaran las formas fascistas por las democráticas. En ese futuro cuadro institucional posfranquista, el PCE concedía amplias funciones políticas y económicas a CCOO, como señalaba Carrillo:

> Las Comisiones Obreras pueden constituir el día de mañana una pieza de la nueva democracia en España. Pueden constituirla, por un lado, en las fábricas, el control obrero en las fábricas [...]; pueden ser mañana, incluso, órganos de autogestión en las fábricas. Pensamos que las Comisiones Obreras pueden ser también una forma original de la democracia obrera en España, y de la participación de la clase obrera colectivamente en el aparado del Estado.[177]

Instrumento de autogestión de los trabajadores a nivel de fábrica, al configurarse como una central sindical unitaria CCOO constituiría a nivel institucional un órgano representativo de la clase obrera en el seno del Consejo Económico-Social. El partido quería asegurarse así, gracias a la hegemonía ejercida en CCOO, el control de hecho de un órgano central de futuro Estado democrático, algo que sería especialmente útil para garantizarle una presencia institucional aun en el caso de que no obtuviera buenos resultados electorales que le otorgaran una amplia representación parlamentaria.[178] El partido había aprendido bien la lección de Gramsci, es decir, había comprendido que la hegemonía sobre uno o más ámbitos de la sociedad civil, en este caso el sindicalismo, podía considerarse la primera etapa de una lucha más general por la conquista del poder político.[179]

Hay que subrayar, por último, que la democracia política no suponía para el PCE un fin en sí mismo, sino un régimen de transición hacia el socialismo en lo que llamaba una «revolución en libertad».[180] Un papel fundamental en ese camino estaba reservado a CCOO, no sólo gracias a su acción dentro del citado Consejo Económico-Social, sino también a la extensión de su modelo a otros sectores de la vida social, económica y política. Se convertirían, por tanto, en los órganos de base de la futura sociedad socialista, a través de los cuales se pusiera en práctica una democracia ejercida en primer lugar desde asambleas a nivel local. Las Comisiones, de forma semejante a los *soviets,* llegaban a ser concebidas como los pilares, «las raíces esenciales de una nueva democracia de tipo popular».[181]

LOS «AMIGOS CATÓLICOS»

La primera fase del desarrollo de las Comisiones Obreras se había basado en un eje imprescindible formado por la colaboración entre comunistas y católicos dentro del movimiento obrero. Una relación que parecía como mínimo peculiar a los ojos de numerosos observadores, favorecida, por un lado, por la formulación de la PRN y que, por otro lado, había tenido como presupuesto el surgimiento de una oposición católica al franquismo que se manifestó ante todo en el ámbito laboral y sindical desde los primeros años cincuenta.[182]

Históricamente, en España el clero y la clase obrera habían constituido dos mundos rígidamente separados. Por eso mismo, para reducir esa distancia, se habían creado la HOAC y la JOC en 1946 y 1947 por iniciativa de la AC, organizaciones que funcionarían como la *longa manus* de la jerarquía eclesiástica en el mundo obrero. Ambas formaciones trabajaron para acercar a los trabajadores a la doctrina católica y alejarlos a la vez de las ideologías comunistas, en primer lugar atendiendo a la mejora de sus condiciones económicas, pero ese objetivo, antes o después, tenía que llevarles a poner en discusión el aparato sindical franquista.

Los resultados de esa misión de evangelización del mundo obrero emprendida por las organizaciones católicas fueron, sin embargo, muy diferentes a los esperados. De hecho, la HOAC y la JOC, empeñándose en la defensa de las reivindicaciones obreras, pronto se dieron cuenta del carácter autoritario de la OSE, y de que su función primordial era, ante todo, evitar la satisfacción de esas demandas. Una creciente implicación en la tutela de los intereses reales de los trabajadores condujo a muchos militantes católicos a criticar de manera cada vez más abierta el sindicalismo oficial, proceso donde desempeñaron un papel relevante los nuevos medios de análisis de la realidad, como los Grupos Obreros de Estudios Sociales (GOES),[183] o liderazgos como el de Guillermo Rovirosa en la HOAC.[184] A mediados de los años cincuenta se entró en una fase decisiva con la elaboración del concepto de «compromiso temporal», que designaba el empeño de los cristianos en la sociedad para promover la justicia en las instituciones y las condiciones de vida y de trabajo, «ayudar a la clase obrera a satisfacer sus reivindicaciones en libertad».[185]

Entre las manifestaciones más significativas de la protesta antifranquista del nuevo obrerismo cristiano podemos recordar la decisiva participación de los militantes de la HOAC y la JOC en la huelga general de Barcelona de 1951, el manifiesto de la JOC de 1956 para reclamar el derecho a la libertad de asociación, o la carta enviada al ministro Solís en septiembre de 1960 por la HOAC, JOC, HOACF y JOCF, donde se criticaba la falta de representatividad real de la OSE.[186] Se trataba, sin duda, de un proceso paradójico por el cual unos movimientos apostólicos nacidos con el único cometido de cristianizar a las masas obreras acabaron por convertirse en fuerzas de oposición al franquismo.[187] Esta orientación hacia la disidencia chocó, sin embargo, con las posiciones conservadoras y claramente profranquistas de las jerarquías eclesiásticas, que trataron de atajar el movimiento, por ejemplo cerrando el periódico *¡Tú!*, órgano semanal de la HOAC, o expulsando a Rovirosa de la misma organización en 1958.

Asimismo, hay que subrayar que desde la segunda mitad de los años cincuenta, las críticas católicas hacia la dictadura empezaron a superar el nivel meramente laboral para hacerse cada vez más políticas.[188] La primera y clamorosa aparición pública de esa disidencia católica fue la carta abierta que 339 sacerdotes vascos enviaron en mayo de 1960 a sus obispos, donde denunciaban la falta de libertades políticas y sindicales. La carta inauguró un proceso de deslegitimación de la dictadura desde el mundo católico, que ha sido definido como «denuncia profética»,[189] por el cual fueron cada vez más numerosos los sacerdotes que se situaron explícitamente contra el Régimen. Las relaciones entre la Iglesia y el franquismo se hicieron más difíciles como consecuencia del Concilio Vaticano II, y si, por una parte, la Iglesia seguía apoyando al Régimen, por otra preparaba el terreno en lo sindical y político para poder seguir desempeñando un papel protagonista en el futuro.

El PCE siguió todo el proceso con interés y saludó con optimismo el nacimiento de estas corrientes católicas progresistas, decidido como estaba a establecer cualquier clase de alianzas en la lucha antifranquista. Ya en 1954, en la resaca de la sorpresa causada por la participación de militantes de la HOAC y de la JOC en los sucesos de Barcelona de 1951, mostró una primera apertura hacia la cuestión religiosa con el fin de propiciar la colaboración: en el programa aprobado en el V Congreso incluyó el principio de libertad de culto y se declaró favorable a los subsidios estatales a la Iglesia en la futura democracia. De hecho, como hemos visto, el surgimiento de esa disidencia en el seno del catolicismo era uno de los factores que había empujado a la formulación de la PRN, la cual favoreció a su vez la superación por parte de muchos católicos de la secular rivalidad que les habían enfrentado al comunismo, como bien se encargaba de subrayar la propaganda del partido.[190]

El PCE, además, era perfectamente consciente de que sin la ayuda de los católicos sería imposible llevar a cabo en España un cambio pacífico de régimen, una idea presente en los numerosísimos llamamientos a la unidad de acción y a la formación de plataformas comunes que realizó el partido desde mediados de los años cincuenta. Así, en 1958, el BP del PCE emitió un documento dirigido a las jerarquías eclesiásticas donde afirmaba:

> Deseamos ardientemente, que el tránsito hacia los cambios políticos que inevitablemente van a producirse en nuestro país, se produzca de una manera pacífica, apoyándose en la voluntad del pueblo. Y recurrimos a Vd., pública y directamente, en demanda de su intervención para que no sea frustrado el anhelo pacífico que emana de todo el país, comprometiéndonos por nuestra parte, y en lo que de nosotros depende, a que la transformación necesaria se haga pacífica-

mente. Y quisiéramos que se nos comprendiese. Que no se achacase [...] nuestros ofrecimientos de concordia, de paz y de convivencia civil a habilidades o maniobras políticas. Nosotros deseamos sincera y honradamente acabar con las secuelas de la guerra, cerrar el paréntesis de odios [...] y terminar con el espíritu de cruzada, de guerra civil y de revancha.[191]

En lo que respecta al mundo obrero, una primera colaboración entre comunistas y católicos tuvo lugar, a nivel de base, durante la oleada de huelgas del trienio 1956-1958, cuando militantes del PCE, la HOAC y la JOC tomaron parte y promovieron juntos la formación de comisiones obreras. Los católicos coincidían en la necesidad de conquistar espacios legales dentro de la OSE y ya con motivo de las elecciones sindicales de 1957 llegaron en algunos casos a elaborar candidaturas unitarias con los comunistas, defendiendo las mismas reivindicaciones económicas esenciales.[192] En realidad, detrás de una propaganda que mostraba su lado más moderado y dialogante, el PCE llevó a cabo durante esos años auténticos intentos de *entrismo* en la HOAC y la JOC. En 1958, por ejemplo, un comunista de Tarrasa exponía ante el CC del partido su experiencia en ese sentido:

> Dos camaradas jóvenes fueron designados para trabajar en el seno de la JOC. En principio su labor consistía en discutir y captar las opiniones de los católicos militantes y de sus dirigentes. Más tarde pasaron a la discusión abierta de los problemas económicos, basándose en la propia actividad legal de la organización en este sentido. Esta discusión, unida a su buen comportamiento hizo que nuestros camaradas adquirieran prestigio entre los demás militantes católicos. Nuestros dos camaradas hablan respetuosamente con ellos y practican sus ritos religiosos. Pasado un cierto tiempo son nombrados por los dirigentes de la JOC responsables de dos grupos simpatizantes jocistas. En el seno de esta organización se entabla una fuerte lucha entre las orientaciones de los dirigentes y las de nuestros camaradas, los cuales, en las reuniones semanales que tenían con sus respectivos grupos, explicaban la solución de sus problemas, partiendo de la política del Partido. En la práctica, estos grupos católicos formados por la JOC, pero dirigidos por nuestros camaradas, eran portavoces de nuestra política.[193]

La acción conjunta de comunistas y católicos en la base fue luego decisiva, como ya hemos explicado, en el transcurso de las huelgas de la primavera de 1962.[194] A partir de ese momento, la colaboración entre los dos grupos constituyó un eje fundamental que hizo posible el proceso de consolidación, estabilización, extensión y articulación de las Comisiones Obreras. Los militantes de las organizaciones obreras cristianas fueron, después de las comunistas, las que más contribuyeron a la construcción y afirmación de CCOO, su presencia fue significativa en casi todas las primeras Comisiones estables y su aportación resultó decisiva al disponer de locales legales y parroquias donde celebrar reuniones u otras actividades clandestinas. Como ha afirmado José Antonio Díaz, «es imprevisible prever lo que hubiera sido de CCOO sin la posibilidad de reunirse en las iglesias y sacristías, relativos islotes de seguridad, [...] único techo que se ofrecía entonces a los militantes obreros».[195] Por citar sólo los ejemplos más importantes, la COC barcelonesa y la COP vizcaína se crearon en asambleas celebradas en locales parroquiales.

La presencia de los católicos aportaba otra indiscutible ventaja a la actividad de las Comisiones, pues en cuanto miembros de organizaciones legales bajo tutela de la Iglesia estaban más a salvo de la represión y podían actuar con mayor libertad. La «protección de la sotana» era importante para los comunistas, precisamente los más perseguidos.[196] Por ejemplo, en las campañas de solidaridad con los huelguistas, los candidatos católicos, a menudo con el apoyo de sacerdotes progresistas, podían servirse de canales y de redes sociales parroquiales tanto para sensibilizar a la ciudadanía, como para recaudar y distribuir fondos.[197]

Entre 1962 y 1967 la participación de los cristianos en el nuevo movimiento obrero no se limitó a la militancia de la HOAC o la JOC. En algunas zonas fue importante la aportación de los miembros de las Vanguardias Obreras, creadas a mitad de los años cincuenta por los jesuitas, que pronto evolucionaron hacia posiciones anticapitalistas y comenzaron a desarrollar una intensa actividad para acomodar las estructuras económicas a lo que consideraban un orden social verdaderamente cristiano. Militantes procedentes de las Vanguardias, y en medida menor de la HOAC, crearon en

1964 la Acción Sindical de Trabajadores (AST), un auténtico sindicato clandestino que participó en las Comisiones, sobre todo en Madrid.[198] Su caso es especialmente significativo porque representó el único grupo de ascendencia cristiana que estableció contactos oficiales a nivel sindical con el PCE, a diferencia de la HOAC, la JOC o las Vanguardias, cuya colaboración con los comunistas se mantuvo siempre a un nivel de militancia de base sin comprometer a las organizaciones en cuanto tales.

En 1965, Dolores Ibárruri afirmaba que la clase obrera era inspirada y dirigida «no por socialistas y anarquistas, como en el pasado, sino por los comunistas y por organizaciones católicas obreras unidos».[199] Mientras que Carrillo, en una entrevista a la televisión cubana y en otra al diario comunista italiano *L'Unità*, declaraba que «en España, hoy, puede decirse que las dos fuerzas más activas, que desempeñan un papel más decisivo en toda la situación [...] son los comunistas y las corrientes católicas democráticas avanzadas».[200] Un año después, él mismo valoraba en términos absolutamente positivos la aportación de los católicos al crecimiento de las Comisiones:

> En este momento cuando fecundo las Comisiones adquieren cierta fuerza, cierta estabilidad, nosotros no podemos olvidarnos de una cosa: de que si hemos llegado a colocar las Comisiones en este nivel no solamente lo debemos a nosotros; se lo debemos también al apoyo [...] que nos han dado nuestros compañeros católicos. [...] No podríamos hacer una política justa si no viéramos los méritos que han tenido también los católicos [...]. Que tienen mayor importancia porque los católicos han marchado con nosotros en un momento en que los socialistas no marchaban. [...] Eso lo digo a cuenta de que de ninguna manera, camaradas, [...] podemos renunciar a conservar los católicos como nuestros aliados.[201]

Los aparatos de la dictadura, por su parte, contemplaban con creciente preocupación esa «insólita» colaboración entre comunistas y católicos, que tenía como finalidad «la desaparición del fecundo corporativismo» español y la instauración de la «libertad de asociación sindical».[202] El mismo Franco, en mayo de 1966, confesaba a su primo su sorpresa porque quienes más se hubieran beneficiado de la «cruzada» de 1936 actuaran ahora al lado de los «rojos»:

> Estamos en presencia de hechos desconcertantes, sin que los que los realizan recuerden el martirio que sufrieron muchos obispos, sacerdotes, comunidades religiosas y personas por el simple hecho de ser católicas, con ocasión de la persecución religiosa que desató la república.[203]

Varios factores habían propiciado ese encuentro entre comunistas y católicos en el movimiento obrero. Ante todo, debe destacarse que las organizaciones de la AC eran contrarias a cualquier clase de accrcamiento al comunismo, pero eso no evitó que sus militantes a nivel de base colaborasen con los comunistas dentro de las Comisiones en la lucha por objetivos económicos inmediatos. Los obreros católicos vieron así a los militantes comunistas como «buenos luchadores»[204] y, dado que todos ellos se batían cotidianamente por los mismos motivos, las divergencias ideológicas se dejaban de lado. Por otra parte, este acercamiento fue favorecido también por el *aggiornamento* de la Iglesia católica, es decir, por su nueva orientación en materia de doctrina social emprendida con el Concilio Vaticano II. Muy significativa en este sentido fue la encíclica *Pacem in Terris*, en la cual el papa Juan XXIII afirmaba que los católicos, en «sectores específicos de la convivencia», podían eventualmente establecer colaboraciones hasta entonces consideradas condenables, siempre que ello redundara a favor del progreso de la justicia y la dignidad humana.

La realidad de la fábrica constituía un ejemplo perfecto de ese «sector específico de la convivencia» donde podía producirse el encuentro entre comunistas y católicos. Una idea que el PCE apoyaba por su lado, porque consideraba que las obvias diferencias ideológico-filosóficas existentes entre ambos no debían llegar a ser un obstáculo para la acción común, y afirmaba que en cualquier caso la lucha por la democracia exigía ponerse de acuerdo en las cosas prácticas marginando las discusiones «teológicas».[205] Las Comisiones eran un ejemplo de las posibilidades en la práctica de esa colaboración, ya que en la fábrica no era difícil llegar a un acuerdo entre los militantes de los dos grupos para luchar por reivindicaciones concretas.

Puede decirse, asimismo, que había algunas concepciones de fondo comunes entre comunistas y católicos en el tema sindical. Tanto la HOAC y la JOC como el PCE defendieron siempre la necesidad de participar en las elecciones del Vertical, así como la perspectiva futura de una central sindical única que tuviera a las Comisiones como embrión. El PCE y las organizaciones católicas tenían un modelo de militancia bastante semejante, basado en la dedicación absoluta a una causa de orden superior, que exigía rigurosa disciplina, obediencia y sacrificio: aunque de manera distinta, servían a sus respectivas iglesias.[206] Además, con el pasar de los años el discurso de la HOAC y de la JOC, inspirándose en la doctrina social católica y los ideales comunitaristas, había ido adquiriendo un claro contenido anticapitalista.[207]

Satisfecho con la unidad de acción que se verificaba en la base, el PCE defendió desde mediados de los años sesenta y cada vez con más insistencia el entendimiento con los católicos que fuera más allá de lo sindical, hasta adquirir un significado netamente político. Partiendo de esa colaboración de hecho dentro de CCOO, aspiraba a alcanzar un acuerdo oficial y generalizado contra la dictadura franquista. Así, Santiago Álvarez replicaba desde las páginas de *Nuestra Bandera* a un artículo aparecido en el *Boletín de la HOAC*, donde se sostenía que la colaboración con los comunistas no podía ser sino «ocasional y transitoria para un objetivo concreto»,[208] afirmando que la utilidad de la acción concreta dirigida a mejoras puramente económicas no bastaba:

> ¿Bastaría un acuerdo limitado a la obtención de esas conquistas? Nosotros consideramos que sería insuficiente. [...] Porque las mismas son sólo una parte del conjunto de los problemas pendientes en nuestro país, que cada día apremian más y a los que hay que dar solución con un régimen democrático. [...] Los comunistas queremos colaborar con los católicos ahora, en la reconstrucción democrática de España e, incluso, en el periodo de transformación socialista de nuestra sociedad.[209]

La unidad desde abajo lograda en la lucha por objetivos económico-sindicales debía llevar, desde esa perspectiva, a un acuerdo a nivel de las cúpulas dirigentes para la instauración de un régimen democrático, como escribía un militante madrileño a la dirección del PCE en diciembre de 1964:

> El movimiento de las comisiones obreras ha dado pasos de siete leguas, con el apoyo decidido de los católicos y de diversos miembros del clero. [...] Yo creo que esto no es ya el producto del desbordamiento de la base católica; ahora me parece que hay otra cosa; que hay una política consciente desde arriba, en esa dirección. [...] La práctica muestra a aquellos que quien hace acto de presencia real entre los trabajadores actualmente somos nosotros; y que el movimiento católico puede definirse como un movimiento antifranquista, democrático, reivindicativo, pasando por el Jordán de la colaboración con nosotros, que ante el pueblo somos los que no hemos cejado nunca el combate. [...] Lo que va a confirmar esta orientación por arriba [...] es el desarrollo e incremento de la acción, la unidad y la organización por abajo, que sigue siendo el motor de todo.[210]

Este interés del PCE por llegar a un acuerdo político de alcance general con las organizaciones dependientes de la Iglesia tenía varias razones. Ante todo, el peso del catolicismo en amplios sectores de la población, lo que hacía poco conveniente prescindir o enfrentarse a él. Carrillo sabía que la unión del pueblo español contra Franco no podía hacerse excluyendo a los trabajadores e intelectuales católicos.[211] En segundo lugar, los comunistas estaban convencidos de que sería un partido democristiano el que articularía políticamente los intereses de las clases dominantes en el futuro escenario posfranquista, y, por lo tanto, el PCE en los cincuenta y sesenta aspiraba, con la formulación de la PRN, a sentar las bases para una posible alianza con esos sectores. Por último, el partido creía que los cambios producidos por el Concilio Vaticano II por fuerza debían traducirse en un aumento del número de cristianos dispuestos a luchar contra la dictadura.[212]

Por encima de su doctrina renovadora, el Vaticano II adquiría en la España franquista un significado particular al legitimar la acción de los católicos dentro del movimiento obrero, empujados por las declaraciones papales a favor de la democracia sindical y la libertad de asociación. Eso explica el entusiasmo con el que fue acogido el Concilio por el PCE, muy consciente de que le daba la razón en su táctica de acercamiento a los católicos. Por ejemplo, en una carta enviada en la cárcel a Sánchez Montero tras la difusión de la *Pacem in Terris*, la dirección del partido escribía:

> Puedes imaginarte lo mal que ha sentado en España esa orientación nueva [...]. Esta situación va a favorecer la actividad de los núcleos de católicos antifranquistas [...]. Tendrán algunos apoyos en el Vaticano. Las posibilidades de entendimiento con ellos sobre una serie de problemas relacionados con la lucha por un mejor salario, por la paz, el establecimiento de libertades democráticas y la acción contra los actuales sindicatos, aumentaran.[213]

Si el PCE partía de la colaboración ya verificada en el campo de las reivindicaciones sindicales para intentar establecer una alianza oficial con los sectores progresistas del catolicismo español, recurrió a numerosas declaraciones y propuestas en la línea abierta por la PRN, en las que daba una imagen de partido responsable, razonable y abierto al diálogo, por tanto muy alejado de los dogmatismos del pasado. En ese proceso de acercamiento ideológico al mundo católico renunciaba por su parte a «las formas [...] primitivas que la propaganda ateísta ha podido tomar en algunos momentos»,[214] al mismo tiempo que reconocía los pasos dados por la Iglesia desde los años cincuenta para romper sus lazos con la dictadura. Si en una primera fase, «la Iglesia, a través de sus máximas jerarquías, de miles de laicos y sacerdotes, ha colaborado muy activamente en el sistema de los Sindicatos Verticales» y «ha alimentado ideológicamente, en nombre de la resignación cristiana, [...] del acatamiento a las autoridades constituidas, etc., etc., las formas y métodos más brutales de opresión de las masas trabajadoras», desde entonces había surgido «un movimiento renovador dentro de la Iglesia» que intentaba «revitalizar a ésta, [...] darle un nuevo espíritu, liberarla de la dominación y de la utilización instrumental que han hecho de ella las clases dominantes».[215] Un movimiento renovador que ponía en discusión al régimen franquista y que no podía ser sino saludado con optimismo por los comunistas. Como escribía Carrillo:

> En esos católicos no hay ni resignación ni mansedumbre; la religión que ellos profesan ya no es exactamente aquella que Marx llamaba el opio de los pueblos. [...] La religión [...] que se pronuncia activamente contra la dictadura, contra la sociedad capitalista, que se propone contribuir a transformar la sociedad, ya no actúa como un opio, y constituye objetivamente un fermento de progreso.[216]

El viejo anatema marxista contra la religión como «opio del pueblo» daba paso a una distinción entre dos iglesias: la tradicional, sólidamente anclada en los prejuicios del pasado y «portadora de una religión alienante, que obra sobre el pueblo como una droga», y otra que denunciaba la situación y era valorada como «un factor de progreso».[217] Por supuesto, era esta última la destinataria de los llamamientos al diálogo por parte de PCE.

En ese diálogo se buscaban los puntos de contacto entre ambas ideologías, ya que «ambos, tanto el cristianismo como el socialismo, predican una liberación próxima de la servidumbre y de la miseria». Una semejanza que se buscaba remontándose al cristianismo de los orígenes, cuando era «el movimiento de los oprimidos» y «la religión de los esclavos y de los libertos, de los pobres y de los hombres privados de derechos», cuando predicaba la igualdad y el final de la explotación del hombre sobre el hombre, y condujo a la rebelión de los campesinos y plebeyos.[218] El PCE veía en la herencia de ese cristianismo primitivo que parecían retomar las nuevas corrientes católicas progresistas unos valores muy parecidos a los que él mismo defendía.

Por su parte, esas corrientes habían iniciado un proceso paralelo de revalorización del marxismo. Los católicos, al igual que los comunistas, eran conscientes de la completa y radical incompatibilidad entre cristianismo y comunismo en el ámbito religioso, pero no por ello dejaban de considerar justas y legítimas algunas aspiraciones del marxismo, en particular las referidas al orden económico y su «compromiso para mejorar la situación social del trabajador».[219] Porque, como escribía un sacerdote catalán, «ante una sociedad consumista, que en todo momento presenta como valores supremos el máximo confort [...] y el capital», los comunistas se hacían portadores de «valores más humanos: fraternidad, justicia, paz, promoción social».[220]

En esas circunstancias cambiantes, a mediados de los años sesenta el PCE veía cada vez más al alcance de su mano la realización de sus proyectos para la transición al posfranquismo y el establecimiento de un Estado democrático, que giraban en torno a la perspectiva de un eje formado por el encuentro entre comunistas y católicos. En ese sentido, en un documento de 1966 se afirmaba: «La revolución debemos hacerla comunistas y católicos. Dejando atrás las concepciones anticlericales, el ateísmo vulgar, para marchar juntos a la revolución democrática político-social, y luego socialista».[221]

Esas esperanzas quedaron frustradas por la realidad de los hechos. El PCE nunca consiguió que un sector significativo de los católicos progresistas aceptara transformar esa colaboración *de facto* en el movimiento obrero en una alianza formal que implicara oficialmente a los dirigentes de las distintas organizaciones. Ya Claudín, en la polémica que terminó con su expulsión, había señalado con lucidez y realismo las dificultades que iba a hallar cualquier tentativo de trasladar la unidad de acción de la base a un nivel superior.[222]

No hay que olvidar que los militantes de la HOAC o la JOC siempre participaron en las Comisiones Obreras a título individual y que sus respectivas organizaciones fueron absolutamente reticentes a tomar una posición oficial y explícitamente favorable a esa actividad en el seno del movimiento obrero, y aún más a cualquier clase de colaboración con los comunistas. Incluso los dirigentes locales de la HOAC o la JOC que, de hecho, apoyaron la participación de sus afiliados en CCOO y les proporcionaron recursos logísticos, en ningún caso se pronunciaron públicamente en ese sentido.

No sólo. En 1967 y 1968 el PCE vio cómo se interrumpía la acción común con los católicos dentro de CCOO, después de que la AC atravesara en 1966 una grave crisis interna. Las jerarquías eclesiásticas, presionadas por las autoridades franquistas, consideraron que sus organizaciones obreras especializadas habían llegado demasiado lejos en sus actividades reivindicativas y en su colaboración con otras fuerzas dentro del movimiento obrero. Ni el franquismo ni los sectores más conservadores del catolicismo iban a tolerar por más tiempo las tendencias críticas hacia el orden económico y político, y menos aún cualquier clase de pacto con los enemigos del Régimen.

Ya a mitad de 1966, en pleno apogeo de las crisis de la AC, los comunistas madrileños señalaron en varios informes a la dirección del partido que «entre los católicos se viene notando últimamente, posiblemente debido a la presión de las jerarquías eclesiásticas, una mayor resistencia a la acción unitaria».[223] Entre las primeras víctimas de esa reacción de la Conferencia Episcopal estaba el director de *Signo*, revista del Consejo Nacional de la Juventud de Acción Católica, quien fue sustituido en marzo 1967 tras la publicación de un editorial que abogaba por el diálogo con los marxistas para la «promoción humana del mundo obrero» y describía las Comisiones Obreras como un movimiento que luchaba por «la liberación de viejas e infamantes esclavitudes».[224] En 1968 se resolvió la crisis de la AC con un recambio prácticamente total de sus cuadros dirigentes, sustituidos por otros más conservadores y profranquistas, y la redacción de unos nuevos estatutos para impedir la participación de sus afiliados en los movimientos obreros de oposición.[225]

Como resultado, la presencia católica en CCOO disminuyó drásticamente, también a causa de otros dos factores. Por un lado, el miedo suscitado por un endurecimiento de la represión a finales de los años sesenta dirigida a contrarrestar el auge de las Comisiones, como veremos en el próximo capítulo, que acabó con la anterior tolerancia hacia los militantes católicos. A partir de entonces, también ellos sufrirían detenciones y procesos como el resto de activistas del movimiento obrero clandestino. La crítica a la creciente hegemonía del PCE dentro de las Comisiones contribuyó, por otro lado, al alejamiento de muchos católicos contrarios a esa politización.[226] Así, en un documento elaborado por los sectores conservadores de la HOAC, se afirmaba:

> Nos preguntamos ¿Quien engaña a quien?, y la respuesta nos la damos fácilmente, los comunistas con su táctica engañosa

que utilizan la masa borreguil de la HOAC para su fin [...], y en cuanto llegue su día «tiro en la nuca», que es lo más cómodo para los listos-comunistas.[227]

La concatenación de todos estos elementos hizo que, desde 1968, CCOO dejara de beneficiarse de aquella decisiva aportación de la militancia cristiana durante la primera fase de su desarrollo, y el eje católico-comunista se rompiera definitivamente. Aun así, al igual que un sector de la jerarquía eclesiástica intensificó su distanciamiento del Régimen, sobre todo tras el ascenso de Tarancón, numerosos sacerdotes siguieron dando su importante apoyo a las Comisiones, no obstante la reacción dentro de la AC y la represión policial. También en España surgió durante esos años el fenómeno de los «curas obreros»,[228] como el conocido caso de Francisco García Salve, «Paco el cura», un sacerdote que militó activamente en CCOO y en el PCE desde 1966-1967 hasta llegar a ser uno de sus dirigentes después de dejar los hábitos.

Por otra parte, el endurecimiento represivo y la influencia ejercida por las ideas de la nueva izquierda sesentayochista tuvieron como efecto una radicalización de algunos grupos de la militancia obrera cristiana, sobre todo los procedentes de las Vanguardias Obreras. Éstos abandonaron cualquier resto de su anterior identidad católica para pasar a militar en partidos y sindicatos clandestinos, y siguieron participando en CCOO alineándose con las posiciones más a la izquierda del PCE.

Si bien prácticamente extinguida la colaboración con las bases de la HOAC y de la JOC en el movimiento obrero, los comunistas no cesaron por ello de dirigir a las formaciones católicas llamamientos en pro de una alianza también política. Unos llamamientos que al final cayeron en el vacío, ya que los grupos cristianos que evolucionaron hacia posiciones explícitamente de izquierda optaron por el PSOE como interlocutor en el momento de llegar a acuerdos, entre otros motivos porque creían más en sus credenciales democráticas que en las del PCE. Por ejemplo, el exministro Ruiz Giménez, que desde las páginas de la revista *Cuadernos para el Diálogo* había promovido abiertamente un diálogo entre cristianismo y socialismo, y había sostenido la actividad de CCOO, llegado el momento final de la dictadura no entró con su partido Izquierda Democrática a formar parte de la Junta sino de la Plataforma democrática. La única excepción fue el caso de la corriente cristiana que se incorporó al PCE/PSUC a mediados de los setenta, y que tuvo a Alfonso Carlos Comín como su representante más destacado.

El proceso de acercamiento al mundo católico que hemos descrito en las páginas anteriores, aun sin haber alcanzado los resultados esperados por el PCE, no debe ser interpretado como un fracaso, porque sin él nunca hubiera sido posible esa colaboración entre comunistas y católicos que estuvo en la base del surgimiento de las Comisiones y su consolidación como principal fuerza de la oposición obrera. Gracias a los intentos de diálogo con los católicos, además, el partido pudo dar ulterior contenido a su PRN, presentarse como un actor político responsable y tolerante, y dar mayor credibilidad a la imagen democrática que desde hace tiempo estaba tratando de construirse.

CONCLUSIÓN DE UNA ETAPA

A finales de 1966 las Comisiones Obreras habían cerrado la fase embrionaria de su desarrollo, habían adquirido sus propias características teóricas y organizativas, y habían logrado una presencia pública cada vez mayor. Las Comisiones Obreras se habían transformado en CCOO, y ahora tenían unos rasgos identitarios en muchos aspectos distintos a los de sus orígenes. No se trataba sólo de que hubieran cobrado una forma estable, sino también de que se habían articulado tanto sectorial como territorialmente, y habían desarrollado unos canales de coordinación que culminarían unos meses después con la creación de la Coordinadora General a escala nacional. En otras palabras, lo que hasta 1962 había sido sólo un simple movimiento, se había convertido en un movimiento organizado. Hay que subrayar que este proceso de estructuración y de organización estuvo indisolublemente relacionado con la adopción, por parte de CCOO, de la táctica *entrista* que, hasta aquel momento, aun siendo apoyada por los comunistas, no había sido aplicada sistemáticamente por las comisiones en cuanto tales. Porque al principio habían desarrollado su actividad en los márgenes del Vertical, sin que estuviera entre sus objetivos infiltrarse en él mediante la ocupación de cargos electivos legales.

Resulta evidente, por tanto, que si el nacimiento de las comisiones había seguido una dinámica espontánea alimentada esencialmente desde abajo, su transformación en CCOO fue obra sobre todo de la acción sistemática de los militantes comunistas, quienes actuaron siguiendo fielmente las instrucciones recibidas de la dirección del partido, aunque con cierta flexibilidad táctica. El resto de fuerzas que participaron en el proceso de estabilización y consolidación de las Comisiones, aun desempeñando en él un papel decisivo como en el caso de los católicos, lo hicieron siguiendo, de manera consciente o no, las líneas trazadas por el PCE, del que partieron todas las iniciativas en ese sentido. De hecho, las CCOO representaban la materialización de un objetivo que el partido perseguía desde la década anterior, y al que inicialmente había dado forma a través de la creación de la OSO. Cuando los comunistas se dieron cuenta de que esta fórmula no lograba el apoyo de los trabajadores, abandonaron las siglas, pero no el proyecto de oposición sindical contenido en ellas, posteriormente concretado en CCOO. A esos elementos debe sumarse la presencia mayoritaria de los comunistas en las principales Comisiones a partir de 1966, lo que les permitió imponer su hegemonía teórica y práctica. Resulta evidente que el movimiento organizado, pese a su imagen propagandística, no era lo que se dice independiente: parafraseando a Breznev, se podría decir que la suya era una «independencia limitada».

A la iniciativa del PCE se debió, asimismo, la politización de CCOO. Ya hemos tratado este tema en las páginas anteriores, pero aquí es útil subrayar que, más allá de su concretas reivindicaciones, las Comisiones desempeñaron una función socio-política de primera importancia: como queda demostrado por la colaboración instaurada en su seno entre comunistas y católicos, se configuraron como un lugar de encuentro entre trabajadores de distintas, y a veces opuestas, tendencias ideológicas que, trabajando conjuntamente en el día a día por la defensa de sus intereses, pusieron más el acento sobre lo que les unía que sobre lo que les separaba. De esa forma comenzaron a superar prejuicios y viejas rivalidades, y a descubrir un mundo de valores compartidos.[229] Al final ésta supuso una contribución decisiva de CCOO a la preparación del terreno social y político que hizo luego posible la transición pacífica a la democracia.

NOTAS

[1] PAYNE, S., cit., p. 464 y ss.
[2] CAÑELLAS, A., «La tecnocracia franquista: el sentido ideológico del desarrollo económico», en *Studia Historica. Historia Contemporánea*, n.º 24, 2006, pp. 257-288.
[3] CAVALLARO, M. E., *Los orígenes de la integración de España en Europa*, Madrid, Sílex, 2009.
[4] Oficina de Coordinación y Programación Económica, *La economía española ante el Plan de Estabilización*, Madrid, 1959; Íd., *Informes de la OECE sobre el plan español de estabilización*, Madrid, 1960.
[5] TOWSON, N. (ed.), *España en cambio. El segundo franquismo*, Madrid, Siglo XXI, 2009.
[6] LIPSET, S., «Some social requisites of democracy: economic development and political legitimacy», en *American Political Science Review*, n.º 53, 1959, p. 80; DAHL R., *Polyarchy: participation and opposition*, Londres, Yale University Press, 1972.
[7] PÉREZ DÍAZ, V., *El retorno de la sociedad civil*, Madrid, Instituto de Estudios Económicos, 1987; CASANOVA, J., «Modernización y democratización: reflexiones sobre la transición española a la democracia», en CARNERO ARBAT, T. (ed.), *Modernización, desarrollo político y cambio social*, Madrid, Alianza, 1992, pp. 235-276.
[8] AMSDEN, J., *Collective bargaining and class conflict en Spain*, Londres, London School of Economics and Political Science, 1972.
[9] MOLINERO, C., YSÀS, P., *Productores disciplinados...*, cit., pp. 62 y ss.; SOTO, Á., «No todo fue igual. Cambios en las relaciones laborales, trabajo y nivel de vida de los españoles», en *Pasado y Memoria*, n.º 5, 2006, pp. 15-43.
[10] RUIZ, D., «De la supervivencia a la negociación. Actitudes obreras en las primeras décadas de la dictadura (1939-1958)», en *Id.* (ed.), cit., p. 66.
[11] ROSSANDA, R., *Un viaggio inutile*, Turín, Einaudi, 2008.
[12] Las huelgas de la primavera de 1962 han sido detalladamente estudiadas en dos volúmenes colectivos coordinados por Rubén VEGA: *Las huelgas de 1962: hay una luz en Asturias*, Gijón, TREA, 2002; *El camino que marcaba*

Asturias. Las huelgas de 1962 en España y su repercusión internacional, Gijón, TREA, 2002.
13 FERNÁNDEZ DE CASTRO, I., MARTÍNEZ, J. (eds.), *España hoy*, París, Ruedo Ibérico, 1963.
14 «El comunismo internacional se declara promotor de la huelga de Asturias», *La Vanguardia*, 13-V-1962; «Detalles sobre Asturias que asombran a los propios asturianos», *ABC*, 18-V-1962.
15 SACALUGA, J. A., cit., pp. 170-188; MATEOS, A., *Historia de la UGT...*, cit., pp. 179-183.
16 FRANCO, F., «Reflexiones sobre la participación de los eclesiásticos en los movimientos laborales (mayo 1962)», en Id., *Manuscritos de Franco*, Madrid, Otero, 1990, p. 196.
17 «Conflictos laborales», *Ecclesia*, 12-V-1962.
18 MARTÍN ARTILES, A., «Del blindaje de la sotana al sindicalismo aconfesional.», en TUSELL, J., ALTED, A., MATEOS, A. (eds.), *La oposición al régimen de Franco*, Tomo I, Vol. 2, pp. 165-189; MATEOS, A., «Los orígenes de la Unión Sindical Obrera», en Íd., *Las izquierdas...*, cit., pp. 243-258.
19 *Carta fundacional de la Unión Sindical Obrera*, AHFFLC, Fondo Zufiaur, sig. 787-1.
20 GARCÍA PIÑEIRO, R., «El PCE en Asturias bajo el franquismo (1937-1967)», cit., pp. 160-162.
21 *Memoria del Gobierno Civil de Oviedo, correspondiente al año 1962*, AGA, Ministerio de la Gobernación (MG), c. 44/11329.
22 VEGA, R., «Las fuerzas del antifranquismo», en Íd. (ed.), *Las huelgas de 1962...*, cit., p. 161.
23 REI, conocida también como «La Pirenaica», fue la emisora de radio del PCE durante toda la dictadura franquista. Con sede en Bucarest, y bajo la dirección de Ramón Mendezona, era la única radio en castellano que logró transmitir cotidianamente en España esquivando la censura del Régimen. Ver MENDEZONA, R., *La Pirenaica: historia de una emisora clandestina*, Madrid, El Autor, 1981; ZARAGOZA, F., *Radio Pirenaica: la voz de la esperanza antifranquista*, Madrid, Marcial Pons, 2008.
24 *3-5-1962*, AHPCE, REI.
25 *Formación y consolidación de la huelga*, 1962, Informe de la (1) de (2), agosto 1962, AHPCE, NyR, Asturias, jj. 65 y 66; *16-5-1962*, AHPCE, REI.
26 *Informe interno de Santiago Carrillo sobre las huelgas obreras*, septiembre 1962, AHPCE, Dirigentes, c. 30.
27 *3-5-1962*, AHPCE, REI.
28 *Carta de Jordi*, 16-VI-1962, AHPCE, NyR, Cataluña, j. 1099.
29 PCE, *2 meses de huelgas*, París, PCF, pp. 84-88.
30 *8-5-1962* y *23-5-1962*, en AHPCE, REI; «¡Viva la huelga de los mineros asturianos!» y «España entera se pone en pie», *Mundo Obrero*, respectivamente, 1-V-1962 y 15-V-1962.
31 *Manifiesto del Partido Comunista de España*, 21-V-1962, AHPCE, Documentos, carp. 43.

[32] Me permito remitir a mi artículo «Las huelgas de mayo de 1962 a la luz de la prensa política italiana», en *Historia del Presente*, n.º 14, 2009, pp. 137-150. Para una panorámica general: FERNÁNDEZ DE CASTRO, I., MARTÍNEZ, J. (eds.), cit.
[33] «Suscripción nacional», *Mundo Obrero*, 15-V-1962.
[34] *Carta de G.*, 1-VI-1962, AHPCE, NyR, Cataluña, c. 55.
[35] PIOVENE, G., «Tra la folla di Barcellona, piena di vitalità nella tristezza», *La Stampa*, 20-V-1962.
[36] SOTO, A., «Huelgas en el franquismo: causas laborales-consecuencias políticas», en *Historia Social*, n.º 30, 1998, pp. 39-62.
[37] TUSELL, J., *La oposición democrática al franquismo...*, cit., pp. 388 y ss.; SATRÚSTEGUI, J. (ed.), *Cuando la transición se hizo posible: el «Contubernio de Munich»*, Madrid, Tecnos, 1993.
[38] YSÀS, P., *Disidencia y subversión*, Barcelona, Crítica, 2004, pp. 84-86.
[39] «Llamamiento del Comité Ejecutivo del PCE», *Mundo Obrero*, 15-X-1962.
[40] «La clase obrera ha abierto el camino hacia la solución del problema político español», *Mundo Obrero*, junio 1962; «¡Franco, no; Asturias, sí!», *Mundo Obrero*, 1-IX-1962; *Hacia la preparación de la Huelga General Política. Resolución del CC del PSUC*, enero 1963, AHPCE, Documentos, carp. 44; «1963, año crítico», *Mundo Obrero*, 15-I-1963.
[41] DOMÈNECH, X., *Clase obrera, antifranquismo y cambio político*, Madrid, Los Libros de la Catarata, 2008, pp. 29-86.
[42] *III Pleno ampliado del Comité Central del PCE*, noviembre 1963, AHPCE, Documentos, RyP.
[43] «La Oposición Sindical en marcha», *Lucha Obrera*, septiembre 1962.
[44] *Carta de G.*, 7-VI-1962, AHPCE, NyR, Cataluña, c. 55.
[45] «Encuesta sobre la Oposición Sindical», *Nuestra Bandera*, n.º 33, I trimestre 1962, pp. 43-48.
[46] *Carta de Amat a Claudín y Carta de Claudín a Amat*, febrero 1962, AHPCE, MO, jj. 20, 25.
[47] *Carta de Wenceslao Carrillo*, 2-III-1962, AHPCE, MO, j. 27.
[48] Número monográfico de *Nuestra Bandera*, n.º 34, II y III trimestre 1962.
[49] «Llamamiento de la Oposición Sindical», *Mundo Obrero*, junio 1962.
[50] *Llamamiento de la Oposición Sindical Obrera de Asturias, Madrid, Cataluña, Euskadi y Andalucía*, noviembre 1962, AHPCE, MO, c. 88, carp. 40.
[51] *Reunión del CE*, 16-X-1962, AHPCE, Documentos, carp. 43.
[52] CARRILLO, S., «En torno a la encuesta sindical de «Nuestra Bandera»», *Nuestra Bandera*, n.º 35, IV trimestre 1962, pp. 9-22.
[53] *Informe sobre el desarrollo de la Oposición Sindical*, febrero 1964, p. 5, AHPCE, MO, j. 59; *Sobre la cuestión de la Oposición Sindical Obrera*, diciembre 1963, AHPCE, MO, c. 89, carp. 4.
[54] *Algunas cuestiones sobre la Oposición Sindical Obrera*, mayo 1964, AHPCE, MO, j. 68; *Carta de Jordi*, 16-XI-1962, AHPCE, NyR, Cataluña, c. 55.
[55] *Sobre la cuestión de la Oposición Sindical Obrera*, cit., p. 5; *Carta de Blasco*, 2-IX-1962, en AHPCE, NyR, Cataluña, c. 55.

[56] *Reunión del Comité Ejecutivo*, 25-VII-1963, AHPCE, Documentos, Anexo, c. A, j. 298.
[57] *Reunión del CE*, 16-X-1962, cit.
[58] «Suscripción para ayuda a los huelguistas españoles», *Mundo Obrero*, 15-X-1962.
[59] *Mensaje de la Oposición Sindical Obrera de España al movimiento sindical internacional*, septiembre 1963, AHPCE, MO, c. 88, carp. 40; «Comunicado de la Oposición Sindical (27-II-1964)», *Lucha Obrera*, marzo 1964.
[60] «A la Oposición Sindical Obrera de España», «El VI Congreso de la Federación Sindical Mundial», *Mundo Obrero*, 1-VI-1964 y 1-XI-1965.
[61] *La Oposición Sindical Obrera a su Santidad Pablo VI*, septiembre 1963, AHPCE, MO, j. 41.
[62] *Sobre la cuestión de la Oposición Sindical Obrera*, cit., p. 1.
[63] *Memoria del Gobierno Civil de Madrid, correspondiente al año 1964*, AGA, MG, c. 44/11692.
[64] *Manifiesto de la Oposición Sindical Española ante el 1 de mayo*, 15-IV-1963, AHPCE, MO, c. 88, carp.40.
[65] DÍAZ, I., «Entre el *entrismo* y la abstención consciente. La postura de los comunistas asturianos ante las elecciones sindicales de 1963», en BUENO, M., HINOJOSA, J., GARCÍA, C. (eds.), cit., Vol. II, pp. 213-226.
[66] *Memoria del Gobierno Civil de Oviedo, correspondiente al año 1963*, AGA, MG, c. 44/11461.
[67] «Garantías exigidas por los obreros de Asturias», *Lucha Obrera*, julio-agosto 1963.
[68] *Carta de Alfredo*, mayo 1963, AHPCE, NyR, Asturias, j. 79.
[69] «Las primeras informaciones de las elecciones sindicales», *Mundo Obrero*, 1-VII-1963.
[70] IBARRA, P., GARCÍA, C., «De la primavera de 1956 a Lejona 1978. Comisiones Obreras de Euskadi», en RUIZ, D. (ed.), cit., p. 116.
[71] *III Pleno ampliado del Comité Central del PCE*, noviembre 1963, cit., p. 4; *DGS. Diligencias n.º 1209*, noviembre 1964, AHPCE, MO, j. 52.
[72] *Coloquio: la clase obrera y la oposición sindical*, 1965 (la fecha que aparece es 1964, pero considerando que hace referencia a acontecimientos producidos a principios de 1965 optamos por esta otra datación), AHPCE, MO, c. 91, carp. 1, bobina (b.) I-p. 4, b. II, p. 18.
[73] *Carta de (1)*, marzo 1964, *Respuesta de (2) a (1)*, 4-VII-1966, AHPCE, NyR, Euskadi, jj. 510, 557; *Coloquio obrero: actas taquigráficas*, septiembre 1966, p. 223, AHPCE, MO, c. 90.
[74] *Informe sobre las elecciones a enlace*, julio-agosto 1963, AHPCE, MO, c. 89.
[75] RUIZ GALACHO, E., *Historia de las Comisiones Obreras de Sevilla*, Sevilla, Universidad de Sevilla, 2002, pp. 23-25.
[76] *Vocales sociales del Sindicato del Metal, elegidos el día 23-9-1963*, Archivo Histórico de las Comisiones Obreras de Andalucía (AHCCOOA), Comisiones Obreras Clandestinas, sig. 10.16.

[77] ELLWOOD, S., *Prietas las filas...*, cit., pp. 237 y ss.; BABIANO, J., *Emigrantes, cronómetros y huelgas...*, cit., pp. 237, 269.
[78] SOTO, Á., «Auge y caída de la Organización Sindical Española», en *Espacio, Tiempo y Forma*, n.º 8, 1995, pp. 247-276.
[79] Grimau, detenido en 1962, fue condenado a muerte en 1963 por presuntos delitos cometidos durante la Guerra Civil, no obstante las numerosas protestas internacionales: *Julián Grimau: el hombre, el crimen, la protesta*, París, Editions Sociales, 1963; CARVAJAL URQUIJO, P., *Julián Grimau: el último muerto de la Guerra Civil*, Madrid, Aguilar, 2003.
[80] Sandoval fue arrestado en abril de 1964 junto a Luis Antonio Gil, Justo López, Antonio Montoya y otros militantes comunistas; el Tribunal de Orden Público (TOP) lo condenó a 28 años de reclusión, mientras que para los demás las penas oscilaron entre los 23 y los 4 años de cárcel: *El juicio contra Sandoval y sus compañeros*, noviembre 1964, y *El juicio y sus hechos más salientes*, diciembre 1964, AHPCE, Represión franquista, c. 43, carp. 3.2.
[81] HORMIGO, J., *Tiempos difíciles*, Sevilla, Librería Andaluza, 1999, pp. 151-155. Para la actividad de los comunistas madrileños en los locales puestos a disposición por la OSE, ver por ejemplo: Carta de Lucas, 9-VII-1964, AHPCE, MO, j. 69.
[82] SOTO, A., *Clase obrera, conflicto laboral y representación sindical. Evolución socio-laboral de Madrid*, Madrid, GPS, 1994.
[83] CARRILLO, S., *Querido Ramón*, 7-X-1963, AHPCE, Dirigentes, c. 30, pp. 6-7.
[84] *Reunión del sector Metal*, marzo 1964, AHPCE, MO, j. 57; *A (1)*, marzo 1964, AHPCE, NyR, Centro, j. 424; PRADO, J., «Madrid», *Nuestra Bandera*, n.º 42-43, marzo-abril 1965, pp. 65-74.
[85] *Sobre la Oposición Sindical*, 27-VII-1964, AHPCE, MO, j. 73; *Coloquio: la clase obrera y la oposición sindical*, 1965, cit., b. 10, pp. 65-67; *Reunión del 2-9-1964 en el Salón de Actos del Sindicato Provincial del Metal*, 14-IX-1964, AHPCE, REI, Redacción auxiliar, jj. 112-113.
[86] MARAVALL, J. M., *Dictadura y disentimiento político...*, cit., p. 64.
[87] *Querido (1)*, 18-X-1964, AHPCE, REI, Redacción auxiliar, j. 115.
[88] HERMET, G., *Los Comunistas en España*, París, Ruedo Ibérico, 1972, pp. 66 y ss.
[89] Los principales documentos sobre el tema están recogidos en CLAUDÍN, F., *Documentos de una divergencia comunista*, Barcelona, El Viejo Topo, 1978. Para las distintas versiones de los protagonistas: Íd., *Santiago Carrillo...*, cit., pp. 161 y ss.; CARRILLO, S., *Mañana España*, cit., pp. 146 y ss.; SEMPRÚN, J., *Autobiografía de Federico Sánchez*, Barcelona, Planeta, 1977.
[90] *Memoria del Gobierno Civil de Barcelona, correspondiente al año 1964*, AGA, MG, c. 44/11684.
[91] MATEOS, A., *Historia de la UGT...*, cit., pp. 170-173.
[92] DOMÈNECH, X., *Clase obrera...*, cit., pp. 102 y ss.; *Carta de Emilio (B)*, 24-X-1964, *Carta de Emilio*, 21-XI-1964, y *Carta de Barcelona*, 5-XII-1964,

AHPCE, NyR, Cataluña, c. 55 para los primeros dos documentos, j. 1.354 para el tercero.
[93] BALFOUR, S., cit., p. 88.
[94] *Situación de las Comisiones Obreras de Cataluña*, 22-8-1966, AHPCE, MO, j. 142; *Carta de Emilio*, 20-III-1965, *Discusión del cté de Barna*, 19-III-1965, *Informe de Carlos sobre el trabajo en el frente de la Oposición Sindical*, 17-V-1965, AHPCE, NyR, Cataluña, c. 56.
[95] *Actas del VII Congreso del Partido Comunista de España*, agosto 1965, p. 340, en AHPCE, Documentos, Actas Congresos.
[96] *Información de (5)*, enero 1965, *Reunión con el comité de A*, 14-IV-1965, AHPCE, NyR, Madrid, jj. 9, 67.
[97] *Reseña de la reunión del 22-5-65*, mayo 1965, *Carta de (1)*, junio 1965, AHPCE, NyR, Madrid, JJ. 58-59, 61.
[98] *Carta de S. Carrillo a D. Ibárruri*, 20-V-1966, AHPCE, Dirigentes, c. 30; *Reseña de reunión de 25 y 27.12 1966*, p. 4, AHPCE, MO, c. 89, carp. 4; *Resumen de la reunión del C. ampliado de (1) de Madrid*, enero 1966, AHPCE, NyR, Madrid, j. 95.
[99] BABIANO, J., *Emigrantes, cronómetros y huelgas...*, cit., pp. 271-275.
[100] *Carta de S. Carrillo a D. Ibárruri*, 29-X-1966, p. 2, AHPCE, Dirigentes, c. 30.
[101] *Coloquio obrero: actas taquigráficas*, septiembre 1966, cit., pp. 3, 66; GÓMEZ RODA J. A., *Comisiones Obreras y represión franquista*, Valencia, Universitat de Valencia, 2004, p. 90.
[102] Parte de la correspondencia entre las dos comisiones se guarda en AHCOOA, Comisiones Obreras Clandestinas, sig. 10.13.
[103] RUIZ GALACHO, E., cit., pp. 28-29.
[104] MUÑOZ, J., *Cuadernos para el Diálogo (1963-1976). Una historia cultural del segundo franquismo*, Madrid, Marcial Pons, 2006, pp. 132-142.
[105] LINZ, J., DE MIGUEL, A., «La representación sindical vista por los empresarios», en *Fomento Social*, n.º 78, 1965, pp. 115-147.
[106] «Nota de la Delegación de Sindicatos sobre las llamadas 'Comisiones Obreras'», *La Vanguardia*, 30-IV-1966.
[107] *Visita a Solís*, 16-II-1965, AHPCE, MO, j. 88; CAMACHO, M., *Confieso...*, cit., p. 176.
[108] *Coloquio: la clase obrera y la oposición sindical*, 1965, cit.
[109] La decisión definitiva al respecto se tomó en la sesión plenaria del CC inmediatamente anterior al congreso: *Pleno del CC*, agosto 1965, AHPCE, Documentos, RyP.
[110] *Querido (1)*, mayo 1965, AHPCE, NyR, Madrid, j. 48.
[111] *III Pleno ampliado del Comité Central del PCE*, noviembre 1963, cit., p. 6.
[112] *Informe de (1)*, 1964, p. 2, AHPCE, NyR, Andalucía, j. 226.
[113] *Actas del VII Congreso del Partido Comunista de España*, cit., p. 439; *Memoria del Gobierno Civil de Guipúzcoa, correspondiente al año 1963*, p. 3, AGA, MG, c. 44/11459.

[114] *Coloquio obrero: áctas taquigráficas*, septiembre 1966, cit., p. 64.
[115] SARTORIUS, N., ALFAYA, J., *La memoria insumisa*, Madrid, Espasa, 1999, p. 175.
[116] *Coloquio obrero: actas taquigráficas*, septiembre 1966, cit., p. 522.
[117] YSÀS, P., cit., pp. 88-89. Para las relaciones entre la OSE y la OIT en esta fase, ver MATEOS, A., *La denuncia del Sindicato Vertical*, Madrid, Consejo Económico y Social, 1997.
[118] «Elecciones sindicales escandalosas. Llamamiento de CNT, UGT, STV», *Boletín de la UGT*, n.º 264, octubre 1966. Para la AS, véase MATEOS, A., *Historia de la UGT...*, cit., pp. 156 y ss.
[119] *Carta de Benito Alonso*, 14-X-1966, AHFFLC, Secretariado profesional de comunicaciones de UGT, sig. 73-12; *Circular CE de la UGT*, 28-VII-1966, AHFFLC, UGT en el exilio, Circulares CE, sig. 256-3; «Contra la farsa de las elecciones sindicales», *Boletín de la UGT*, n.º 262, agosto 1966.
[120] Documento de octubre de 1966, reproducido en *Memoria CE al X Congreso de UGT*, 1968, p. 79, AHFFLC, UGT en el exilio, sig. C/3/28; *No a las elecciones sindicales falangistas*, septiembre 1966, AHFFLC, UGT en el exilio, sig. 356-01.
[121] HERRERÍN, A., «La CNT y el Sindicato Vertical. La quimera de la libertad sindical con Franco», en *Espacio, Tiempo y Forma*, n.º 13, 2000, pp. 125-168.
[122] *Proyecto de plan a desarrollar a la vista de las instrucciones cursadas por el CC del PC ibérico*, 20-X-1960, cit., p. 2.
[123] *Declaración de la CNT ante la realidad política española*, enero 1965, Archivo de la Fundación Salvador Seguí (AFSS), Fondo Lorenzo Íñigo, sig. 4.1; *Carta de Juan López a D. Abad de Santillán*, diciembre 1965, en AGA, SGM, c. 51/18788.
[124] *Carta de Santillán a Miguel Ortiz*, 17-I-1966, p. 10, AGA, SGM, c. 51/18788.
[125] *Acuerdos provisionales entre militantes del sindicalismo oficial y militantes del sindicalismo libertario*, 4-11-1965, AFSS, Fondo Lorenzo Íñigo, sig. 4.7.
[126] *La CNT: su posición ante CCOO*, 1966, AGA, Ministerio de Información y Turismo (MIT), Gabinete de Enlace (GE), c. 424.
[127] ALBEROLA, O., «Debate ideológico sobre el porvenir del sindicalismo español», *Presencia*, n.º 7, enero-mayo 1967, p. 25.
[128] L. P., «El verdadero referéndum lo manifiestan los estudiantes y las comisiones obreras», *Presencia*, n.º 7, enero-mayo 1967, p. 17.
[129] Para la historia del movimiento anarquista durante los años sesenta y para los desencuentros entre las viejas y las nuevas generaciones de militantes libertarios, ver: PEIRATS, J., *Examen crítico-constructivo del movimiento libertario español*, México D. F., 1967; ALBEROLA, O., GRANSAC, A., *El anarquismo español y la acción revolucionaria*, París, Ruedo Ibérico, 1975; VV.AA., *La oposición libertaria al régimen de Franco*, Madrid, Fundación Salvador Seguí, 1993; CHRISTIE, S., *Franco me hizo terrorista*, Madrid,

Temas de Hoy, 2005; EDO, L., *La CNT en la encrucijada*, Barcelona, Flor del Viento, 2006.
[130] «Nuestra posición ante la realidad sindical española», *Presencia*, n.º 8, junio-julio 1967. Sobre el problema de la presencia comunista en las Comisiones, véase la polémica entre *Presencia* y Cipriano Mera: MERA, C., «Carta abierta a la redacción de *Presencia*», y «Unas puntualizaciones que nos parecen indispensables», ambos en *Presencia*, n.º 9, agosto-noviembre 1967.
[131] Ambos en AHPCE, MO, c. 83, carp. 2.
[132] *Querido (1)*, 16-II-1966, p. 2, AHPCE, NyR, Euskadi, j. 579.
[133] *Coloquio obrero: actas taquigráficas*, septiembre 1966, cit., p. 5; *Querido (1)*, 15-VII-1966, AHPCE, NyR, Euskadi, j. 561.
[134] «Por la mayor organización y coordinación del nuevo movimiento obrero», *Mundo Obrero*, 15-2-1966.
[135] *Reunión con asistencia de (1), (2), (3), (4), (5), (6) para discutir las cuestiones del P. y su reforzamiento*, 12-VIII-1966, p. 12, AHPCE, NyR, Madrid, jj. 153-154; «La batalla de las elecciones sindicales», *Nuestra Bandera*, n.º 49-50, mayo-junio 1966, pp. 8-10; «Por qué se debe votar», *Mundo Obrero*, 1-VIII-1966.
[136] Además de los artículos ya citados de *Mundo Obrero* y *Nuestra Bandera*, ver: *Querido (1)*, 6-I-1966, AHPCE, NyR, Madrid, j. 111; *¿Unidad obrera o gregarismo sindical?*, 29-VI-1966, AHPCE, MO, j. 133.
[137] *Acta de (1) del 31-8-66*, pp. 3-4, 8, AHPCE, NyR, Madrid, j. 151.
[138] *Carta al Delegado Nacional de Sindicatos*, 5-V-1966, AHCCOOA, Comisiones Obreras Clandestinas, sig. 9.3.
[139] *Memoria del Gobierno Civil de Madrid, correspondiente al año 1966*, AGA, MG, c. 44/12139; *Panorámica comunista*, 30-VIII-1966, AGA, MIT, GE, c. 467.
[140] *Informe de (1) sobre la preparación de las elecciones sindicales*, septiembre 1966, *Carta de (38)*, 12-IX-1966, AHPCE, MO, jj. 145, 162.
[141] Un ejemplo en *Carta a José Luis Cebrián, director del diario «Alcázar»*, 17-X-1966, AHPCE, MO, j. 151.
[142] Para la preparación de las elecciones en los distintos lugares del país y para el paralelo desarrollo organizativo de CCOO, ver las contribuciones recogidas en RUIZ, D. (ed.), cit.; MARTÍNEZ FORONDA, A., «Historia de las Comisiones Obreras en Andalucía: desde su origen hasta la constitución como sindicato», en Íd (ed.), *La conquista de la libertad: historia de las Comisiones Obreras de Andalucía (1962-2000)*, Cádiz, Fundación de Estudios Sindicales, 2003, pp. 156 y ss.; GÓMEZ RODA, J. A., **cit., pp. 93 y ss.;** DOMÈNECH, X., *Clase obrera...*, cit., pp. 152 y ss.; *Viaje a Burgos*, enero 1967, pp. 2-3, AHPCE, NyR, Provincias castellanas, jj. 9-10; *Informe de Guipúzcoa*, 8-VIII-1966, AHPCE, MO, j. 137; «La preparación de las elecciones sindicales ha promovido una ingente movilización obrera», *Mundo Obrero*, 15-IX-1966.
[143] *Acta de (1) del 31-8-66*, cit., pp. 7, 11.
[144] *Elecciones sindicales*, agosto 1966, p. 13, AHPCE, NyR, Madrid, j. 154.

[145] «Reivindicaciones que se proponen para un programa reivindicativo unificado del nuevo movimiento obrero», en *Coloquio obrero: actas taquigráficas*, septiembre 1966, cit., pp. 591-592.
[146] Para las fuentes gubernamentales: MORILLA, I., *Informe sobre las llamadas Comisiones Obreras*, mayo 1967, p. 4, AHPCE, MO, c. 87, carp. 1; *Memoria del Gobierno Civil de Guipúzcoa, correspondiente al año 1966*, p. 13, AGA, MG, c. 44/12138; YSÀS, P., cit., p. 93. La historiografía está de acuerdo en la interpretación de las elecciones sindicales de 1966 como un triunfo de las candidaturas de CCOO: un panorama general en los trabajos recogidos en RUIZ, D. (ed.), cit.
[147] *Carta de (5)*, 1-XI-1966, AHPCE, NyR, Madrid, j. 162. Los obstáculos puestos por los dirigentes de la OSE quedan confirmados por las fuentes franquistas, ver: YSÀS, P., cit., p. 93. CCOO denunció públicamente las irregularidades verificadas en la segunda fase de las elecciones, mandando cartas a las autoridades sindicales y gubernamentales. Ver, por ejemplo: *Carta al Gobierno sobre los defectos en las elecciones sindicales*, 20-XI-1966, AHCCOOA, Comisiones Obreras Clandestinas, sig. 9.3; *Carta de Vocales Jurados y Enlaces Sindicales de Perkins Hispania S. A.*, 19-X-1966, AHPCE, MO, j. 146.
[148] *Carta de S. Carrillo a D. Ibárruri*, 29-X-1966, cit.; *Información*, enero 1967, AHPCE, MO, j. 160; «Las elecciones sindicales», *Mundo Obrero*, 1-X-1966; «El triunfo del nuevo movimiento obrero ha sido aplastante», *Mundo Obrero*, 15-X-1966.
[149] Cifra indicativa deducida a partir del *Informe de organización*, junio 1967, AHPCE, Documentos, carp. 48, y *Resumen informativo de las elecciones sindicales*, 1966, AHPCE, MO, jj. 203-208.
[150] *Carta de S. Carrillo a D. Ibárruri*, 29-X-1966, cit., p. 9. Para la constatación, por parte de los socialistas, de la derrota y declive de la UGT, ver: *Carta de Benito Alonso a Emilio Pradera*, 5-X-1966, AHFFLC, Fondo Benito Alonso, sig. 137-25.
[151] SARTORIUS, N., *El sindicalismo de nuevo tipo*, Barcelona, Laia, 1975, pp. 113-114, 116.
[152] CAMACHO, M., *Charlas en la prisión...*, cit., pp. 77-78.
[153] FLORES, M., GALLERANO, N., *Sul Pci*, Bolonia, Il Mulino, 1992.
[154] LENIN, V. I., *¿Qué hacer?*, cit., pp. 110-126; Íd., «Proyecto de resoluciones para el Congreso de unificación del POSDR. Febrero 1906», en Íd., *Obras Completas*, Buenos Aires, Cartago, 1969, Tomo X, p. 162.
[155] Ver, por ejemplo, algunos manifiestos fundacionales, como la *Declaración de las Comisiones Obreras de Madrid*, junio 1966, AHPCE, MO, c. 83, carp. 2; «Declaración de principios de CCOO de Guipúzcoa», 1966, reproducido en ARIZA, J., *Comisiones Obreras*, Barcelona, Avance, 1976, pp. 99-103.
[156] *Carta de (2)*, 8-XI-1966, p. 8, AHPCE, NyR, Madrid, j. 173; *Coloquio obrero: áctas taquigráficas*, septiembre 1966, cit., p. 547.
[157] *Sobre la cuestión de la Oposición Sindical Obrera*, cit., p. 2.
[158] *Carta de (2)*, 27-V-1965, p. 7, AHPCE, NyR, Madrid, j. 60.

[159] *Informe del Ministerio de Gobernación sobre Comisiones Obreras*, 1971, p. 3, AHPCE, MO, c. 87, carp. 1.
[160] SARTORIUS, N., *El sindicalismo de nuevo tipo*, cit., p. 135.
[161] CARRILLO, S., *Después de Franco, ¿Qué?*, París, Editions Sociales, 1965, p. 61.
[162] Ver «Resolución de la Asociación Internacional de los Trabajadores sobre los sindicatos. 1866», reproducido en MARX, K., *Acerca de los sindicatos*, México D. F., Quinto Sol, 1979, pp. 17-19.
[163] Véase *Ante el futuro del sindicalismo*, 31-III-1966, AHPCE, MO, c. 83, carp. 2.
[164] *Opiniones de (1) sobre el anteproyecto de C.O.*, 10-IV-1967, p. 2, AHPCE, MO, j. 190.
[165] LAVAU, G., *À quoi sert le Parti communiste français?*, París, Fayard, 1981, pp. 103-111.
[166] *Coloquio obrero: actas taquigráficas*, septiembre 1966, cit., p. 583. Véase también *Por un Partido Comunista de masas, para acelerar la transición hacia la democracia*, abril 1967, pp. 19-23, AHPCE, Documentos, carp. 48.
[167] CAMACHO, M., *Charlas en la prisión*, cit., pp. 44-46, 76.
[168] Ver, por ejemplo, la *Declaración de las Comisiones Obreras de Madrid*, junio 1966, cit.
[169] *Coloquio obrero: actas taquigráficas*, septiembre 1966, cit., p. 575.
[170] *Querido (1)*, 1965, AHPCE, NyR, Madrid, j. 38.
[171] *Memoria del Gobierno Civil de Madrid, correspondiente al año 1966*, cit.
[172] *El Partido y la organización del Estado democrático en España*, 1965, AHPCE, Tesis y Manuscritos, c. 79, carp. 2. Algunos historiadores, al no constar la fecha del documento, han afirmado erróneamente que tales actas eran las de un seminario que había tenido lugar en Arras en 1963: BUJ, S., «¿Después de Franco, qué? Los comunistas debaten sobre las Instituciones del futuro Estado español democrático», en BUENO, M., HINOJOSA, J., GARCÍA, C. (eds.), cit., Vol. II, pp. 227-242. Numerosos elementos, sin embargo, como el hecho de que se hablara de la crisis de Claudín y Semprún afirmando que se acababa de resolver, nos llevan a sostener que se trata de las actas de un coloquio al que se hacía breve referencia en las páginas de *Nuestra Bandera*: «Problemas de organización del futuro Estado democrático de España», *Nuestra Bandera*, n.º 44-45, mayo-junio 1965, pp. 11-30.
[173] CARRILLO, S., *Después de Franco, ¿Qué?*, cit., p. 107.
[174] CARRILLO, S., *Nuevos enfoques a problemas de hoy*, París, Editions Sociales, 1967, pp. 159-168.
[175] *El Partido y la organización del Estado democrático en España*, 1965, cit., b. I – p. 9.
[176] CARRILLO, S., *Después de Franco, ¿Qué?*, cit., pp. 111 y ss.; VV.AA., *Un futuro para España*, París, Editions Sociales, 1967.
[177] *Coloquio: la clase obrera y la oposición sindical*, 1965, cit., p. 46.
[178] *El Partido y la organización del Estado democrático en España*, 1965, cit., b. I, p. 20, b. II, pp. 23, 27, 30-33, b. III, p. 10.

[179] GRAMSCI, A., *Quaderni dal carcere*, Vol. III, Roma, Istituto Gramsci, 1975.
[180] CARRILLO, S., *Después de Franco, ¿Qué?*, cit., pp. 111-121.
[181] *El Partido y la organización del Estado democrático en España*, 1965, cit., b. III, pp. 3-4, b. IV, p. 17, b. V, p. 3.
[182] Sobre la participación de los católicos en el movimiento obrero: CASTAÑO COLOMER, J., *La JOC en España*, Salamanca, Sígueme, 1978; LÓPEZ GARCÍA, B., *Aproximación a la historia de la HOAC*, Madrid, HOAC, 1995; MURCIA, A., *Obreros y obispos en el franquismo*, Madrid, HOAC, 1995; BERZAL, E., *Del Nacionalcatolicismo a la lucha antifranquista*, Valladolid, Facultad de Filosofía y Letras, 1999 (tesis de doctorado).
[183] FERRANDO, E., «Los Grupos Obreros de Estudios Sociales de la HOAC», y LÓPEZ GARCÍA, B., «La formación y el análisis social en el Movimiento Obrero Católico bajo el franquismo. Los GOES», ambos en *XX Siglos*, n.º 22, 1994, pp. 61-68 y 69-87.
[184] Sobre la figura de Rovirosa se puede consultar el interesante, aunque apologético libro de GARCÍA, X., MARTÍN, J., MALAGÓN, T., *Rovirosa. Apóstol de la clase obrera*, Madrid, HOAC, 1985.
[185] MALAGÓN, T., «El Compromiso Temporal y la HOAC», *Boletín de la HOAC*, abril 1963.
[186] El ministro respondió duramente a esta carta, mientras que el cardenal Pla i Deniel asumió la defensa de las organizaciones obreras católicas: LÓPEZ GARCÍA, B., «Discrepancias entre el Estado franquista y las asociaciones obreras católicas en 1960. La correspondencia del cardenal Pla i Deniel y el ministro Solís», en *Anales de Historia Contemporánea*, 1985, pp. 259-281.
[187] BERZAL, E., «Cristianos en el nuevo movimiento obrero en España», en *Historia Social*, n.º 54, 2006, p. 138.
[188] DÍAZ-SALAZAR, R., *Iglesia, dictadura y democracia*, Madrid, HOAC, 1981; Íd., *Nuevo socialismo y cristianos de izquierda*, Madrid, HOAC, 2001; HERMET, G., *Los católicos en la España franquista*, 2 Vol., Madrid, CIS, 1985; BLÁZQUEZ, F., *La traición de los clérigos en la España de Franco*, Madrid, Trotta, 1991; *XX Siglos*, n.º 16, 1993; PIÑOL, J. M., *La transición democrática de la Iglesia católica española*, Madrid, Trotta, 1999; BERZAL, E., *Sotanas rebeldes*, Valladolid, Diputación de Valladolid, 2007; MONTERO, F., *La Iglesia: de la colaboración a la disidencia*, Madrid, Encuentro, 2009.
[189] BARROSO, A., «Bilbao, una diócesis de cincuenta años», en *Hispania Sacra*, n.º 52, 2000, p. 560.
[190] GALLEGO, I., «¿Hasta cuándo contará la dictadura con el apoyo de la jerarquía eclesiástica?», *Nuestra Bandera*, n.º 20, marzo 1958, pp. 22-38; CLAUDÍN, F., «Carta abierta a la redacción del boletín de las HOAC», *Nuestra Bandera*, n.º 27, julio 1960, pp. 61-65.
[191] «A las Jerarquías Eclesiásticas, a los católicos españoles», 24-V-1958, reproducido en *Nuestra Bandera*, n.º 21, julio 1958, pp. 109-113.
[192] *Informe de (8)*, diciembre 1957, AHPCE, NyR, Asturias, j. 18; *Informe de Laso*, diciembre 1957, cit., pp. 7-8; *Pleno del Comité Central del Partido Co-*

munista de España, 25 julio-4 agosto 1956, cit., pp. 43, 52, 73-75; *Pleno del Comité Central del Partido Comunista de España*, agosto 1957, cit., pp. 34-35.

[193] *Pleno del Comité Central del Partido Comunista de España*, agosto 1958, cit., p. 358.

[194] VAQUERO, J. A., «Huelga e Iglesia: obreros cristianos, sacerdotes y obispos ante el conflicto», en VEGA, R. (ed.), *Las huelgas de 1962...*, cit., pp. 215-242.

[195] DÍAZ, J. A., *Luchas internas en Comisiones Obreras. Barcelona 1964-1970*, Barcelona, Bruguera, 1977, p. 52.

[196] BABIANO, J., «Los católicos en el origen de Comisiones Obreras», en *Espacio, Tiempo y Forma*, n.º 8, 1995, pp. 277-293.

[197] *Querido Ramón*, 7-X-1963, AHPCE, Dirigentes, c. 30.

[198] Para las características generales de la AST y su política sindical, ver: LAIZ, C., *La lucha final*, Madrid, Los Libros de la Catarata, 1995, pp. 50-63.

[199] IBÁRRURI, D., «45 años del Partido Comunista de España», *Mundo Obrero*, 15-IV-1965.

[200] «Interviú del camarada Santiago Carrillo en la TV Cubana», *Mundo Obrero*, 15-II-1965; «Las declaraciones del camarada Santiago Carrillo a *L'Unità*», *Mundo Obrero*, 1-III-1967.

[201] *Coloquio obrero: áctas taquigráficas*, septiembre 1966, cit., pp. 552-553.

[202] *Memoria del Gobierno Civil de Madrid, correspondiente al año 1964*, cit.; *Memoria del Gobierno Civil de Madrid, correspondiente al año 1963*, y *Memoria del Gobierno Civil de Guipúzcoa, correspondiente al año 1964*, AGA, MG, cc. 44/11461 y 44/11689. Un buen análisis de la perspectiva gubernamental en YSÀS, P., cit., pp. 82-83.

[203] FRANCO SALGADO-ARAUJO, F., cit., p. 468.

[204] Ver, por ejemplo, los testimonios recogidos en MURCIA, A., cit., p. 169.

[205] IZCARAY, J., «Una encíclica de paz», *Nuestra Bandera*, n.º 36, I-II trimestre 1963, pp. 31-40.

[206] Sobre las semejanzas del modelo de militancia, ver los volúmenes II y III de ROVIROSA, G., *Obras completas*, Madrid, HOAC, 1995-1996.

[207] Ver, por ejemplo: «La lucha de clase puede realizarse con fuerza y energía», *Boletín de la HOAC*, mayo 1960; «Fiel a la Iglesia y a la clase obrera», *Boletín de la HOAC*, septiembre 1962; «¿El capitalismo es cristiano?», *Boletín de la HOAC*, enero 1962.

[208] «Los cristianos y la colaboración con grupos de diferentes ideologías», *Boletín de la HOAC*, diciembre 1965.

[209] ÁLVAREZ, S., «Los comunistas y la colaboración con los católicos», *Nuestra Bandera*, n.º 47-48, febrero-marzo 1966, pp. 75-76.

[210] *Informe sin título*, 22-XII-1964, AHPCE, NyR, Madrid, j. 5.

[211] CARRILLO, S., *Nuevos enfoques...*, cit., p. 126.

[212] SÁNCHEZ RODRÍGUEZ, J., cit., p. 122.

[213] *Carta a Vicente*, abril 1963, p. 5, AHPCE, Represión franquista, j. 678.

[214] CARRILLO, S., *Nuevos enfoques...*, cit., p. 123.

[215] AZCÁRATE, M., «Curas obreros en España», *Nuestra Bandera*, n.º 44-45, mayo-junio 1965, p. 57.
[216] CARRILLO, S., *Nuevos enfoques...*, cit., pp. 120, 131-132.
[217] *La doctrina social de la Iglesia*, sin fecha, pp. 33, 36-38, AHPCE, NyR, Euskadi, c. 70; *Carta de (24)*, marzo 1965, AHPCE, NyR, Madrid, j. 15.
[218] CARRILLO, S., *Nuevos enfoques...*, cit., p. 129.
[219] *Jóvenes de mañana*, pp. 58-59, AHPCE, NyR, Euskadi, c. 70; DÍAZ-SALAZAR, R., *Nuevo socialismo...*, cit., pp. 53-104.
[220] «Cartas de sacerdotes catalanes al Arzobispo, exponiendo su postura (abril 1967)», en DOMÍNGUEZ, J., *Organizaciones obreras cristianas en la oposición al franquismo (1951-1975)*, Bilbao, Mensajero, 1985, p. 181.
[221] *Informe*, 5-XI-66, pp. 9-10, AHPCE, NyR, Madrid, j. 186.
[222] CLAUDÍN, F., *Documentos...*, cit., pp. 134-135.
[223] *Carta de (30)*, 1966, *Querido (1). Carta de (38)*, 11-VII-1966, AHPCE, NyR, Madrid, jj. 89, 145.
[224] Tanto el editorial como la decisión de la Conferencia Episcopal están reproducidos en GUERRA CAMPOS, J. (ed.), *Crisis y conflicto en la Acción Católica Española y otros órganos nacionales de apostolado seglar desde 1964. Documentos*, Madrid, ADUE, 1989, pp. 161-165. Para un tratamiento más analítico del tema, ver: MURCIA, A., cit., pp. 430-433.
[225] La crisis de la Acción Católica es objeto de un detallado análisis en: MONTERO, F., *La Acción Católica y el franquismo*, Madrid, UNED, 2000.
[226] *Carta de Roberto*, 19-VII-1967, AHPCE, NyR, Euskadi, j. 589; *Viaje a Burgos*, enero 1967, cit., p. 10.
[227] Grupo ortodoxo de la HOAC, *¿Quién engaña a quien?*, 11-IV-1968, AHPCE, NyR, Asturias, j. 259.
[228] Ver la interesante mesa redonda celebrada en 1977 entre dirigentes del PCE y algunos conocidos curas-obreros, haciendo un balance de la relación entre católicos, marxistas y movimiento obrero durante el franquismo: VV.AA., *El encuentro. Diálogo sobre «El Diálogo»*, Barcelona, Laia, 1977. Véase también GONZÁLEZ-BALADO, J. L., *Padre Llanos: un jesuita en el suburbio*, Madrid, Temas de Hoy, 1991.
[229] Las Comisiones Obreras, bajo este punto de vista, desempeñaron una función unificadora muy semejante a la desempeñada por las sociedades de socorro mutuo inglesas en el siglo XIX. Ver: THOMPSON, E. P., *La formación de la clase obrera en Inglaterra*, 2 Vol., Barcelona, Crítica, 1989.

ACCIONES, REACCIONES, RELACIONES (1967-1972)

En la segunda mitad de los años sesenta, el Régimen estaba en plena agitación: mientras la oposición y la disidencia crecían a un ritmo exponencial, la edad avanzada del Caudillo hacía cada vez más urgente la construcción de un marco institucional y político que garantizara la continuidad del franquismo tras la muerte de su fundador. Con ese objetivo fue promulgada en 1966 la Ley Orgánica del Estado (LOE), pero sus innovaciones se limitaron a una relativa separación de funciones entre la Jefatura del Estado y la Presidencia del Gobierno, y la introducción en las Cortes de 108 «procuradores familiares», dos por provincia, elegidos por los cabezas de familia y las mujeres casadas. Con esta última medida se trataba de renovar el consenso de las bases sociales del Régimen, ampliando los canales de participación, así como transmitir hacia el exterior la imagen de que se había entrado ya en el camino de la liberalización. Sin embargo, la presentación de candidaturas para esa nueva figura de procurador, en total coherencia con la idea de la «democracia orgánica» propia del franquismo, estaba sometida a límites muy restrictivos, destinados a asegurar la fidelidad al Régimen. La naturaleza dictatorial de este último seguía, por tanto, prácticamente invariada.[1]

La LOE, además, confirmaba lo establecido en 1947 por la Ley de Sucesión, es decir, que el Estado español se definía como un Reino, si bien Franco se atribuía la jefatura en vida. En 1969, Juan Carlos fue designado como sucesor en la jefatura del Estado con el título de «príncipe de España». El cerebro de la operación, Carrero Blanco, con el apoyo de los llamados «tecnócratas», pretendía con ella asegurar un continuismo posfranquista que conjugase autoritarismo y desarrollo económico, bajo la égida de la figura del monarca que teóricamente debía proporcionar la necesaria legitimidad fundada en la tradición. Este proyecto político acabó ganando el favor de Franco, que aumentó el poder de los tecnócratas en detrimento de los falangistas, como dejó claro la formación, ese mismo año de 1969, de un gobierno llamado «monocolor» por la abrumadora presencia de personalidades afines a Carrero.[2]

Entre los excluidos estaba Solís, sustituido por García Ramal al frente del Ministerio de Relaciones Sindicales y de la OSE, que vio así naufragar su proyecto de Ley Sindical anunciado en 1966, desarrollado en el curso del bienio 1967-1968 y presentado en 1969. Esta redefinición de los parámetros de actuación de la OSE coincidió con la visita a España de un grupo de estudio de la OIT. encargado de emitir una valoración sobre el sistema sindical franquista. Después de mantener conversaciones con exponentes de la oposición moderada e incluso de CCOO durante su estancia (7-30 de marzo de 1969), la delegación criticó con dureza las medidas represivas adoptadas por el Régimen contra Comisiones y las demás organizaciones sindicales ilegales, y solicitó un indulto o la amnistía para los sindicalistas encarcelados. En su informe final, invitó a España a garantizar de manera efectiva la libertad de reunión y de asociación sindical, separando las organizaciones obreras y patronales, y haciéndolas auténticamente representativas y autónomas del Estado. De manera que la valoración de la OIT contribuyó aún más a la deslegitimación del sistema institucional franquista, precisamente en un momento en el que el Régimen redoblaba sus esfuerzos por entrar en el Mercado Común.

El proyecto de Ley Sindical elaborado por Solís tenía en cuenta algunas de las observaciones de la OIT, pues trataba de introducir una tímida democratización interna de la OSE y le daba cierta autonomía respecto al Gobierno. Sin embargo, no sólo fue rechazado por las fuerzas antifranquistas, las cuales no consideraban suficientes los pasos anunciados, sino que también se encontró con una dura oposición interna. La llamada «eminencia gris» del franquismo, es decir, Carrero Blanco y los tecnócratas, lo interpretó como un intento de Solís para aumentar su poder, y asociaron ese aperturismo con el ascenso de las ilegales Comisiones Obreras. El gobierno «monocolor» de 1969 fue la respuesta.

Pese a la salida de Solís del Gobierno, permanecía abierta la cuestión de la Ley Sindical, pues al haber suscitado grandes expectativas en la opinión pública no podía ser simplemente paralizada. Lo que se hizo fue modificar el texto hasta el punto de que su versión definitiva, aprobada en febrero de 1971, no aportaba ninguna modificación sustancial a la estructura y el funcionamiento de la OSE, reduciéndose más que nada a una sistematización de la normativa existente. Además, algunas de las medidas más aperturistas previstas por el proyecto original de la ley, como por ejemplo la ampliación de las posibilidades de reunión sindical, no fueron desarrolladas en los años siguientes al no promulgarse los respectivos decretos reglamentarios, mientras que otras quedaron sometidas a tales condiciones y mecanismos que, de hecho, les privaban de cualquier innovación efectiva.[3]

A finales de los años sesenta, por tanto, ante la conciencia generalizada de que la época de Franco estaba llegando a su fin, se puso en marcha una dinámica continuada de acciones y reacciones, tanto entre el poder y la oposición, como dentro de ambos. Los diversos actores sociales y políticos trataban de defender o reforzar sus posiciones a la vista del día después. Así, el Régimen, paralelamente a los proyectos de institucionalización dirigidos a crear consenso, intentó reducir el creciente disenso llevando a cabo una ofensiva contra el antifranquismo, en particular contra el PCE y CCOO.

La estrategia comunista en el movimiento obrero llegó a su auge en 1967, como demostró el éxito de las dos jornadas de lucha del 27 de enero y 27 de octubre, respectivamente, así como la articulación a escala nacional de CCOO a través de la creación de la Coordinadora General. La respuesta de la dictadura no se hizo esperar, y la relativa tolerancia de los años precedentes dio paso a un marcado incremento de las medidas represivas. Con ellas se inició una fase de reflujo de la acción del PCE y del movimiento obrero, e incluso se llegó a poner en discusión la supervivencia misma del antifranquismo organizado. Dentro de Comisiones, las dificultades acentuaron las polémicas entre las distintas fuerzas participantes y se produjeron algunos abandonos significativos. El partido de Carrillo reaccionó poniendo en marcha una estrategia que se desarrolló según múltiples directrices y en varios frentes: abrió nuevos espacios de libertad para reemplazar a los que el Régimen cerraba, reforzó sus credenciales democráticas logrando salir del aislamiento, y dotó a CCOO de nuevos equilibrios. Dando pruebas, siempre, de su voluntad de no volver a las catacumbas.

LA DIVISORIA DE 1967

En la reunión de cuadros obreros del PCE celebrada en París en septiembre de 1966 se había llegado a un acuerdo sobre la manera de proceder, en el caso de que CCOO obtuviera buenos resultados en las inminentes elecciones sindicales, para la constitución de una Comisión de Coordinación y Enlace de todas ellas a escala nacional. Se había acordado, también, que el núcleo madrileño, tanto por el protagonismo que había adquirido en los últimos años, como por su propia situación geográfica, se erigiera en centro coordinador que preparara el terreno para que esa operación fuera posible, manteniendo contacto con Comisiones por todo el país a través de correspondencia postal o visitas.[4] En consecuencia, tras el éxito obtenido en las elecciones, los comunistas comenzaron a trabajar sin pérdida de tiempo para concretar el plan y, ya a mitad de diciembre, Carrillo declaraba en Moscú, durante un discurso, que todas las Comisiones Obreras provinciales habían realizado reuniones con tal propósito, o estaban a punto de hacerlo.[5]

La primera reunión general destinada a la creación de un organismo de coordinación nacional del nuevo movimiento obrero se fijó para el 6 y el 7 de enero de 1967 en la capital.[6] En el curso de ese encuentro, y después de haber examinado la situación de CCOO en todo el país, se nombró una Comisión Coordinadora y de Orientación con carácter provisional, integrada por trece representantes de las distintas zonas. Su misión principal consistía en hacer posible cuanto antes la celebración de una auténtica Asamblea Constituyente.[7]

En la reunión se estableció también que las distintas Comisiones dieran su apoyo, en función de sus posibilidades, a la «jornada de lucha» convocada por la Inter de Madrid para el 27 de enero, así como a la huelga que llevaban a cabo, ya desde hacía más de un mes, los trabajadores de la empresa Laminación de Bandas en Frío de Echévarri, cerca de Bilbao. La jornada representaba para el PCE una especie de resurrección del mito de la huelga general, relegado por el partido después de 1962 a un ámbito puramente propagandístico. En los años siguientes, de hecho, los comunistas no habían dado pasos efectivos en ese sentido, pues juzgaban aún poco maduras las condiciones reales. A finales de 1966, sin embargo, el elevado nivel alcanzado por la conflictividad social, así como el gran desarrollo del movimiento obrero, convencieron a los dirigentes del PCE de que había llegado el momento de intentar de nuevo la convocatoria de una jornada de lucha capaz de suscitar la adhesión de una amplia base de masas.

Hay que subrayar que, respecto al bienio 1958-1959, en la reedición del *jornadismo* de 1967 los comunistas podían contar con un elemento nuevo de importancia decisiva: CCOO. A través de ellas, no directamente, el partido llamó a la acción el 27 de enero. De esa manera aprovechaba su gran capacidad de movilización, ya sobradamente demostrada, pero que se había reforzado ulteriormente gracias a los resultados de las últimas elecciones sindicales. Aparte de que así, escondiéndose bajo la fachada de su presunta independencia, conjuraba uno de los peligros que habían llevado al fracaso de las JRN y de la HNP: el anticomunismo. El partido podía aparecer ahora como ajeno a la convocatoria, limitándose a dar su adhesión. A principios de 1966 ya se estaba incubando la idea de una huelga general de 24 horas, como escribía Romero Marín a Carrillo:

> Habría que conseguir que la iniciativa emanara públicamente no de nuestro P., como en otras ocasiones, [...] y sin el sello demasiado marcado de una acción política contra el Régimen. Tácticamente eso es conveniente para rodear la idea de más amplio apoyo. [...] Naturalmente, Comisiones Obreras debería desplegar en todo esto una actividad dirigente decisiva. De ellas debería surgir, en primer lugar, la iniciativa; ellas deberían llevarla por todas partes.[8]

Además, el PCE creía que podía ser conveniente realizar una especie de test a nivel local, antes de apuntar hacia una acción a nivel nacional; de ahí que se eligiera Madrid no sólo por el grado de organización alcanzado allí por ccoo, sino también por la mayor resonancia de las acciones realizadas en la capital respecto a otros lugares de España. En los primeros días de enero, la Inter difundió el manifiesto con el cual se convocaba la jornada del día 27, justificándola por reivindicaciones de estricto carácter económico, como, por ejemplo, la protesta por el aumento de los precios y contra el gran número de obreros despedidos durante los meses anteriores en la ciudad.

Como ya se había demostrado en otras ocasiones, no insistir en motivaciones políticas claramente identificables con el antifranquismo resultaba útil para lograr un mayor poder de convocatoria. El pce, pese a todo, al dar su apoyo público a la jornada del 27, no dejaba pasar la ocasión para interpretarla como una respuesta de las clases populares a la reciente aprobación de la loe. A propósito de las modalidades de acción, el documento de la Inter dividía la jornada en dos momentos, afirmando:

> Os llamamos a una acción concreta: 1) Para que el día 27 de enero realicemos en cada empresa, taller o centro de trabajo, una acción demostrativa, como paro parcial o simbólico, trabajo lento, [...] cartas colectivas de protesta a la prensa o autoridades sobre carestía de la vida y otros problemas obreros, etc. Esta parte de la acción debe adaptarse a las circunstancias y grado de conciencia de cada empresa y centro de trabajo; 2) Para que ese mismo día, como acción conjunta y solidaria, boicoteemos los transportes a partir las tres de la tarde, a la salida del trabajo, marchando a pie [...] hasta el lugar céntrico más cercano entre éstos: Atocha, Cruz de los Caídos, Cuatros Caminos, Plaza de Castilla y Plaza de Legazpi, para después disolvernos pacíficamente.[9]

La movilización del día 27, como resultado de todo ello, no debía concretarse sólo en forma de auténticas huelgas, sino también en acciones de varios tipos en las empresas, para culminar en manifestaciones en la calle: más que imponer una fórmula rígida, se ponía el acento en la flexibilidad para hacer que las protestas se adaptaran mejor a las circunstancias y las exigencias concretas de cada lugar de trabajo. Para preparar la jornada, las CCOO, tanto a nivel de empresa como de zona, trataron de estimular al máximo la participación desde abajo de los obreros, de manera que éstos percibieran la movilización como algo propio, y no como una iniciativa dirigida desde arriba. Se hizo a través de numerosas asambleas celebradas en los centros de trabajo, sobre todo a partir del día 20, por ejemplo en Marconi, donde el 24 se reunieron cerca de tres mil obreros para discutir las formas de acción a seguir. Junto a los comunistas, participaron otras fuerzas dentro de Comisiones en la preparación de la jornada, en particular USO y la AST. El motor y el eje coordinador de las actividades preparatorias fueron los enlaces y jurados, que «se han puesto a la cabeza, convocando reuniones, en algunos casos asambleas, explicando el significado a los trabajadores en una u otra forma, y poniéndose al frente de los mismos».[10]

El 27 de enero, según el PCE, tomaron las calles más de cien mil manifestantes, aunque el Gobierno afirmara que no habían sido más de dos mil. Ambas cifras, en su diferencia extrema, fueron sin duda exageradas con fines propagandísticos, y por eso deben ser consideradas con la máxima cautela, una por exceso y la otra por defecto. José Babiano, contrastando las diversas fuentes, ha estimado en unos ochenta mil los obreros que, a la salida del trabajo, se encaminaron hacia uno de los cinco lugares indicados por la Inter.[11] En cuanto a las acciones previstas a lo largo de la mañana en el interior de las empresas, según fuentes del partido unos diez mil obreros hicieron huelga, suspensión parcial de la producción u otras formas de protesta. La aportación principal, tanto en las manifestaciones como en las acciones de empresa, correspondió a la metalurgia, una vez más, confirmando la fuerte implantación del PCE y de CCOO en esta rama de la producción. Junto a ella fueron la construcción, las artes gráficas y los transportes los sectores donde la movilización obtuvo mejores resultados.[12]

Dos años más tarde, Sergio Vilar escribió que la acción de protesta del día 27 había sido la más importante que había tenido lugar en la capital desde 1939.[13] Para el partido fue un éxito, ya que por primera vez, desde la Guerra Civil, había conseguido poner en movimiento un número consistente de trabajadores mediante una acción planificada directamente y con fecha precisa, a diferencia de otras ocasiones en el pasado, cuando sólo había podido sumarse a un flujo de eventos que había tenido una génesis esencialmente espontánea, como en el caso de la oleada de huelgas de 1962. Evitando al mismo tiempo los errores cometidos en las «jornadas» de 1958 y 1959, en particular con unas reivindicaciones de contenido político explícito, y utilizando a ccoo como instrumento principal para preparar y desarrollar la acción en los lugares de trabajo, finalmente había sido capaz de movilizar una masa crítica significativa tras más de un decenio de trabajo.

En los días siguientes, el PCE y CCOO de la capital intentaron un nuevo *tour-de-force*. El día 27, las autoridades franquistas habían efectuado numerosas detenciones, entre ellas las de Camacho y Ariza, una acción represiva que los comunistas habían previsto y para la que habían organizado una respuesta inmediata. Esa misma tarde, los principales dirigentes del núcleo madrileño del PCE y de CCOO se reunieron en el bufete de María Luisa Suárez, abogada y miembro suplente del CC del partido, para discutir la estrategia a adoptar con el fin de pedir la libertad de los arrestados. Gracias, sobre todo, al papel ejercido por la Inter, entre los días 28 y 31 de enero fueron a la huelga, total o parcial, unos cuarenta mil obreros, aparte de otras iniciativas como las concentraciones delante del Tribunal de Orden Público (TOP) y la Dirección General de Seguridad. Finalmente, el día 31, unos cincuenta enlaces y jurados obtuvieron una entrevista con Herrero Tejedor, fiscal del Tribunal Supremo, y con José Garralda, juez de instrucción del TOP. Ante la amenaza de que las huelgas se prolongaran indefinidamente, al día siguiente las autoridades pusieron en libertad a los detenidos del 27, aunque el proceso judicial siguiera su curso.[14]

El éxito de la jornada y de las acciones que siguieron a las detenciones tuvo un fuerte impacto en el Régimen, dentro del cual se extendía la preocupación por las dimensiones que estaba adquiriendo la movilización de CCOO, por mucho que la propaganda oficial tratara de disminuir su alcance. Emilio Romero, director del periódico de los sindicatos, *Pueblo*, se lo contó en persona a Camacho y Ariza durante una conversación que mantuvieron a principios de febrero, advirtiéndoles de que el Gobierno se disponía a endurecer las medidas represivas contra Comisiones.[15] En efecto, desde aquel momento los principales dirigentes de la Inter fueron sometidos a una estrecha vigilancia policial, lo que hacía mucho más difícil la celebración de reuniones y logró frenar drásticamente la actividad de CCOO en Madrid. El 28 de febrero, Camacho, en libertad provisional, fue encarcelado nuevamente debido a otra causa abierta contra él, y permanecería ya en Carabanchel, salvo algunas breves salidas, hasta el final de la dictadura.[16]

La jornada del 27 tuvo una repercusión escasa o nula en el resto del país, pese a que las diversas delegaciones de CCOO, reunidas a principios de mes, se hubieran comprometido a organizar movilizaciones de solidaridad con los huelguistas de Madrid en sus respectivas localidades. Hubo algunas acciones de protesta, pero nada parecido a una movilización de masas.[17] Las razones hay que buscarlas en el hecho de que, si bien en la capital la jornada representaba la culminación de una serie de actividades de agitación llevadas a cabo desde las últimas elecciones sindicales, con una organización cada vez más sólida, en otras zonas del país la situación era bastante menos propicia. En Barcelona, las Comisiones habían quedado debilitadas por disidencias internas que, como veremos más adelante, iban a explotar en los meses siguientes hasta provocar su escisión. En Asturias, el mismo día 27, las autoridades arrestaron a los principales dirigentes del núcleo comunista de CCOO, entre ellos Gerardo Iglesias y Manuel *Otones* García.[18]

El País Vasco fue el único lugar donde el día 27 se produjeron actos significativos en apoyo de la jornada de lucha convocada en la capital,[19] también porque se superponía a las movilizaciones en apoyo a la dura huelga en Bandas. Ésta había comenzado a finales de noviembre como respuesta a una drástica disminución de los *bonus* recibidos por los trabajadores, en medio de un recorte generalizado de los salarios, mediante el cual la empresa había llevado durante 1966 las retribuciones salariales a niveles inferiores a los de 1962, anulando así todas las mejoras conseguidas por los trabajadores gracias a las luchas de los últimos años.[20] La huelga se inició de manera espontánea, pero fue sostenida por varias organizaciones obreras, entre ellas CCOO, a través de manifestaciones y asambleas donde los enlaces y jurados informaban al resto de los trabajadores de la marcha de las negociaciones con la dirección de la fábrica. Se realizó también una amplia campaña de sensibilización y solidaridad entre la población, lo que permitió recaudar notables sumas de dinero en ayuda de los huelguistas. En enero de 1967, David Morín escribía con satisfacción a Santiago Carrillo:

> Se ha conseguido desarrollar una campaña de solidaridad activa con lo huelguistas que permitirá resistir a éstos para vencer la posición intransigente de la empresa. [...] Se han recogido centenares de millares de pesetas aportadas regularmente por todas las capas de la población. [...] Las colectas organizadas por CCOO y los cargos sindicales se hacen públicamente en el interior de las empresas, en los cafés, en la calle, en las asambleas obreras, en las reuniones y conferencias de intelectuales y estudiantes.[21]

Tales actividades tuvieron el apoyo del clero progresista vasco, de las organizaciones obreras católicas, de USO y las fuerzas nacionalistas, en particular del Sindicato de Trabajadores Vascos (STV). Incluso se creó una Comisión Central de Solidaridad con carácter unitario.[22] Por su parte, CCOO de toda España acordaron en la reunión celebrada el 6 y 7 de enero hacer todo lo posible en ayuda de los huelguistas, difundiendo propaganda y recogiendo fondos en sus respectivas zonas.[23]

Como respuesta a las protestas, la empresa despidió a unos quinientos empleados, pero sólo sirvió como detonante para radicalizarlas. El día 27, en coincidencia con la jornada convocada en Madrid, unas 1.500 personas se reunieron delante de la sede bilbaína de la Magistratura del Trabajo para pedir la readmisión de los despedidos con un escrito entregado por una comisión presidida por Morín, miembro del CC del PCE, al magistrado que se ocupaba del caso. Entonces, las fuerzas del orden arrestaron a numerosos manifestantes, entre ellos el propio Morín, condenado luego a un año de prisión.[24] Tampoco esta vez la represión logró frenar la escalada de movilizaciones, más aún después de que la Magistratura del Trabajo aprobara los despidos, que culminaron en las grandes manifestaciones del 3 y 4 de abril.[25]

Dado que las protestas no daban señales de remitir, más bien todo lo contrario, el Régimen reaccionó generalizando la represión: el 21 de abril declaró el estado de excepción en toda la provincia de Vizcaya. Una medida que permitió efectuar una oleada de detenciones y deportaciones que diezmaron las CCOO vascas, hasta el punto de que unos días después, en una carta enviada desde Bilbao a la dirección del PCE, se escribía:

> Tan pronto se decretó el estado de excepción dieron comienzo las detenciones en masa. No han respetado nada ni a nadie, a cualquier hora del día y de la noche se fueron a buscar a toda la gente que les interesaba. Las detenciones pasan del centenar, abarcando a muchos dirigentes del movimiento obrero, a los militantes más destacados de las fuerzas de oposición y a algunos estudiantes. [...] Después de las detenciones seleccionaron a todo correr las primeras listas de deportados. [...]. La mayoría de todos ellos son enlaces, jurados, vocales. [...] Algunos camaradas se han visto obligados a esconderse. [...] Las fuerzas más afectadas por la represión han sido los católicos y los camaradas.[26]

A las detenciones y deportaciones se sumaron más despidos y la pérdida, por parte de numerosos representantes de CCOO, de sus cargos como enlaces o jurados. En la práctica, se trataba de «la liquidación de las pasadas elecciones sindicales», como se explicaba desde Bilbao a la dirección del partido unos meses más tarde.[27] La oleada represiva logró acabar con la huelga y, pese a los intentos de movilización realizados con motivo del 1º de Mayo,[28] los obreros de Bandas volvieron al trabajo, aunque habían logrado que el número de despedidos se redujera finalmente a 32. En esa misma carta se afirmaba:

> La huelga de Bandas está llegando a su fin. La situación creada después de ser proclamado el estado de excepción, la detención y deportación de los mejores de la empresa, la decisión

de la empresa, apoyada por las autoridades, de despojar a los trabajadores de las viviendas facilitadas por ella, ha agravado extraordinariamente la situación de los huelguistas. [...] Ningún mérito hay que regatear a estos bravos trabajadores [...]. Con la ayuda de la clase obrera han resistido hasta el límite extremo. Esta huelga, por su carácter y duración, ha puesto de relieve las grandes virtudes del nuevo movimiento obrero.[29]

Esta cita demuestra el balance contradictorio del conflicto de Bandas, como ya señalaron Molinero e Ysàs:[30] si, por un lado, puede considerarse una derrota, al no lograrse los objetivos propuestos y concluirse con más de treinta despidos, por otro constituyó la huelga de mayor duración registrada durante la dictadura. De ahí que se convirtiera en un símbolo de la lucha antifranquista y en una ulterior demostración de la capacidad organizativa y la fuerza de movilización de Comisiones Obreras.

En junio, éstas celebraron en Madrid su primera reunión nacional efectiva. Tras el encuentro preparatorio que había tenido lugar en enero, el mayor control policial al que fueron sometidos los dirigentes de la Inter en la capital después del 27 de enero frenó la organización de una nueva asamblea general más amplia que se convirtiera en una especie de Congreso Constituyente de CCOO en todo el Estado español. A pesar de ello, en mayo se consiguió finalmente crear una Comisión Delegada, encargada tanto de la preparación logística del evento, como de elaborar los principales temas a discutir. Para informar de los preparativos y los puntos del orden del día de la reunión, sus miembros viajaron por todo el país, encontrándose con los dirigentes de las distintas Comisiones locales, así como con los representantes de la Comisión Coordinadora y de Orientación nombrada en enero.[31]

Finalmente, la asamblea se celebró en Aravaca, localidad situada en las afueras de Madrid, en una propiedad puesta a disposición por José María de Areilza, conde de Motrico, exembajador de Franco, que en los últimos años se había ido acercando a la oposición, y tenía contacto frecuente con los dirigentes del PCE y CCOO.[32] A la reunión asistieron unos setenta delegados, que elaboraron el primer documento hecho público en nombre de Comisiones de toda España. En él, las CCOO asumían de manera oficial los principales contenidos teóricos y prácticos que, como ya hemos visto en el capítulo anterior, habían sido elaborados por el PCE. Se definían como un movimiento coordinado, unitario, independiente y democrático. Haciéndose eco de algunas opiniones que defendían la conveniencia de entrar en la clandestinidad, aunque fuera sólo parcialmente, ante el endurecimiento de la represión, el comunicado reafirmaba la necesidad de que la actividad siguiera siendo pública dentro de lo posible. Se insistía, además, en su carácter sociopolítico, al incluir un programa mínimo que, junto a las reivindicaciones estrictamente económicas, defendía otras de neto carácter político, como los derechos de huelga y asociación o la libertad sindical.[33]

En la Asamblea de Aravaca, CCOO constituyó su Coordinadora General y decidió adoptar oficialmente, a nivel nacional, el *Proyecto que las Comisiones Obreras proponen a los trabajadores ante la nueva Ley Sindical,* también conocido como *Documento de los Quinientos,* porque había sido elaborado por la Inter de la capital, y aprobado sucesivamente, el 21 de abril, en el transcurso de una asamblea con la participación de más de quinientas personas.[34] El documento era una respuesta del movimiento obrero al anuncio por parte del Régimen de una nueva Ley Sindical, y enunciaba los criterios básicos que debían, a juicio de CCOO, inspirarla: carácter democrático, independiente y unitario del sindicato, derecho de huelga, garantías efectivas para el ejercicio de los cargos sindicales e intervención del sindicato en la vida social, económica y política del país. Para cumplir esos objetivos, los autores reclamaban la convocatoria de un Congreso Sindical Constituyente, correspondiente en el ámbito sindical a lo que posteriormente, en el ámbito político, se llamó la «ruptura democrática», es decir, la celebración de elecciones libres para unas Cortes Constituyentes y un referéndum para decidir la forma de gobierno.[35]

Considerando los buenos resultados obtenidos el 27 de enero, y en la convicción de que la recién constituida Coordinadora General confería a CCOO una mayor unidad de acción e impacto a escala nacional, en otoño el PCE creyó oportuno convocar una nueva «jornada de lucha». La idea fue propuesta y discutida en la reunión plenaria del CC del partido, que tuvo lugar a mediados de septiembre, aunque las opiniones manifestadas en tal ocasión estuvieron lejos de ser uniformes. Romero Marín encabezó a quienes se declararon seguros de que una movilización organizada y realizada contemporáneamente en todo el país podía, a la vista de los resultados alcanzados por Comisiones durante el último año, transformarse efectivamente en la tan deseada huelga general. Por el contrario, otros miembros del Comité, entre los que destacaba Sánchez Montero, mostraron una mayor perplejidad hacia sus posibilidades reales y pidieron actuar con cautela ante la evidencia de que no en todos los puntos de la geografía española el movimiento obrero había alcanzado la misma madurez para afrontar una prueba semejante.

Carrillo se situó como mediador entre ambas posiciones, y si, por un lado, dio su aprobación fundamental a la propuesta de convocar otra jornada de lucha, por otro moderó los entusiasmos y redimensionó las expectativas, afirmando que difícilmente se llegaría en esa ocasión a una huelga general a escala nacional. Por eso consideraba oportuno seguir el mismo guión del 27 de enero: la jornada tendría Madrid como epicentro, una vez más, y los esfuerzos del partido debían ir dirigidos a asegurar ante todo el éxito en la capital. Las movilizaciones en el resto del país, por lo tanto, se concebían, ante todo, como acciones de acompañamiento de las madrileñas, aunque el secretario general confiaba en que alcanzaran igualmente notables dimensiones. Al igual que en enero, era fundamental que la convocatoria se hiciera en nombre de CCOO, y no del PCE, con el fin de que no fuera percibida, subrayó Carrillo, como una iniciativa comunista.[36]

En esa reunión del CC no se decidió la fecha, pues se dejó a los dirigentes comunistas madrileños la posibilidad de fijarla cuando estimaran que era el momento más oportuno. Con tal propósito, el 1 de octubre la Inter de Madrid celebró la llamada «Asamblea de Medias Vilma», a la que acudieron unos doscientos representantes de CCOO de la capital y zonas limítrofes. Allí se acordó convocar la «jornada de lucha» para el día 27 del mismo mes, en ocasión del aniversario de la revolución soviética. Se establecieron asimismo los motivos que serían esgrimidos ante los trabajadores para justificar las movilizaciones, presentadas como una protesta contra el aumento de los precios, contra los últimos despidos y contra la Ley Sindical que estaba empezando a elaborar Solís. Es decir, una vez más se ponía el acento en reivindicaciones predominantemente económicas y sindicales. En cuanto a la organización de la jornada, se repetía, *grosso modo,* la fórmula puesta en acto en enero: protestas de varios tipos en las empresas en horario de trabajo, y concentraciones y marchas por la tarde en las zonas de Atocha, Cuatro Caminos, Cruz de los Caídos y Getafe.[37] Como ha señalado José Babiano, esos puntos formaban una auténtica «geografía de la protesta» delineada en Madrid en el curso de las manifestaciones llevadas a cabo durante los años sesenta.[38]

En la «Asamblea de Medias Vilma» se decidió preparar la jornada del 27 desde ese mismo momento, mediante asambleas dentro y fuera de las empresas o elaborando escritos donde constaran las reivindicaciones y los problemas más urgentes referidos tanto a la propia empresa como al conjunto del sector productivo. De acuerdo con estas indicaciones, los enlaces y jurados de CCOO habían celebrado ya numerosas asambleas en los centros de trabajo en la primera mitad de octubre, entre las cuales destacó la celebrada en la fábrica Pegaso, con la asistencia de unos cuatro mil trabajadores. Sólo el 20 de octubre tuvieron lugar en la capital 67 asambleas, mientras se difundían decenas de miles de octavillas, folletos y manifiestos, y REI insistía en sus transmisiones en la importancia de la cita.[39]

En el resto del país, CCOO también convocó acciones para el 27 de octubre, pero las condiciones no se presentaban tan favorables como en Madrid. En el País Vasco, como consecuencia de la represión de la huelga de Bandas, el movimiento obrero estaba sumido en una situación de grave desorganización. Comisiones habían sido desarticuladas, y las que aún resistían habían perdido el contacto con las masas trabajadoras.[40] Desde Andalucía, el 20 de octubre se comunicaba a la dirección del PCE que los preparativos para el 27 resultaban insuficientes, no obstante los esfuerzos de la Inter de Sevilla, debido al poco tiempo de que habían dispuesto, tanto que ni siquiera había podido celebrarse una reunión de la apenas creada Coordinadora Regional de CCOO. A esto se sumaban las dificultades organizativas derivadas de las detenciones en los últimos meses de algunos dirigentes, entre ellos Saborido.[41] En Cataluña, por el contrario, se pudieron realizar numerosas asambleas, tanto de base como de cuadros, si bien sus resultados estaban en peligro por la hostilidad del FOC, que juzgaba inoportuna la «jornada de lucha», al considerar que sólo respondía a las exigencias políticas del PSUC, y no a las necesidades de la clase obrera.[42]

Por su parte, el Régimen parecía muy preocupado por las movilizaciones anunciadas para el 27 de octubre. Para atajarlas desde un principio, en los días previos llevó a cabo una auténtica operación profiláctica mediante detenciones preventivas de numerosos militantes de CCOO. En Madrid, por ejemplo, desde el 17 fueron encarcelados los miembros de la Inter, es decir, los comunistas Julián Ariza, Nicolás Sartorius, Víctor Martínez Conde y Trinidad García Vidales, y el dirigente de la AST Luis Royo.[43] La misma mañana del 27 el Ministerio de la Gobernación hizo publicar en todos los periódicos la siguiente nota, en la que amenazaba con graves represalias a quienes tomaran parte de la iniciativa de las Comisiones:

> Se advierte que el Ministerio de la Gobernación ha cursado órdenes rigurosas a las Direcciones Generales de la Guardia Civil y de Seguridad, para que las fuerzas dependientes de las mismas actúen con toda energía [...] para impedir y reprimir dichas concentraciones y manifestaciones [...], por lo que quienes en ellas participen serán detenidos y sancionados. [...] Debe recordarse que las anomalías que en el campo laboral se produzcan, darán lugar a que, tanto las empresas como los organismos competentes, cumplan los deberes y ejerciten las facultades que dimanan de las normas que regulan las relaciones laborales, en orden a pérdida de derechos y rescisión de los contratos de trabajo.[44]

El día 27, en Madrid, se registraron suspensiones de la producción durante la última media hora de la jornada laboral en las empresas Perkins, Pegaso y Standard Eléctrica. Por la tarde, unas

60.000 personas, según José Babiano, –150.000 según el PCE– marcharon por las calles hasta concentrarse en uno de los puntos indicados en la convocatoria. Las Fuerzas del Orden intervinieron en repetidas ocasiones a lo largo de los distintos recorridos para disolver los grupos de manifestantes y efectuaron numerosas detenciones, que continuaron durante los días sucesivos.[45] Las cifras de participación fueron inferiores a las registradas el 27 de enero: las medidas represivas del Gobierno habían conseguido, al menos en parte, su objetivo. El PCE interpretó esas cifras como un éxito porque, pese a todo, y sirviéndose de CCOO como nueve meses antes, había conseguido llevar a las calles a miles de personas en lo que podían considerarse las dos mayores manifestaciones realizadas en Madrid durante la dictadura. Lo cual suponía, según el propio Carrillo, un paso importante en la perspectiva de convocar en un futuro más o menos cercano protestas explícitamente políticas que asumieran el carácter de una verdadera Huelga Nacional Pacífica.[46]

En el resto de España, sin embargo, la convocatoria fue un fracaso. Tarrasa fue el único lugar donde se produjeron alteraciones significativas de la producción y del orden público, mientras que los informes enviados a la dirección del PCE desde muchas otras zonas confirmaban de manera unánime el fiasco de los intentos de movilización.[47] Lo peor no fue eso, sino que el Régimen aprovechó la ocasión para llevar a cabo una operación de envergadura contra CCOO. Así, a las detenciones efectuadas con carácter preventivo se añadieron otras muchas el 27 y los días siguientes en todo el país. Numerosos dirigentes del movimiento obrero fueron arrestados, entre ellos Muñiz Zapico, en Asturias, López Bulla, en Cataluña, y Morin, Escobedo y Rapp, en Vizcaya.[48] Esta vez el endurecimiento de la represión logró, además, evitar que tanto en Madrid como en el resto del país se llevaran a cabo protestas de solidaridad con los detenidos.

De todas maneras, 1967 terminaba para CCOO con un balance general positivo. Durante ese año habían conseguido completar su estructura orgánica a escala nacional, habían mantenido, durante seis meses nada menos, la huelga de Bandas y, a partir de aquélla, habían promovido las dos grandes movilizaciones del

27 de enero y del 27 de octubre en la capital. Su importancia radicaba en el hecho novedoso de que se trataba de las primeras acciones de masa dirigidas desde arriba y no vinculadas a reivindicaciones específicas que se coronaban con éxito. El endurecimiento de la represión, sin embargo, comenzaba a causar graves problemas, hasta el punto de desarticular la organización en algunas zonas. Por eso, 1967 puede considerarse una línea divisoria en la trayectoria del nuevo movimiento obrero, por cuanto representó al mismo tiempo su momento de mayor auge y el punto de inflexión que marcaba el comienzo de un periodo de crisis organizativa.

La constatación de que en el resto de España CCOO no había conseguido poner en marcha el 27 de octubre acciones comparables a las realizadas en la capital llevó al PCE a una reformulación de su teoría de huelga general. Dado que no se podía esperar que los obreros de todo el país participaran contemporáneamente en una misma acción convocada desde arriba, ya que, inevitablemente, sus situaciones respectivas eran distintas, la dirección del partido elaboró la tesis de que la huelga general debería constituir la culminación de un proceso de extensión y fusión, como una mancha de aceite, de múltiples focos de protesta surgidos en distintos puntos. En consecuencia, cuando en numerosas localidades se verificaran contemporáneamente elevados niveles de conflictividad y condiciones organizativas óptimas, el PCE y CCOO deberían primero alimentar y tratar de conectar los diversos focos entre sí para, más adelante, llamar a la paralización total de la producción del país y a las grandes manifestaciones. Esta tesis fue asumida por Comisiones, que en el comunicado de la tercera reunión general celebrada en julio de 1968, afirmaban:

> Nuestro camino es, pues, la huelga general. Pero una de las experiencias más importantes que hemos sacado de los últimos movimientos de masas [...] es que resulta muy difícil llegar a la huelga general en una fecha fijada de antemano en una convocatoria de huelga. Concebimos la huelga general como la extensión y generalización de una serie de conflictos parciales, que puede empezar por una empresa, rama o locali-

dad e irse extendiendo como una mancha de aceite por todo el país.[49]

Algunos años después, las CCOO de Madrid lo expresaban aún con mayor claridad:

> Comisiones Obreras hemos llegado a la conclusión de que la huelga general no es probable que se realice únicamente como consecuencia de una consigna lanzada desde arriba, ni tampoco exclusivamente como resultado de una extensión y generalización progresiva de una serie de conflictos parciales, sino más bien como una síntesis de ambos procedimientos: es decir, como una generalización de huelgas parciales que, en un momento dado, requiere la decisión de sumar todos nuestros esfuerzos para hacerlas coincidir en todo el país.[50]

La colaboración entre obreros y estudiantes

A partir de 1967, el PCE realizó una distinción entre Huelga General Política y Huelga Nacional Pacífica. La primera, fruto de la acción de los partidos y organizaciones obreras, era indicada como preparatoria para la segunda, la cual, para poder adquirir precisamente su carácter «nacional», debía contar con el apoyo no sólo del proletariado, sino de todos los sectores sociales, y posiblemente con la pasividad de las fuerzas de orden público.[51] Desde esta perspectiva, los comunistas atribuían un papel de primera importancia a los estudiantes e intelectuales, en cuanto representantes de las franjas más avanzadas de la burguesía, y por ello capaces de actuar como puente entre ésta y la clase obrera.

Cuando a finales de los años cuarenta y primeros cincuenta, el PCE había adoptado una nueva línea dirigida a convertirlo en un «partido de masas en la clandestinidad», había adoptado en los ámbitos universitarios una táctica análoga a la puesta en marcha dentro del mundo del trabajo. Es decir, había promovido el *entrismo* mediante la participación en las elecciones del SEU y había fomentado la creación de plataformas unitarias, defendiendo el predominio de la acción pública y abierta sobre la clandestina y de vanguardia. Hay que recordar que la actividad comunista en este sentido consiguió resultados significativos en el movimiento estudiantil antes que en el obrero, en parte por las primeras consecuencias del relevo generacional.

Gracias a su combatividad y capacidad organizativa, además de una historia y un *corpus* simbólico que se entrelazaban con el mito de la Revolución Rusa, el partido ejerció una gran atracción entre la juventud universitaria, cada vez más distanciada de los tiempos y los esquemas políticos de la República y la Guerra Civil. Hasta los no comunistas acabaron por contemplar con admiración al PCE porque lo veían como la única fuerza de la izquierda tradicional activa en la lucha antifranquista del interior, en lugar de encerrarse en el inmovilismo del exilio. Eso explica que las organizaciones universitarias comunistas cooptaran numerosos militantes y simpatizantes, así como su mayor facilidad para establecer contactos y alianzas con otras fuerzas respecto a lo que sucedía en otros ámbitos y entre los dirigentes de los partidos. Fue el caso, por ejemplo, de la Federación Universitaria Democrática Española (FUDE), plataforma constituida en 1961 por el PCE, la ASU y el FLP, donde los comunistas y socialistas trabajaron codo con codo, mientras el PSOE y UGT todavía se negaban categóricamente a cualquier contacto con el partido de Carrillo.

No hay que olvidar que si CCOO no logró en realidad acabar nunca con el Vertical, la oposición estudiantil condujo ya en 1965 a la crisis del Sindicato Español Universitario (SEU). En los años siguientes el Régimen trató de reemplazar el SEU por otras fórmulas que al final resultaron efímeras, como las Asociaciones Profesionales de Estudiantes (APEs), al mismo tiempo que los estudiantes se organizaban con éxito en organizaciones como los Sindicatos Democráticos de Estudiantes Universitarios (SDEU). Los SDEU, cuyo modelo nació en Barcelona con la experiencia de la «Caputxinada»,[52] se extendió por todo el país y se convirtió en la asociación hegemónica, no sólo en la capital catalana, sino también en Madrid o Valencia. En suma, fue el movimiento estudiantil, más que el obrero, el que obtuvo mayores resultados contra la dictadura en la lucha por un sindicalismo libre e independiente.[53]

El movimiento estudiantil, ya desde sus albores, había tenido un gran impacto sobre el PCE: basta pensar, por ejemplo, en la influencia de los acontecimientos de febrero de 1956 sobre la elaboración de la Política de Reconciliación Nacional. La importancia de la rebelión universitaria para el partido residía ante todo en el hecho de que veía una estrecha colaboración entre «los hijos de los vencedores y los vencidos», simbolizando la posibilidad de una superación efectiva de las profundas divisiones sociopolíticas heredadas de la guerra. Esas nuevas generaciones, oportunamente orientadas, permitirían en un futuro próximo poner a España en el camino de la democracia primero, y del socialismo después. Mientras tanto, a corto plazo, aumentaban la fuerza de choque de la masa crítica antifranquista y multiplicaban sus ámbitos de acción. Por todo ello, para el PCE asegurarse una sólida presencia en el movimiento universitario significaba ampliar su propia composición social, un factor indispensable si quería convertirse en una fuerza de carácter nacional y no exclusivamente clasista.[54]

Por otra parte, los comunistas estaban interesados igualmente en los efectos que las protestas de los universitarios producían en sus padres. Así, según el partido, el hecho de que los hijos llegaran a ser víctimas de la represión franquista sensibilizaría a sus padres y les pondría ante la realidad brutal de la dictadura, empujándolos hacia actitudes críticas hacia el Régimen. Tener un hijo que militaba en el PCE contribuiría a que los padres, al menos, abandonaran los viejos prejuicios contra el partido, lo que redundaría a favor de éste, del final de su ostracismo y de sus pretensiones de legitimación social.[55] Los estudiantes, dada su extracción social predominantemente burguesa, aparecían desde varios puntos de vista como elementos capaces de erosionar desde dentro uno de los bloques sociales sobre los que, hasta entonces, se había apoyado la dictadura.

En su intento por erigirse en la fuerza clave del antifranquismo, con capacidad para promover y articular distintas formas de oposición al Régimen en todos los ámbitos en que se manifestaban, el PCE había tratado, desde mediados de los años cincuenta, de establecer conexiones entre las movilizaciones obreras y las universitarias. Los primeros intentos en ese sentido, como hemos visto en el primer capítulo, tuvieron lugar con ocasión del *jorna-*

dismo del bienio 1958-1959. Pero fue sólo a mitad de la década siguiente, sobre todo gracias al gran desarrollo experimentado por CCOO, cuando los dos principales movimientos antifranquistas empezaron a colaborar de manera constante y significativa. La liquidación del SEU revistió en este sentido una importancia ejemplar como primera victoria contra el sindicalismo del Régimen, alimentando la convicción de que la oposición obrera podría también conseguir, a corto o medio plazo, la desintegración del Vertical.[56]

La sinergia entre ambos movimientos, basada sobre la idea de que los progresos de uno redundarían a favor del otro, fue impulsada por los núcleos del partido que funcionaron de puente entre los dos. En Madrid, por ejemplo, fueron Romero Marín y Jaime Ballesteros, quien había reemplazado a Semprún en el trabajo sobre el frente universitario tras la crisis de 1964, los encargados de coordinar las acciones, concretándose en la participación de representantes de CCOO en asambleas y conferencias dentro de la universidad, en declaraciones de recíproca solidaridad y en la organización conjunta de actos y manifestaciones.

Con motivo del referéndum sobre la LOE, por ejemplo, Comisiones y el SDEU de Barcelona redactaron un manifiesto unitario que invitaba a la abstención, y el 7 de diciembre de 1966 bajaron a la calle codo a codo con el mismo objetivo. Al mes siguiente, numerosos estudiantes participaron activamente en Madrid en la «jornada de lucha» del 27 de enero, celebrando asambleas en las facultades, exponiendo pancartas en el *campus* donde podía leerse «¡Obreros y estudiantes unidos!», o marchando juntos en las concentraciones convocadas por la tarde. Cuando en abril se celebró la asamblea constituyente del SDEU en la capital participaron también algunos miembros de la Inter: en el momento de leer la declaración de apoyo y adhesión por parte de CCOO, más de tres mil estudiantes se alzaron en pie gritando «¡Obreros y estudiantes! ¡Estudiantes y obreros!».[57] Desde 1965 proliferaron, además, los manifiestos y las cartas colectivas con listas cada vez más largas de intelectuales que reclamaban libertades democráticas y, en lo que nos interesa, declaraban públicamente su solidaridad y apoyo a las luchas de los obreros de CCOO y a los estudiantes del SDEU.[58]

A partir de todos esos elementos, en la primavera de 1967 el PCE lanzó la fórmula de la Alianza de las Fuerzas del Trabajo y de la Cultura (AFTC), es decir, la unión del movimiento obrero y estudiantil y de los intelectuales progresistas.[59] Los campesinos, aliados naturales del proletariado en la tradición marxista-leninista, quedaban ahora relegados a un segundo plano, aunque contaban igualmente en el cómputo de las fuerzas que integraban dicha alianza. El partido se daba cuenta de que España se había transformado en un país industrializado, y dejaba cada vez más de lado los mensajes que podían parecer anacrónicos. Por eso mismo, se acercó a los sectores moderados, a los pequeños comerciantes y, en general, a la «burguesía no monopolística». Como ha evidenciado Claudín, esto implicaba de hecho el reconocimiento, por parte de Carrillo, de la validez de las tesis sostenidas por él y por Semprún a propósito de la improbable liquidación del sistema capitalista en un futuro próximo.[60] Desde un punto de vista general, se puede afirmar que la AFTC constituyó una variante más amplia de la política unitaria comunista, así como un nuevo intento del partido para asumir un papel dirigente dentro de las dinámicas de contestación y de crítica hacia el Régimen en todos los ámbitos donde éstas se produjeran.

Para el PCE, la Alianza era, en realidad, algo que ya se estaba produciendo espontáneamente, materializándose en las relaciones cada vez más estrechas entre los sectores interesados y en algunas acciones conjuntas. El siguiente paso, de acuerdo con la estrategia del partido, debía consistir en que esas relaciones se estabilizaran y se oficializaran en lo posible, única manera de implicar no sólo a los sujetos sociales, sino también a las fuerzas políticas antifranquistas. Así se podría llevar a cabo la misión histórica que la AFTC estaba llamada a desempeñar, en primer lugar como un amplio bloque sociopolítico transversal que diera cabida en su seno a prácticamente la totalidad de las formas de disidencia y oposición al Régimen, el único capaz de transformar en realidad el mito de la Huelga Nacional Pacífica y acabar con la dictadura.[61] Una vez derrocado el franquismo, la Alianza no perdería su razón de ser, dado que su naturaleza no era coyuntural, sino que se proyectaba hacia el «sol del porvenir» como el eje fundamental en torno al cual articular en España, gradualmente y respetando los principios de libertad y pluralismo, un sistema socialista, Carrillo escribió sobre el tema:

> Una perspectiva probable, a la que debemos tender, es a que la *Alianza de las Fuerzas del Trabajo y de la Cultura* devenga en el futuro la gran formación político-social que, una vez conquistada la democracia política, aborde la tarea de complementarla mediante la realización de la democracia económica [...]. Más tarde, [...] la alianza misma sería la formación llamada a pasar de esa democracia antimonopolista y antifeudal al establecimiento del sistema socialista. En este caso, *el poder que aseguraría la transición del capitalismo al socialismo sería un poder de la alianza de las fuerzas del Trabajo y de la Cultura*, un poder democrático, pluripartidista.[62]

Las organizaciones comunistas universitarias se hacían eco de esas ideas en un manifiesto de 1968, que ilustraba del siguiente modo los objetivos de la colaboración entre CCOO y el SDEU:

> Inmediato: la lucha contra la dictadura, por las libertades sindicales y democráticas, y contra la represión. Éstos son objetivos comunes sobre los cuales pueden tomar inmediatamente conciencia las más amplias masas estudiantiles y obreras. La coincidencia de objetivos a más largo plazo, por una democracia económica y política, por una perspectiva socialista es algo que surgirá a través de la misma lucha común por los fines inmediatos.[63]

El PCE consideraba que la participación del movimiento estudiantil en la jornada del 27 de octubre constituía una primera prueba de la funcionalidad de la AFTC. Como ya hemos comentado, durante esa mañana se celebraron asambleas en la mayor parte de las facultades de la Universidad Complutense de Madrid para tratar los temas candentes de la situación sociopolítica, y los estudiantes se manifestaron por el *campus,* provocando la intervención de la policía; por la tarde, miles de estudiantes se unieron a los obreros en los recorridos y los puntos indicados por la Inter.[64] En los meses siguientes, la colaboración entre CCOO y el movimiento estudiantil se centró sobre todo en la respuesta a la represión que se estaba abatiendo con dureza sobre ambos frentes. Se celebraron reuniones conjuntas y se multiplicaron las iniciativas de solidaridad mutua: en varias ocasiones, por ejemplo, delegaciones de CCOO acudieron a entrevistarse con los decanos y el rector de la universidad para solicitar la anulación de las sanciones disciplinarias contra estudiantes que habían promovido o tomado parte en las protestas.[65]

En este contexto, los comunistas españoles acogieron con entusiasmo las noticias del *Mayo francés,* pues parecían confirmar la validez de la AFTC como estrategia a seguir, e incluso como perspectiva revolucionaria de todas las fuerzas de la izquierda en los países occidentales de capitalismo avanzado.[66] De hecho, el PCE efectuó una valoración del 68 muy distinta respecto a las del Partido Comunista Francés (PCF) y del Partido Comunista Italiano (PCI), que deslegitimaron el movimiento acusándolo de infantilismo izquierdista.[67] Esa divergencia se explica por el hecho de que, mientras los PPCC francés e italiano se esforzaban por acreditarse como fuerzas de gobierno, de ahí que tomaran las distancias de un movimiento radical y poco controlable, el español hallaba buena parte de su legitimidad en la lucha contra la dictadura, y consecuentemente veía favorablemente el hecho de que las manifestaciones parisinas pudieran contagiar las facultades, las fábricas y las calles de Madrid: con la fórmula de la AFTC había anticipado, en cierto sentido, los acontecimientos del 68, y, por lo tanto, la crítica del movimiento hubiera significado una crítica a su propia política.

Hay que tener en cuenta, por otra parte, que en España el movimiento estudiantil presentaba un contenido menos radical, en comparación con el de otras naciones de su entorno. En realidad, fue a partir de aquel año cuando, en parte por el incremento de la represión motivado por el temor a un contagio del *Mayo francés,* se deslizó hacia posiciones más extremas. Este proceso de radicalización condujo asimismo a su fragmentación, con una proliferación de siglas sin precedentes.[68] En esta situación, el PCE vio comprometidas sus posibilidades de extender y consolidar la AFTC, al menos en la dimensión y en los términos inicialmente previstos.

El PCE nunca llegó a establecer sobre el movimiento estudiantil, mucho más fluido y heterogéneo, un control comparable al ejercido sobre CCOO.[69] La radicalización posterior a Mayo del 68 sólo acentuó ese déficit, más aun considerando que casi todos los nuevos grupos surgidos en la universidad se situaron a la izquierda del PCE y contra la política «revisionista» y «reformista» de Carrillo. Como ha señalado Álvarez Cobelas, «rechazada la autoridad paterna y la autoridad docente, se gestó el rechazo a la autoridad del PCE».[70] A ello contribuyó también el hecho de que el partido, no obstante la gran importancia que concedía al movimiento estudiantil, nunca dejó de relegarlo a una posición subordinada frente a la centralidad indiscutible de la lucha obrera.[71]

Este conjunto de factores determinó, a partir de 1969, un notable declive de la presencia efectiva del PCE en la universidad.[72] De las críticas de las organizaciones universitarias de la «nueva izquierda» no se libró ni siquiera CCOO, supuestamente escindido por culpa de la línea impuesta por Carrillo entre los presuntos anhelos revolucionarios provenientes de la base y el reformismo de los organismos directivos superestructurales, como la Inter o la Coordinadora General.[73] La colaboración entre obreros y estudiantes no desapareció y siguió siendo significativa por lo menos hasta 1977; sin embargo, desde 1969 se llevó a cabo en gran parte fuera de los canales delineados por el PCE, que asistió al drástico debilitamiento de su capacidad de orientar el fenómeno y concretar efectivamente la AFTC, aunque por otro lado siguió atrayendo en sus filas a destacados intelectuales y profesionales. También bajo este aspecto, 1967 puede considerarse una fecha bisagra, en cuanto llegó a su momento más álgido un modelo de colaboración entre CCOO y el movimiento estudiantil, que en los años siguientes fue transformándose en un sentido diverso.

REPRESIÓN Y CRISIS

Hasta finales de 1966, el Régimen había demostrado una cierta tolerancia hacia CCOO: no faltaron las detenciones de sus representantes, sobre todo de los más destacados, y durante reuniones y manifestaciones de especial relevancia, pero sin llegar a adquirir las dimensiones de una represión generalizada. Como hemos visto, hasta entonces sus actividades se concentraron ante todo en asuntos estrictamente económicos y sindicales; por otra parte, la dictadura esperó durante un tiempo poder controlarlas e integrarlas, dentro de lo posible, en los planes de revitalización de la OSE promovidos por Solís. Las autoridades franquistas eran conscientes de la capacidad de CCOO para dar una respuesta a los problemas concretos surgidos en el ámbito laboral, elemento decisivo en un sistema económico capitalista, que contrastaba con la ineficacia del Vertical y su falta de legitimidad entre las bases obreras.[74]

Sin embargo, desde 1967 factores como la creciente presencia de comunistas en su seno, su progresiva politización, el éxito obtenido en las elecciones sindicales de 1966 o el impulso dado a movilizaciones cada vez más amplias y politizadas determinaron un brusco giro en la actitud del Gobierno hacia Comisiones. Alarmado por su desarrollo y por la fuerza que habían demostrado, el Régimen decidió emprender contra ellas un ataque frontal. Por ejemplo, en la primavera de 1967, haciendo referencia a la jornada del 27 de enero y a la huelga de Bandas, el gobernador de Asturias, Mateu de Ros, escribía a Solís:

> Me preocupa esta cuestión de las «Comisiones Obreras». [...] No ponerle fin o contrarrestarle adecuadamente pudiera poner, en un futuro inmediato, en grave peligro a la Organización Sindical Española, y al propio Régimen.

A principios de octubre de ese mismo año, ante la jornada de lucha convocada para el día 27, Luis Gómez de Aranda advertía al dirigente de la OSE, Arturo Espinosa: «Debemos estar preparados para la contraofensiva en relación con los intentos subversivos de Comisiones Obreras».[75] De forma parecida se expresaba un informe gubernamental de mayo de 1967, que tras afirmar que CCOO era un «instrumento al servicio del PC» y suponía «la base más amplia y peligrosa de la oposición al régimen español», daba las siguientes instrucciones para hacerle frente:

1. Su desarticulación por los servicios policiales y las demás fuerzas del Orden Público. Para ello se precisa una amplia y estructurada red de información, que debe partir principalmente de las mismas bases de actuación directa de las Comisiones, que son los centros de trabajo, y que permita llegar hasta los instructores y enlaces del exterior.
2. Una actuación más enérgica por el Tribunal de Orden Público en sus actuaciones y sentencias, en relación a los miembros de CCOO.[76]

En efecto, ambas líneas, complementarias entre sí, fueron seguidas en la escalada represiva contra CCOO, el PCE y, en general, las fuerzas antifranquistas. La Brigada Político-Social incrementó notablemente las tareas de información en los ambientes obreros. Con esos datos en su poder, pudo actuar contra los grupos de la oposición, detener a sus máximos dirigentes y documentar sus actividades ilegales como base probatoria para los procesos ante el TOP,[77] principal órgano jurídico de la represión durante el tardofranquismo. Creado en 1963, asumió la mayor parte de las funciones desempeñadas hasta ese momento por el Tribunal Especial para la Represión de la Masonería y el Comunismo, junto a otros tribunales de la jurisdicción militar. Sus competencias comprendían la casi totalidad de los delitos de intencionalidad política, desde la propaganda ilegal a la asociación ilícita, desde las

Gráfico 1. Sentencias emitidas y causas abiertas por el TOP 1964-1976

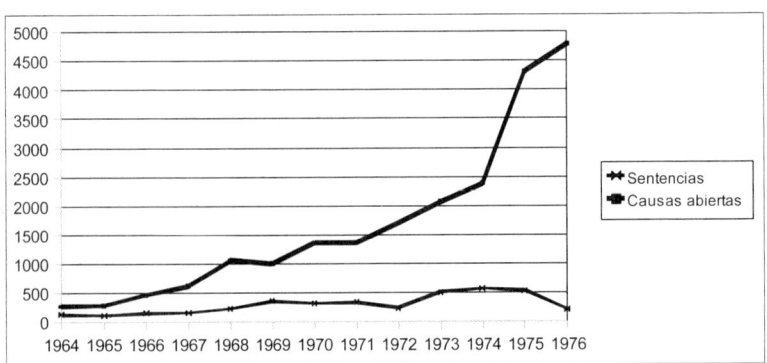

manifestaciones hasta las injurias contra el jefe del Estado, y en los estados de excepción asumía automáticamente las funciones de un tribunal de urgencia.[78]

Durante sus trece años de actividad, el TOP pronunció 3.798 sentencias, con una media de tres condenas por cada absolución (el 74,7%). De todas formas, para comprender la verdadera magnitud de la represión que perpetró en aquellos años, debe considerarse el volumen total de los procesos incoados. Como se puede observar en la Tabla y gráfico 1, entre 1964 y 1976 el número de causas abiertas por el TOP no dejó de aumentar a un ritmo constante, hasta alcanzar la cifra total de 21.657.

En el curso de los años se fue ampliando cada vez más la diferencia entre los procedimientos incoados y las sentencias pronunciadas, poniendo en evidencia que el volumen de la represión llevada a cabo por el Régimen en la última fase de su existencia superaba con creces su capacidad de darle solución jurídica. Se llegó a una situación paradójica en apariencia, pero que resultaba útil al Régimen, interesado en difundir un clima de miedo a las represalias entre sus potenciales opositores para disuadirlos de emprender acciones «subversivas». Del Águila ha calculado en unas 53.500 las personas que comparecieron ante el TOP,[79] y si se tiene en cuenta que el 79,4% de los acusados fue encarcelado preventivamente, se puede deducir que unas 42.000 personas pa-

Gráfico 2. Condenados por el TOP (1967-1976)

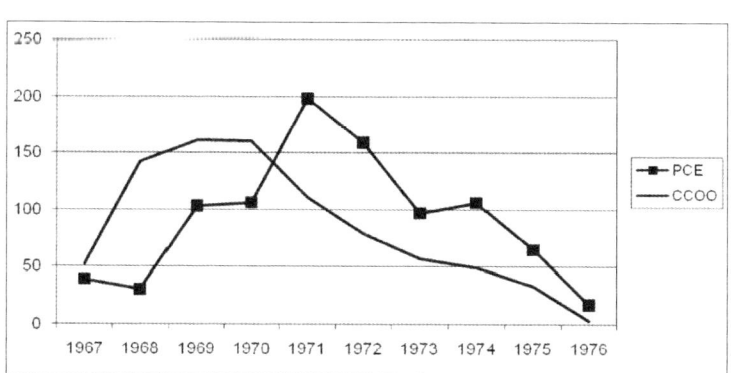

saron por las cárceles franquistas por presuntos delitos sociopolíticos durante la última década de la dictadura.

En la Tabla y gráfico 1 puede verse, además, que la represión entró de lleno en una escalada en 1968, cuando se abrieron 1.054 causas ante el TOP, un 70,9% más que el año anterior. El ápice se alcanzó entre 1973 y 1976, cuando fueron incoados 13.559 procedimientos y dictadas 1.800 sentencias, es decir, el 62,6 y el 47,4% del total en todo el periodo. Datos que demuestran tanto el auge que había cobrado la oposición, como el consiguiente aumento de la represión en los años inmediatamente anteriores a la transición a la democracia.

A estas cifras hay que sumar un número indefinido de arrestos que luego no fueron formalizados en una causa judicial, una práctica a la que se recurrió cada vez con mayor frecuencia, y que fue acompañada a menudo por situaciones de maltratos y torturas en los centros de detención.[80] Los estados de excepción dieron una ulterior cobertura a estas prácticas, al limitar aún más las ya de por sí limitadas garantías legales y derechos de los ciudadanos, y justificando, de hecho, la arbitrariedad de los funcionarios de policía, con la finalidad de restablecer el «orden público» amenazado por presuntas «conductas subversivas».

Tabla 1. Sentencias emitidas y causas abiertas por el TOP (1964-1976)

AÑO	SENTENCIAS	CAUSAS ABIERTAS
1964	128	267
1965	112	281
1966	146	463
1967	155	617
1968	221	1.054
1969	354	1.001
1970	316	1.359
1971	332	1.361
1972	234	1.695
1973	506	2.065

1974	567	2.382
1975	526	4.317
1976	201	4.795
Total	3.798	21.657

Tabla 2. Condenados por el TOP (1967-1976)

AÑO	PCE	CCOO
1967	39	52
1968	30	142
1969	103	161
1970	106	160
1971	198	111
1972	159	79
1973	97	57
1974	106	49
1975	65	33
1976	17	3
Total	920	847

Gráfico 3. Condenados por el TOP (1967-1976): distribución regional (%)

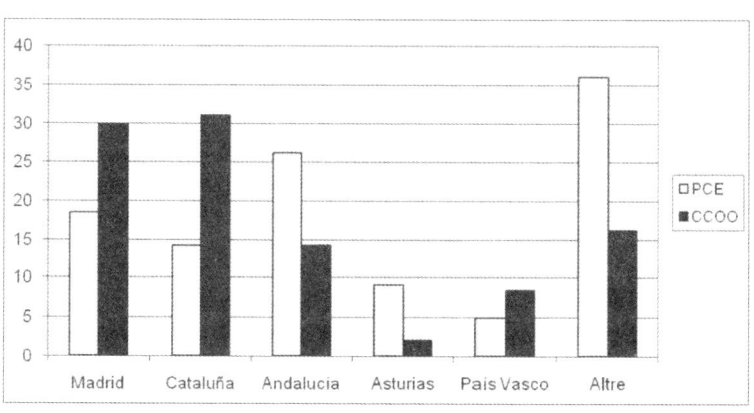

Al estado de excepción proclamado en Vizcaya en 1967 siguió, el 24 de enero de 1969, uno que se aplicó a todo el territorio nacional, en virtud del cual quedaban suspendidos los artículos 12, 14, 15, 16 y 18 del *Fuero de los Españoles*,[81] lo que permitía a la policía efectuar registros domiciliarios sin mandato judicial o mantener los arrestos sin abrir un procedimiento legal más allá de las 72 horas establecidas por ley. El 21 de marzo, cuando se suspendió la medida, se contaban 735 detenidos. En diciembre

Gráfico 4. Condenados por el TOP (1967-1976): distribución por edad (%)

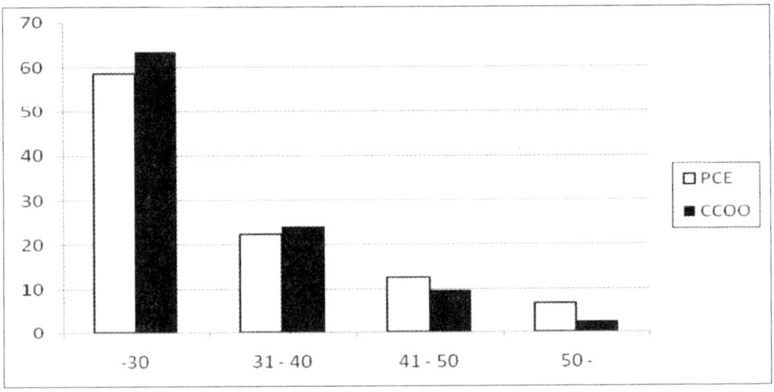

de 1970, como consecuencia de las movilizaciones por los juicios de Burgos, se proclamó el estado de excepción, primero en la provincia de Guipúzcoa y luego en el resto del país. El impacto de la represión fue, en esta ocasión, superior a las anteriores, con 1.221 detenidos, en gran parte del PCE y de CCOO, y concentrados sobre todo en las áreas de Madrid, Barcelona y Vizcaya.[82]

Si el partido había sido durante años una de las dianas preferidas por la policía franquista, desde el bienio 1967-1968 lo fue también Comisiones. El incremento de las medidas represivas adoptadas contra el nuevo movimiento obrero pudo basarse en la doctrina elaborada por el Tribunal Supremo que, con tres conocidas sentencias fechadas en los días 16-2-1967, 4-10-1968 y 15-10-1968, respectivamente, situó oficialmente a CCOO en la lista de las organizaciones ilegales, y lo relacionó a nivel jurisprudencial con el comunismo, lo que suponía, de hecho, un agravamiento de su posición desde el punto de vista penal.[83]

Como se puede ver en las tablas y gráficos 2, 3 y 4, hemos realizado un primer balance del volumen de la represión sufrida por el PCE y por CCOO entre 1967 y 1976.[84] Con esta finalidad, hemos utilizado como fuente privilegiada las sentencias condenatorias dictadas por el TOP durante dicho periodo, más manejables para el análisis que el conjunto de causas abiertas. Asimismo, hemos optado por iniciar el cómputo en 1967, y no en 1964. porque sólo entonces empezaron a aparecer de manera sistemática en las sentencias las siglas de CCOO.

Tabla 3. Condenados por el TOP (1967-1976): distribución regional (%)

	Madrid	Cataluña	Andalucía	Asturias	País Vasco	Otras
PCE	18,5	14,23	26,21	9,13	4,98	36,05
CCOO	29,88	31,07	14,28	2	8,57	16,28

No hay que olvidar, por otro lado, que la judicial fue sólo una de las dimensiones de la represión que se abatió sobre el movimiento obrero durante el franquismo. Junto a ella, hubo muchas otras medidas adoptadas tanto por el Gobierno como por las empresas, que iban de las deportaciones a las sanciones económicas, de los despidos a los ceses de sus cargos de enlaces y jurados. Si bien el volumen de estas otras formas represivas resulta difícilmente cuantificable, los estudios de historia local sugieren que, en el periodo aquí estudiado, los empresarios recurrieron abundantemente al despido de los activistas más destacados en la conflictividad de sus respectivas empresas. Martínez Foronda, por ejemplo, ha calculado que sólo entre 1970 y 1971 en Andalucía se produjeron cerca de 2.500 despidos por esta causa.[85] El informe de la OIT de 1969, asimismo, recogía los casos de numerosos enlaces y jurados cesados de sus cargos desde 1967, «habiéndose privado así a los trabajadores de aquéllos de sus representantes libremente elegidos que mayor ardor habían puesto en la defensa de sus intereses».[86]

Según los datos oficiales proporcionados por la propia OSE, desde el 1 de enero de 1967 hasta el 4 de noviembre de 1970, los enlaces y jurados despojados de sus cargos fueron 167, pero la cifra real más probable se acerca al millar. No cabe duda de que el Régimen y los empresarios trataron con ello de contrarrestar el buen resultado obtenido por Comisiones en las elecciones sindicales de 1966.[87]

Tabla 4. Condenados por el TOP (1967-1976): distribución por edad (%)

	-30	31-40	41-50	50-
PCE	58,47	22,17	12,39	6,63
CCOO	63,40	23,97	9,56	2,60

Como puede observarse en estas tablas y gráficos, los condenados han sido clasificados exclusivamente como miembros del PCE o de CCOO, pero falta una clasificación de los acusados que fueron condenados por pertenecer a ambas organizaciones. Se trata de una exclusión motivada por un mero criterio metodológico derivado del reducido número de estos casos, que suponen sólo el 7,4 % sobre un total de 1.767 condenas. En estos casos, para su ubicación en una u otra organización, nos hemos atenido a las razones del propio tribunal, al atribuir unas relaciones más estrechas del condenado con una de ellas, aunque casi siempre se impuso el principio de que la vinculación previa con el partido fue la que determinó la militancia sindical, y no al contrario.

El hecho de que el TOP haya probado la doble militancia sólo en un 7,4% de los casos puede parecer una contradicción con lo afirmado hasta ahora, es decir, que los comunistas formaban el grupo dominante dentro de CCOO. Este dato, sin embargo, se explica por las modalidades organizativas específicas adoptadas por el partido desde los primeros años sesenta, para protegerse de la represión y mitigar en lo posible sus efectos. Con ese objetivo, trató de separar en cada localidad el núcleo operativo del movimiento obrero del dedicado a la actividad política general, limitando al máximo sus contactos recíprocos, que solían producirse mediante encuentros cara a cara de los respectivos dirigentes. En cambio, las reuniones conjuntas se celebraban sólo en ocasiones de especial relevancia, como podía ser, por ejemplo, la organización de manifestaciones o huelgas. Una separación de funciones que se mantenía también para otras tareas, como las relativas a la propaganda, de modo que los militantes comunistas de Comisiones no debían difundir *Mundo Obrero* o *Nuestra Bandera*, sino únicamente material sindical. Con este propósito, en 1967, un documento interno del partido dirigido a cuadros y militantes daba las siguientes instrucciones:

> Los comunistas que trabajan y luchan a la luz del día, pueden ser objeto de vigilancia policíaca, y sus casas sometidas a registro en cualquier momento. Por eso es necesario cuidar mucho las relaciones de estos camaradas con la organización clandestina del Partido, por un lado, y por otro, evitar que tengan en sus domicilios propaganda del Partido en abundancia y otros materiales o documentos que pudieran probar su pertenencia a una organización o a un Comité del Partido.[88]

Esa delicada estrategia de disimulo resultaba necesaria para que los cargos sindicales, ya de por sí bastante expuestos por sus actividades en las empresas, no pudieran ser represaliados también por su militancia comunista. Incluso la prensa del PCE distinguía al hablar de los detenidos políticos entre sus militantes, ya conocidos como tales, y los activistas de CCOO, aunque éstos pudieran ocupar cargos de relevancia dentro del partido, como en los casos de Camacho y Ariza, miembros de su CC. En cuanto a los primeros, los militantes comunistas, no se ocultaba. sino al contrario, se reivindicaba abiertamente su pertenencia al partido para aprovechar al máximo los efectos propagandísticos de su condición de víctimas de la represión, aunque eso implicara de hecho una admisión de culpabilidad y, por consiguiente, unas penas más severas.[89] Horacio Fernández Inguanzo, por ejemplo, arrestado en mayo de 1969 y condenado a veinte años de reclusión, reivindicó enérgicamente ante el TOP su militancia comunista, y hasta se atrevió a exponer en la sala los puntos principales del programa del partido para demostrar a la opinión pública que se le estaba procesando únicamente por luchar a favor de las libertades democráticas.[90]

Por tanto, esa separación organizativa funcionó, y comunistas que ocupaban puestos tan relevantes en CCOO como Camacho, Ariza, Saborido o Morín, fueron procesados en casi todos los casos exclusivamente como representantes de Comisiones, sin que el TOP lograra descubrir su afiliación al partido,[91] algo que, al menos hasta el célebre *Proceso 1.001*, mitigó parcialmente la dureza de las condenas. Los vinculados por el TOP con las dos organizaciones fueron, sobre todo, militantes de base y simpatizantes que habían sido arrestados con motivo de protestas convocadas por ambas, o bien aquéllos que no habían seguido adecuadamente las medidas de seguridad aconsejadas por el partido, sobre todo las relativas a la compartimentación de la propaganda.

De acuerdo con los datos recogidos en la tabla y el gráfico 2, entre 1967 y 1976 el TOP emitió 920 condenas, repartidas en 346 sentencias, por delitos relacionados con el PCE, mientras que en el mismo arco de tiempo pronunció 847 condenas, en 264 sentencias, por actividades relacionadas con CCOO. Teniendo en cuenta que las absoluciones del primer grupo ascendieron a 130, y las del segundo a 208, se deduce que el porcentaje de condenas fue del 87,6 y del 80,3%, respectivamente. Unos elevados porcentajes que ilustran tanto la muy notable actividad de oposición realizada por ambas organizaciones, que les otorgaba un espacio central dentro del antifranquismo, como la pregonada hostilidad del Régimen hacia ellas y hacia todo lo que pudiera ser sospechoso de comunismo.

El PCE y CCOO, en efecto, fueron los principales destinatarios de la represión durante el tardofranquismo, seguidas de los grupos terroristas y/o de carácter nacionalista. Basta recordar que la suma de los exponentes del PCE y CCOO que fueron condenados por el TOP en esa última década de la dictadura (1.767) supusieron una cuarta parte del total de algo más de siete mil condenados. Una proporción que resulta aún más significativa si se analizan las sentencias del Tribunal Supremo: de las 165 pronunciadas entre 1967 y 1976 por delito de asociación ilícita, las dirigidas contra el PCE y CCOO ascendieron nada menos que al 65% del total (37% y 28%, respectivamente).[92]

Observando en la tabla y el gráfico 2 la evolución de las condenas emitidas por el TOP contra los representantes de CCOO, se puede comprobar que en el bienio 1967-1968 se verificó un aumento muy importante, pasando de 52 a 142, un dato que confirma nuestra tesis de un incremento relevante de las medidas represivas adoptadas por las autoridades contra el nuevo movimiento obrero. Las condenas contra los activistas de CCOO tocaron su techo en los dos años siguientes, en 1969, con 161, y en 1970, con 160, y se mantuvieron elevadas en 1971, con 111. En ese lapso de tiempo, la represión judicial se alimentó de las numerosas detenciones efectuadas durante los estados de excepción; de ahí que las condenas empezaran a disminuir gradualmente a partir de 1972.

En cuanto al PCE, la evolución de las condenas de sus afiliados y simpatizantes sufrió dos bruscos ascensos: el primero, en 1969, con 103, frente a las 30 del año anterior, y el segundo, en 1971, con 198, que casi doblaban las emitidas en 1970 (106). Esta parábola represiva comenzó a descender en 1972, aunque manteniéndose en niveles elevados hasta 1974. La represión contra el PCE, por lo tanto, alcanzó su pico justo después de la que había golpeado con más fuerza a CCOO, debido a que –como veremos en las páginas siguientes– tras la oleada de detenciones y condenas que se abatió sobre el movimiento obrero entre 1967 y 1970, Comisiones perdió parte de su fuerza de choque y dirigió momentáneamente sus estructuras organizativas y sus modalidades de acción hacia la mera dimensión empresarial. A partir de entonces fueron los militantes del PCE, su vanguardia política, los principales responsables de la promoción de protestas públicas, que eran las que precisamente más atraían las respuestas represivas.

Comparando el gráfico 2 con el 1, se puede ver que en el periodo 1973-1975 la disminución de condenas del TOP contra el partido y Comisiones contrasta con el aumento generalizado de las causas abiertas y, consiguientemente, de las condenas. En sus últimos años de existencia, el Régimen parecía desviar la atención hacia la extrema izquierda y la nacionalista, donde habían surgido grupos que propugnaban la lucha armada, como Euskadi Ta Askatasuna (ETA) o el Frente Revolucionario Antifascista y Patriota (FRAP).

En la tabla y en el gráfico 3 se ha trazado la distribución regional de los condenados en el TOP por delitos relacionados con el pce y ccoo, en particular de las cinco regiones que concentraron la mayor parte de las condenas. La represión destacó en Madrid y Cataluña, donde se registró hasta el 60,95% del total nacional de condenas contra activistas de ccoo. Andalucía, en cambio, fue la región que concentró más condenas por delitos relacionados con el pce (26,21%), seguida de Madrid y de Cataluña, con el 18,5 y 14,23%, respectivamente. Una prueba más del gran desarrollo del partido en la región andaluza en paralelo al crecimiento de ccoo, que concentró aquí un 14,28% del total nacional de condenados.

Todos estos datos remiten a una consideración de carácter más general. Asumiendo que el volumen de la represión fuera directamente proporcional a la implantación de las dos organizaciones en un territorio determinado, de la tabla y gráfico 3 puede deducirse que el pce tenía una difusión mayor y más homogénea en todo el país que ccoo. Éstas se concentraban en las zonas más industrializadas y desarrolladas económicamente. Así, el valor porcentual de los condenados en otras regiones distintas de las cinco evidenciadas ascendió al 26,95% en el caso del pce, pero sólo al 14,2% en el caso de ccoo.

Los datos relativos a Asturias y País Vasco parecen inferiores a los esperados, pero hay que recordar al respecto que ambas regiones fueron probablemente las que, junto a las sentencias del top, sufrieron mayor número de despidos, deportaciones y sanciones laborales de varios tipos.[93] En ellas el movimiento obrero había sido ya objeto de una dura represión en los años anteriores, a causa de su protagonismo, de manera que la oleada represiva del bienio 1967-1968 en el resto de España llegó allí en un momento de reflujo, con numerosos militantes ya detenidos o sancionados por las movilizaciones realizadas entre 1956-1958 y la primera mitad de los años sesenta. Se abrió, entonces, un periodo de transición, durante el cual, mientras se forjaban las nuevas vanguardias del movimiento, bastaba a la policía golpear de manera puntual para frustrar los intentos de reorganización.[94] Por otra parte, si en Asturias se registró sólo el 2% de las condenas por delitos relacionados con ccoo, fue también, muy probablemente, debido a que en dicha región las Comisiones estaban casi exclusivamente compuestas por comunistas, sobre todo desde 1967, por lo que el tribunal tendió a imputar los delitos a la militancia del PCE. En el País Vasco, por el contrario, como veremos mejor en las páginas siguientes, el movimiento obrero atravesó una fase de diversificación y división que disminuyó el peso específico de las Comisiones en su seno.

De las sentencias del TOP se puede extrapolar un ulterior rasgo de la represión contra el PCE y CCOO en el periodo estudiado. Mientras en los grandes centros urbanos e industriales las detenciones de militantes y simpatizantes fueron constantes y continuadas, en los pequeños una operación policial dio muchas veces como resultado la detención de todos los miembros de un núcleo o comité. Así, por ejemplo, en Málaga, entre mayo y junio de 1970 quedó desarticulada casi completamente la organización del partido, dando lugar a un proceso que vio imputadas a 28 personas.[95] Algo semejante ocurrió en Murcia en febrero de 1971, cuando la policía arrestó a una veintena de miembros del núcleo provincial del PCE.[96] En lo que respecta a CCOO, merece la pena citar, entre otros, el caso de Valencia, donde fueron detenidos, entre el 9 y el 18 de noviembre de 1968, los 36 principales dirigentes del nuevo movimiento obrero.[97]

Como puede observarse en la tabla y gráfico 4, por lo que se refiere a la edad de los condenados, cerca del 60%, tanto en el caso del PCE como en el de CCOO, tenía menos de 30 años, lo que quiere decir que habían nacido después de la guerra. Si tomamos en consideración a los situados en una franja de edad inferior a 40 años, se observa que constituían el 80,64% de los condenados del partido, y nada menos que el 87,37% de Comisiones. Por supuesto, estos datos representan sólo una muestra, pero son un índice significativo de la juventud de los activistas en ambas organizaciones y, más en general, del gran relevo generacional producido en las filas del antifranquismo durante los años sesenta. Hay que precisar, sin embargo, que en el caso del PCE estos valores se deben considerar relativos exclusivamente al interior, mientras que es lícito suponer que la edad media de los comunistas españoles en el exilio fuera más elevada. Así, por ejemplo, la media de los 106 miembros del CC del partido elegido en el VIII Congreso era de 54 años.

Reflujo y fragmentación

Como consecuencia de la represión, el PCE y CCOO entraron en una fase de crisis organizativa y sufrieron un redimensionamiento de su capacidad de acción. Las numerosas detenciones y las sanciones de todo tipo no sólo diezmaron las filas de sus dirigentes, sino que también alejaron a muchos militantes de base y simpatizantes, sobre todo sindicales, por temor a ser despedidos, o incluso detenidos. Ya en 1967, tras la proclamación del estado de excepción en Vizcaya, desde allí se comunicaba a la dirección del partido:

> Hay que ser claros y decir sin ambages que, al menos de momento, el Régimen ha conseguido los objetivos que se proponía. Con la amplitud y violencia de estas medidas represivas, nos han creado, yo pienso que temporalmente, una situación un tanto peliaguda. No se sustituyen de la noche a la mañana tantos y tantos hombres de la experiencia, capacidad y autoridad de los encarcelados y deportados. [...] Ha habido desconcierto, confusión ya que, generalmente, se creía que el régimen sería incapaz de volver a los métodos brutales del pasado. Tampoco faltan temores y actitudes de repliegue de los más débiles, a los que han impresionado bastante las medidas represivas.[98]

A principios de 1968, cuando estaba empezando la escalada represiva, los cargos de CCOO se mostraban seriamente preocupados por las dificultades crecientes para llevar a cabo su actividad.[99] En los meses siguientes. no faltaron movilizaciones y protestas, pero después del 1 de mayo iniciaron una parábola descendente hasta situarse por debajo de los niveles de 1967.[100] Por supuesto, los comunistas, en la propaganda y en prensa, trataron de minimizar en lo posible el impacto de la represión para mitigar los temores que se estaban difundiendo en sus filas;[101] sin embargo, a finales de año, los documentos internos admitían que el partido y Comisiones mostraban señales preocupantes, encontrándose en una situación de *impasse*. La presión policial hacía cada vez más difícil celebrar reuniones, e incluso cuando se conseguía era evidente una drástica disminución en el número de participantes.[102] Además, el Régimen había clausurado o impedido el acceso a todos los locales de la OSE que habían acogido al principio las asambleas y reuniones de los obreros.

Esta situación se agravó ulteriormente en 1969. Unos días después de la proclamación del estado de excepción, Carrillo escribía alarmado a Dolores Ibárruri: «Me preocupa cómo nuestro Partido, sobre todo su aparato clandestino, va a resistir esta nueva prueba. [...] Ahora las autoridades pueden golpear más fácilmente a diestro y siniestro».[103] Cara al exterior, el partido afirmaba que el estado de excepción constituía un síntoma más de «la extrema debilidad del Régimen»,[104] y cuando fue levantado se denunció como un fracaso porque no había logrado su principal objetivo, es decir, frenar la lucha de las masas contra el Régimen.[105] Pero, como era habitual, la propaganda no coincidía exactamente con la realidad de los hechos. Así, en la reunión plenaria del CE del PCE que tuvo lugar en abril, todos los delegados procedentes del interior estuvieron de acuerdo en afirmar que la represión masiva puesta en marcha por la dictadura en esos primeros meses del año, con centenares de detenciones, había supuesto un duro golpe para el partido. Incluso los comités y las Comisiones que no habían sido desarticulados se encontraban con grandes dificultades para reunirse, y obligados a una inactividad casi total.

En el transcurso de aquella reunión se subrayó que las autoridades franquistas habían dirigido la represión en particular contra los dirigentes y cuadros intermedios del movimiento obrero, debido a que eran las figuras que aseguraban la coordinación entre las distintas comisiones, y su proyección más allá de la propia empresa. Con sus despidos o arrestos la base perdía un elemento aglutinante y aumentaba el riesgo de dispersión, que venía a agravar el provocado por el miedo a la represión.[106] En realidad, esa nueva coyuntura ponía aún más en evidencia un problema congénito del modelo sobre el cual el PCE había planteado desde el principio su trabajo de estructuración y desarrollo de CCOO.

El partido, en efecto, se había preocupado más por los niveles superiores del movimiento (Comisiones Interramas, Comisiones provinciales, Coordinadora General, etc.) que por los de base, algo útil para dar la mayor visibilidad pública posible las ccoo, y así utilizarlas como instrumento político. En ese diseño cobraban especial importancia los enlaces y jurados, ya que podían desempeñar mejor esta función al ocupar cargos legales, de manera que en las empresas, sobre todo después de las elecciones sindicales de 1966, las Comisiones habían sido organizadas en torno a ellos, hasta convertirlos en su núcleo fundamental. De acuerdo con ese modelo, la iniciativa de las movilizaciones generales surgía casi siempre desde arriba, desde los órganos de coordinación de ccoo, y era transmitida a los lugares de trabajo por medio de los representantes sindicales electivos.

Pero esa línea había comportado, al mismo tiempo, una escasa atención hacia la necesidad de consolidar el movimiento de base en cada una de las empresas de manera autónoma respecto a los enlaces y jurados.[107] Una carencia que, *grosso modo*, hasta finales de 1968 no había parecido importante, pero que a causa del incremento de la represión acabó convirtiéndose en uno de los factores decisivos, al menos temporalmente, en el reflujo del movimiento obrero. Sánchez Montero, en la reunión plenaria a la que se ha aludido, describió con claridad el problema en los siguientes términos:

> Como consecuencia de defectos que se han dado en el funcionamiento de las comisiones por arriba, [...] esa separación entre arriba y abajo, las comisiones no se han enraizado, no se han desarrollado debidamente en las fábricas, y nos ha faltado lo que ya teníamos antes, porque antes, cada seis meses, y eso era casi cronológicamente exacto, se iba celebrando una acción general de las comisiones obreras en Madrid, y a veces en toda España. Aquello presentaba los problemas en bloque y [...] era otro lazo de unión de las comisiones obreras y de los trabajadores aunque no existiese por abajo esa organización tan sólida [...]. Nos encontramos en esta situación en que ha faltado lo anterior sin que todavía hayamos sido capaces de consolidar por abajo esa red de comisiones reales, verdaderas, en todas las fábricas. [...] Hoy tenemos esto. Los órganos superiores de comisiones están bastante estructurados por arriba, a veces da la impresión de demasiado estructurados, y al

no tener esa proyección que tenían antes en la organización de esas acciones generales, pues quedan un poco al margen.[108]

Antes de la escalada represiva, las grandes movilizaciones habían permitido dar a CCOO una proyección pública y, al mismo tiempo, habían servido como anillo de conjunción entre la parte organizada del nuevo movimiento obrero y sus bases. Estas últimas tenían un carácter fluido y estaban formadas por trabajadores no especialmente propensos a acudir con regularidad a las reuniones ni a comprometerse de forma estable, aunque estuvieran dispuestos a tomar parte en una protesta o movilización concreta.

Cuando a finales de 1967 el Régimen endureció la represión, deteniendo o cesando de su cargo a muchos representantes sindicales, desarticulando muchas Comisiones, y llevando casi a la inactividad a los cuadros de CCOO, el movimiento obrero quedó huérfano de estructuras organizativas y fueron drásticamente limitadas las posibilidades de manifestar su descontento. Además, la suspensión de la negociación colectiva en ese mismo periodo desactivó la dinámica de conflictividad ligada a la negociación de convenios, tal y como se había ido configurando en los años anteriores.[109] Estos problemas resultaron evidentes cuando el 1 de mayo de 1969 los esfuerzos del partido y Comisiones para sacar a la calle a miles de personas en protesta por la represión se saldaron con un fiasco, pues sólo salieron los militantes más activos a repartir octavillas.[110]

Otro efecto de la represión fue el de acentuar las disidencias internas, que durante la fase ascendente del movimiento habían permanecido en estado latente. Su origen estaba, sobre todo, en la contradicción existente entre la pluralidad de tendencias presente en Comisiones y el creciente poder y papel dirigente ejercido por el PCE. El propio régimen franquista tenía conocimiento de estos problema internos y fomentó cuanto pudo las fricciones y las críticas contra la hegemonía comunista con el fin de intentar provocar divisiones y abandonos. A finales de 1967, por ejemplo, la policía elaboró un documento que debía parecer escrito por obreros «responsables» y «conscientes», y que fue ampliamente difundido en los centros de trabajo. En él se afirmaba:

> Comisiones Obreras son creación del Partido Comunista. [...] Fueron creadas por el Comité Central del Partido Comunista y luego difundidas a través de los revolucionarios comunistas profesionales y de los elementos manejados por los mismos. No hay duda de que los objetivos de las Comisiones Obreras son totalmente políticos, sin interesarle lo más mínimo los problemas de los trabajadores. [...] Para lograr la destrucción del Régimen español, [...] que les facilitará la implantación de una dictadura comunista, [los comunistas] utilizan entre los trabajadores, como elemento de agitación, Comisiones Obreras. [...] Por eso los trabajadores [...] que queremos orden, paz, progreso, armonía y entendimiento, debemos saber qué es lo que se esconde tras Comisiones Obreras: el Partido Comunista.[111]

Según fuentes comunistas, incluso los Estados Unidos habrían tratado de contrarrestar la influencia del PCE sobre CCOO, conscientes de la importancia que habían adquirido, e intuyendo el papel de primer plano que desempeñarían en un futuro posfranquista. Con esa finalidad, la CIA habría contactado en el otoño de 1967 con diversos exponentes no comunistas de Comisiones, en particular católicos, ofreciendo pagarles siete mil pesetas mensuales a cambio de su colaboración, más un bonus de otras siete mil por cada comunista cuya detención hubieran facilitado. Parece, de todas maneras, que todas las personas contactadas rechazaron la propuesta.[112]

En el periodo comprendido entre 1967 y 1969, las principales fuerzas que, junto al PCE, habían contribuido al crecimiento y afirmación de CCOO se alejaron de ellas. En el anterior capítulo ya hemos analizado el caso de los militantes de la HOAC y la JOC, que abandonaron las Comisiones a causa de una serie de factores entre los que estaban el miedo a la represión, el rechazo a ser instrumentalizados por los comunistas y, sobre todo, las presiones ejercidas en ese sentido por las jerarquías eclesiásticas. En 1967 llegó el turno también a USO. Ésta había tomado parte activa en el surgimiento de Comisiones, principalmente en el País Vasco, Asturias y Madrid, ya que consideraba que realizaban su esperanza de levantar una organización unitaria de toda la clase obrera española.[113] Con el paso del tiempo, sin embargo, se dio cuenta de que bajo todos los llamamientos al pluralismo y a la independencia respecto a los partidos políticos, CCOO estaban adoptando modalidades organizativas y líneas de acción que eran dictadas por la dirección del PCE. En 1966, USO afirmaba:

> Aun cuando en las comisiones obreras hay presencia de distintos grupos, la iniciativa, o al menos, la planificación de la acción parece estar principalmente en manos de los hombres del PC. [...] A nivel de fábrica la influencia es diversificada, sin embargo, a nivel de rama –o de comisiones– los hombres más avisados y hechos son los del PC. A los demás nos ha faltado, por lo menos hasta el momento, un plan de acción, un saber adónde vamos.[114]

También en 1974 la USO justificaba su alejamiento de CCOO, con el argumento de que éstas se habían convertido en una correa de transmisión del Partido Comunista, lo que suponía que el resto de fuerzas que participaban en ellas acababan siendo peones de la estrategia comunista:

> De hecho, nuestro trabajo dentro de CCOO era el de participar de comparsas del PCE dentro de su órbita y objetivos: agitación obrera fundamentalmente, con una capitalización propagandística para el PCE que por su mayor aparato y relaciones y medios internacionales [...] era el gran beneficiario.[115]

Además, USO criticaba el modelo organizativo impuesto por el PCE porque privilegiaba los órganos de coordinación superestructural, descuidando en cambio la consolidación de los órganos a nivel de empresa. El partido de Carrillo era acusado de utilizar a CCOO para sus fines políticos, y no para la satisfacción de las reivindicaciones de los trabajadores, algo que demostraba su excesiva preocupación por impulsar movilizaciones y acciones públicas.[116] Así, el incremento de la represión en esos años finales de la década de los sesenta acentuó fricciones ya existentes. Si bien USO siempre se había declarado favorable a la participación en las elecciones sindicales, tras la proclamación del estado de excepción en Vizcaya propuso la dimisión en masa de los enlaces y jurados de Comisiones como forma de protesta contra la falta de garantías en el ejercicio de sus funciones. Una idea diametralmente opuesta a la del PCE, para el cual la defensa de las posiciones legales adquiridas tenía que ser la piedra angular en la lucha contra la represión.[117]

Considerando estos factores, y después de haber realizado una encuesta entre sus federaciones para adoptar la línea a seguir en el futuro, a finales de 1967 USO decidió abandonar CCOO. Esa decisión no se tradujo en una actitud hostil hacia ellas, con las cuales siguió colaborando en los años siguientes, pero ya en calidad de dos sindicatos netamente diferenciados y recíprocamente independientes.[118] Como el distanciamiento de USO se sumaba al de la HOAC y la JOC, hubo muchos lugares donde el PCE quedó prácticamente como única fuerza organizada dentro de CCOO. Así ocurrió en Asturias, al igual que en Madrid, aunque aquí, junto a los comunistas, continuaban colaborando los militantes de la AST. Las repercusiones más graves tuvieron lugar en Vizcaya, donde USO, UGT y el frente obrero nacionalista dieron vida a una fórmula de Comités de Empresa que eclipsó a Comisiones. Eso se tradujo en una casi completa ausencia de acciones públicas por parte del movimiento obrero vasco hasta los juicios de Burgos.[119]

Particularmente ásperas fueron las discusiones internas de las Comisiones catalanas por la contraposición entre los dos principales partidos que actuaban en su seno, es decir, el PSUC y el FOC.[120] La polémica se configuró, ante todo, como una lucha por asegurarse el control del movimiento. De hecho, el Front Obrer había empezado desde 1965 a amenazar las posiciones dominantes de los comunistas en las Comisiones barcelonesas, y, a lo largo de 1967, había llegado a convertirse en la fuerza mayoritaria, no sólo de las ramas productivas más importantes, en primer lugar la metalúrgica, sino también de las Comisiones Obreras locales. Una tendencia que se vio favorecida por la debilidad del propio PSUC a causa de una pequeña escisión que se produjo en su base obrera, con la creación del PCE (internacional) y el nacimiento de unas efímeras Comisiones Obreras Revolucionarias. Perdida su hegemonía en la capital catalana a favor del FOC, el PSUC decidió entonces aprovechar su mayor peso en el conjunto de la región procediendo a la creación de una Comisión Obrera Nacional de Cataluña (conc) bajo su control.[121]

La polémica entre los dos partidos no se reducía sólo a una lucha de poder, pues ambos eran portadores de concepciones políticas generales muy distintas, que se traducían en opciones igualmente diversas acerca de las modalidades de organización y de acción dentro de ccoo. El foc se situaba a la izquierda del psuc y defendía que las Comisiones asumieran un claro contenido de clase y revolucionario, tanto en su composición como en sus reivindicaciones. Se oponía, por tanto, a la búsqueda de alianzas interclasistas, que tanto preocupaba a los comunistas, sobre todo con motivo de jornadas de lucha como las del 27 de enero y 27 de octubre, cuando el psuc pretendía que burguesía y proletariado fueran de la mano.

La cuestión nacional catalana fue otro motivo de discordia. Según el foc, a diferencia de Euskadi y Galicia, donde las clases populares participaban de las reivindicaciones nacionalistas, en Cataluña éstas eran la expresión de la burguesía media y alta, respecto a la cual los partidos obreros debían tomar distancias. En cambio, el psuc se esforzó por ligar teóricamente la cuestión nacional a la lucha por la democracia. Una divergencia que el 11 de septiembre de 1968 se hizo evidente cuando la conc hizo un llamamiento a manifestarse por las libertades nacionales catalanas, mientras la Comisión Obrera Local de Barcelona se descolgaba de la iniciativa.

La escalada represiva planteó también una estrategia divergente entre la defensa que el psuc siguió haciendo de la publicidad de ccoo y la opinión contraria del foc, partidario de una clandestinización. Esas diferencias concernían también a la estructura organizativa del movimiento obrero, pues si los comunistas defendían una organización mixta que combinara el ámbito sectorial con el territorial, el Front propugnaba una basada exclusivamente en la «zona» y en el contacto con las otras organizaciones «auténticamente revolucionarias» que actuaran en ella fuera de las empresas: para el foc, lo importante no eran tanto las reivindicaciones económicas de los trabajadores como hacer la revolución proletaria lo antes posible, sin pasar por la fase intermedia de un régimen democrático y parlamentario.

Este conjunto de factores desembocó entre 1968 y 1969 en una división de CCOO en Cataluña, separando de hecho la línea de la CONC de la Local de Barcelona.[122] El resultado fue un policentrismo organizativo que, agravado por la fragmentación que sufrió a su vez el FOC y por la emergencia de un grupo de independientes reunidos en torno al boletín *¿Qué hacer?*, paralizó durante un periodo cualquier acción masiva y pública de protesta. La Jefatura Superior de Policía de Barcelona señalaba a este respecto que, «en el ambiente laboral», el año 1969 había transcurrido «con normalidad y sin problemas de carácter grave».[123]

Los delegados de CCOO procedentes de toda España que se reunieron en Madrid a finales de ese año ponían en evidencia que, en casi todas partes, el movimiento se encontraba en una situación de extrema debilidad.[124] La represión y el miedo consiguiente habían logrado un significativo retraimiento de las bases de militantes y simpatizantes, una coyuntura que cargaba el peso de la continuidad del movimiento en una reducida vanguardia de dirigentes obreros de la oposición clandestina. Pero dentro de ésta también se habían acentuado las divisiones, y en particular los comunistas, por sus tendencias hegemónicas y sus intentos de instrumentalización política de CCOO, fueron criticados por otros grupos participantes en el movimiento y que, como en el caso de USO, acabaron por alejarse de Comisiones. A finales de los años sesenta, por lo tanto, en muchos lugares el PCE resultaba ser la única fuerza organizada de un movimiento que atravesaba entonces su primera gran crisis.

Romero Marín, en la reunión plenaria del CE celebrada en diciembre de 1969, afirmaba: «Nos encontramos con que las tareas de comisiones, del movimiento de masas tiene que realizarlas el Partido en este momento y las está realizando el Partido».[125]

RESISTENCIA Y NUEVOS EQUILIBRIOS

Desde la puesta en marcha de su nueva estrategia a principios de los años cincuenta, el PCE había sostenido siempre, como hemos visto, la necesidad de dar publicidad a las acciones de masas y de no encerrarse otra vez en las catacumbas de la clandestinidad. La combinación de acciones legales y extralegales, que estaba ya en el origen de la «directriz Stalin», iba en esa dirección. Ante la escalada represiva, el partido siguió defendiendo la validez de la línea seguida hasta entonces y criticó duramente cualquier propuesta en sentido opuesto, es decir, a favor de una mayor clandestinización de CCOO, alegando que perder las posiciones conquistadas en los años anteriores sólo las haría aún más débiles, y que la respuesta sólo podía ser más lucha unitaria y de masas. Así, con motivo de la proclamación del estado de excepción de 1969, el PCE difundió la siguiente declaración:

> Hay que hacer frente a la nueva escalada reaccionaria sin caer en actitudes de desesperación, resistiendo a los efectos psicológicos desmoralizadores que pretende lograr combatiendo con más energía, más decisión y más inteligencia. Es necesario seguir desplegando la lucha coordinada, a un nivel cada vez más elevado, de los diferentes sectores sociales y políticos del país. Los obreros no deben dar un paso atrás en la lucha por nuevos convenios, por la libertad sindical, por la democracia. Las manifestaciones, las huelgas y en cuanto sea posible, las ocupaciones de fábricas deben continuar siendo sus formas de acción. [...] Una nueva contraescalada popular y nacional frente al estado de excepción debe ser la respuesta a la dictadura en esos momentos.[126]

Desde esa perspectiva, el partido se opuso siempre a eventuales dimisiones de los enlaces y jurados, defendidas por quienes veían en ellas un gesto de rechazo a la OSE, y, al mismo tiempo, una manera de proteger a las personas que ocupaban esos cargos, cada vez más expuestas a la represión.[127] El PCE replicaba que esas posiciones legales permitirían en un futuro próximo, en cuanto las circunstancias lo hicieran posible, recuperar el terreno perdido.[128]

La idea de enfrentarse al aumento de la represión mediante un simétrico aumento de la lucha de masas, así como la de mantener unos parámetros de relativa visibilidad pública y legalidad, denotaba sin embargo cierto voluntarismo característico de la política del PCE en esos años. La dirección pedía a sus militantes y a los antifranquistas en general que se lanzaran a protestas y movilizaciones precisamente cuando más probabilidades había de que fracasaran, y dieran lugar a un elevado número detenciones. Por otra parte, la lucha se concebía como un antídoto contra la pasividad y el derrotismo, sobre todo cuando la edad avanzada del Caudillo y las señales de crisis interna que llegaban del Régimen hacían presagiar que se trataba de los últimos coletazos de una dictadura moribunda: la capacidad de reaccionar adecuadamente, por lo tanto, se le presentaba al PCE como una de las últimas pruebas a que debía hacer frente de cara al escenario posfranquista, y por eso los sacrificios resultaban plenamente justificados. Entonces más que nunca, según el partido, resistir equivalía a vencer.

En esta óptica, la prioridad estaba en neutralizar los ataques del Régimen.[129] En esa tarea desempeñaron un papel clave los abogados «orgánicos» vinculados al PCE y a CCOO. Entre ellos puede citarse a María Luisa Suárez, Jaime Sartorius, José Esteban, José Jiménez de Parga o José Luis Núñez, quienes abrieron en Madrid a principios de 1967 el primer despacho laboralista. Unos meses más tarde abrió también en la capital otro despacho, con Cristina Almeida, Jesús García Varela, Jesús Ontañón y Julián Hernández. A lo largo de aquel mismo año surgieron más despachos laboralistas en varias ciudades españolas, por ejemplo en Sevilla, con los abogados demócrata-liberales Adolfo Cuéllar y Alfonso de Cossío.

La primera misión de estos abogados consistía en defender a los obreros frente a las Magistraturas de Trabajo y el TOP, un trabajo que solía realizarse a título gratuito, como parte de la militancia política. La ayuda que dieron al antifranquismo, aun con ser fundamental, no se limitó a la asistencia legal: sus despachos acogieron reuniones clandestinas o actividades de propaganda, constituyendo, por lo tanto, un recurso logístico de gran valor en esa nueva fase del movimiento obrero, cuando se les habían cerrado muchas de las puertas que habían tenido abiertas hasta entonces.[130]

En la resistencia contra la represión la solidaridad económica desempeñó, asimismo, un papel decisivo. Las campañas de recogida de fondos llevadas a cabo tanto dentro de España como en el extranjero permitieron a muchos militantes continuar con sus actividades político-sindicales, sabiendo que en caso de detención o despido podrían contar con el sostén económico del partido. Los numerosos organismos, generalmente unitarios, constituidos con la finalidad de recoger fondos y distribuirlos entre activistas en dificultades, como, por ejemplo, el Fondo Unitario de Solidaridad Obrera de Asturias (FUSOA) del que hablaremos más adelante, fueron verdaderos amortiguadores de los efectos de la represión y permitieron sostener la conflictividad.[131]

Esa neutralización de los ataques del Régimen no podía perder de vista el objetivo fundamental del PCE en esa fase, como era la reorganización y recuperación de los comités y Comisiones. En cuanto a estas últimas, según Carrillo había que poner en marcha una «nueva oleada» que las restableciera y consolidara en las empresas, integrándolas al mismo tiempo con los organismos de coordinación que habían sobrevivido gracias a la vanguardia que había escapado de la represión. Se trataba de iniciar un nuevo círculo virtuoso entre arriba y abajo, promoviendo desde la dirección la creación y extensión de Comisiones de empresa, las cuales, a su vez, dotarían a los órganos superiores de una base sólida.[132]

Para rellenar los vacíos producidos por las detenciones, desarticulaciones y abandonos, en otoño de 1969 el partido lanzó la llamada *Promoción Lenin*, una campaña de reclutamiento dirigida a captar nuevos militantes. Un año después de su puesta en marcha, Ignacio Gallego afirmaba que, gracias a ella, se habían creado seis nuevos Comités Provinciales del partido, y en muchas zonas el ingreso de nuevas levas había empezado a contrarrestar numéricamente los efectos de la represión.[133] El partido, además, sirviéndose de la recién creada Delegación Exterior de Comisiones Obreras (DECO), comenzó a enviar a España, a partir de 1970, nuevos militantes provenientes del exilio y la emigración: destinados sobre todo a trabajar en CCOO, en la mayoría de los casos el partido les preparó previamente para su misión a través de cursos y grupos de estudio. Entre 1971 y 1972 fueron 194 los comunistas que entraron en España en el marco de este plan, con Madrid como meta principal.[134]

Junto a la captación de nuevos militantes de base, el PCE se preocupó de reorganizar sus cuadros en el interior, bien distribuyendo nuevas tareas entre los dirigentes que se habían salvado de la represión, bien ascendiendo de nivel a jóvenes cuadros intermedios que hubieran dado prueba de su capacidad. Así, en Asturias entró en la Coordinadora Provincial una nueva vanguardia forjada desde mediados de los años sesenta, entre cuyos nombres sobresalió pronto el de Juan Muñiz Zapico. Un fenómeno muy similar se produjo en Cataluña, donde nuevos dirigentes, como López Bulla y Rodríguez Rovira, se sumaron al ya veterano Cipriano García. En Madrid, Sartorius era el único miembro de la «vieja guardia» que seguía en libertad, y desde 1968 le acompañó en la guía de Comisiones Vicente Llamazares, hasta entonces representante del partido en artes gráficas. Durante unos años, los dos se encargaron, bajo la supervisión de Lucio Lobato, Romero Marín y Sánchez Montero, no sólo de la reestructuración de CCOO de Madrid, sino de su coordinación a escala nacional. Con la detención de Sartorius a principios de los años setenta se tuvo que formar un nuevo grupo dirigente, mediante la promoción de jóvenes líderes obreros como Natividad Camacho, Tranquilino Sánchez y Arcadio González.[135]

La estrategia del PCE para reconstruir y relanzar el movimiento obrero tuvo varios aspectos, desarrollándose en múltiples direcciones y afectando a distintos frentes. Por otra parte, muchas de las medidas adoptadas como respuesta a la represión sirvieron para darle una visibilidad pública que contrarrestó, en parte, sus carencias organizativas, las CCOO promovieron una acción propagandística y de contrainformación que logró atraer la atención de la opinión pública nacional e internacional sobre el problema de la represión franquista y la ausencia de libertades políticas y sindicales. El objetivo primordial era el de deslegitimar y desprestigiar al Régimen, poniendo en evidencia sus métodos, incompatibles con sus declaraciones de intenciones de reforma y liberalización. Se imprimieron y difundieron folletos, octavillas, informes; se enviaron cartas y denuncias a la prensa, a personalidades y organismos, tanto españoles como extranjeros, y se atacó la nueva Ley Sindical, juzgada como una más de esas medidas represivas. Éstas y otras muchas iniciativas tuvieron como efecto «volver a sacar el nombre de CCOO en los títulos de los periódicos».[136]

Hay que subrayar, por la novedad que suponía respecto al *modus operandi* seguido habitualmente por los comunistas, la actividad de contrainformación llevada a cabo a través de *comandos*. Éstos eran pequeños grupos que se creaban para acciones de «guerrilla cívica»: ocupaban vagones de metro, bares o *pubs*, para inundarlos de material propagandístico y luego disolverse antes de que llegara la policía; o ponían carteles o hacían pintadas en las paredes por la noche, o incluso llevaban a cabo pequeñas acciones de sabotaje. Con estas formas de agitación se mantenía la visibilidad mientras no se pudieran organizar auténticas acciones de masa.[137] Los *comandos* estaban integrados, sobre todo, por miembros de las Comisiones Obreras Juveniles (CCOOJJ). Éstas habían empezado a surgir en 1968 por iniciativa del PCE para atraerse a los obreros más jóvenes. Vinculadas orgánicamente a las Comisiones, extendían su influencia fuera de los tradicionales centros de trabajo, y sirvieron de nexo entre la realidad de la fábrica y las nuevas realidades del asociacionismo juvenil. Pronto se convirtieron en una cantera de militantes que fueron ocupando el lugar dejado por los detenidos, y, bajo muchos aspectos, llegaron a ser la escuela de una nueva generación de cuadros obreros. Las ciudades donde más se desarrollaron fueron Madrid y Sevilla, y acabaron siendo integradas casi exclusivamente por comunistas: en 1969, por ejemplo, 70 de los 72 miembros de CCOOJJ de la capital española eran militantes del partido.[138]

En la recaudación de fondos para la solidaridad con las víctimas de la represión, en la denuncia del franquismo en el ámbito internacional y en la promoción de CCOO ante la opinión pública, la DECO desempeñó durante esa fase un papel de primer orden. Tras el abandono de la OSO en el interior a mitad de los años sesenta, que había afectado igualmente a su brazo internacional, las CCOO se habían visto privadas de una efectiva representación en el exterior. Entre 1968 y 1969 el PCE consideró que había llegado el momento de suplir esa carencia: dotar a Comisiones de una delegación internacional parecía un paso natural después de haber logrado crear una Coordinadora General a nivel nacional. Además, el endurecimiento de la represión hacía conveniente recabar mayor ayuda internacional y contar con un órgano encargado de impulsar campañas de solidaridad y de información en el extranjero, una red de contactos que, por otra parte, se podría mostrar de gran utilidad en un futuro posfranquista que cada vez se veía más cercano.

A principios de 1970 nació, con esa finalidad, la DECO, bajo la guía de Carlos Elvira, miembro del CC del PCE, que ya había estado al frente de la delegación exterior de la OSO. A éste se unió Ángel Rozas, dirigente del PSUC y de CCOO de Cataluña que en 1969 había atravesado la frontera francesa para huir de un proceso. A la actividad del nuevo organismo, con sede en París, contribuyeron otros exponentes del núcleo de dirigentes comunistas que estaban en el exilio: figuras como Manuel Delicado o Santiago Álvarez resultaron determinantes para asegurar el contacto con el resto de organizaciones políticas y sindicales del movimiento comunista internacional. Hasta 1977, año de su disolución, la DECO mantuvo relaciones con nada menos que 123 centrales sindicales extranjeras y prácticamente con todos los organismos sindicales internacionales: de todas formas, hay que subrayar que decidió no ingresar en ninguno de ellos porque, estando cada uno de ellos vinculado a una determinada ideología política, una eventual adhesión habría sido incoherente con la supuesta independencia y autonomía de CCOO.[139]

La DECO fue el principal instrumento de financiación de Comisiones entre 1970 y 1977, llegando a recoger notables sumas de dinero gracias a las donaciones de las comunidades de exiliados y emigrados españoles, o bien de los sindicatos con los que mantenía contactos. En un primer momento, fue el Consejo Central de los Sindicatos Soviéticos el que aportó la mayor ayuda económica: en 1972, por ejemplo, envió a la DECO unos 90.000 francos. En los años siguientes, seguramente como consecuencia del distanciamiento del PCE respecto del PCUS y del nuevo proyecto eurocomunista, los principales financiadores de la Delegación fueron los sindicatos vinculados al PCI y al PCF. En 1975, de hecho, la CGIL fue la principal donante, con 211.260 francos, seguida a notable distancia por la FSM, con 73.300, por la CGT, con 70.850, y, finalmente, por los Sindicatos Soviéticos, con sólo 43.675.

Respecto a la recogida de fondos por la DECO entre los españoles residentes fuera del país, los mejores resultados se obtuvieron en Francia, Suiza y la República Federal Alemana, metas privilegiadas de la emigración económica española en los años sesenta, a la que se sumaba, sobre todo en el caso francés, el exilio político de los años cuarenta. El dinero recaudado era enviado a España, y se destinaba, en parte, a fondos de solidaridad y sostenimiento de algunas huelgas concretas, y en parte a la Coordinadora y al Secretariado de CCOO, que decidía cómo utilizarlo.[140]

La otra actividad fundamental de la DECO fue la información y la denuncia internacional de la falta de libertades sindicales en España, especialmente a través de un *Boletín Informativo* y de la elaboración de numerosos informes. Ese material, que tenía como tema central la represión franquista, se difundía entre los españoles emigrados y exiliados, y se enviaba por todo el mundo a sindicatos, partidos, asociaciones y medios de comunicación. La DECO impulsó, además, numerosos eventos informativos *ad hoc*, como conferencias, mítines o exposiciones que en varios países (por ejemplo, en el bloque socialista, en Francia, Bélgica, Alemania o Italia) contaban con el apoyo logístico proporcionado por los partidos y sindicatos «hermanos». La actividad de denuncia se llevó a cabo también en foros internacionales, sobre todo la OIT, que llegó a reconocer oficialmente como sindicato a CCOO en 1974, dotándole así de ulterior legitimidad.[141]

Pese a sus notables problemas organizativos, las CCOO lograron mantener esa presencia pública porque la propia represión acabó por convertirse, paradójicamente, en un factor de movilización durante los últimos años de la dictadura. Protestas, manifestaciones o manifiestos no sólo unieron a todas las fuerzas antifranquistas, sino que también funcionaron como nexo de unión entre éstas y la sociedad civil. Por ejemplo, fueron especialmente notables las movilizaciones en protesta por la muerte de tres obreros que participaban en una huelga en Granada durante el verano de 1970. Sin embargo, las mayores, al menos hasta el *Proceso 1.001* fueron las provocadas por los llamados «juicios de Burgos», es decir, los Consejos de guerra celebrados en diciembre de ese año contra dieciséis militantes de ETA, entre ellos dos sacerdotes y cinco mujeres, con varias condenas a muerte.

Ya en noviembre, el PCE y CCOO habían convocado una jornada pro amnistía que, por la explícita proveniencia comunista, no había tenido mucha repercusión. Fue a partir del 3 de diciembre, día de apertura de las sesiones de los Consejos de guerra, cuando se puso en marcha una gran oleada de protestas que tuvo como protagonistas a los partidos y sindicatos, a los intelectuales, a amplios sectores de la Iglesia católica y a numerosas personalidades y asociaciones de todo el mundo. Las Comisiones organizaron huelgas y manifestaciones durante todo el mes de diciembre, tanto en el País Vasco como en el resto del país, a menudo junto a otras fuerzas de la oposición. El Régimen, que empezó declarando el estado de excepción, acabó cediendo a las presiones internas e internacionales e indultó a los seis condenados a la pena capital.[142] Otra oleada de movilizaciones unitarias tuvo lugar, sobre todo en Galicia, pero también en el resto de España, en marzo de 1972 como consecuencia del asesinato por parte de la policía de dos obreros simpatizantes de CCOO durante una huelga en los astilleros de Bazán de El Ferrol.[143]

En suma, las acciones represivas generaron, sobre todo a partir de 1970, una espiral de respuestas populares de notables dimensiones, y al final para la oposición sirvieron de catalizador para hacer converger un amplio espectro de fuerzas políticas y sociales en plataformas unitarias. Así, las protestas en Barcelona contra el proceso de Burgos pusieron las bases de la Asamblea de Cataluña. En la perspectiva del PCE ofrecían la oportunidad de poner en marcha la masa crítica antifranquista y, al mismo tiempo, de atraer a la lucha a nuevos sujetos que podían revitalizar las Comisiones. Su carácter unitario y transversal las convertía, además, en banco de pruebas de lo que podría llegar a ser la Huelga Nacional Pacífica.[144]

Ese proceso de reconstrucción de CCOO se entrelazó de manera inevitable con el nacimiento y la difusión, desde finales de los años sesenta, de los grupos de extrema izquierda. Sus orígenes fueron diversos: algunos, como la Liga Comunista Revolucionaria (LCR), se formaron tras la disolución del FLP; otros, como la Organización Revolucionaria de Trabajadores (ORT), fueron el fruto de la radicalización de sectores procedentes de las organizaciones obreras católicas, o bien, como en el caso del PCE(internacional), que más tarde se transformó en el Partido del Trabajo de España (PTE), de escisiones producidas en el PCE y el PSUC; en cambio, de ETA se separó ETA-Berri/Komunistak, de la cual surgió el Movimiento Comunista de España (MCE).[145] Todas estas organizaciones formaban aquella «nueva izquierda» que Guillermo Castro, en las páginas de *Cuadernos de Ruedo Ibérico*, en 1970, definía de este modo:

> Entendemos por 'nueva izquierda' española el conjunto de partidos políticos y organizaciones obreras, [...] de distinto origen y muchas veces planteamiento, pero con un mismo común denominador: el único camino abierto para la clase obrera actualmente en España es la revolución, y esta revolución es de carácter socialista [...]. Queda así excluida la línea de 'reconciliación nacional' y de 'democracia político-social' carrillista, frente a la cual se levanta precisamente esta nueva izquierda.[146]

Nacidos en un clima caracterizado por el incremento de la represión y el largo eco del '68, los grupos de esta izquierda radical tenían en común la condena del «revisionismo pequeñoburgués» de la política carrillista. Para ellos, el PCE, al defender la reconciliación nacional, los pactos con la burguesía y la búsqueda de alianzas interclasistas, demostraba que su objetivo prioritario era la instauración de una democracia parlamentaria en lugar de un sistema socialista donde el poder estuviera en manos del pueblo. El surgimiento de esas organizaciones venía así a ocupar el vacío dejado por el PCE al renunciar a su identidad como partido revolucionario. Por su parte, el PCE no parecía muy preocupado por los ataques procedentes de estas nuevas formaciones, e incluso valoraba positivamente su entrada en escena:

> Históricamente hay que felicitarse de la aparición de estos grupos políticos de izquierda que contribuyen a la lucha general contra el capitalismo incorporando a la lucha nuevas capas y nuevas concepciones enriqueciendo el conjunto de las fuerzas socialistas. [...] Políticamente es un hecho progresivo, que contribuye al aislamiento de la dictadura y a la posibilidad de la democracia en nuestro país.[147]

El partido de Carrillo estaba convencido de que la proliferación de grupos a su izquierda constituía sólo un fenómeno coyuntural, debido a la rápida politización experimentada por la sociedad española, y de que estas organizaciones desaparecerían tan rápido como habían surgido, apenas sus militantes confluyeran hacia sus propias filas.[148]

Hay que subrayar que todas las formaciones de esa «nueva izquierda» participaron, con continuidad o de manera circunstancial, en la actividad de CCOO. El PCE, que tras el abandono de los católicos y USO había quedado durante un par de años como única fuerza organizada dentro del movimiento obrero, a partir de 1970-1971 tuvo que relacionarse con estos nuevos sujetos políticos. Ese proceso, por un lado, aportó a Comisiones nuevos recursos y un mayor pluralismo, pero constituyó también una fuente permanente de conflictos, sobre todo por las críticas de los grupos radicales al modelo reformista impuesto por el PCE a CCOO.

Esas críticas apuntaban principalmente hacia dos direcciones: la primera, hacia el excesivo uso que hacían los «carrillistas» de los cargos legales y de la visibilidad pública del movimiento, exponiéndolo a la represión; la segunda, hacia las reivindicaciones meramente económicas, democráticas y «burguesas», así como a la línea interclasista que excluía del horizonte la perspectiva de una revolución proletaria y popular. Las formaciones de la izquierda radical a menudo acabaron limitando su elaboración teórica sobre CCOO a la *pars destruens*, contraponiéndose al PCE pero sin proponer alternativas que fueran más allá de los simples eslóganes y de la genérica invocación a una mayor clandestinización del movimiento.[149] Muchas de ellas, por otra parte, nunca lograron tener una presencia mínimamente relevante en los centros de trabajo.

Entre los grupos de la extrema izquierda que participaron en CCOO, el caso más importante fue el de la ORT: partido surgido en 1970 de la politización y radicalización de la AST, se radicó especialmente en CCOO de Madrid, donde llegó a constituir la segunda fuerza tras el PCE, así como en Navarra, donde incluso se convirtió en la fuerza hegemónica.[150] De manera semejante a las otras formaciones de la izquierda radical, la ORT consideraba que desde 1968 CCOO estaban atravesando una grave crisis por culpa del PCE, que había terminado convirtiéndolas en un apéndice de enlaces y jurados, haciendo de esta organización una fácil diana para la represión. También las había despojado de cualquier impulso revolucionario, subordinando todo a la lucha «legalista» y empujando a las masas a la integración en el Vertical, en lugar de organizarlas en sus márgenes y contra él.[151] Un juicio no mucho más positivo tenía el PCE de la ORT:

> En ella se observa, por un lado, evidente honradez, pero gran deformación de clase, en general, idealistas anarco-católicos, políticamente infantiles; desesperadamente angustiados; tienen prisa, desconfían de la CO y del pueblo, al que en cierta forma desprecian, dado que lo miran desde su torre de marfil, tratándolo como subnormal, a la par que se llaman portavoces.[152]

La ORT asignaba un papel de gran relevancia a CCOO en cuanto instrumento de la lucha contra el Régimen, pero también de semilla de un futuro Frente Único del Proletariado que guiaría a las masas hacia la revolución. Pero ese objetivo sólo podía alcanzarse si la parte más pública de CCOO era sostenida por comisiones estables de fábrica con carácter clandestino, compuestas por auténticos representantes de los trabajadores, es decir, exponentes de la «vanguardia marxista-leninista» encargados de «impartir la orientación ideológica del movimiento y asegurar su continuidad en el caso de que fuera golpeado por la represión».[153] El verdadero núcleo dirigente de CCOO debía permanecer en la clandestinidad, total o parcialmente, según la coyuntura. En realidad, la ORT no rechazaba por completo el recurso a las posibilidades legales, siempre que éstas no llevaran a olvidar, como había ocurrido en el PCE, que lo más importante era, en cualquier caso, organizarse fuera de la OSE, y contra ella. En ese sentido, también la actitud a adoptar ante las elecciones sindicales debía ser flexible, teniendo en cuenta las circunstancias concretas en que se encontraba el movimiento en ese determinado momento. De modo que el *entrismo* ni se consideraba un dogma ni se negaba *a priori*.

Precisamente, las elecciones sindicales convocadas para 1971, tras varios aplazamientos causados por los estados de excepción y la dificultosa elaboración de la Ley Sindical, provocaron el primer enfrentamiento significativo dentro de CCOO entre los grupos de la izquierda radical y el PCE. El partido sostenía la participación, al igual que en otras ocasiones anteriores, incluso daba más importancia a ésta por la conjunción de varios factores contingentes. En primer lugar, un éxito de sus candidaturas podría ayudar a la reorganización de Comisiones tras las numerosas bajas causadas por la represión durante los últimos cinco años. En segundo lugar, la agitación previa a los comicios, con sus asambleas para la discusión de programas, contribuiría a poner en marcha otra vez a las masas obreras. Por último, una victoria de CCOO representaría «la condena más radical de la nueva Ley Sindical», y se convertiría así en el primer paso hacia un deseado Congreso Obrero Constituyente.[154]

La ORT y el resto de grupos de la izquierda radical, por el contrario, se pronunciaron a favor del boicot, e incluso afirmaron que la designación pública de candidatos obreros constituía un comportamiento irresponsable. Para ellos, el único medio de protestar contra la nueva Ley Sindical era la abstención, ya que la participación sólo la avalaba; si acaso podrían celebrarse unas elecciones no oficiales, al margen de la OSE. Incluso USO, por primera vez, se sumó a este llamamiento al boicot por los mismos motivos,[155] mientras que UGT y CNT reiteraron sus posiciones tradicionales. En consecuencia, se formó un bloque compacto a favor de la abstención, pero cuando la ORT intentó llevar esa posición al debate dentro de la Coordinadora General de Comisiones se encontró con la oposición del PCE, que hizo valer su presencia mayoritaria para que se adoptara oficialmente la línea *entrista*.[156]

Esta vez, sin embargo, los resultados electorales supusieron una desilusión para el partido de Carrillo: el número de «candidatos protesta» fue muy inferior a los elegidos en 1966, retrocediendo a los niveles de los primeros años sesenta. Varios factores podían explicar este fracaso en unas elecciones que, en realidad, sólo renovaban el 50% de los cargos de enlaces y jurados sindicales. Aparte de las medidas represivas, que habían obstaculizado las actividades preparatorias, base del éxito en 1966, la propaganda a favor del boicot parecía haber dado sus frutos en un momento de creciente desconfianza de los trabajadores acerca de las ventajas reales de la acción legal. La abstención había sido dominante en zonas, como Navarra y País Vasco, donde mayor era la presencia de la ORT y USO, mientras que las candidaturas de Comisiones, integradas casi en su totalidad por militantes y simpatizantes del PCE, habían obtenido los mejores resultados en Madrid, Cataluña y, en menor medida, en Asturias.[157]

Las elecciones sindicales de 1971, por tanto, no significaron un progreso significativo en el proceso de reorganización de CCOO, al menos no según el modelo comunista, basado en los cargos legales. En los años siguientes, por lo tanto, los esfuerzos del partido no lograron restablecer una adecuada presencia de las Comisiones dentro de las empresas.[158] Ulteriores dificultades en este sentido fueron creadas al PCE por el hecho de que los grupos de la izquierda radical participaban en el nuevo movimiento obrero con el objetivo explícito de acabar con la negativa influencia que, según ellos, el «revisionismo carrillista» ejercía sobre Comisiones: consecuentemente, a menudo su actividad se centraba más en obstaculizar la del PCE que en la búsqueda de formas de colaboración fecundas.

A pesar de estos problemas que afectaban a la radicación del movimiento en las empresas, desde un punto de vista más general se puede afirmar que desde 1972 las CCOO entraron finalmente en una fase de recuperación. La actividad llevada a cabo en los últimos años sobre varios frentes empezaba a dar sus frutos: la captación y promoción de una nueva militancia, las iniciativas de solidaridad, la creación de la DECO, la denuncia del franquismo en el ámbito nacional e internacional, o las movilizaciones unitarias contra la represión se habían configurado como los múltiples aspectos de un proceso de acumulación de recursos que finalmente permitió a ccoo salir de la crisis y dotarse de nuevos equilibrios en vista de la ofensiva final contra la dictadura.

Ese despegue se vio favorecido por una importante reactivación de la conflictividad obrera entre 1971 y 1972, como consecuencia del incremento del coste de la vida y, sobre todo, de la renovación de los convenios colectivos en varias ramas de la producción. Además, como puede observarse en la tabla y gráfico 2, la parábola represiva contra Comisiones entró en una fase descendente, de manera que los trabajadores empezaron a abandonar la pasividad dictada por el miedo y sus acciones reivindicativas cobraron un nuevo impulso. En esos meses tuvieron lugar importantes huelgas, como la de Bazán en El Ferrol antes citada, la del ramo de la construcción en Madrid, o de la Seat en Barcelona, durante las cuales hubo nuevas víctimas mortales debido a la intervención de la policía. La Seat estuvo desde entonces en un estado casi permanente de conflicto, convirtiéndose en uno de los símbolos de las luchas obreras de los años setenta.[159]

Pese a que persistía un desequilibrio entre esta renovada combatividad del movimiento obrero en la base, y la debilidad organizativa de Comisiones en los lugares de trabajo, éstas lograron insertarse con eficacia y sacar beneficios de esa renovada dinámica de lucha. La estrategia antirrepresiva desarrollada por los comunistas había logrado garantizar la supervivencia de los órganos superestructurales del movimiento: éstos, aun careciendo en la mayoría de los casos de la capacidad de promover autónomamente acciones muy amplias, cuando surgía una protesta concentraban todos sus esfuerzos en ella y utilizaban todos sus recursos para alimentarla. En concreto, el notable aparato propagandístico del pce y de ccoo permitía multiplicar la resonancia nacional e internacional de los conflictos, dando la impresión de que estaban bajo su control cuando, en realidad, casi siempre tenían una génesis esencialmente espontánea. Los manifiestos y octavillas repartidos con ocasión de cada una de esas huelgas o actos de protesta alimentaban la presencia pública de ccoo, y tanto el Régimen como el resto de fuerzas político-sociales acababan por atribuirles un potencial de movilización muy superior al que realmente tenían.[160]

El sociólogo estadounidense William Thomas, anticipando la teoría de la «profecía autocumplida» de Merton, afirmó en 1928: «Si los hombres definen como reales ciertas situaciones, éstas serán reales en sus consecuencias».[161] En este sentido, el hecho de que CCOO fueran percibido, con razón o no, como la responsable de la mayor parte de las protestas planteadas en el mundo obrero terminó por redundar en su beneficio, en su popularidad y prestigio, favoreciendo su relanzamiento en una doble perspectiva: por un lado, aumentó su capacidad de atracción, permitiéndole captar buena parte del activismo obrero que emergió tras la fase de dura represión, y así recuperar progresivamente parte de su capacidad de movilización perdida en los años anteriores; por otro, convirtió a CCOO en un punto de referencia obligado para todas las fuerzas de oposición que, a la hora de estrechar alianzas y elaborar plataformas unitarias, difícilmente podían ya excluir al principal movimiento de masas del antifranquismo y al partido que, de hecho, lo controlaba.

LA SALIDA DEL OSTRACISMO

En el crepúsculo del franquismo, el PCE y CCOO tomaron parte en diversos organismos unitarios de la oposición, rompiendo la hostilidad que las otras fuerzas habían mantenido frente a los comunistas desde el final de la Guerra Civil. El final del ostracismo fue posible gracias al papel de primer plano desempeñado por el partido y por Comisiones en la lucha de masas, así como a las credenciales democráticas que le proporcionaba, desde 1968, su distanciamiento de la línea oficial del PCUS.

En realidad, desde 1956 la política interior y la exterior del PCE había empezado a seguir caminos divergentes. Con la formulación de la PRN, el partido trató de legitimarse dentro de España como una fuerza nacional, independiente y respetuosa con los valores de la democracia, el pluralismo y la libertad, con el objetivo de promover amplias alianzas para acabar con la dictadura franquista. Sin embargo, la fidelidad incondicional a la URSS y la exaltación del socialismo «realmente existente» en los países del Este de Europa comprometían ese intento y suscitaban una enorme desconfianza en sus posibles interlocutores.[162] La ocasión para dar un nuevo rumbo también a su política internacional llegó con la invasión de Checoslovaquia por parte de los tanques del Pacto de Varsovia que, en la noche entre el 20 y 21 de agosto de 1968, acabaron por la fuerza con la llamada «Primavera de Praga».[163]

Como sabemos, ésta había levantado grandes entusiasmos en los partidos comunistas occidentales, que veían en ella un intento de conjugar socialismo y libertad y de edificar de ese modo un «socialismo con rostro humano». Su protagonista, Alexander Dubcek, quien había sustituido en enero a Novotny en la dirección del Partido Comunista Checoslovaco (PCCh), puso en marcha una serie de reformas audaces que suponían una liberalización de la vida política del país. Con el *Programa de Acción* promulgado en abril se reconocía la libertad de reunión, de asociación y de prensa, se introducían elementos de libre mercado en la economía: se optaba por el pluralismo, en clara ruptura con la política y la economía monolítica seguida hasta entonces.

De ahí que la invasión del país por las tropas de URSS, Bulgaria, Hungría, Polonia y República Democrática Alemana pusiera a los partidos comunistas de Europa Occidental ante una grave disyuntiva: la aprobación o el silencio contradecían todas sus declaraciones previas a favor de la libertad e hipotecaban todos sus intentos por ganar una credibilidad democrática. Por primera vez en su historia, algunos de ellos, en particular el PCI, el PCF y el PCE,[164] criticaron públicamente al Kremlin y rompieron la disciplina internacionalista en beneficio de sus respectivas políticas internas.

Los comunistas españoles siguieron con gran interés y entusiasmo las noticias que llegaban sobre las reformas de Dubcek, y tomaron su «socialismo de rostro humano» como modelo.[165] En realidad, desde hacía bastante tiempo el partido había comenzado a afirmar la necesidad de un mayor pluralismo, de una «unidad en la diversidad», dentro del movimiento comunista internacional. Aunque sin poner en tela de juicio la política de la URSS, se defendía la libertad de los distintos partidos comunistas para elaborar con autonomía su propia política, teniendo en cuenta las respectivas circunstancias nacionales.[166] Los dirigentes comunistas españoles querían evitar que el principio de la «fidelidad internacionalista» obstaculizase el proceso de nacionalización y democratización que había empezado a mediados de los cincuenta. En *La lucha por el socialismo, hoy*, publicado en julio de 1968, Carrillo sostenía, además, la necesidad de que los partidos comunistas occidentales rompieran definitivamente, como estaba haciendo el PCCh, «el cordón umbilical con la tesis estalinista del partido único».[167] La Checoslovaquia de Dubcek se había convertido en el nuevo modelo de referencia para el PCE.

Ya en julio, cuando la URSS empezó a considerar la adopción de medidas drásticas para acabar con la «Primavera de Praga», el PCE comunicó a Moscú que rechazaría una eventual intervención armada y se vería obligado a realizar una condena pública.[168] Después de la entrada de los tanques en Praga, la dirección del PCE envió una carta al PCUS en la cual, además de refutar la versión oficial ofrecida por los soviéticos acerca del peligro contrarrevolucionario de la experiencia checoslovaca, afirmaba:

> Esta intervención puede ser interpretada como una negación, en la práctica, del principio de que el socialismo debe ser edificado en cada país teniendo en cuenta las particularidades nacionales, históricas, políticas, sociales, y de la diversidad de las formas de socialismo.[169]

La condena de la invasión por parte del PCE, no obstante las presiones soviéticas, se hizo pública mediante una declaración difundida a los medios el 28 de agosto, y ratificada por el Comité Central en una reunión celebrada en septiembre. En esa ocasión fue evidente la preocupación del partido por las repercusiones que la invasión podía tener en su política de alianzas:

> [En Checoslovaquia] había una orientación nueva que en esencia [...] corresponde también a la concepción que nosotros hemos elaborado de la marcha hacia el socialismo en nuestro país. A nosotros, la igualdad formal de los partidos no nos puede extrañar, ni podemos condenarla [...]. Porque si fuéramos diciendo nosotros a nuestros aliados: «Queridos amigos, habrá

pluripartidismo, pero de igualdad entre los otros partidos y nosotros ni hablar», si fuéramos diciendo eso, está claro que no tendríamos aliados [...]. Y si les decimos que la teoría del pluripartidismo es una teoría burguesa [...], pues está claro que tendrán derecho a pensar que toda nuestra elaboración [...] no es más que una manera hábil de engañar a los demás.[170]

En los meses siguientes, el PCE continuó defendiendo su posición contraria a la intervención, y denunció repetidamente la «normalización» que se estaba llevando a cabo en Checoslovaquia.[171] Pero a esa posición oficial del partido no se llegó sin polémicas internas, y fue motivo, a su vez, de graves disensiones que desembocaron en dos escisiones. La primera tuvo como protagonistas a Eduardo García y Agustín Gómez, miembros del CE y del CC, respectivamente, y la segunda a Enrique Líster, el histórico líder del V Regimiento.[172] Las dos divergencias prosoviéticas no debilitaron al PCE, sino que, por el contrario, dieron mayor credibilidad a sus esfuerzos por presentarse como un partido nacional e independiente, al mismo tiempo que aseguraban el predominio de la línea renovadora, depurando del grupo dirigente a las personas que podrían haberla obstaculizado.

La condena de la invasión tuvo también sus críticos entre las bases del partido, en especial entre los militantes de mayor edad, educados en el principio de la infalibilidad de la URSS.[173] En cambio, las nuevas generaciones del interior acogieron de manera muy favorable esa toma de posición crítica ante los soviéticos, conscientes, además, de que favorecía su acercamiento a otras fuerzas políticas y a los movimientos sociales plurales. Hasta la propia policía franquista consideró que la posición tomada por el PCE tendría consecuencias positivas para el partido: «La postura anti-invasión –afirmaba un informe policial de enero de 1970– traerá para el comunismo español la deserción de muchos veteranos de la revolución, pero, por otra parte, representará una mayor disciplina y una nueva era de fortalecimiento de las generaciones jóvenes en su lucha revolucionaria».[174]

En suma, los acontecimientos de 1968 motivaron el primer gran desacuerdo con el PCUS,[175] al que seguiría un proceso de distanciamiento que culminaría en el curso de los años setenta. En ese proceso debe enmarcarse el creciente interés del PCE por la integración europea: efectivamente el partido, en su VIII Congreso, que tuvo lugar en 1972, revisó totalmente la posición adoptada hasta ese momento y aceptó una eventual integración de España en el Mercado Común. Con ello se pretendía favorecer una articulación de la lucha de clases a escala europea, pero, sobre todo, facilitar la estrategia de acercamiento a las otras fuerzas de la oposición presentándose de cara al futuro como un sujeto político responsable también en la esfera internacional.[176]

Precisamente en 1969, el PCE daba un nuevo impulso a su política de alianzas a través de la propuesta de un *Pacto para la libertad* que, en realidad, no era sino la reedición de la fórmula de Reconciliación Nacional con algunos retoques lingüísticos para actualizarla. Con ella se abogaba por «la convergencia de todas las fuerzas lesionadas por la tiranía, en un pacto para la libertad» destinado a poner «en manos del pueblo el poder de decisión». Las bases para un acuerdo mínimo pasaban por la formación de un gobierno de amplia coalición, tras la caída de la dictadura, el restablecimiento de las libertades sociopolíticas, una amnistía general para los presos políticos, el reconocimiento de la autonomía para Euskadi, Cataluña y Galicia, y, finalmente, la convocatoria de unas elecciones constituyentes.[177]

El pacto era concebido como un compromiso provisional hasta la restauración de un sistema democrático, y no como un frente con objetivos a largo plazo, a diferencia de la AFTC, que tenía como meta la transformación de las estructuras socioeconómicas en un sentido socialista. Ese carácter coyuntural lo abría a la participación de grupos y personalidades pertenecientes a todo el espectro ideológico y social, desde los comunistas a los democristianos, pasando por los carlistas, desde la clase obrera a la burguesía, e incluso a los militares. La propuesta del pacto se basaba en la conciencia de la debilidad de las fuerzas populares para impulsar un cambio político en solitario: por lo tanto, se hacía urgente concretar una alternativa al proyecto continuista del franquismo puesto en marcha con la designación de Juan Carlos como príncipe, en 1969.

Para Carrillo, el pacto tenía que nacer de los contactos entre las direcciones de las distintas fuerzas, pero también de una convergencia entre las bases, pues ambas dimensiones estaban totalmente interrelacionadas en lo que debía configurarse como un círculo virtuoso entre arriba y abajo:

> El pacto para la libertad –afirmaba el secretario general– será consecuencia no exclusiva, ni siquiera principal, de las relaciones por arriba, entre dirigentes [...], sino de la lucha del movimiento de masas; a su vez, el ascenso del movimiento de masas puede alcanzar su cenit en esta fase con la cristalización del pacto para la libertad.[178]

Como el PCE consideraba importante que CCOO se pronunciara en ese mismo sentido, los dirigentes comunistas de Comisiones celebraron varias reuniones a lo largo de 1970 y redactaron un documento titulado *Por la formación de un amplio acuerdo de unidad democrática,* que se hizo público en 1971. En él apoyaban la propuesta del pacto, politizando ulteriormente sus objetivos explícitos, e insistiendo en la Huelga Nacional Pacífica como instrumento de fuerza de la oposición.[179]

Siempre con la idea de acreditarse ante las otras fuerzas como un partido responsable, el PCE transmitió instrucciones a sus militantes para que en sus acciones públicas y manifestaciones de calle evitaran todo comportamiento radical que pudiera ser interpretado negativamente por las clases medias y burguesas.[180] Por ejemplo, cuando con ocasión de los juicios de Burgos algunos *comandos* rompieron en Madrid los escaparates de algunas tiendas, la dirección comunista lo condenó públicamente en un artículo aparecido en la *Hora de Madrid*, en el cual se afirmaba que «los pequeños comerciantes son aliados potenciales de la clase obrera en su lucha antifranquista y antimonopolista. [...] Atacarlos [...] es un acto idiota objetivamente contrarrevolucionario».[181]

La imagen democrática que se estaba construyendo el PCE desde hacía una década, y que se intensificó durante la fase final de la dictadura, no habría resultado suficiente, sin embargo, para sacarlo del aislamiento, si no se hubiera apoyado en el absoluto protagonismo adquirido por el partido en la lucha antifranquista.

Fue en la movilización de masas, como hemos visto, donde el partido primero logró romper el ostracismo al que había sido sometido por las demás fuerzas de la oposición, sobre todo a través de la colaboración con los católicos «dentro» de CCOO. Analizando la progresiva incorporación de los comunistas en organismos unitarios de la oposición desde finales de los años sesenta, cabe subrayar que ésta se produjo gracias a la acción desarrollada por el PCE «con» Comisiones. Es decir, que cualquier iniciativa para crear plataformas unitarias sin contar con el partido que controlaba lo que había llegado a ser el movimiento más amplio y de mayor capacidad de movilización del antifranquismo, hubiera parecido como mínimo insuficiente. El PCE recibía así una especie de «legitimación a través de la lucha».

Ya en 1969, los comunistas habían sido incluidos en la Comisión Coordinadora de Sevilla, la cual se presentaba como el embrión de una plataforma de articulación de toda la oposición andaluza, así como en la Coordinadora de Forces Polítiques de Catalunya, donde el PSUC estaba junto a Esquerra Republicana de Catalunya, el Front Nacional de Catalunya, el Moviment Socialista de Catalunya y la Unió Democràtica de Catalunya. De este organismo surgió, dos años después, la Asamblea de Catalunya, que amplió notablemente su radio de acción inicial mediante la incorporación no sólo de todos los partidos con presencia en la región, desde la sección catalana del PSOE al Partit Obrer Revolucionari, sino también a las fuerzas sociales de oposición, desde CCOO y UGT hasta asociaciones estudiantiles o profesionales. Se trató de la iniciativa unitaria más integradora realizada por la oposición en la fase final de la dictadura, y fue interpretada por Carrillo como la primera materialización relevante del *Pacto para la libertad*.[182]

En ese camino hacia la unidad política y sindical había un tema de especial importancia para el PCE: cómo superar el tradicional anticomunismo de la familia socialista. Desde los años cuarenta, el PSOE y UGT habían rechazado todo contacto con el PCE, por considerarlo una fuerza totalitaria al servicio de Moscú: además, las motivaciones relacionadas con la Guerra Fría se mezclaban inevitablemente con las heridas no cerradas de la Guerra

Civil. Los socialistas tomaron distancias también de ccoo por su desconfianza hacia la hegemonía que acabó teniendo en ellas el pce. Más aún, durante mucho tiempo pensaron que no eran sino un instrumento más de la estrategia comunista para volver a plantear la estrategia del «frente único por la base», puesta ya en funcionamiento durante la Segunda República, es decir, una forma de aprovechar la colaboración con las bases militantes de otras fuerzas para presionar a sus respectivas directivas en la formación de amplias alianzas y organismos unitarios. En contradicción con sus declaraciones de respeto al pluralismo, el pce pretendía en cualquier caso, según los socialistas, acabar ocupando un espacio central y utilizar a sus eventuales aliados para sus propios fines.[183]

Para los socialistas, las intenciones ocultas de los comunistas quedaban en evidencia en su concepción de ccoo como embrión de una futura central sindical unitaria, que englobaría al resto de organizaciones sindicales: según esa perspectiva, ugt habría perdido su identidad específica, y su militancia habría caído bajo el control del pce. A este propósito, además, hay que considerar que, aunque los socialistas abogaban por la colaboración entre los sindicatos democráticos, tradicionalmente consideraban el sindicato único/unitario como una medida típicamente autoritaria. Finalmente, como hemos visto, la opción de los ugetistas de no participar en Comisiones se basaba también en un desacuerdo básico en torno a la táctica *entrista* y la utilización de las posibilidades legales ofrecidas por la ose.[184]

A mitad de los años sesenta, sin embargo, empezaron a surgir entre las filas socialistas del interior voces críticas con esa posición oficial de no colaboración con los comunistas. En Madrid, por ejemplo, los jóvenes socialistas guiados por Miguel Boyer se pronunciaron a favor de la participación en las elecciones sindicales de 1966 y dieron su apoyo a la jornada de lucha del 27 de enero de 1967. Algunos de ellos empezaron a tomar parte en Comisiones dentro de las empresas, aunque a título individual, y algo parecido sucedió en Sevilla. Estos sectores, como ya Amat y los jóvenes de la asu unos años antes, sostenían la conveniencia de superar el dogma anticomunista, porque impedía una colaboración necesaria en la lucha contra la dictadura. Que hubiera toda clase de reservas sobre la naturaleza democrática del PCE no podía ocultar la primacía de este partido en la lucha antifranquista, así que propugnaban una colaboración de todas las fuerzas dejando de lado, por el momento, las divergencias ideológicas. Además, ellos que estaban en el interior del país eran testigos de la potencia de CCOO en la movilización de las masas obreras, y parecía cada vez más oportuno poner en marcha formas de acción unitaria, como había recomendado la propia CIOSL, tras la visita de uno de sus representantes a España a principios de 1967.[185]

Al mismo tiempo, Enrique Tierno Galván asumió una postura muy crítica hacia la línea de la dirección socialista en el exilio. El «viejo profesor» había sido expulsado del PSOE en 1965, por sus discrepancias con Llopis acerca del análisis de la realidad española y los cambios producidos en ella desde el final de la Guerra Civil, lo que perjudicaba la eficacia de la actividad socialista dentro del país. Con el objetivo explícito de remediar en lo posible esas carencias, en enero de 1968 Tierno fundó el Partido Socialista del Interior (PSI), el cual se declaraba partidario de la colaboración con todos los grupos de la oposición, incluidos los comunistas. En su documento fundacional, *El Partido Socialista cara al futuro*, sostenía la participación de los socialistas en Comisiones porque las juzgaba como «el principal instrumento de lucha» en poder de la clase obrera «para reivindicar sus derechos y conseguir las libertades democráticas y sindicales».[186]

De manera que el PSI estableció desde el primer momento contactos con los comunistas, aunque su escasa entidad numérica y su casi nula presencia entre los obreros hacían que esos propósitos de participar en CCOO no dejaran de tener un mero carácter teórico. La dirección del PCE, aunque veía a Tierno como un personaje maquiavélico, aceptó por oportunismo la posibilidad de un diálogo que siempre podría ser usado con fines propagandísticos y para presionar al PSOE en su línea anticomunista.[187]

En efecto, UGT, en su X Congreso celebrado en agosto de 1968, decidió adoptar una postura más flexible hacia CCOO, declarándose disponible a propiciar una convergencia de todas las fuerzas sindicales sin exclusiones *a priori*. Este significativo cambio de tendencia reflejaba las demandas de los socialistas del interior, en particular de los madrileños, andaluces, asturianos y vascos, que temían que se produjeran otras escisiones como la protagonizada por Tierno. Gracias a Comisiones, por tanto, el PCE lograba abrir la primera brecha en el muro levantado por el PSOE desde la guerra, aunque al mismo tiempo UGT colaborase con USO para tratar de contrarrestar la presencia comunista dentro del movimiento obrero.[188]

Para recuperar la influencia sindical dentro de España, los socialistas actuaron en dos frentes. Por un lado, reconocieron el gran desarrollo alcanzado por Comisiones y se mostraron dispuestos al diálogo para participar en un movimiento de masas del que, hasta entonces, habían quedado al margen en gran parte del país. Por otro, buscaron alianzas con otras organizaciones sindicales consideradas más democráticas con la idea de aprovechar las disensiones entre los distintos grupos dentro de las Comisiones para provocar su descomposición.[189] UGT temía que, dado el auge experimentado por CCOO en el bienio 1966-1967, una colaboración dentro de ellas acabara por dejarles en una posición subordinada, de modo que optó por articular un bloque sindical alternativo donde fuera la principal organización.

En los meses siguientes, la puesta en práctica de la nueva posición socialista de mayor apertura hacia los comunistas en el campo sindical, dio sus primeros frutos en Vizcaya. En esa provincia ya se había producido una unidad de acción circunstancial con ocasión del 30 de abril y del 1 de mayo de 1969, cuando CCOO y la Alianza Sindical habían impulsado conjuntamente las protestas en La Naval.[190] En otoño de ese año CCOO entró en los Comités de empresa, organismos integrados principalmente por UGT, USO y el Frente Obrero de ETA, y creados poco antes a iniciativa socialista, precisamente como alternativa unitaria a CCOO. Dado que éstas estaban atravesando una fase de crisis debido a la represión y al abandono por parte de los católicos y USO, y a que en el País Vasco pasaban por un momento de debilidad aún mayor, reducidas prácticamente al núcleo obrero del PCE, los ugetistas trataron de aprovecharse de la situación para recuperar posiciones. De acuerdo con lo aprobado en el X Congreso, en octubre UGT aceptó el ingreso de CCOO en los Comités, pero la colaboración duró menos de un año: el impacto del estado de excepción y las numerosas divergencias entre los comunistas y el resto de grupos desembocaron en la salida de CCOO de los Comités en septiembre de 1969.[191]

En 1970, el PSOE celebró su XI Congreso, en el que decidió trasladar su cambio de estrategia sindical a la línea política general, afirmando su disposición a colaborar con todas las fuerzas que se propusieran el restablecimiento de un sistema democrático. Venciendo numerosas resistencias, se abrían parcialmente las puertas a unas eventuales conversaciones con el PCE bajo la condición de que éstas no fueran bilaterales, sino dentro de alianzas de mayor alcance. En el Congreso se decidió, además, dar mayor autonomía a los cuadros del interior para resolver los problemas concretos que se les plantearan, incluidos los contactos con otros grupos. Sobre estas bases, en septiembre se difundió en Gijón el primer manifiesto firmado conjuntamente por UGT, PSOE, CCOO, PCE, USO y CNT, y en noviembre UGT de Vizcaya dio su adhesión a la jornada pro-amnistía convocada por los comunistas. El XI Congreso del sindicato socialista, celebrado en 1971, confirmó esta línea, que parecía señalar un cambio de tendencia a favor del peso del interior sobre el exilio. En el transcurso de los debates hubo varias intervenciones que señalaron la necesidad de contactar con el PCE y con CCOO si se quería tener presencia en la lucha de masas, renunciando a los prejuicios anticomunistas en favor de la unidad de acción antifranquista.[192]

En 1971, la colaboración entre socialistas y comunistas en el movimiento obrero quedó momentáneamente interrumpida a causa de las posiciones enfrentadas respecto a la participación o no en las elecciones sindicales, aunque se retomó al año siguiente. En 1972, en efecto, UGT y CCOO crearon comités conjuntos en varias empresas de Sevilla, y algo parecido tuvo lugar en Vizcaya, empezando por La Naval y extendiéndose a otros centros de trabajo con participación también de USO, la ORT y el PCE(i). El 1º de Mayo se difundió en Madrid un manifiesto firmado por CCOO, UGT, FST y CNT.[193]

Especialmente significativo fue en ese sentido el nacimiento del FUSOA, una organización unitaria operativa en todo el territorio asturiano y destinada a la solidaridad con los detenidos y despedidos por motivos sociopolíticos. Tenía un antecedente en el Comité de Solidaridad Obrera de Asturias, surgido en octubre de 1969 e integrado por PSOE, UGT, CNT, USO y CRAS. El PCE y CCOO habían participado aquella vez en las conversaciones iniciales, pero luego habían declinado su adhesión en desacuerdo con el criterio de igualdad de representación entre todas las fuerzas que lo componían, que a su juicio no resultaba proporcional con la implantación real de cada una de ellas en el mundo obrero. Paralelamente al Comité de Solidaridad Obrera de Asturias, en mayo de 1970 el PCE y CCOO habían constituido una Comisión de Solidaridad de Asturias, lo que sólo provocó confusión entre los trabajadores, no ya sólo por la coincidencia de nombres, sino también porque los dos organismos ejercían una tarea idéntica y tenían como destinatarios a las mismas personas. De su unificación, favorecida por un aumento de la conflictividad, surgió en enero de 1972 el FUSOA.[194]

En el curso de su existencia, que se extendió hasta diciembre de 1976, el FUSOA logró recaudar notables sumas de dinero: a sólo tres meses de su constitución disponía ya de 168.854 pesetas. Cuando a finales de 1973 se produjo en la región una protesta iniciada por los trabajadores de Hunosa, el Fondo sostuvo el conflicto distribuyendo entre los obreros sancionados cerca de 163.500 pesetas. Las aportaciones comunistas provenían de campañas realizadas en España y, sobre todo, en el extranjero por la DECO.[195] La experiencia de FUSOA supuso una importante prueba del hecho de que la represión, o mejor dicho la reacción contra ella, era uno de los principales factores que propiciaba la unidad del movimiento obrero y, en general, de toda la oposición en la última fase de la dictadura, obligando a actuar codo con codo a fuerzas que habían estado enfrentadas desde el final de la guerra. Al final, las exigencias comunes de supervivencia se impusieron sobre las rivalidades ideológicas.

Esos primeros acercamientos entre socialistas y comunistas en las bases obreras favorecieron los contactos entre las direcciones de los respectivos partidos. Al mismo tiempo, el juicio de los socialistas sobre la ideología totalitaria del PCE empezó a cambiar, gracias a hechos como la condena de la invasión soviética de Checoslovaquia.[196] De este modo, las dinámicas desde abajo, por medio de CCOO, se combinaron con la progresiva democratización de la línea política promovida desde arriba por los órganos dirigentes del PCE, favoreciendo la salida del largo periodo de ostracismo.

A principios de los años setenta, tuvo lugar el primer encuentro político entre comunistas y socialistas en las llamadas «Mesas Democráticas»: formadas en distintos puntos de la geografía española, eran un intento de coordinación de los principales grupos y personalidades de la oposición. Entre ellas destacó la Mesa Democrática de Madrid, en la cual, junto al PSOE y el PCE, se integraron personalidades de relieve como Gil-Robles, Ruiz-Giménez y Areilza. Sus reuniones empezaron en septiembre de 1971, pero la experiencia duró menos de un año por divergencias entre sus componentes, que culminaron cuando Gil-Robles se negó a cualquier clase de acuerdo oficial con los comunistas, y el PSOE, siguiendo su principio de no establecer contactos bilaterales con el PCE, la abandonó a continuación. Más que una mesa, los comunistas bromeaban diciendo que se habría tratado de una «mesita de noche», aunque para ellos cualquier experiencia unitaria constituía un éxito tras décadas de aislamiento.[197]

Entre 1972 y 1973, el PCE y CCOO siguieron promoviendo mesas en Andalucía, Aragón, Valencia o Baleares, en algunos casos, como en Sevilla, con la participación de los socialistas.[198] Pero el naufragio de la Mesa Democrática de Madrid, dado su peso específico y la relevancia política de sus participantes, contribuyó a limitar durante unos años la colaboración entre comunistas y socialistas a acuerdos circunstanciales, a casos concretos y puntuales, sin avanzar en pactos o acuerdos oficiales de más amplio alcance. No se trataba sólo del PSOE: muchos de sus aliados tampoco veían con buenos ojos la participación del PCE en las plataformas unitarias. Además, dentro del PSOE amplios sectores, en particular los reunidos en el exilio en torno a Llopis, seguían mostrándose contrarios a cualquier tipo de acuerdo con los comunistas. En la Tribuna de *El Socialista*, por ejemplo, aparecieron a lo largo de 1972 opiniones tan divergentes sobre el tema como las siguientes:

> Hemos de admitir, [...] nos guste o no, que en el transcurso de los últimos decenios el movimiento comunista ha adquirido en España arraigo y volumen, sobre todo si se tiene en cuenta la ascendencia del mismo sobre las Comisiones Obreras. [...] Ante esa realidad, lo que no se puede hacer es ocultar la cabeza bajo el ala. O, estremecidos de angélicos pudores, chillar: «¡*Vade retro*, Satanás!».
> Si nuestro partido acordara mantener relaciones con el Partido Comunista [...] sería catastrófico, porque nos dividiríamos los afiliados más aún de lo que estamos actualmente sobre este asunto.
> ¿Relaciones con el Partido Comunista? De ninguna manera. Las traiciones de ayer volverían a repetirse hoy [...]. Quien no haya sabido recoger la lección de entonces, es que no tiene ojos y no ve.[199]

Precisamente la colaboración con los comunistas fue uno de los aspectos claves de la polémica que llevó a la ruptura entre «oficialistas» y «renovadores» ese mismo año. En lo que se refiere al movimiento obrero, UGT mantuvo siempre una fuerte desconfianza hacia CCOO, tanto por sus divergencias tácticas, como por la perspectiva de una futura competencia para ocupar el espacio central de la representación obrera en la España posfranquista y su oposición a la idea de una hipotética unificación sindical.[200] Pese a todo, las primeras experiencias de unidad de acción entre comunistas y socialistas construyeron desde el punto de vista simbólico un importante pilar de aquel puente que habría de conducir a la superación de las viejas querellas y a la convergencia de todas las fuerzas del antifranquismo en los años inmediatamente anteriores a la restauración de la democracia.

HACIA LA LIBERTAD

En los primeros meses de 1972, Camacho y Sartorius salieron de la cárcel. Apenas en libertad retomaron su actividad frenética dentro de Comisiones, tanto en la Inter madrileña, que no habían dejado de orientar desde la cárcel, como en otros lugares del país a los que viajaron para revitalizar la acción coordinada de ccoo a escala nacional.²⁰¹ Al mismo tiempo, eran cada vez más las voces que se pronunciaban a favor de una mayor autonomía de Comisiones respecto al pce, evitando que siguiesen automáticamente la política dictada por el partido. En una carta enviada a la dirección del partido puede leerse:

> El primero y más importante de esos problemas [de ccoo] es lo de su carácter de movimiento abierto, independiente, de todos los trabajadores. La verdad es que en este aspecto fundamental hemos tenido las cosas bastante claras [...] en el terreno teórico [...]; pero en la práctica hemos fallado e incurrido en graves defectos de estrechez y sectarismo. Son corrientes las acusaciones, por parte de los hombres de otras tendencias dentro del movimiento obrero, de que ccoo están mediatizadas y dirigidas por el P., que las ha convertido, de hecho, en su central sindical. [...] Hemos de reconocer [...] que no les falta razón en muchos casos. [...] En la práctica, ha resultado a veces difícil diferenciar el P. de ccoo.²⁰²

Estas opiniones afirmaban que se tenía que aumentar el pluralismo interno en Comisiones a través de un constante diálogo con las corrientes minoritarias y, al mismo tiempo, demostrar una actitud más abierta hacia las propuestas procedentes de otras organizaciones sindicales. En la práctica cotidiana había quien se estaba dando cuenta de que sólo de esa manera, es decir, renunciando a imponer las propias ideas y promoviendo en cambio una efectiva síntesis de las distintas tendencias presentes en el movimiento obrero, se podría de verdad conseguir su unidad. Camacho y Saborido redactaron un documento titulado *Sobre la unidad del movimiento obrero de masas*, donde se exponían básicamente estas posiciones, aunque de manera menos explícita.²⁰³ La nueva cultura militante forjada en la praxis dentro de los movimientos plurales de masas surgidos durante el último decenio, más abierta y flexible que el tradicional dirigismo comunista, empezaba a chirriar con la línea dictada por los dirigentes del pce en el exilio.

El documento *Sobre la unidad del movimiento obrero de masas* tenía que haber sido discutido en varias Comisiones locales y en la Coordinadora General durante una reunión prevista para el 24 de junio de 1972 en Pozuelo de Alarcón, cerca de Madrid. Aquel día acudieron Fernando Soto, Eduardo Saborido y Francisco Acosta desde Andalucía; Miguel Ángel Zamora, desde Aragón; Juan Muñiz Zapico, desde Asturias; Pedro Santisteban, desde el País Vasco y Luis Fernández Costilla, desde Castilla, mientras que Madrid estaba representada por Camacho, Sartorius y García Salve. La delegación catalana, compuesta por Armando Varo, Cipriano García y José López Bulla, había llegado a la capital, pero no llegó hasta Pozuelo, al notar movimientos extraños. En efecto, la reunión fue bruscamente interrumpida por agentes de la Brigada Político-Social, y esos diez dirigentes arrestados y puestos a disposición del TOP. Se iniciaba así el famoso *Proceso 1.001*.[204]

La detención de gran parte de la Coordinadora General supuso un frenazo en la revitalización de CCOO, sobre todo en lo que respecta a su capacidad de articular movilizaciones a escala nacional. Las repercusiones más negativas afectaron a Madrid, que perdía otra vez su cúpula política, apenas renovada, y en particular a Francisco García Salve, «Paco el cura», convertido en una de las figuras de mayor relieve en el muy conflictivo ramo de la construcción.

A principios de 1973, CCOO parecían estar superando el golpe, aunque sin llegar a cumplir las expectativas del PCE, muy preocupado por cuanto ocurría en la capital como epicentro político del país. Mientras tanto, su cúpula dirigente dejó rápidamente de lado sus discusiones sobre la conveniencia de una mayor autonomía de las Comisiones, e incluso no faltaron las admoniciones contra los nuevos cuadros obreros que habían adoptado actitudes «excesivamente dialogantes» con otras fuerzas, incitando a volver a los métodos más autoritarios para no perder el control dentro de CCOO.[205]

En cuanto a la detenida Coordinadora General, hubo en un primer momento opiniones desfavorables a su reconstrucción, afirmando que, puesto que la represión obstaculizaba las reuniones a escala nacional limitando consiguientemente su actividad, por el momento convenía actuar según las modalidades anteriores a 1967. En otras palabras, que el partido se hiciera cargo de la coordinación a través de sus núcleos locales.[206] A finales de 1972 esta tesis fue abandonada, a favor de la existencia de un órgano de dirección específico de CCOO. La coordinadora se reconstruyó entonces a partir de los miembros que había escapado a la detención, es decir, los delegados de las Comisiones catalanas.[207]

Con este propósito, Cipriano García y Armando Varo realizaron varios viajes por España durante los primeros meses de 1973, mientras que López Bulla sustituyó a García en la dirección de la CONC. En mayo, una renovada Coordinadora General celebró en Barcelona su primera reunión, y en los meses sucesivos fue ampliando el número de miembros hasta alcanzar los 24, única manera de asegurar su continuidad en el caso de probables detenciones.[208] Por supuesto, casi todos ellos eran militantes del PCE, con pocas excepciones, como la de Luis Royo, de la ORT.

Favorecidas por un notable incremento de la conflictividad durante el otoño de 1972, en la primavera de 1973 las CCOO salían reforzadas de la crisis que le había golpeado desde 1968. Durante cinco años había luchado por su supervivencia como movimiento organizado y si, pese a un retroceso inicial, había logrado su objetivo, ello se debía al trabajo del PCE. El partido desarrolló durante esos años una intensa actividad contra la represión que le permitió no sólo mantener la posiciones previamente conquistadas por Comisiones, sino incluso garantizar e impulsar su proyección tanto dentro de España como en el extranjero.

Es verdad que las CCOO, en los primeros momentos de la crisis, habían perdido parte de su enraizamiento en las empresas, pero, en compensación, al mismo modo que el PCE, consiguieron establecer nuevos contactos con un amplio espectro de fuerzas políticas y sociales, confirmando su posición central en la lucha antifranquista. El mérito principal de los comunistas había sido no retroceder ante la represión sino, al revés, hacer de ésta un arma que se volvió contra el propio Régimen, convirtiéndola en el más importante catalizador de la lucha unitaria de la oposición: basta pensar que el *Proceso 1.001,* no obstante la dificultades iniciales que acarreó a CCOO, acabó siendo uno de los principales símbolos de la batalla por las libertades democráticas, con amplias repercusiones tanto dentro como fuera de España.

NOTAS

[1] DE RIQUER, B., cit., pp. 505 y ss.; SOTO, Á., ¿*Atado y bien atado?*, Madrid, Biblioteca Nueva, 2005, pp. 51 y ss.; MOLINERO, C., YSÀS, P., *La anatomía del franquismo...*, cit., pp. 107 y ss.

[2] LÓPEZ RODÓ, L., *La larga marcha hacia la Monarquía*, Barcelona, Noguer, 1977; TUSELL, J., *Carrero: la eminencia gris del régimen de Franco*, Madrid, Temas de Hoy, 1993.

[3] GARCÍA-NIETO, J. N., BUSQUETS, A., MARIMÓN, S., *La nueva Ley Sindical: análisis de una protesta*, Barcelona, Estela, 1970; SOTO, Á., «Auge y caída de la Organización Sindical Española», cit.; MARTÍN DE LA GUARDIA, R. M., «La Organización Sindical Española ante la ley de febrero de 1971: tácticas propagandísticas en la conformación de un estado de opinión», en *Investigaciones Históricas*, n.º 11, 1991, pp. 273-296; MOLINERO, C., YSÀS, P., *La anatomía del franquismo...*, cit., pp. 121 y ss. Sobre las relaciones entre la OIT y la OSE: OIT, *La situación laboral y sindical en España*, Ginebra, 1969; MATEOS, A., MARTÍNEZ, E., *La denuncia del Sindicato Vertical*, 2 Vol., Madrid, CES, 1997.

[4] *Coloquio obrero: actas taquigráficas*, septiembre 1966, cit., pp. 152, 529-531, 538.

[5] *Intervención de Santiago Carrillo en el acto de Moscú*, 14-XII-1966, AHPCE, Dirigentes, c. 4, carp. 2.1.

[6] *Reseña de reunión de 25 y 27.12 1966*, cit., p. 3.

[7] *Congreso de CCOO celebrado en Madrid*, enero 1967, AHPCE, MO, c. 83, carp. 1; *Acuerdo de CCOO de Cataluña, Euzkadi, Galicia y del resto de los pueblos hispánicos*, 18-I-1967, AHPCE, MO, j. 155; *Carta de Aurelio a Santiago Carrillo*, 10-I-1967, AHPCE, Activistas, c. 93.

[8] *Querido Santiago*, 6-I-1966, pp. 2-3, AHPCE, NyR, Madrid, j. 111.

[9] «Para el 27 de enero. Las Comisiones Obreras de Madrid llaman a los trabajadores», y «Hacia grandes acciones obreras», *Mundo Obrero*, 15-I-1967; *Carta de (56)*, 23-I-1967, AHPCE, Activistas, c. 93.

[10] *Informe de Luis II*, febrero 1967, AHPCE, MO, c. 89, carp. 4; «La preparación de la jornada en Madrid», *Mundo Obrero*, 1-II-1967.

[11] Las diversas versiones en «Más de 100.000 manifestantes el 27 de enero en Madrid», *Mundo Obrero*, 1-II-1967; «Varios conatos de manifestaciones en Madrid», *ABC*, 28-I-1967; BABIANO, J., *Emigrantes, cronómetros y huelgas...*, cit., p. 243.

[12] *Informe de Aurelio*, 8-II-1967, AHPCE, Activistas, c. 93; *Información de Madrid*, enero 1967, AHPCE, MO, c. 89, carp. 4; *Reunión celebrada el 3-2-67. Experiencias de las acciones del día 27-1 y posteriores*, febrero 1967, AHPCE, NyR, Madrid, j. 194.

[13] VILAR, S., *La oposición a la dictadura*, París, Editions sociales, 1969.

[14] *Reunión celebrada el día 3.2*, 22-II-1967, AHPCE, MO, c. 89, carp. 4; *In-*

forme de Luis II, febrero 1967, cit.; *Informe de Aurelio*, 8-II-1967, cit.; «La victoria del 1° de febrero», *Mundo Obrero*, 1-II-1967. La sentencia, pronunciada en abril de 1968, condenó a Camacho y Ariza a un año de cárcel: TOP, *Sentencia 76/68*. Todas las sentencias del TOP a las que se hará referencia proceden, salvo indicación distinta, de DEL ÁGUILA J. J. (ed.), *Las sentencias del Tribunal de Orden Público*, Madrid, Fundación Abogados de Atocha/ Xunta de Galicia, 2010, cd.

[15] *Entrevista de Camacho y Ariza con Romero*, febrero 1967, AHPCE, MO, j. 168.
[16] TOP, *Sentencia 223/69*.
[17] Ver las valoraciones sobre el tema contenidas en RUIZ, D. (ed.), cit.
[18] TOP, *Sentencia 59/68*.
[19] «Euzkadi: las manifestaciones del 27», *Mundo Obrero*, 1-II-1967.
[20] MATA, M., *La huelga de Bandas*, Madrid, ZYX, 1967; Trabajadores de Laminación de Bandas, *Nuestra huelga*, Echévarri, 1968; IBARRA, P., *El movimiento obrero en Vizcaya: 1967-1977*, Bilbao, UPV, 1987, pp. 62 y ss.; PÉREZ, J. A., «La huelga de Bandas: del conflicto laboral y el nacimiento de un símbolo», en *Cuadernos de Alzate*, n.º 18, 1998, pp. 57-88; Id., *Los años del acero*, Madrid, Biblioteca Nueva, 2001, pp. 293-304. Para una visión conjunta del PCE: PLA, N., «La huelga de 'Bandas en frío' de Echévarri», *Nuestra Bandera*, n.º 54, II trimestre 1967, pp. 15-46.
[21] *Carta de (55)*, enero 1967, AHPCE, NyR, Euskadi, j. 568.
[22] *Querido (1)*, 1967, AHPCE, NyR, Euskadi, j. 581.
[23] *Carta de (56)*, 23-I-1967, cit., p. 2; «Amplia solidaridad con los obreros de Echévarri que siguen la huelga», *Mundo Obrero*, 15-I-1967; GÓMEZ RODA, J. A., cit., pp. 104-105.
[24] TOP, *Sentencia 61/68*.
[25] *Carta de (1)*, marzo 1967, AHPCE, NyR, Euskadi, j. 572; «Nuevos paros en Vizcaya», *Mundo Obrero*, 15-IV-1967.
[26] *Carta de Daniel*, 30-IV-1967, p. 1, *Carta de (11)*, 21-VI-1967, AHPCE, NyR, Euskadi, c. 72, carp. 3.
[27] *Informe sobre las detenciones*, 29-XI-1967, p. 2, AHPCE, NyR, Euskadi, j. 600.
[28] *Ante la conmemoración del Primero de mayo*, 28-IV-1967, AGA, SGM, c. 51/18799.
[29] *Carta de Daniel*, 30-IV-1967, cit., p. 3.
[30] MOLINERO, C., YSÀS, P., *Productores disciplinados...*, cit., p. 165.
[31] *Informe resumen de la reunión nacional de las Comisiones Obreras*, 19-VII-1967, AHPCE, MO, c. 83, carp.2.
[32] JÁUREGUI, F., VEGA, P., *Crónica del antifranquismo*, Barcelona, Planeta, 2007, pp. 492-493.
[33] *Comunicado final de la Asamblea Nacional de Comisiones Obreras*, junio 1967, AHPCE, MO, c. 83, carp. 2.

34 TOP, *Sentencia 1/68*; *Carta de (7)*, 29-IV-1967, AHPCE, NyR, Madrid, j. 208.
35 *Proyecto que las Comisiones Obreras proponen a los trabajadores ante la nueva Ley Sindical*, abril 1967, AHPCE, MO, c. 83, carp. 2; *A las Cortes Españolas*, 1968, AHCCOOA, Comisiones Obreras Clandestinas, sig. 9.3.
36 *Reunión del Comité Central del Partido Comunista de España*, 16-IX-1967, AHPCE, Documentos, RyP.
37 «Las CCOO de Madrid convocan a importantes acciones el 27 de octubre», *Mundo Obrero*, 15-X-1967; *Asamblea Provincial de Comisiones Obreras de Madrid*, 1-X-1967, AHPCE, MO, c. 84; *Carta de (22)*, 10-X-1967, AHPCE, NyR, Madrid, j. 243.
38 BABIANO, J., *Emigrantes, cronómetros y huelgas...*, cit., p. 244.
39 *El 27 de octubre en Madrid*, 20-XI-1967, AHPCE, NyR, Madrid, j. 247; *Informe de un viaje a Madrid*, 4-XI-1967, AHPCE, NyR, Cataluña, c. 57; *18-10-1967 y 24-10-1967*, AHPCE, REI; «La preparación de la jornada», *Mundo Obrero*, 1-XI-1967.
40 *Informe sin título*, 27-X-1967, *Carta sobre gente detenida de C. O.*, 26-X-1967, ambos en AHPCE, NyR, Euskadi, j. 599.
41 *Carta de (1)*, 20-X-1967, *Algunos aspectos de la situación en (1)*, 12-XI-1967, AHPCE, NyR, Andalucía, jj. 422, 423; TOP, *Sentencia 82/67*.
42 *Informe de la reunión celebrada el día 8 de octubre*, AHPCE, MO, c. 85; *Carta de L.*, 26-X-1967, AHPCE, NyR, Cataluña, c. 57; *Carta de Blas*, 26-II-1968, AHPCE, NyR, Cataluña, j. 1820. Para las diferencias de opiniones entre el PSUC y el FOC a propósito del 27 de octubre, ver también DÍAZ, J. A., cit., pp. 30, 215-222.
43 TOP, *Sentencia 151/69*. Para una panorámica general sobre las detenciones efectuadas desde mediados de octubre, ver el siguiente informe interno de la AC: *Hoja informativa para militantes*, 31-X-1967, AHPCE, Iglesia, c. 95.
44 «Nota del Ministerio de la Gobernación», *ABC*, 27-X-1967.
45 *Comunicado de la II reunión general de CCOO*, diciembre 1967, *Declaración de las Comisiones Obreras ante la crisis actual*, enero 1968, AHPCE, MO, c. 83, carp. 2; *Carta de (13)*, 26-XI-1967, AHPCE, NyR, Madrid, j. 249; «Crónica de lo que fue el 27 de octubre», *Nuestra Bandera*, n.º 56-57, IV trimestre 1967, pp. 27-54; «En Madrid se registraron ayer diversas alteraciones del orden», *Madrid*, 28-X-1967; BABIANO, J., *Emigrantes, cronómetros y huelgas...*, cit., p. 244.
46 CARRILLO, S., «Algunas enseñanzas de la jornada del 27 de octubre», *Nuestra Bandera*, n.º 56-57, IV trimestre 1967, pp. 13-26.
47 *Carta de Santiago Carrillo a Dolores Ibárruri*, 20-XII-1967, AHPCE, Dirigentes, c. 30; *Informa Blas*, noviembre 1967, AHPCE, MO, c. 89, carp. 4; *Carta de Blas*, febrero 1968, AHPCE, NyR, Cataluña, c. 58; *Carta de (9)*, 22-XI-1967, AHPCE, NyR, Levante, j. 184; *Carta de (40)*, noviembre 1967, AHPCE, NyR, Andalucía, j. 424; GARCÍA PIÑEIRO, R., ERICE,

F., «La reconstrucción de la nueva vanguardia obrera y las Comisiones de Asturias (1958-1977)», en RUIZ, D. (ed.), cit., pp. 165-166; GARCÍA, C., «El model Terrassa», en VV.AA., *Cipriano García*, Barcelona, Fundació Cipriano García, 1995, pp. 79-92.

[48] TOP, *Sentencias 117/68, 14/69, 261/69.*

[49] *Comunicado de la III Reunión General de las Comisiones Obreras,* julio 1968, p. 2, AHPCE, MO, c. 83, carp. 2.

[50] *Por la formación de un amplio acuerdo de unidad democrática,* 1971, p. 2, AHPCE, MO, j. 429.

[51] CARRILLO, S., *La lucha por el socialismo, hoy,* suplemento de *Nuestra Bandera,* 1968, p. 18.

[52] El Congreso Constituyente del Sindicato Democrático de Estudiantes de la Universidad de Barcelona (SDEUB) se hizo conocido como la «Caputxinada», porque tuvo lugar en el convento de los capuchinos de Sarriá. Iniciado el 9 de marzo de 1966, se prolongó durante tres días a causa de la intervención de las fuerzas del orden, a la cual resistieron los estudiantes encerrándose en el convento.

[53] Sobre el movimiento estudiantil y la participación de los comunistas en él, ver: COLOMER, J., *Els estudiants de Barcelona sota el franquisme,* 2 Vol., Barcelona, Curiel, 1978; LIZCANO, P., cit.; MARAVALL, J. M., *Dictadura y disentimiento político...,* cit.; CARRERAS, J. J., RUIZ CARNICER, M. A. (eds.), *La Universidad española bajo el régimen de Franco,* Zaragoza, Fernando el Católico, 1991; SANZ DÍAZ, *Rojos y demócratas,* Valencia, 2002; ÁLVAREZ COBELAS, J., *Envenenados de cuerpo y alma,* Madrid, Siglo XXI, 2004; HERNÁNDEZ SANDOICA, E., RUIZ CARNICER, M. A., BALDÓ LACOMBA, M., *Estudiantes contra Franco (1939-1975),* Madrid, La Esfera de los Libros, 2007; RODRÍGUEZ TEJADA, S., *Zonas de libertad,* 2 Vol., Valencia, PUV, 2009; Íd., «Partido Comunista y movimiento estudiantil durante el franquismo», en BUENO, M., GÁLVEZ, S. (eds.), cit., pp. 285-307.

[54] «La libertad es indivisible», *Mundo Obrero,* 1-II-1967; DÍAZ, J., «Diagnóstico de la Universidad y otras cosas», *Nuestra Bandera,* n.º 56-57, IV trimestre 1967, pp. 61-68.

[55] *Carta de Santiago Carrillo a Dolores Ibárruri,* 20-V-1966, AHPCE, Dirigentes, c. 30.

[56] *Querido (1),* 20-III-1963, AHPCE, Fuerzas de la Cultura, j. 161; *Carta de (1),* 1965, AHPCE, NyR, Madrid, j. 14.

[57] *Informe de Luis II,* febrero 1967, cit.; *Carta de (7),* 6-V-1967, *Carta de Aurelio,* 29-IV-1967, AHPCE, Fuerzas de la Cultura, jj. 486, 484; *Conferencia de Santiago Carrillo en el cursillo estudiantil,* 1966, AHPCE, Dirigentes, c. 4; «Varios conatos de manifestaciones en Madrid», *ABC,* 28-I-1967; «La Universidad contra la dictadura», *Mundo Obrero,* 15-IV-1967; «El mensaje de CCOO de Madrid a la Asamblea Constituyente del Sindicato Democrático de Estudiantes», *Mundo Obrero,* 20-V-1967.

⁵⁸ GRACIA, J., *Estado y cultura*, Barcelona, Anagrama, 2006. Para la lectura comunista de esos acontecimientos: «Sobre los actuales movimientos de intelectuales, profesionales y artistas», *Nuestra Bandera*, n.º 54, II trimestre 1967, pp. 152-153; «565 intelectuales reclaman las libertades sindicales y políticas», *Mundo Obrero*, 31-III-1967.

⁵⁹ CARRILLO, S., *Nuevos enfoques...*, cit., pp. 173-175; *Resolución sobre el movimiento estudiantil*, agosto 1967, AHPCE, Documentos, carp. 48.

⁶⁰ CLAUDÍN, F., *Santiago Carrillo...*, cit., pp. 183-184.

⁶¹ Ver la intervención de Azcárate en *Reunión de estudiantes*, 1969, AHPCE, Fuerzas de la Cultura, c. 123.

⁶² CARRILLO, S., *Nuevos enfoques...*, cit., p. 175.

⁶³ *El movimiento universitario ante el nuevo curso*, 1968, p. 8, AHPCE, Fuerzas de la Cultura, c. 123.

⁶⁴ «Los incidentes en la Ciudad Universitaria», *Madrid*, 28-X-1967; «Declaraciones de Santiago Carrillo tras la jornada del 27 de Octubre», *Mundo Obrero*, 1-XI-1967.

⁶⁵ Ver, por ejemplo: *Carta de Alejandro*, 15-I-1968, AHPCE, Fuerzas de la Cultura, j. 580.

⁶⁶ Para un análisis detallado del mayo francés, ver: ROSS, K., *May '68 and its afterlives*, Chicago, UCP, 2002. Para la valoración del PCE: CARRILLO, S., *La lucha por el socialismo, hoy*, cit.; *Informe de Marcos*, 8-VI-1968, AHPCE, NyR, Levante, j. 224.

⁶⁷ Para un estudio comparado, ver: LAZAR, M., *Maisons Rouges. Les partis communistes français et italien de la Libération à nos jours*, París, Aubier, 1992.

⁶⁸ HERNÁNDEZ SANDOICA, E., RUIZ CARNICER, M. A., BALDÓ LACOMBA, M., cit., pp. 253 y ss.

⁶⁹ RODRÍGUEZ TEJADA, S., «Partido Comunista y movimiento estudiantil durante el franquismo», cit., pp. 285, 297, 302.

⁷⁰ ÁLVAREZ COBELAS, J., cit., p. 197.

⁷¹ Hasta en las publicaciones de las asociaciones universitarias del PCE se sostenía que el papel dirigente dentro del antifranquismo debía corresponder a CCOO, y no al movimiento estudiantil. Véase, por ejemplo, *El papel de la clase obrera*, separata de *Vanguardia*, 1968.

⁷² *Perspectivas del movimiento estudiantil*, septiembre 1969, AHPCE, Documentos, carp. 50; *Análisis del movimiento estudiantil en el 1969-1970*, 1970, e *Informe sobre el movimiento estudiantil*, 1970, AHPCE, Fuerzas de la Cultura, c. 123.

⁷³ Ver por ejemplo: *Carta de (2)*, 1968, e *Informe de Lorenzo*, 24-X-1968, AHPCE, NyR, Madrid, jj. 283, 302.

⁷⁴ *Informe del Ministerio de Gobernación sobre Comisiones Obreras*, 1971, cit., p. 2.

⁷⁵ *Carta de José Manuel Mateu de Ros a José Solís Ruiz*, 13-V-1967, *Carta de Luis Gómez de Aranda a Arturo Espinosa Poveda*, 7-X-1967, AGA, SGM, c. 51/18820.

⁷⁶ MORILLA, I., *Informe sobre las llamadas Comisiones Obreras*, mayo 1967, cit., pp. 8-9.

[77] BATISTA, A., *La Brigada Social*, Barcelona, Empúries, 1995.
[78] BALLBÉ, M., *Orden público y militarismo en la España constitucional*, Madrid, Alianza, 1985, pp. 417 y ss.; DEL ÁGUILA, Juan José, *El TOP. La represión de la libertad (1963-1977)*, Barcelona, Planeta, 2001.
[79] DEL ÁGUILA, J. J., p. 237.
[80] En el Archivo del PCE se conservan numerosísimos testimonios de detenidos sometidos a torturas en los locales de la Dirección General de Seguridad. Ver por ejemplo: *Dossier sobre la represión*, 1969, y *La represión en Cataluña*, marzo 1969, AHPCE, Represión franquista, c. 48, carp. 3.
[81] *Boletín Oficial del Estado* (BOE), 25-I-1969; CARRERO BLANCO, L., *Discursos y escritos*, Madrid, Instituto de Estudios Políticos, 1974, pp. 218-226.
[82] YSÀS, P., cit., pp. 131-135; SARTORIUS, N., ALFAYA, J., *La memoria insumisa*, Madrid, Espasa, 1999, pp. 262-274; HOAC, *Hoja informativa para militantes*, 19-II-1969, AHPCE, MO, c. 88.
[83] SARTORIUS, N., ALFAYA, J., cit., pp. 250-252. Para las críticas del PCE a estas sentencias ver: *A la Inspección de los Tribunales*, 24-IV-1968, AHPCE, Represión franquista, j. 1018.
[84] Las tablas y gráficos 2, 3 y 4 son de elaboración propia, a partir de los datos extraídos por el autor de DEL ÁGUILA, J. J. (ed.), cit. La tabla y gráfico 1 son de elaboración propia a partir de los datos de SARTORIUS, N. y ALFAYA, J., cit.
[85] MARTÍNEZ FORONDA, A., «Historia de las Comisiones Obreras en Andalucía: desde su origen hasta la constitución como sindicato», cit., p. 356.
[86] OIT, cit., p. 160.
[87] Las dos versiones en *La Vanguardia*, 13-II-1971, y en VV.AA., *El sindicalismo de clase en España*, Barcelona, Península, 1978, p. 48. Ver también el informe de la Dirección General de Seguridad: *Suspensión de cargos sindicales*, 18-IV-1967, AGA, MIT, GE, c. 493.
[88] *Por un Partido Comunista de masas, para acelerar la transición hacia la democracia*, abril 1967, cit., p. 33.
[89] «Por todos y cada uno de los presos políticos», *Mundo Obrero*, 22-X-1969.
[90] *Carta de Fernández Inguanzo a Carrillo*, 19-VI-1969, AHPCE, Activistas, c. 93; *Diligencia policial*, mayo 1969, AHPCE, Represión franquista, c. 43, carp. 2.1; «En el Tribunal de Orden Público», *Mundo Obrero*, 5-XII-1969.
[91] Ver, por ejemplo, las sentencias del TOP *82/67, 223/69* y *261/69*.
[92] SARTORIUS, N., ALFAYA, J., cit., p. 255.
[93] Véase: *Notas sobre la represión en Euzkadi*, 1969, AHPCE, Represión franquista, c. 48, carp. 3.
[94] *Detenciones de Comisiones Obreras en Zumárraga*, mayo 1970, *Información sobre la caída del Partido y otros en Guipúzcoa*, marzo 1971, AHPCE, NyR, Euskadi, c. 73; VEGA, R., «El PCE asturiano en el Tardofranquismo y la Transición», en ERICE, F. (ed.), cit., pp. 169-176.
[95] TOP, *Sentencia 213/72*.

[96] TOP, *Sentencia 151/72*; *Al Tribunal de Orden Público*, 17-VII-1971, Archivo Histórico de la Fundación Primero de Mayo (AHFPM), María Luisa Suárez, sig. 14-47.
[97] *Sobre detenciones*, 26-XI-1968, AHPCE, NyR, Levante, j. 235; GÓMEZ RODA, J. A., cit., pp. 141 y ss.
[98] *Carta de Daniel*, 30-IV-1967, cit., p. 1; *Carta de Guillermo*, 29-VI-1967, AHPCE, Euskadi, c. 72.
[99] *Carta de (16)*, 27-II-1968, AHPCE, NyR, Madrid, j. 258.
[100] «Declaración del Comité Ejecutivo del PCE», *Mundo Obrero*, 15-VI-1968; MOLINERO, C., YSÀS, P., *Productores disciplinados...*, cit., p. 96.
[101] «Cara y cruz de la represión», *Mundo Obrero*, 15-VI-1968; «Las Comisiones Obreras, un movimiento en ascenso», *Mundo Obrero*, 31-VII-1968.
[102] *Informe sin título*, 28-XI-1968, AHPCE, NyR, Madrid, j. 340; *Carta de Barcelona*, 10-XII-1968, AHPCE, NyR, Cataluña, c. 58.
[103] *Carta de S. Carrillo a D. Ibárruri*, 1-II-1969, p. 13, AHPCE, Dirigentes, c. 30.
[104] *Declaración del CE del PCE*, 25-I-1969, AHPCE, Documentos, carp. 50.
[105] CARRILLO, S., «Estado de excepción: un fiasco del Régimen», *Nuestra Bandera*, n.º 61, marzo-abril 1969, pp. 4-10; «El fracaso del estado de excepción. Una grave derrota de los ultras y del Régimen», *Mundo Obrero*, 3-IV-1969.
[106] *Pleno del CE del PCE*, abril 1969, pp. 14, 61-66, 141, AHPCE, Documentos, RyP.
[107] Las primeras reflexiones sobre el tema por parte del PCE en *Carta de (7)*, 22-XI-1968, y *El Partido y las organizaciones de masas*, 6-III-1969, AHPCE, NyR, Madrid, jj. 308, 322.
[108] *Pleno del CE del PCE*, abril 1969, cit., p. 29.
[109] *Discurso de Carrillo ante una asamblea de cuadros*, 1969, AHPCE, Dirigentes, c. 5; *Orientaciones políticas del Comité de Barcelona del PSUC en relación con el movimiento obrero*, agosto 1969, AHPCE, NyR, Cataluña, j. 1941.
[110] «La policía de Madrid durante las jornadas del 30 de abril y primero de mayo de 1969», en *Cuadernos de Ruedo Ibérico*, n. 26-27, 1970, pp. 89-96; *Comentarios a la preparación y desarrollo de las jornadas de lucha del 30 de abril y 1 de mayo de 1969*, 2-V-1969, AHPCE, NyR, Cataluña, c. 58; *Pleno del CE del PCE*, abril 1969, cit., pp. 51 y ss.
[111] *Las Comisiones Obreras (Hoja que circula en los lugares de trabajo)*, 14-XII-1967, AHPCE, MO, j. 235.
[112] *Carta de Miró*, 10-X-1967, *Manejos de la CIA*, 21-XI-1967, AHPCE, MO, jj. 209, 211
[113] ZUFIAUR, J. M., *Unión Sindical Obrera*, Barcelona, Avance, 1976, pp. 39-40.
[114] *Guión de trabajo*, 1966, AHFFLC, Fondo Zufiaur, sig. 787-5.
[115] *Interpretación histórica de la USO*, 1974, AHFFLC, Fondo Zufiaur, sig. 788-5.
[116] *La USO en el movimiento obrero español*, sin fecha, *La Revolución por la que*

luchamos, 1967, AHFFLC, Fondo Zufiaur, sig. 788-5; *Un sindicato revolucionario, la USO*, sin fecha, AHFFLC, Organizaciones sindicales españolas, sig. 453-26.
[117] *Carta de (?)*, 1967, AHPCE, NyR, Madrid, j. 202.
[118] *Toma de posiciones y programa*, 1967, AHFFLC, Fondo Zufiaur, sig. 787-5.
[119] IBARRA, P., cit.; VEGA, R., *Comisiones Obreras de Asturias en la Transición y la democracia*, Oviedo, CCOO de Asturias, 1995; *Memoria del Gobierno Civil de Vizcaya, correspondiente al año 1969*, AGA, MG, c. 52/496.
[120] Se trata de un tema muy debatido. Recientemente ha sido objeto de un exhaustivo análisis por parte de DOMÈNECH, X., *Clase obrera...*, cit., pp. 272 y ss. Ver además: SANZ OLLER, J., *Entre el fraude y la esperanza*, París, Ruedo Ibérico, 1972; SALA, A., DURÁN, E., *Crítica de la izquierda autoritaria en Cataluña*, París, Ruedo Ibérico, 1975; DÍAZ, J. A., cit.; BALFOUR, S., cit., pp. 114-125.
[121] Ver *Cartas de Miró*, 25-II-1968, 30-III-1968, AHPCE, NyR, Cataluña, jj. 1817, 1830.
[122] *Entrevista PSUC-FOC*, 8-I-1968, *Carta de la Permanente de la Coordinadora Nacional de Cataluna a la Coordinadora Local de Barcelona*, 8-X-1968, AHPCE, NyR, Cataluña, c. 58.
[123] *Memoria del Gobierno Civil de Barcelona, correspondiente al año 1969*, AGA, MG, c. 52/493.
[124] *Información sobre la Reunión de CCOO*, 2-I-1970, AHPCE, MO, c. 89.
[125] *Pleno del CE del PCE*, diciembre 1969, p. 2, AHPCE, Documentos, RyP.
[126] *Declaración del CE del PCE*, 25-I-1969, cit.
[127] *Carta sin título*, 3-IV-1969, AHPCE, NyR, Asturias, j. 304.
[128] *Discurso de Carrillo ante una asamblea de cuadros*, 1969, cit., p. 8.
[129] Para tratar de prevenir las detenciones, el partido difundió entre sus militantes normas de seguridad más rígidas que en el pasado. Véase: *Normas de seguridad*, 1969, AHPCE, Documentos, carp. 50; *Normas prácticas a tener en cuenta por todos los militantes del movimiento obrero*, sin fecha, AHPCE, MO, c. 84.
[130] Para la importante función desempeñada por los abogados antifranquistas, véase el material recogido en los fondos de María Luisa Suárez, Jaime Sartorius y Cristina Almeida, conservados en el AHFPM. Ver además: *La lucha contra el Tribunal de Orden Público*, 1970, AHPCE, Represión franquista, c. 48, carp. 3.1; ZARAGOZA, A., *Abogacía y política*, Madrid, Cuadernos para el Diálogo, 1974; MARTÍNEZ FORONDA, A., cit., pp. 259 y ss.; SÁNCHEZ MOSQUERA, M., *Del miedo genético a la protesta*, Sevilla, AHCCOOA, 2008, pp. 207-209; CAMACHO, M., *Confieso...*, cit., p. 191; SÁNCHEZ MONTERO, S., *Camino de libertad...*, cit., pp. 281-282; GÓMEZ ALÉN, J., VEGA, R. (eds.), *Materiales para el estudio de la abogacía antifranquista*, Madrid, GPS, 2010.
[131] Para una panorámica de las actividades de solidaridad llevadas a cabo entre

1968 y 1972, ver las intervenciones de la *Reunión del CE del PCE con militantes comunistas en el movimiento obrero*, enero 1973, AHPCE, MO, c. 91, carp. 2.

[132] *Discurso de Carrillo ante una asamblea de cuadros*, 1969, cit., p. 6; *Carta a Blas*, 8-II-1968, AHPCE, NyR, Cataluña, c. 58.

[133] «Promoción Lenin», *Mundo Obrero*, 2-IX-1969; GALLEGO, I., *El partido de masas que necesitamos. Informe pronunciado ante el pleno ampliado del CC del PCE*, septiembre 1970, p. 9.

[134] *Relación de camaradas ingresados al País*, 1971-1972, AHPCE, Datos de organización, jj. 12-18, 28-33; *Informe del Ministerio de Gobernación sobre Comisiones Obreras*, 1971, cit., p. 10.

[135] JÁUREGUI, F., VEGA, P., cit., pp. 519, 783; VEGA, R., GORDON, C., *Juan Muñiz Zapico, Juanín*, Oviedo, KRK, 2007.

[136] *Querido (1)*, 6-XI-1969, AHPCE, NyR, Madrid, j. 414; *Información sobre la Reunión de CCOO*, 2-I-1970, cit.; *Declaración de la Comisión Delegada de las Comisiones Obreras de Madrid*, septiembre 1969, AHFPM, DECO, sig. 17-16; *Solicitud de M. Camacho al Presidente de la OIT*, 17-XI-1968, AHC-COOA, Comisiones Obreras Clandestinas, sig. 9.3. Varias iniciativas de este tipo promovidas durante el estado de excepción de 1969, pueden verse en los números de *Mundo Obrero* comprendidos entre el 31-I-1969 y el 3-IV-196. Para una visión gubernamental de las mismas, ver: *Memoria del Gobierno Civil de Madrid, correspondiente al año 1969*, AGA, MG, c. 52/490.

[137] *Conclusiones de la Comisión Interindustrial de Madrid*, 1969, AHPCE, MO, c. 83; *Carta de S. Carrillo a D. Ibárruri*, 1-II-1969, cit.; «Comandos y lucha de masas», *Hora de Madrid*, febrero 1969.

[138] *Carta de S. Carrillo a D. Ibárruri*, 14-XI-1968, AHPCE, Dirigentes, c. 30; *Pleno del CE del PCE*, abril 1969, cit., p. 15; *Pleno del CE del PCE*, diciembre 1969, cit., p. 133; TOP, *Sentencias 180/69, 132/70, 145/70, 66/71, 241/71*.

[139] *Reunión de la Coordinadora de CCOO*, julio 1969, AHPCE, MO, c. 83, carp. 2; *Informe del Ministerio de Gobernación sobre Comisiones Obreras*, 1971, cit., pp. 9-11; *Reunión del CE del PCE con militantes comunistas en el movimiento obrero*, enero 1973, cit., cinta 5 - pp. 54 y ss.; *Carta de Á. Rozas a C. Elvira*, 1977, AHFPM, DECO, sig. 14-14.

[140] *Balances 1971-1975*, AHFPM, DECO, sig. 14-18; *Cartas al Consejo Central de los Sindicatos Soviéticos*, 1971-1977, AHFPM, DECO, sig. 1-5; *Correspondencia de solidaridad y ayuda económica de los sindicatos italianos*, 1971-1976, AHFPM, DECO, sig. 4-5; BABIANO, J., «El vínculo del trabajo: los emigrantes españoles en la Francia de los treinta gloriosos», en *Migraciones y Exilios*, n.º 2, 2001, pp. 9-37; SANZ, C., «Las movilizaciones de los emigrantes españoles en Alemania bajo el franquismo», en *Migraciones y Exilios*, n.º 7, 2006, pp. 51-80.

[141] Ver, por ejemplo: *Informes sobre detenciones y torturas*, AHFPM, DECO, sig. 14-2; «Dossier sobre la represión», *Boletín Informativo de la DECO*, n.º 15, 1971; *Preparación de la exposición «Amnistía para España»*, 1972, AHFPM,

DECO, sig. 9-2; *Mitin en Toulouse*, 1975, AHFPM, DECO, sig. 12-9; *Conferencia Internacional del Trabajo*, 1974, AHFPM, DECO, sig. 22-12.

[142] MOLINERO, C., YSÀS, P., *La anatomía del franquismo...*, cit., pp. 142 y ss.; IBARRA, P., cit., pp. 156 y ss.; PÉREZ, J. A., *Los años...*, cit., pp. 333 y ss. Tanto para la jornada proamnistía, como para las acciones promovidas por el PCE y CCOO en ocasión del proceso, ver: *Informe de S. Sebastián*, 4-XII-1970, AHPCE, NyR, Euskadi, j. 690; *Informe social y laboral*, 1970, AGA, SGM, c. 51/18559; *Memoria del Gobierno Civil de Madrid, correspondiente al año 1970*, AGA, MG, sig. 52/502; «Declaración del CE del PCE», *Mundo Obrero*, 19-II-1970.

[143] GÓMEZ ALÉN, J., SANTINDRIÁN ARIAS, V., *O 10 de Marzo*, A Coruña, Fundación 10 de Marzo, 1997; *Querido (1)*, 14-III-1972, *Queridos (1), (2), (3), (4)*, 29-III-1972, AHPCE, NyR, Madrid, jj. 537, 539.

[144] *Carta de Víctor*, 13-VII-1972, AHPCE, Activistas, c. 92; ÁLVAREZ, S., «Hacia la huelga general y nacional», *Mundo Obrero*, 30-III-1972.

[145] ROCA, J. M. (ed.), *El proyecto radical*, Madrid, Los Libros de la Catarata, 1994; LAIZ, C., *La lucha final*, Madrid, Los Libros de la Catarata, 1995.

[146] CASTRO, G., «Hacia un análisis de la crisis de la nueva izquierda española», en *Cuadernos de Ruedo Ibérico*, n. 26-27, 1970, p. 47.

[147] *Aproximación teórica e histórica sobre los grupos izquierdistas y los enfrentamientos en Comisiones Obreras*, 1969, pp. 3-4, AHPCE, MO, c. 89.

[148] *Características generales de los grupos de izquierda*, 1969, AHPCE, NyR, Cataluña, c. 58.

[149] *Problemas unitarios y organizativos del movimiento obrero*, 4-VI-1970, *Estrategia y táctica sindical del PC(m-l)*, AHPCE, MO, c. 89; *Formas organizativas en el desarrollo de CCOO*, sin fecha, AHPCE, MO, c. 85. También en *Cuadernos de Ruedo Ibérico* aparecieron numerosos artículos en los que se afirmaba la necesidad de dar a CCOO un impulso auténticamente revolucionario, contrastando la línea del PCE: «Presente y futuro de las Comisiones Obreras», en *Cuadernos de Ruedo Ibérico*, n.º 20-21, 1968, pp. 3-45; «El año X de CCOO», en *Cuadernos de Ruedo Ibérico*, n.º 31-32, 1971, pp. 53-67.

[150] *Informe del Ministerio de Gobernación sobre Comisiones Obreras*, 1971, cit., pp. 14, 17; SÁENZ, M., «La Organización Revolucionaria de Trabajadores en Navarra», en *Príncipe de Viana*, n.º 16, 1992, pp. 739-755; IRIARTE J. V., *Movimiento obrero en Navarra (1967-1977)*, Pamplona, Gobierno de Navarra, 1995. Para la transformación de la AST en ORT: «Dos años decisivos en la historia de la ORT», *En Lucha*, mayo 1972.

[151] *Informe sobre el Movimiento Obrero de Madrid*, sin fecha, Archivo Histórico de la Fundación Pablo Iglesias (AHFPI), ORT, sig. 4-15; *Sobre la situación política actual y las tareas del proletariado*, marzo 1973, AHFPI, ORT, sig. 8-5; *Declaración del Comité del Metal de la ORT*, 1973, AHPCE, MO, c. 89; «La política del PCE en el movimiento obrero», *El Militante*, n.º 3, 1972.

[152] *Información sobre ZYX*, 21-IV-1971, AHPCE, NyR, Provincias Castellanas, j. 183.

[153] «Informe ideológico y político del CC de la ORT», *El Militante*, número extraordinario, mayo 1974; LAIZ, C., cit., pp. 101-119.

[154] *Carta de Asturias*, 1971, AHPCE, NyR, Asturias, j. 499; *En las elecciones sindicales*, 1971, AHPCE, MO, c. 86; *Querido (1)*, 18-III-1971, AHPCE, NyR, Madrid, j. 464; «10 cuestiones sobre las elecciones sindicales», *Mundo Obrero*, 17-IV-1971.

[155] *Comunicado del CC de la ORT ante las elecciones sindicales*, febrero 1971, AHFPI, ORT, sig. 8-21; *Ley Sindical y elecciones. Documentos*, 1971, AHPCE, MO, c. 91, carp. 4.

[156] *Comunicado de la Coordinadora General de CCOO ante las elecciones sindicales*, marzo 1971, AHPCE, MO, c. 83. Para las actividades pro-abstencionistas desarrolladas por la ORT en la Coordinadora, ver: *Informe de Llobregat*, enero 1971, AHPCE, NyR, Cataluña, c. 59.

[157] *Querido (1)*, 8-VI-1971, AHPCE, NyR, Madrid, j. 489; *Análisis de la votación*, 1971, AHPCE, MO, c. 89; *Reunión del CE del PCE con militantes comunistas en el movimiento obrero*, enero 1973, cit.; MARTI, E., «Primeras reflexiones en torno a las elecciones sindicales», *Nuestra Bandera*, n.º 67, II trimestre 1971, pp. 14-22.

[158] Ver, por ejemplo, las reflexiones contenidas en *Tareas de la organización de Legazpi*, 1972, AHPCE, Documentos, carp. 53.

[159] *Criterios ante una posible situación conflictiva*, 1971, *La huelga de los trabajadores de SEAT*, julio 1971, *Información de septiembre*, 1971, AHCCOOA, Comisiones Obreras Clandestinas, sig. 9.3; TAPPI, A., *La Seat tra il 1950 e il 1975: rapporti di lavoro e mobilitazione operaia durante il franchismo*, Milán, Franco Angeli, 2004.

[160] *Impresiones sobre la situación de C.O.*, 2-V-1972, AHPCE, MO, j. 450; *Reunión del CE del PCE con militantes comunistas en el movimiento obrero*, enero 1973, cit.; *Informe de Llobregat*, enero 1971, cit.

[161] THOMAS, W., *The child in America*, Nueva York, Knopf, 1928, pp. 571-572.

[162] CLAUDÍN, F., *Eurocomunismo y socialismo*, Madrid, Siglo XXI, 1977, p. 52.

[163] WILLIAMS, K., *The Prague Spring and its aftermath*, Cambridge, CUP, 1997; NAVRÁTIL, J. (ed.), *The Prague Spring 1968: A National Security Archive Document Reader*, Budapest, CEU, 1998; SKOUG, K. N., *Czechoslovakia's lost fight for freedom*, Westport, Praeger, 1999.

[164] BRACKE, M., *Which socialism, Whose détente?*, Budapest, CEU, 2007; PALA, G., NENCIONI, T. (eds.), *El inicio del fin del mito soviético*, Barcelona, El Viejo Topo, 2008.

[165] ÁLVAREZ, S., «La renovación en Checoslovaquia», *Mundo Obrero*, 15-V-1968.

[166] Ver por ejemplo: «Sobre los acuerdos del encuentro consultivo de Budapest», *Nuestra Bandera*, n.º 58, II trimestre 1968, p. 93.

[167] CARRILLO, S., *La lucha por el socialismo, hoy*, cit., p. 23.

[168] *A los miembros del CC del PCE*, 1969, AHPCE, Documentos, carp. 49.
[169] *Al Buró Político del Partido Comunista de la Unión Soviética*, 22-VIII-1968, AHPCE, Documentos, carp. 49.
[170] *Pleno del CC*, septiembre 1968, pp. 23-24, AHPCE, Documentos, RyP; *Entrevista con los camaradas soviéticos*, 22-VIII-1968, AHPCE, Relaciones Internacionales, j. 325; *Declaración del CE del PC de España*, 28-VIII-1968, AHPCE, Documentos, carp. 49.
[171] *Al CC del Partido Comunista de la Unión Soviética*, 28-I-1969, AHPCE, Relaciones Internacionales, c. 142.
[172] PALA, G., NENCIONI, T., «La nueva orientación de 1968», en Íd. (eds.), cit., pp. 139-201.
[173] *A los camaradas del CC del PCE*, 8-XI-1968, AHPCE, NyR, Cataluña, c. 58.
[174] *Boletín de la DGS*, 26-1-1970, p. 16, AGA, MIT, GE, c. 467.
[175] *Respuesta del PCUS a la carta del PCE*, 1969, AHPCE, Relaciones Internacionales, c. 142.
[176] *Actas del VIII Congreso del Partido Comunista de España*, 1972, AHPCE, Documentos, Actas Congresos; *Reunión del CE del PCE*, enero 1973, pp. 28-33, AHPCE, Documentos, carp. 54.
[177] «Un pacto para la libertad que ponga en manos del pueblo el poder de decisión», *Mundo Obrero*, 2-IX-1969; *Discurso de S. Carrillo*, 1969, AHPCE, Dirigentes, c. 5.
[178] CARRILLO, S., *Libertad y socialismo*, Paris, Editions sociales, 1970, p. 35.
[179] *Por la formación de un amplio acuerdo de unidad democrática*, 1971, cit.; *Carta de (3)*, 21-II-1971, AHPCE, NyR, Madrid, j. 448; *Huelga Nacional y Pacto para la libertad*, febrero 1972, AHPCE, Documentos, carp. 53.
[180] *Querido (1)*, 4-I-1971, AHPCE, NyR, Madrid, j. 464.
[181] «Comandos en Madrid», *Hora de Madrid*, diciembre 1970.
[182] BATISTA, A., PLAYÀ, J., *La gran conspiració*, Barcelona, Empúries, 1991.
[183] CRUZ, R., *El Partido Comunista de España en la Segunda República*, Madrid, Alianza, 1987, pp. 125 y ss.; *Reunión extraordinaria*, 26-II-1967, AHFFLC, UGT en el exilio, sig. 244-1.
[184] *Estudio de las Comisiones Obreras*, diciembre 1965, AHFFLC, UGT en el exilio, sig. 389-20; *Reunión de las CCEE de la UGT y del PSOE*, 14-V-1966, AHFFLC, UGT en el exilio, sig. 253-1; *A la CE de la UGT de España*, 3-II-1967, AHFFLC, UGT en el exilio, sig. 360-3.
[185] *Un problema orgánico fundamental*, 1967, *Carta de B. Alonso a P. Tomás*, 28-VI-1967, AHFFLC, Fondo Benito Alonso, sig. 107-4, 107-5; MATEOS, A., *El PSOE...*, cit., pp. 377 y ss.; ORTUÑO ANAYA, P., *Los socialistas europeos y la Transición española*, Madrid, Marcial Pons, 2005.
[186] *El Partido Socialista cara al futuro*, enero 1968, AHFFLC, Fondo Benito Alonso, sig. 112-2; RUBIO, A., *Un partido en la oposición: el Partido Socialista Popular*, Granada, Comares, 1996. La réplica del PSOE en «Las cosas claras», *El Socialista*, 14-III-1968.

¹⁸⁷ *Pleno del CE del PCE*, diciembre 1969, cit., p. 53. Las opiniones del PCE sobre Tierno en: *Carta de (38)*, 11-VII-1966, AHPCE, NyR, Madrid, j. 145.
¹⁸⁸ *Memoria CE. X Congreso UGT en el exilio*, agosto 1968, AHFFLC, UGT en el exilio, sig. C3-28; MATEOS, A., *Historia de la UGT...*, cit., pp. 204 y ss.
¹⁸⁹ *Reunión plenaria CE de la UGT*, 12-X-1968, AHFFLC, UGT en el exilio, sig. 253-3.
¹⁹⁰ *Carta de D.*, 19-VII-1968, AHPCE, NyR, Euskadi, c. 72.
¹⁹¹ IBARRA, P., cit., pp. 70-74, 143; *Cartas de Roberto*, 1969, *Estudio crítico acerca del Frente Obrero*, 1970, AHPCE, NyR, Euskadi, jj. 619-620 y c. 70.
¹⁹² MATEOS, A., *Historia de la UGT...*, cit., p. 200; *Reunión CE de la UGT*, 10-X-1970, AHFFLC, UGT en el exilio, sig. 253-4; *Memoria CE. XI Congreso UGT en el exilio*, agosto 1971, AHFFLC, UGT en el exilio, sig. C3-30. Véanse también las reflexiones contenidas en: *Carta de Tomás Zapico a Benito Alonso*, 16-XII-1971, AHFFLC, Fondo Benito Alonso, sig. 138-23.
¹⁹³ *La CNT contra las trampas unitarias*, 26-V-1972, AGA, MIT, GE, c. 424; *Reunión del CE del PCE con militantes comunistas en el movimiento obrero*, enero 1973, cit., cinta 4, pp. 6, 39 y ss., cinta 5, pp. 6 y ss.
¹⁹⁴ FERNÁNDEZ, B., «Una experiencia singular de oposición al franquismo en Asturias: el Fondo Unitario de Solidaridad Obrera de Asturias», en TUSELL, J., ALTED, A., MATEOS, A. (eds.), cit., Tomo I, Vol. 2, pp. 189-205; *Comité de Solidaridad Obrera*, 4-X-1969, AHPCE, NyR, Asturias, j. 316; *Comisión de Solidaridad de Asturias*, mayo 1970, *Comisión de Solidaridad de Asturias*, julio 1970, AHPCE, MO, jj. 365, 377.
¹⁹⁵ *Balances FUSOA*, AHFPM, DECO, sig. 14-7. Sobre las huelgas asturianas: *Carta de Asturias*, 15-XII-1973, AHPCE, NyR, Asturias, c. 80.
¹⁹⁶ *Circular CE PSOE*, 1971, p. 4, AHFPI, CE PSOE, sig. AE-117-3.
¹⁹⁷ *Cartas de Víctor*, 14-XI-1971, 13-VII-1972, AHPCE, Activistas, c. 92; *Carta de Juliá*, 16-IV-1973, AHPCE, NyR, Cataluña, j. 2433; *Reunión CCEE UGT-PSOE*, 22-X-1972, AHFFLC, UGT en el exilio, sig. 254-13.
¹⁹⁸ *La Junta Democrática de España*, marzo 1975, AHPCE, NyR, Aragón, j. 533; *Carta de (2)*, 1974, AHPCE, NyR, Andalucía, j. 914.
¹⁹⁹ LORDA, F., «Los comunistas y nosotros», MUIÑO, M., «Aún estamos a tiempo», CATENA, A., «Comentarios a una carta», *El Socialista*, 27-I-1972, 17-II-1972, 9-III-1972.
²⁰⁰ MATEOS, A., *El PSOE...*, cit., pp. 428 y ss.
²⁰¹ *Impresiones sobre la situación de C.O.*, 2-V-1972, cit.; *Visita de Camacho a Valencia*, mayo 1972, AHPCE, MO, j. 470.
²⁰² *Queridos camaradas*, mayo 1972, AHPCE, NyR, Madrid, j. 548-549.
²⁰³ «Sobre la unidad del movimiento obrero de masas», en *Boletín Informativo de la DECO*, n. 49, 1972.
²⁰⁴ *Informe del Comisario Jefe al Magistrado Juez de Orden Público*, 26-VI-1972, AHFPM, Jaime Sartorius, sig. 4-9; *Informe de Llobregat*, julio 1972, AHPCE, MO, j. 475.

[205] *Reunión del CE del PCE*, enero 1973, cit., pp. 18 y ss.; *Carta de (3)*, 7-III-1973, en AHPCE, MO, j. 477.
[206] *De Madrid*, 24-X-1972, en AHPCE, MO, j. 471.
[207] *Reunión del CE del PCE con militantes comunistas en el movimiento obrero*, enero 1973, cit.
[208] *Comunicado de la Coordinadora General de CCOO*, 16-V-1973, AHCCOOA, Comisiones Obreras Clandestinas, sig. 9.2; *Carta de (19)*, 13-X-1973, AHPCE, NyR, Euskadi, c. 73.

TIEMPOS DE TRANSICIÓN (1973-1977)

El 20 de diciembre de 1973, ETA asesinó al almirante Carrero Blanco en la llamada «Operación Ogro». Nombrado presidente del Gobierno en junio, Carrero era considerado el garante de la continuidad del franquismo tras la muerte de Franco, a través de su institucionalización, un objetivo por el que trabajaba desde hacía más de quince años con la ayuda de los tecnócratas que él mismo había aupado al poder. Su asesinato, por tanto, contribuía a aumentar ulteriormente la incertidumbre sobre el escenario político que se abriría con la muerte del Caudillo.

El nuevo presidente, Carlos Arias Navarro, en ese momento ministro de Gobernación, era un franquista «puro» que no pertenecía a ninguna de las familias políticas del Régimen en concreto. El 12 de febrero del año siguiente, en un célebre discurso ante las Cortes, el nuevo «número dos» expuso sus líneas programáticas con un lenguaje aperturista, afirmando la necesidad de abrir cauces a la participación de los españoles en la vida política. Su propuesta, sin embargo, limitaba esa participación a unas asociaciones que debían desarrollarse dentro de los canales organizativos y en el respeto a los principios del Movimiento. Es decir, no iba más allá de una tímida apertura hacia los sectores sociales que aún estaban dispuestos a aceptar la legitimidad del 18 de julio y, en consecuencia, dejaba fuera a las fuerzas de la oposición democrática.[1]

Desde un punto de vista general, se puede afirmar que con la muerte de Carrero Blanco comenzó efectivamente la «pretransición». Un periodo durante el cual, tanto entre las filas del poder como de la oposición, los distintos sujetos políticos tomaron posiciones y completaron sus proyectos políticos que, en líneas generales, serían los que defenderían en el proceso de la Transición.[2] Considerando en particular nuestro objeto de estudio, durante el año 1974 el PCE, junto a otros grupos y personalidades, creó la Junta Democrática, un organismo unitario a nivel nacional que se proponía como embrión de un gobierno de concentración encargado de restablecer las libertades según la fórmula de la «ruptura democrática». Las CCOO, integradas también en la Junta, suponían su principal instrumento para materializar el viejo mito de la huelga general, que en esta fase tomó el nombre de Acción Democrática Nacional. Superada ya la crisis de los años precedentes, en el periodo 1974-1975 las Comisiones incrementaron su capacidad de acción, extendieron su presencia en el tejido social y, gracias a los óptimos resultados obtenidos en las últimas elecciones sindicales del franquismo, lograron una elevada penetración en la OSE. Junto al PCE dieron así una importante contribución a la erosión de las bases sociales y políticas de la dictadura en el periodo inmediatamente anterior a la muerte de Franco.

Cuando se habla de la Transición española es un tópico definirla como una «transición pactada», promovida desde arriba por un sector de la propia élite franquista. Según esta interpretación, algunas personalidades claves, en primer lugar el rey Juan Carlos y el presidente Adolfo Suárez, pilotaron el proceso de cambio abriendo un diálogo con los principales dirigentes de la oposición y pactando con ellos las reglas del futuro estado democrático.[3] Frente a esta versión, una parte de la historiografía ha reivindicado en los últimos años la importancia de la presión «desde abajo» por parte de los movimientos de masas, en particular el obrero, para hacer imposible el continuismo de un franquismo sin Franco.[4] No cabe duda de que ambas versiones sólo explican parcialmente un proceso tan complejo como fue la Transición, y por eso son complementarias,[5] pues ambas dinámicas, «desde arriba» y «desde abajo», interaccionaron y se modificaron recíprocamente, obligando a una constante adaptación de los distintos proyectos sociopolíticos.

En este sentido, el caso del PCE representa un caso paradigmático de esa dialéctica entre élites y masas. Efectivamente, al momento de la muerte de Franco, el partido de Carrillo era el único actor político que tenía al mismo tiempo tanto un programa estructurado, con un elevado «potencial de coalición» gracias a su evolución a favor de la democracia experimentada en las dos décadas anteriores, como la capacidad de influir sobre una amplia base a través, sobre todo, de su hegemonía dentro de CCOO. Todo ello le otorgaba un elevado «poder de negociación» y presión desde abajo. La combinación de ambos elementos le permitió adoptar una estrategia que podemos definir como un «círculo virtuoso»: desde arriba se daba impulso a las movilizaciones en la base que, a su vez, daban capacidad de negociación en el vértice. Esta estrategia otorgó al PCE y a CCOO un papel protagonista en la primera fase de la Transición cuando, por un lado, las protestas y las huelgas contribuyeron al naufragio del proyecto de Arias Navarro y, por otro, la continua búsqueda de alianzas y negociaciones del partido de Carrillo hizo que las perspectivas de integración democrática acabaran prevaleciendo sobre las dinámicas radicales dentro del movimiento obrero, favoreciendo de esa manera la estabilización del cuadro sociopolítico.

Hay que subrayar en ese sentido que la Transición fue un constante pulso entre distintos actores y entre los propios deseos y las relaciones de fuerza que, de manera cambiante, se iban configurando en la realidad, lo que condujo a menudo a una renuncia a los objetivos máximos para tratar de salvar los mínimos.[6] Los sujetos individuales y colectivos se encontraron entonces ante la disyuntiva de elegir, en palabras de Max Weber, entre la «ética de los principios» y la «ética de la responsabilidad»:[7] entre 1976 y 1977 los comunistas, por temor a verse excluidos del escenario que se iba definiendo, sacrificaron repetidamente la primera en favor de la segunda. Fue ese pragmatismo cada vez más marcado el que los situó entre los principales protagonistas del pacto que, finalmente, hizo posible el paso del autoritarismo a la democracia.

LA PRETRANSICIÓN

El mismo día de la muerte de Carrero Blanco, y en un clima palpable de tensión, se abrieron las sesiones de la causa seguida contra los dirigentes de CCOO, el famoso *Proceso 1.001*. Las penas solicitadas por la fiscalía para los «diez de Carabanchel» sumaban un total de 161 años de cárcel por el delito de dirigir una organización ilegal y «filial del Partido Comunista». En los casos de Camacho, Saborido, Sartorius, García Salve, Soto y Muñiz Zapico se añadía el agravante de reincidencia, por lo cual la Dirección General de Seguridad los calificaba como «delincuentes políticosociales habituales verdaderamente peligrosos».[8] La severidad de las penas solicitadas apuntaba hacia una condena ejemplar, de acuerdo con una lógica eficazmente descrita por Camacho en sus memorias:

> Con el *Proceso 1.001*, en apariencia, se trataba simplemente de poner fuera de combate a destacados dirigentes de CCOO, pero tras ello había unas intenciones más profundas. Se pretendía advertir a todos los trabajadores de las posibilidades represivas que todavía le quedaban al Régimen. [...] Era una batalla contra Comisiones, contra el movimiento obrero y los movimientos democráticos, en la que el régimen franquista trataba de demostrar la inutilidad, cuando no la imposibilidad, de continuar la lucha.[9]

El *Proceso 1.001*, por el contrario, lejos de debilitar a la oposición, acabó por convertirse en un símbolo de la lucha por la amnistía y la democracia tanto dentro como fuera de España.[10] En los meses siguientes a la detención de los diez dirigentes de CCOO no estuvo clara la línea a seguir para su defensa: en un primer momento, los imputados se habían limitado a negar la veracidad de las acusaciones, y cada uno de ellos había dado una excusa distinta para justificar su presencia aquel día en Pozuelo de Alarcón. Entre finales de 1972 y principios de 1973, el PCE, al que estaban afiliados todos los acusados, excepto García Salve (quien se afiliaría poco tiempo después), estableció con más precisión cuál iba a ser la estrategia de la defensa y la consiguiente campaña de solidaridad. El partido había decidido finalmente presentar el *1.001* como «el proceso contra la libertad sindical» por las siguientes razones, según explicaba la dirección comunista a los imputados:

Lo primero que nos hemos planteado ha sido: ¿conviene ir al terreno en que lo prepara el Régimen, es decir, al terreno de la condena de CCOO como organización ilegal y convertirlo en una defensa y una reivindicación abierta y fundamental de CCOO? Esta posibilidad tiene, sin duda, una serie de argumentos en pro. De momento significaría, seguramente, incurrir en fuertes condenas. Pero desde el punto de vista de la perspectiva representaría también una bandera importante para CCOO y un acrecentamiento de su prestigio, y del prestigio de sus dirigentes. Sin embargo, hemos pensado que era necesario adoptar una línea de defensa y de ataque más amplia y más peligrosa para la dictadura. [...] Esa línea de defensa y ataque consiste en la reivindicación de la libertad sindical. La negación de libertades sindicales es hoy uno de los costados más vulnerables del régimen franquista, de cara a la opinión nacional e internacional. Por un lado, en el país, incluso entre sectores importantes del empresariado, existe conciencia de que los sindicatos verticales ya no son un instrumento de contención de las reivindicaciones obreras ni de concertación entre patronos y obreros. La experiencia del neocapitalismo europeo conduce a esos sectores a pensar que, con todos los riesgos, sería más eficaz el trato con representantes autorizados de los trabajadores. [...] Entre el movimiento obrero esta línea de defensa de la libertad sindical da además la base para que participen en la protesta los más amplios sectores, los partidarios y los adversarios de la unidad sindical, los revolucionarios y los reformistas, pues hoy todos están interesados por la libertad sindical. Igual razonamiento, a otro nivel, sirve para el conjunto de la oposición política. Internacionalmente el que los dirigentes de CCOO encarcelados escojan el tema de la libertad sindical para esta batalla nos da también enormes posibilidades [...]. De una parte, la dictadura hace esfuerzos por abrirse camino hacia el Mercado Común Europeo, por adquirir ante el mundo una cierta respetabilidad. Este proceso viene muy a contracorriente para esos planes, pues una de las exigencias primeras de los para el Régimen deseables «partenaires» europeos es la libertad sindical.[11]

La intención del partido era que el *1.001* no fuera visto sólo como un simple acto represivo contra Comisiones, sino como «el» juicio contra la clase obrera española en su conjunto. Poner el acento sobre el tema más general de la libertad sindical, en lugar de hacerlo sobre la defensa particular de los acusados, daría un carácter transversal y unitario a las protestas contra el juicio, un criterio que orientó asimismo la elección de los abogados, al tratar de que representaran el espectro más amplio posible de las fuerzas políticas y sociales de la oposición. Así, a los habituales defensores vinculados al PCE y a CCOO, como Cristina Almeida y Manuel López, se sumaron no sólo algunos procedentes de otros sectores del movimiento obrero, como Enrique Barón, militante de USO, o Francisca Sauquillo, de la ORT, sino incluso de los sectores monárquicos, democristianos y liberales, con la presencia de Gil-Robles, Ruiz-Giménez y Adolfo Cuéllar. Los únicos ausentes fueron los socialistas, aunque se intentó, sin éxito, contar con Felipe González.[12]

Dirigir la atención hacia la cuestión de la libertad sindical significaba poner en evidencia, tanto ante el tribunal como ante la opinión pública, que los detenidos eran procesados por el mero hecho de ejercer unos derechos fundamentales reconocidos internacionalmente, y eso facilitaba la realización de iniciativas de solidaridad. El PCE optó, además, por personalizar la campaña contra el proceso en una figura-símbolo, la de Marcelino Camacho, ya que se trataba del líder obrero más conocido dentro y fuera del país. En la prensa del partido se comenzó entonces a hablar del *1.001* como de «el proceso contra Camacho y sus compañeros», aunque ello provocara algunas fricciones entre la dirección comunista y los detenidos. Muñiz Zapico, en concreto, criticó ese enfoque «liderista», porque minusvaloraba el carácter colectivo de CCOO, afirmando que la exaltación de una personalidad, «por muy Camacho que sea», resultaba poco educativa para la clase obrera y recordaba viejos cultos que se habían demostrado tan negativos en el pasado.[13] El partido respondió a esas críticas enviando a los «diez» una carta en la que justificaba la línea adoptada afirmando que, sin la personalización de la campaña, su impacto entre las masas hubiera sido menor: precisaba además que, si bien Camacho era utilizado como símbolo general, siguiendo la misma lógica se estaban impartiendo instrucciones para que en cada localidad la campaña hiciera hincapié en los nombres de los imputados procedentes de allí, para conseguir un mayor grado de sensibilización popular.[14]

Las iniciativas a favor de los procesados en el *1.001* empezaron a finales de 1972. Así, en noviembre, los «diez» enviaron a la ILO una carta para que intercediera ante el régimen franquista a favor de su liberación. Con la misma finalidad, García Salve escribió al cardenal Tarancón, mientras aparecían tanto dentro como fuera de España los primeros comunicados de solidaridad.[15] A lo largo de 1973 surgieron varios comités unitarios contra el proceso que contaban con la participación, junto a los comunistas, de la ORT y USO, de numerosos intelectuales y grupos estudiantiles, de asociaciones de vecinos, organizaciones cristianas de base, etcétera. Se creó, además, la Agencia Informativa 1.001, que publicaba un boletín. El PCE y CCOO lograron, por tanto, implicar en la campaña a la mayor parte de los sectores antifranquistas. Sólo la dirección socialista mantuvo las distancias, tanto porque era consciente de que estos acontecimientos favorecían la popularidad de las Comisiones, como por su desconfianza hacia las pretensiones hegemónicas del PCE al presentar el *1.001* como «el proceso a la clase obrera», cuando tenían lugar contemporáneamente otros juicios contra ugetistas tan destacados como Nicolás Redondo.[16]

Fuera de España, la campaña a favor de los «diez de Carabanchel» alcanzó una enorme resonancia, con iniciativas de solidaridad realizadas prácticamente en todos los países de Europa occidental y también en la Unión Soviética, Estados Unidos, Canadá o Australia. Todos los partidos comunistas, los principales sindicatos nacionales y las organizaciones sindicales internacionales emitieron declaraciones en las cuales se pedía la liberación de los detenidos y, en general, la democratización en España.[17] En este contexto, la DECO cumplió un papel fundamental desde el punto de vista de la información y de la extensión de la campaña internacional. Cabe señalar, además, que las esposas y madres de los imputados, después de haber mantenido conversaciones con los arzobispos de Madrid y Barcelona, se dirigieron a numerosas embajadas, tratando de convencer a la Iglesia católica y a los gobiernos extranjeros para pronunciarse públicamente contra el *1.001*.[18]

En la segunda mitad de diciembre continuaron las actividades de solidaridad internacional en numerosos países, entre los que destacó Italia. Allí, las tres principales centrales sindicales, la cgil, cisl y uil, difundieron el día 15 un llamamiento solicitando la liberación de los detenidos, así como la intervención del gobierno italiano y la Comunidad Económica Europea para suspender el proceso y oponerse firmemente «a cualquier forma de asociación de España a la comunidad de los pueblos libres de Occidente».[19] En el mismo sentido se pronunciaron en los días siguientes los partidos de izquierda, las asociaciones partisanas y los movimientos juveniles, junto a prestigiosos artistas e intelectuales como Gian Maria Volontè y Carlo Levi, que redactaron un manifiesto por la libertad de Camacho y sus compañeros.[20] El 20 de diciembre de 1973, día de la apertura del proceso, estaban presentes numerosos observadores internacionales, con delegaciones de Amnistía Internacional, la Asociación Internacional de Juristas Demócratas, la oit, la fsm, las tres centrales sindicales italianas, etcétera. A título personal asistió Ramsey Clark, e incluso se esperaba la presencia de Marlon Brando. Es decir, la solidaridad se extendía mucho más allá del movimiento comunista.

Con la apertura de las sesiones del juicio se intensificaron las acciones de solidaridad en distintos puntos de la geografía española. En Madrid, por ejemplo, se produjeron huelgas totales o parciales en las principales empresas, entre ellas Siemens, Perkins, Standard, casa, Kelvinator y Telefónica, así como en algunos bancos y sociedades de seguros. Los estudiantes celebraron asambleas en la Universidad Complutense, hubo manifestaciones callejeras en Getafe, Vallecas o Leganés, y en distintos lugares de la ciudad algunos comandos llevaron a cabo acciones de protesta. Unos días antes, un escrito firmado por más de 300 abogados pedía al top la absolución de los procesados, y justo el día anterior unas mil personas se habían manifestado delante del Palacio de Justicia.

En Cataluña igualmente tuvieron lugar numerosas iniciativas de solidaridad, sobre todo en Sabadell, el Baix Llobregat y Matarò. En Barcelona, por el contrario, las acciones fueron parcialmente frenadas por la oposición de la Local y, aparte de algunas huelgas y asambleas, se celebró una manifestación que recorrió la Diagonal. En Sevilla, las movilizaciones empezaron el día 11, con suspensiones del trabajo especialmente en el sector metalúrgico. El día 19, unas 1.300 personas se concentraron delante del Palacio Arzobispal, y al día siguiente una delegación compuesta por un obrero, un estudiante y un abogado entregó al presidente de la Audiencia Provincial un escrito con más de tres mil firmas. Durante el desarrollo del juicio, tanto el PCE como CCOO trataron de que las movilizaciones prosiguieran en todo el país, pero el incremento de la represión y el control policial tras el atentado contra Carrero Blanco frenaron de manera significativa su desarrollo.[21]

De hecho, la noticia del atentado enrareció el clima en que se celebraron las cuatro sesiones del juicio y aumentó los niveles de tensión, pero los abogados no lograron un aplazamiento. La defensa rechazó el procedimiento y subrayó en repetidas ocasiones que los imputados estaban siendo procesados exclusivamente por ejercer pacífica y democráticamente el derecho de libertad sindical. El día 27 se hizo pública la sentencia: el TOP, pese a las presiones nacionales e internacionales, confirmó los más de 161 años de reclusión que la acusación había solicitado para todos los encausados. Camacho y Saborido fueron condenados a 20 años; Sartorius y García Salve, a 19; Muñiz Zapico, a 18; Soto a 17; Acosta, Zamora, Santisteban y Fernández Costilla, a 12.[22] Una sentencia ejemplarizante cuya dureza sólo consiguió alimentar la campaña de solidaridad durante todo el año siguiente.

El 11 de febrero de 1975 el Tribunal Supremo revisó el proceso. Mientras tanto, algunos de los condenados habían comenzado una huelga de hambre como protesta y poco antes, el día 9, algunos centenares de personas se concentraron a las puertas de la prisión de Carabanchel. También en esta ocasión estaban presentes numerosos observadores internacionales, sobre todo representantes de los sindicatos, las organizaciones humanitarias y las asociaciones de juristas. Entre ellos destacaban Paul O'Dwyer, presidente del Consejo Municipal de Nueva York, y el prestigioso abogado, también estadounidense, Eric Schmidt, uno de los promotores del *United States Committee for the Carabanchel Ten* (que pronto ampliaría su radio de acción para convertirse en el *United States Committee for Democratic Spain*), que recientemente había elaborado un informe en donde demostraba desde el punto de vista jurídico que el proceso *1.001* atentaba contra la doctrina de Derechos Humanos de la ONU. A la espalda de los defensores de los condenados se sentaron, en señal de apoyo, unos ochenta abogados que representaban la práctica totalidad de las fuerzas de la oposición antifranquista.[23] El Supremo redimensionó drásticamente las penas, reduciendo la de Camacho a seis años, las de Saborido, Sartorius y García Salve, a cinco, las de Muñiz Zapico y Soto, a cuatro años y dos meses, y las de Acosta, Fernández Costilla, Zamora y Santisteban, a dos años y cuatro meses. Como estos cuatro últimos ya habían permanecido en la cárcel el tiempo de la condena fueron puestos en libertad, mientras que el resto saldría a la calle en noviembre, gracias al primer indulto de la monarquía.

Al final, el *Proceso 1.001* benefició de manera muy significativa a CCOO bajo el aspecto propagandístico y de su visibilidad ante la opinión pública nacional e internacional. A favor de «Camacho y sus compañeros», o los «diez de Carabanchel», se habían movilizado miles de personas en España y en el resto del mundo, de manera que la represión, una vez más, se había convertido en un *boomerang* para la dictadura. Sin duda, las protestas habían influido sobre la decisión del Supremo, en un contexto marcado además, durante 1974, por las movilizaciones contra la ejecución del joven libertario Puig Antich y por el caso Añoveros, que había puesto al Régimen al borde de la ruptura con la Santa Sede.[24] La reducción de las penas de los «diez», por lo tanto, era funcional al intento de limitar el creciente descrédito del Régimen y de su intento de ofrecer al mundo una imagen más aperturista, sobre todo si tomamos en cuenta que ese mismo año la OIT había admitido oficialmente a CCOO, UGT, USO y STV como auténticas representantes de los trabajadores españoles. El PCE y CCOO, por su parte, habían conseguido organizar una campaña de gran eficacia, aprovechando la densa red de contactos internacionales que el partido y la DECO habían ido tejiendo durante los años anteriores. En general, puede decirse que la campaña contra el *Proceso 1.001* demostró que la «cuestión española» estaba al orden del día para la opinión pública internacional y que, en el crepúsculo de la dictadura, las razones de la unidad por fin se estaban imponiendo dentro del antifranquismo.

Con la muerte de Carrero Blanco, en efecto, se puso en marcha una dinámica que en pocos meses llevó al nacimiento del primer organismo unitario de la oposición de alcance nacional: la Junta Democrática de España (JDE). La iniciativa surgió del abogado y empresario Antonio García Trevijano, quien llevaba tiempo planteando la necesidad de un pacto sociopolítico transversal e interclasista para restablecer la democracia, capaz de unir no sólo a los partidos políticos, sino también a las fuerzas sociales, a personalidades relevantes, a profesionales y representantes del mundo empresarial. Para concretar esa idea a finales de 1973 comenzó una serie de contactos con exponentes de las fuerzas de la oposición, logrando la incorporación de Calvo Serer, exiliado desde hacía dos años en París. En la capital francesa se entrevistó también con Carrillo, quien acogió con entusiasmo la propuesta, pues no dejaba de corresponder en esencia a lo que el PCE había llamado el Pacto para la Libertad. El secretario general del PCE esperaba que la iniciativa de García Trevijano pudiera favorecer una definitiva superación del anticomunismo y hacer realidad finalmente ese amplio frente antifranquista que el partido propugnaba desde el lanzamiento de la PRN en los años cincuenta.

Trevijano había mantenido ya algunas conversaciones con miembros del núcleo comunista madrileño y, en particular, de CCOO, con las que había colaborado en alguna ocasión como abogado. La gestación del nuevo organismo se desarrolló en torno al eje García Trevijano-PCE, y durante los primeros meses de 1974 se celebraron varias reuniones con grupos y personalidades de la oposición para atraerlos al proyecto, siempre desde la idea de que éste representara al máximo la diversidad del espectro político e ideológico. El hecho de que se dirigiera no sólo a las fuerzas organizadas, sino también a las personalidades individuales, era explicado por Carrillo:

Hoy, cuando los Partidos y organizaciones sindicales, en la ilegalidad, tienen forzosamente un número de miembros muy reducidos, hay personalidades que por sus relaciones con medios económicos importantes o con determinados sectores sociales y hasta de la administración poseen un peso político efectivo que no se puede desdeñar.[25]

Se obtuvo de este modo la adhesión del Partido Socialista Popular (PSP), nueva denominación del Partido Socialista del Interior, la del Partido Carlista en un primer momento y, más adelante, la del PTE y CCOO, junto a personalidades como José Vidal-Beneyto, Alejandro Rojas Marcos, el jurista Alfonso de Cossío o el republicano galleguista Valentín Paz Andrade. Sin embargo, no se consiguió alcanzar un acuerdo con los interlocutores más relevantes, es decir, el PSOE y los grupos democristianos de Gil-Robles y de Ruiz-Giménez. Para los socialistas, como para Gil-Robles, continuaba suscitando un profundo escepticismo la posibilidad de participar en un proyecto que aparecía como una iniciativa comunista y que encima tuviera al PCE como fuerza política principal. El PSOE, además, rechazaba entrar en un organismo donde tuvieran representación otros grupos que se denominaran socialistas. Por su parte, el director de la revista *Cuadernos para el Diálogo* se mostró mucho más posibilista, pero sin llegar a la ruptura con sus aliados; de ahí que acabara declinando también la invitación. Mientras tanto García Trevijano y Calvo Serer intentaban atraer al pretendiente Juan de Borbón como garante del proceso de cambio político, hasta que el pueblo español se pronunciara en referéndum sobre la forma del Estado. Se trataba tanto de contestar la legitimidad de la operación monárquica llevada a cabo por el Régimen, como de atraerse a los sectores más moderados, pero don Juan acabó desechando la idea pocos días antes de hacer unas declaraciones a *Le Monde* en las que habría debido anunciar su participación a la cabeza del proyecto.[26]

Los componentes del naciente organismo celebraron varias reuniones preparatorias, y fue durante la convocada los días 3 y 4 en el hotel *Ritz* de Lisboa cuando se decidió el nombre de Junta Democrática de España. Sus miembros pensaban entonces que la presentación pública de la JDE no tendría lugar antes de final de año, pues ese arco de tiempo parecía el mínimo indispensable para continuar las negociaciones con otros grupos reacios a la incorporación. Los vientos de cambio, sin embargo, soplaban velozmente, y si en marzo el Régimen había tenido que afrontar el caso Añoveros y las protestas por la muerte de Puig Antich, en abril comenzaría en el vecino Portugal la llamada Revolución de los claveles, y en junio el príncipe Juan Carlos asumiría temporalmente las funciones de jefe del Estado, tras un agravamiento de la enfermedad de Franco. Fue precisamente esa impresión generalizada de que la muerte del dictador era inminente lo que convenció a los miembros de la Junta de la necesidad de apretar el acelerador.[27]

El 30 de julio, en una conferencia celebrada en París, Carrillo y Calvo Serer presentaron a la opinión pública la JDE: ya el mero hecho de que el máximo dirigente del PCE se sentara al lado de un monárquico y destacado miembro del Opus Dei tenía un extraordinario valor simbólico. Contemporáneamente, el organismo era presentado en Madrid de manera clandestina. En su manifiesto fundacional, leído aquel día ante los periodistas y luego difundido ampliamente, el carácter de la JDE quedaba sintetizado de la siguiente manera:

> La Junta Democrática asume desde ahora, [...] la responsabilidad de vigilar, coordinar, impulsar, promover y garantizar el proceso constituyente de la democracia política en España. La Junta Democrática se disolverá el día que comience el ejercicio de un poder político legitimado por el sufragio universal de los españoles.

El programa de la JDE era sistematizado en doce puntos que incluían: la formación de un gobierno provisional encargado de restablecer las libertades democráticas; una amnistía para los presos políticos y sindicales; la legalización de todos los partidos sin exclusiones; la devolución al movimiento obrero del patrimonio de la OSE; el reconocimiento de los derechos de huelga y asociación, así como la libertad de prensa y opinión; la independencia del poder judicial del Estado; el reconocimiento de la personalidad política de los pueblos catalán, vasco y gallego, y el desarrollo de comunidades regionales; la separación entre Iglesia y Estado; la celebración de un referéndum sobre la forma de gobierno entre la Monarquía y la República; y la integración de España en la Comunidad Europea.[28]

Posteriormente, en abril de 1975, la Junta difundió un *Manifiesto de la Reconciliación* donde afirmaba explícitamente que su objetivo último era la «ruptura democrática», porque consideraba que «la evolución democrática del Estado [franquista] por vía de reformas legales» era «objetiva y subjetivamente, imposible», y aquélla sólo podría llevarse a cabo mediante la abolición de todas las instituciones y leyes de la dictadura y la apertura de un proceso constituyente. El nombramiento de Juan Carlos era rechazado como un acto más emanado de la voluntad de Franco sin ningún referendo en la auténtica expresión de la voluntad popular.[29]

La JDE, fiel a su vocación unitaria, proponía unas bases de acuerdo mínimas fácilmente compartidas por todos los sectores que luchaban por la democracia. En palabras de Carrillo, era «la convergencia entre la izquierda y la derecha para dar paso a un sistema democrático, para abolir la dictadura. Ni menos, ni más».[30] Por primera vez desde los años cuarenta, salía a la luz pública el embrión de un gobierno de coalición nacional que se proponía acabar inmediatamente con el régimen franquista y restaurar las libertades democráticas, lo que llevaba a la JDE a presentarse como una alternativa de poder concreta e inmediata, rompiendo con la falsa opción de «Franco o el caos»:

> La Junta Democrática ha aparecido como una referencia clara, plural, dispuesta a sustituir el actual poder fascista con un Gobierno democrático de la más amplia coalición. *No hay cambio político sin alternativa política,* sin órganos de poder que ofrecer al país que cubran el vacío político inventado por el régimen para justificar su propia continuidad. *No basta con la coordinación de las fuerzas políticas de la oposición*; es preciso presentar salidas políticas concretas, explicitadas en instancias unitarias de poder democrático futuro.[31]

Hay que tener en cuenta, no obstante, que esa pretensión de la Junta venía fuertemente limitada por la ausencia en su seno de fuerzas como el psoe, Izquierda Democrática (id) o el pnv que, en cualquier caso, no podían quedar excluidas de un eventual gobierno de coalición nacional. Pese a ello, el pce trataba de sacar importantes beneficios de la participación en la jde, en primer lugar porque representaba una materialización de su política de Reconciliación Nacional y le permitía superar largos años de aislamiento, precisamente cuando el golpe de Estado contra Allende en Chile demostraba una vez más la apremiante necesidad de no marginarse, de no dar saltos en el vacío y de caminar hacia la unidad de todas las fuerzas de izquierda y moderadas. Un amplio pacto no sólo constituiría una muestra del potencial del pce en el antifranquismo, sino una garantía de mayores márgenes de maniobra y cuotas de poder en un cada vez más cercano escenario sin Franco. Por eso resultaba tan importante la presencia de personalidades como Calvo Serer o Tierno Galván, que atenuaban la percepción de una hegemonía comunista y conferían al nuevo organismo una mayor credibilidad y legitimidad a los ojos de la opinión pública nacional e internacional.[32] De los avances en ese sentido constituye buena prueba el hecho de que, en marzo de 1975, una delegación de la Junta fuera recibida en Estrasburgo por la Comisión y el Parlamento de Europa.[33]

El manifiesto fundacional de la jde concluía dando indicaciones para que se crearan unas Juntas Democráticas (jjdd) a escala regional y local, con la finalidad de reforzar su implantación en todo el territorio nacional y asumir un carácter más dinámico, evitando reducirse a un único órgano decisional centralizado y elitista:

> [La jde] llama al pueblo español [...] para que [...] organice Juntas Democráticas Regionales, Provinciales y Municipales, y permanezca atento a la convocatoria de acción democrática nacional que lanzará la Junta Democrática de España en el momento político oportuno.[34]

La idea era coordinar en esas juntas organizadas en varias escalas no ya sólo a los partidos y otros grupos organizados, como las asociaciones de vecinos, sino también a representantes individuales de los diversos sectores sociales, desde los comerciantes a los profesionales liberales, de los periodistas a los sacerdotes. Las juntas funcionarían así como un nexo entre la política «desde abajo» y «desde arriba», permitiendo a la JDE extenderse de manera capilar por el territorio y diversificando su composición interna, al mismo tiempo que canalizaba las demandas procedentes de la sociedad española en todos los ámbitos de la vida cotidiana.[35]

Se podría decir «gramscianamente» que las juntas se configurarían como órganos de contrapoder o, mejor dicho, como embriones de un «poder independiente», capaces «de asumir en un momento dado la dirección del Estado».[36] También realizaban una especie de sistematización de esa articulación del tejido social que se había producido durante los años anteriores, dotando de mayor oficialidad a los vínculos y las colaboraciones existentes entre las varias formas en que se manifestaba la protesta social y política. «La misión de las Juntas –se afirmaba en un pleno de la JD de Madrid– es la de relacionar, vincular y orientar las luchas y acciones realizadas por todos y cada uno de los sectores y clases sociales por sus objetivos específicos en la dirección de la alternativa democrática». Viejos y nuevos movimientos sociales, como el obrero y el vecinal, eran integrados así en un cuadro unitario y dotados de un objetivo común.[37]

Desde finales de 1974 surgieron JJDD en Madrid, Valencia, Asturias, Galicia, Andalucía, Baleares y otros lugares del país, a menudo a partir de las Mesas Democráticas allí donde se habían creado con anterioridad. En Cataluña no hubo intentos serios en este sentido, porque existía ya una instancia unitaria con la Asamblea. Seguramente la experiencia más significativa fue la Junta Democrática de Madrid, presidida por Vidal-Beneyto, articulada a su vez en numerosas juntas de carácter sectorial y territorial.[38]

Fue esa presencia de personalidades independientes y esa dinámica movimentista, y no las alternativas entre programas prácticamente coincidentes, lo que diferenció a la JDE de la Plataforma de Convergencia Democrática creada en junio de 1975 por la mayor parte de las fuerzas antifranquistas que habían rechazado su entrada en la Junta, en particular el PSOE y la ID de Ruiz-Giménez. Con su propio organismo unitario estas fuerzas planteaban una negociación en igualdad de condiciones con la

JDE, algo que lógicamente fue juzgado negativamente por el PCE como un factor de división en el antifranquismo.[39]

En cuanto a las CCOO, no estuvieron entre los fundadores de la Junta, aunque se incorporaron después del verano.[40] De todos modos, su incorporación se consideraba automática por la presencia del PCE que, como hemos visto en el capítulo anterior, precisamente tenía en esa influencia dentro de Comisiones uno de los principales elementos de fuerza para su negociación con los demás grupos del antifranquismo. Dentro del proyecto político de la JDE, Comisiones estaba llamada a desempeñar unas funciones clave, sobre todo por lo que concernía a la dinámica de las JJDD. De hecho, gracias a su implantación en todo el territorio nacional y a su notable popularidad, debían funcionar como nexo entre las distintas juntas y, en cada una de ellas, como aglutinante de grupos y personalidades. Además, hay que subrayar que, junto al PCE, CCOO eran los únicos sujetos presentes tanto en la JDE como en las distintas JJDD locales, lo que las hacía imprescindibles tanto para el diálogo entre abajo y arriba, como para cualquier eventual acción a gran escala. En otras palabras, por su capacidad de movilización Comisiones era la verdadera fuerza de choque de las juntas para llevar a cabo lo que, en el manifiesto fundacional de la JDE antes citado, se definía como Acción Democrática Nacional (ADN).

La Acción Democrática Nacional debía consistir en una movilización general que fuese el resultado de una serie de múltiples protestas de distinto alcance y forma –huelgas, boicots a mercados, sentadas, manifestaciones, etcétera– y era señalada como el instrumento principal a través del cual llevar a cabo la prevista «ruptura democrática». Es decir, correspondía en esencia a lo que el PCE denominaba Huelga Nacional Pacífica, y constituía la más explícita concreción de la influencia comunista en el ideario de la JDE. A diferencia de los otros intentos análogos ensayados durante las dos últimas décadas, el partido de Carrillo consideraba que la movilización general promovida por la JDE podría cumplir finalmente con ese carácter interclasista, unitario y nacional tantas veces teorizado, que sumara nuevos sectores sociales a las fuerzas obreras para garantizar su éxito. Era concebida, en suma, como una potente reivindicación de las libertades democráticas expresada por la población española en su conjunto.[41]

Asumiendo la lógica de la «mancha de aceite» delineada por la Coordinadora de CCOO en 1968, la JDE invitó a las JJDD en abril de 1975 a llevar a cabo a corto plazo unas «acciones democráticas» locales, que generalizándose y acumulándose acabarían culminando en el llamamiento a la ADN.[42] El momento parecía propicio para ello, con una intensificación vertiginosa de las protestas y, en particular, de las huelgas. Según los datos del Ministerio de Trabajo, en 1974 se produjeron 2.290 conflictos laborales, un número que aún seguiría creciendo al año siguiente, hasta alcanzar la cifra de 3.156,[43] en lo que constituía la oleada de huelgas más importante producida bajo la dictadura. El movimiento obrero había superado la fase de reflujo comenzada a finales de 1967 para dar un salto sin precedentes, con una actividad sindical de oposición tan intensa que, en agosto de 1974, un informe de la embajada estadounidense en Madrid sobre las perspectivas del posfranquismo afirmaba: «Una de las áreas potencialmente más peligrosas para el régimen sucesorio de Juan Carlos es el campo laboral. La clase obrera española es el sector que más se opone al Régimen.[44]

En efecto, una vez reconstruida la Coordinadora General, a partir del segundo semestre de 1973 las CCOO habían entrado en una fase de despegue, ampliando el número de activistas y su presencia en los lugares de trabajo. En los documentos internos del PCE se hablaba de un «despertar».[45] Es verdad que no se había resuelto cierto desnivel entre su grado de estructuración y sus elevados niveles de conflictividad, pero eso no impedía que las Comisiones demostraran una renovada capacidad de movilización y orientación de las protestas obreras, cuyo impacto llegó a ser especialmente significativo en Cataluña. En Barcelona algunas grandes fábricas, como la Hispano Olivetti y la Seat, eran escenario de continuas movilizaciones, y entre los días 3 y 5 de julio de 1974, siguiendo una convocatoria de los enlaces y jurados de CCOO en solidaridad con los trabajadores de Elsa y Solvay, las huelgas paralizaron casi doscientas empresas en el Baix Llobregat.[46]

Pero la atención del PCE estaba focalizada sobre Madrid, siendo el epicentro de la política nacional. Los comunistas dedicaron gran parte de sus esfuerzos y recursos a la extensión y al fortalecimiento del partido y de ccoo en la capital, con la intención de prepararlos para afrontar de la mejor manera posible los cambios sociopolíticos que se estaban perfilando en el horizonte. A lo largo de 1974, por ejemplo, se lanzó una campaña de reclutamiento local dedicada a Romero Marín, que en aquel momento se encontraba en la cárcel. No hay que olvidar que Madrid seguía siendo la meta principal de los militantes que la dirección del partido en el exterior enviaba a España. Por otra parte, el Comité Provincial del pce celebró numerosas reuniones con los núcleos comunistas que actuaban dentro del movimiento obrero parar asegurar su coordinación y el desarrollo de un plan común de acción.[47]

Las diversas Comisiones madrileñas y la Inter recuperaron, así, el empuje que habían perdido como consecuencia de la represión, poniendo las bases para poder desempeñar un papel protagonista en la escalada de movilizaciones que se registró en el otoño e invierno de 1974. A principios de diciembre, ccoo impulsó importantes huelgas en el sector de la construcción, en el bancario y en el de los seguros, que se sumaban a la situación de casi permanente conflictividad que atravesaban las mayores fábricas del sector metalúrgico, como casa, en Getafe. Según los informes internos del pce, en las protestas participaron entre 100.000 y 150.000 obreros de la capital. Para comprender el alcance de esas cifras, hay que tener presente que también a España estaban llegando, por entonces, los primeros síntomas de la crisis económica mundial, manifestándose en forma de inflación y recesión, de manera que Comisiones encontró un clima favorable para sus llamamientos a la acción en el malestar de las clases trabajadoras debido a la crisis.[48]

Merece la pena, asimismo, subrayar que el embajador estadounidense informaba, asombrado, a sus superiores en Washington de que, según fuentes internas, los comunistas cumplían durante esa fase el paradójico papel de ser promotores de los conflictos y, al mismo tiempo, sus moderadores. Un juicio confirmado, al menos en parte, por la documentación del partido, en el sentido de que se daban indicaciones a militantes y dirigentes obreros para que evitaran que las acciones se radicalizasen demasiado hasta transformarse «en un callejón sin salida», y para que tuvieran «abiertas siempre las posibilidades de negociación». De esa manera, el pce adquiriría una imagen responsable y fiable a los ojos de los representantes «burgueses» en la jde.[49]

Esa fase ascendente no impidió que persistieran las viejas diferencias entre los distintos grupos que formaban parte de ccoo. La principal fuente de discusiones seguía siendo la hegemonía ejercida por el pce y su consiguiente línea de acción, juzgada como revisionista por las fuerzas de la izquierda radical. Los problemas más graves se plantearon en el País Vasco, donde se produjo una fractura dentro de Comisiones. A finales de 1974 nació la Comisión Obrera Nacional de Euskadi (cone), compuesta únicamente por los núcleos del pce, cuya implantación nunca dejó de ser muy reducida y quedó al margen de las corrientes mayoritarias del movimiento obrero de la región, impidiendo al partido incidir de manera significativa sobre las dinámicas de protesta que se estaban produciendo. Como demuestra, por ejemplo, su ausencia en la gran movilización general del 11 de diciembre de 1974 convocada por la ort, el mce y la lcr-eta vi. Estas mismas organizaciones crearon unos meses después la Coordinadora de Euskadi de ccoo (ceco) como alternativa a la cone.[50] Las desavenencias entre la línea del pce y la izquierda radical repercutieron también sobre la coordinación del movimiento a escala nacional. ccoo de Navarra, donde la ort constituía la fuerza dominante, mantuvo las distancias respecto a la Coordinadora General, polemizó con ella en varias ocasiones, acusándola de «economicismo», y rechazó la adhesión a la jde, a la que consideraban un instrumento de «capitalistas y banqueros».[51]

A principios de 1975 las ccoo estaban en el centro de importantes focos de protesta en varios puntos del país, desde Cataluña a Andalucía o Galicia pasando por Madrid. En Asturias, donde a lo largo de 1974 habían mejorado notablemente su articulación supliendo algunas carencias anteriores gracias a la formación de una nueva Coordinadora Regional, Comisiones convocó dos jornadas de lucha para el 3 y 4 de febrero. Pese a tratarse de una iniciativa muy politizada y fijada desde arriba, contó con la participación de entre 35.000 y 50.000 huelguistas. A esas protestas obreras se unieron las de otros sectores, como estudiantes, abogados y actores, y por entonces salió también a la escena pública la Unión Militar Democrática (UMD), demostrando que ni siquiera el ejército era inmune a la «subversión». El PCE y las JDE, observando un escenario que parecía más favorable que nunca para las fuerzas de la oposición y esperando aprovechar las agitaciones relacionadas con la celebración de las elecciones sindicales convocadas para mayo-junio, en primavera consideraron llegado el momento para promover acciones democráticas locales que contribuyeran a erosionar aún más las grietas que se abrían en el edificio franquista.[52] Según el PCE, había sonado «la hora cero de una estrategia elaborada en los pasados años: la Huelga Nacional».[53]

La dirección del partido estableció que el primer intento con ese objetivo tendría lugar, una vez más, en Madrid. A principios de mayo la Junta de la capital juzgó oportuno que la fecha se fijara en función de las exigencias planteadas por CCOO, ya que éstas iban a ser el motor principal de la acción y el éxito o fracaso dependería de ellas. El día 7 la Inter, valorando de manera muy positiva las condiciones del movimiento obrero madrileño, decidió convocar la movilización general para la primera semana de junio. Al día siguiente la propuesta fue aprobada por la Junta Democrática de Madrid y por el núcleo comunista que trabajaba en el movimiento vecinal de la ciudad, y durante varios días se multiplicaron los encuentros para discutir los tiempos y las modalidades de la próxima Acción Democrática. A mitad de mes, en una reunión plenaria, la Junta madrileña fijó definitivamente la jornada de lucha para el 4 de junio, con acciones de acompañamiento previstas también para los días 3 y 5.[54]

El primer documento con el que se anunciaba la convocatoria y se llamaba a la participación se hizo público el día 19 en nombre de los enlaces de todas las ramas productivas reunidas en asamblea, pues se había preferido que los convocantes tuvieran un estatuto legal. Otro fue difundido dos días después por veinticinco asociaciones de amas de casa y vecinos, y a partir de ese momento se dio vía libre también a la propaganda realizada por organizaciones ilegales, incluida obviamente la misma Junta.[55] En su manifiesto, ésta introdujo las reivindicaciones clásicas, desde las libertades políticas a la amnistía, junto a otras dirigidas especialmente a obtener la participación o al menos la simpatía de sectores «burgueses», como por ejemplo la petición del «cese definitivo en las arbitrariedades oficiales que pesan sobre los pequeños y medianos comerciantes».[56]

En las dos semanas siguientes las actividades preparatorias de la Acción Democrática tomaron un ritmo frenético, desarrollándose en múltiples ámbitos en los que tenía presencia la Junta. CCOO constituyó «la columna vertebral», adoptando también en esta ocasión el mismo *modus operandi* que hemos analizado en otros capítulos, es decir, promoviendo ante todo la celebración de numerosas asambleas en los lugares de trabajo para sensibilizar a los obreros y discutir cuáles podían ser las formas de protesta más adecuadas para llevar a cabo en cada empresa el 4 de junio. Se realizó, asimismo, una campaña de propaganda de unas dimensiones sin precedentes: basta pensar que, según las fuentes internas del PCE, sólo la Junta de Madrid imprimió casi un millón de octavillas y carteles. En esta ocasión la Junta obtuvo la adhesión de organizaciones externas como USO, la ORT y UGT.[57] Observando el continuo estado de agitación en algunas empresas, el PCE se mostraba muy confiado sobre los buenos resultados de la Acción Democrática, mientras un optimista Carrillo declaraba que nunca antes «se había preparado una acción con métodos tan ampliamente de masas».[58]

Llegado el día 4, según el PCE y los demás promotores de la convocatoria, respondieron a la llamada de la Junta unos 110.000 trabajadores, de los cuales unos 50.000 habían hecho huelga total, mientras que el resto había realizado suspensiones parciales de la producción. Los sectores más implicados fueron el metalúrgico y la construcción, seguidos de las artes gráficas, y el movimiento ciudadano participó sobre todo a través de boicots a los mercados, especialmente significativos en los barrios de Vallecas, Getafe y Moratalaz. La protesta alcanzó además a decenas de institutos que se vieron obligados a suspender las clases por falta de alumnos y profesores, al mismo tiempo que en la universidad, a pesar del gran despliegue de medios de la Policía Armada, los estudiantes celebraban varias asambleas y se concentraban en la calle Princesa. Unos trescientos coches, entre taxis y vehículos privados, ralentizó el tráfico en las calles del centro sonando los claxon. Por su parte, varios colegios profesionales habían celebrado asambleas el día anterior, y el 5 entregaron al ministro de Información y Turismo un documento firmado por dos mil profesionales e intelectuales que, haciendo referencia explícita a la Junta, invocaban la urgencia de un cambio político en sentido democrático.[59]

La mayor parte de la prensa negó el éxito de la Acción Democrática, reduciendo el número de participantes a menos de 10.000. Sólo la revista *Triunfo*, comparando los datos procedentes de las distintas empresas, sostuvo que el número de huelguistas estaba en torno a los 90.000, y polemizando con las cifras caricaturescas ofrecidas por los periódicos, escribió que «con este modo de informar [...] en lugar de limitar la crítica a las acciones promovidas por la llamada Junta Democrática, se niega la realidad de las acciones mismas. [...] Criticar la opción de fondo que explica todas estas acciones sería válido. Negar su existencia sería, cuanto menos, ridículo».[60]

Los resultados de la Acción Democrática de Madrid habían sido en general positivos para la Junta, pues esta vez se trataba de una iniciativa explícitamente política que había logrado movilizar a decenas de miles de personas en la capital, catalizando el malestar acumulado por los trabajadores en los últimos años y dándole una proyección pública. Si encuadramos las protestas del 3-5 de junio en un marco más general, y las relacionamos con lo escrito recientemente por Borja de Riquer,[61] podemos afirmar que el hecho de que un número cada vez mayor de españoles decidiera con una frecuencia creciente romper con la legalidad vigente para reclamar no sólo mejoras en las condiciones económicas sino también libertades democráticas, influyó decisivamente en la crisis del régimen, acelerando el proceso y convirtiendo en irreversible el agotamiento de los recursos institucionales, políticos y morales del franquismo.

El estado de crisis de la dictadura en su crepúsculo resulta aún más evidente si se considera que las Comisiones, en la primavera y verano de 1975, además de intensificar la lucha de masas ampliaron de manera muy significativa los «espacios de libertad» dentro de la estructura sindical de la OSE. Tras el fracaso del intento de reforma promovido por Solís, el Vertical estaba atravesando una lenta agonía, demostrándose incapaz de hacer frente a la creciente protesta obrera y de canalizar al menos una parte de sus reivindicaciones.[62] En esta parábola descendente tuvieron lugar en junio las nuevas elecciones sindicales, en medio de una conciencia generalizada de que serían las últimas celebradas en vida de Franco. Resultaba evidente, en consecuencia, que su desarrollo y sus resultados determinarían en gran medida las relaciones de fuerza y las diversas posiciones en el momento de decidir el futuro del sindicalismo español. Como afirmaba Alfonso C. Comín la víspera, todos eran conscientes de que se trataba de «unas elecciones históricas».[63]

Las expectativas con las que el PCE llamó a la participación habían sido trazadas por Carrillo un año antes en el pleno del Comité Central de abril de 1974, proyectándolas efectivamente hacia una transición sindical que parecía ya inminente:

> La finalidad, cada vez más inmediata, no es sólo la conquista de los puestos de jurados y enlaces. [...] Hoy los trabajadores deben tener ya en vista el momento en que se apoderarán del actual tinglado de los Sindicatos Verticales para convertirlos en una auténtica Confederación de clase, unitaria, democrática e independiente. Ya no está lejos el instante en que los trabajadores recuperarán los locales y las instituciones que son suyas [...] para regentarlos democráticamente y de acuerdo con sus intereses de clase.[64]

De hecho, el PCE se planteaba que CCOO, junto con las otras fuerzas de la oposición sindical, llevaran a cabo una auténtica ocupación del Vertical, una posibilidad que por primera vez parecía plausible ante la extensión de las movilizaciones. Desde ese punto de vista debe entenderse el llamamiento realizado por el partido a principios de 1975 para iniciar la «campaña en favor de las elecciones sindicales en el sentido de ver a éstas no como un fin en si mismas, sino con el propósito firme de ir a tomar el sindicato».[65] En el supuesto de que ese objetivo se hubiera alcanzado, una vez restablecidas las libertades las CCOO habrían podido heredar en bloque el patrimonio y el aparato organizativo de la OSE y, sustituyendo los mecanismos autoritarios por otros democráticos decididos por los trabajadores en el marco de un congreso sindical constituyente, se habría podido alcanzar la anhelada unidad sindical.[66]

Casi todas las fuerzas de la oposición, incluidas las que en 1971 habían defendido el boicot como protesta contra la represión y la Ley Sindical, por ejemplo la ORT y USO, esta vez hicieron un llamamiento a favor de la participación para ir al «asalto» de la OSE con la vista puesta en el posfranquismo. Esta convergencia táctica llevó a CCOO y las otras organizaciones sindicales favorables a la participación a establecer una colaboración circunstancial que se concretó en la presentación, en varios lugares, de las llamadas Candidaturas Unitarias y Democráticas (CUD).[67] En cambio, se expresaron a favor de la abstención la CNT y la UGT, al igual que en las elecciones anteriores, no obstante la opinión contraria de algunas federaciones socialistas del interior, como la madrileña.[68] Las elecciones de 1975, por tanto, volvieron a plantear dentro del antifranquismo posiciones muy semejantes a las de 1966, y como había ocurrido nueve años antes, también esta vez hubo una elevada participación (el 85%), y los resultados representaron un éxito para las Comisiones y el resto de la oposición obrera que se había decantado por el voto.

La victoria de las CUD en la primera vuelta de las elecciones fue tan significativa que el semanal *Doblón* publicó en portada un dibujo que representaba a tres de los siete enanitos de Blancanieves que pintaban de rojo el gris edificio de la OSE situado en el paseo del Prado. El titulo que acompañaba a la imagen no dejaba mucho espacio a la ambigüedad: «Elecciones sindicales. Ha ganao el equipo colorao».[69] La oposición obrera había conquistado cerca del 25% de los cargos disponibles en los niveles inferiores del Vertical, un dato de por sí significativo considerando que las Comisiones eran una organización sindical que pasaba a controlar un cuarto de los órganos electivos de una institución oficial y autoritaria. Sin embargo, para comprender el alcance del éxito logrado por las CUD hay que tener presente que ese porcentaje se refería al total obtenido a nivel nacional, y que tomando en consideración las zonas más importantes desde el punto de vista político y económico, como por ejemplo Madrid y Cataluña, la victoria de la oposición asumía dimensiones aplastantes, llegando a superar el 70%.[70]

Dentro de las CUD habían sido los hombres de CCOO, tanto afiliados comunistas como simpatizantes e independientes, quienes habían conquistado el mayor número de cargos electivos, bien a nivel de enlaces y jurados, bien en el seno de las Uniones de Trabajadores y Técnicos (UTT). Desde Madrid se comunicaba a la dirección del partido que los resultados en la capital habían sido sensacionales: en las principales empresas del metal como Pegaso, Marconi, Standard, Perkins, CASA, Kelvinator o Siemens pertenecían a CCOO la casi totalidad de los nuevos cargos elegidos. Se habían obtenido también excelentes resultados en la construcción, en las artes gráficas y en algunos sectores donde CCOO estaba presente sólo en los últimos años, como por ejemplo la banca y los seguros.

En Cataluña, las CUD habían ocupado la mayor parte de los cargos electivos de base en las grandes empresas de Barcelona, Baix Llobregat, Sabadell y Terrassa. Notables resultados se habían obtenido asimismo en Asturias, Sevilla, Galicia y, gracias a la ORT, en Navarra. Muchos de los nuevos enlaces y jurados ocupaban cargos sindicales por primera vez, pues pertenecían a la nueva generación de militantes surgida a principios de la década en sustitución de la afectada por la represión.[71] El éxito electoral condujo a algunos sectores de las Comisiones catalanas guiados por Boix y Pujadas a proponer incluso la disolución de la estructura clandestina de CCOO para apoyarse sustancialmente en las posiciones legales conquistadas en las UTT. Una posibilidad rechazada porque no se consideraba compatible con la idea de usar el movimiento organizado como un instrumento de lucha política, y sobre todo porque la estructura autoritaria del Vertical no ofrecía a los enlaces y jurados las garantías necesarias para prescindir del apoyo que les daba el aparato ilegal.[72]

De hecho, ya durante la primera fase de las elecciones sindicales, el Régimen había adoptado medidas para impedir la entrada de la oposición en el Vertical, y así, por ejemplo, la candidatura de Ariza había sido bloqueada por un veto de las autoridades sindicales, mientras que otros dirigentes destacados, como Tranquilino Sánchez, no pudieron presentarse como candidatos porque habían sido despedidos a propósito en la vigilia de las elecciones.[73] En las sucesivas fases electorales la dictadura recurrió aún más a las manipulaciones, las coerciones, las amenazas y al mero fraude para que los cargos superiores de la OSE siguieran estando bajo control después de que los niveles inferiores se hubieran «llenado de comunistas». Incluso una fuente tan poco sospechosa como el embajador de Estados Unidos en Madrid hacía referencia al caso del metal, donde los candidatos pro-gubernamentales resultaban elegidos con un número de votos superior al de votantes efectivamente presentes.[74]

En suma, a la muerte de Franco la OSE se hallaba en estado crítico como consecuencia de la intensa actividad de CCOO y el resto de la oposición obrera. Incapaz de contener las huelgas y las movilizaciones, con las elecciones de 1975 había contemplado cómo se hacía insalvable la fractura entre sus cuadros y las bases de los trabajadores en las empresas.[75] Los espacios de libertad abiertos en su interior durante casi dos décadas la habían corroído irremediablemente y habían deslegitimado su imagen, tanto que el sindical fue uno de los ámbitos en los que, tras la muerte del dictador, se consideró más apremiante emprender reformas sustantivas.

BUSCANDO LA RUPTURA

El 27 de septiembre de 1975 fueron cumplidas las condenas a muerte de tres miembros del FRAP y dos de ETA, pese a las reiteradas peticiones de clemencia por parte del Papa, las numerosas protestas por todo el país y la intensa reacción internacional. Diecisiete embajadores abandonaron Madrid y se propuso una suspensión de las negociaciones para la entrada de España en la Comunidad Económica Europea, mientras en casi todas las capitales europeas se registraban manifestaciones contra el régimen de Franco que, en algún caso, derivaron en asaltos a embajadas españolas. En Ámsterdam, el primer ministro se puso al frente de una manifestación antifranquista, y en Italia los tres grandes sindicatos proclamaron el boicot de la correspondencia postal, de los barcos y de los aviones procedentes de España. La dictadura volvía a una fase de aislamiento internacional que no se recordaba desde los años cincuenta.[76]

Menos de dos meses después, el 20 de noviembre, moría Franco, y el día 22 Juan Carlos era proclamado rey de España. El joven monarca demostraba una actitud ambigua respecto al camino a seguir, aunque buena parte de la historiografía haya defendido que tenía ya claro el propósito de caminar hacia la democracia. Así, en su discurso tras la coronación, si por un lado afirmó que quería ser el rey de todos los españoles y construir un «orden justo» en el que se garantizara «la participación de todos en los foros de decisión», por otro no dejó de expresar su admiración hacia la «figura excepcional» de Franco, de cuya herencia se declaraba un «fiel guardián».[77] Tampoco se podía interpretar como una señal de cambio la confirmación de Arias Navarro como presidente del Gobierno, aunque éste elaboró en los meses siguientes un confuso proyecto de reforma en conformidad con lo anunciado en el famoso discurso del 12 de febrero, es decir, destinado a abrir los canales de participación de manera que siguiera excluyendo a la oposición antifranquista, con la cual no se estableció ninguna forma de diálogo.[78] La dinámica política al principio de la Transición quedó, de esta manera, marcada por el enfrentamiento radical entre los «rupturistas», por un lado, y la élite en el poder, por el otro.

El PCE, reforzadas sus filas gracias a la incorporación del grupo Bandera Roja, había comenzado desde el verano a preparar los mecanismos que debía poner en marcha tras la muerte de Franco para imponer una «ruptura democrática».[79] En lo referente al frente obrero, en septiembre el partido celebró en París una reunión con los principales dirigentes de CCOO, durante la cual Carrillo declaró que se encontraban ante la prueba de fuego y describió el objetivo atribuido a Comisiones en los siguientes términos:

> Hay que tomar plena conciencia de que la lucha que tenemos ante nosotros, ahora, en el movimiento obrero, en el movimiento democrático –pero yo recalco en el movimiento obrero– es, ante todo y fundamentalmente, una lucha de carácter político. Que el objetivo fundamental de esa lucha es político: aprovechar el desequilibrio que provoca la desaparición de Franco para derribar, para destruir el conjunto del régimen franquista, para allanar el terreno sobre el cual va a levantarse en nuestro país un sistema democrático. ¡Ese es el contenido esencial de toda nuestra lucha, de toda vuestra lucha, de toda la lucha de la clase obrera hoy![80]

Las Comisiones eran vistas como «el ariete de la democracia»,[81] pues sobre ellas parecía recaer el deber de demostrar, a través de huelgas y movilizaciones, que el pueblo español reclamaba libertad, y no iba a permitir ninguna hipótesis continuista.

Los comunistas, como hemos visto, durante años habían sido conscientes de que una participación de masa en acciones con una finalidad política pasaba inevitablemente por las reivindicaciones económicas. En ese sentido, el escenario a finales de 1975 parecía muy favorable para los planes del PCE a causa de la crisis mundial, que estaba provocando en España elevadas tasas de inflación y un frenazo del crecimiento, que para los trabajadores se traducían en despidos y en un aumento del coste de la vida que reducía de modo imparable el poder adquisitivo de los salarios. Además, para hacer frente a la recesión, el 14 de noviembre de 1975 el Gobierno promulgó un decreto de congelación salarial, precisamente cuando estaban pendientes de revisión casi dos tercios de los convenios colectivos.[82] Todo ello alimentaba las protestas obreras, y la inminente muerte de Franco se percibía como el gran detonador para activar ese malestar en una gran acción política, la ADN: como afirmaba el partido, había que «aprovechar la crisis para destruir el régimen fascista».[83]

Las consecuencias de la crisis no sólo aumentaban el potencial de movilización del PCE, sino también su potencial de negociación-presión. Los empresarios se encontraban en una situación de mayor vulnerabilidad y resultaba evidente que, para favorecer la recuperación económica, había que llegar a una solución negociada con los obreros. Considerando que la OSE había perdido ya cualquier control efectivo sobre la mano de obra, un eventual pacto social tenía que ser negociado con aquellas fuerzas que fueran capaces de ejercer una influencia real sobre los trabajadores: era el caso de CCOO, que asumía así un papel protagonista. Por su parte, los comunistas se mostraban receptivos a los llamamientos al diálogo con los empresarios y dispuestos a conceder una tregua social, pero bajo una condición: antes debía alcanzarse un pacto político que debía pasar necesariamente por la instauración de la democracia. La capacidad de promover o, en alternativa, de contener la conflictividad se erigía así en la principal moneda de cambio del PCE para presionar al mundo empresarial con la finalidad de que retirara su apoyo al franquismo y colaborase en la transición a la democracia. En este sentido se expresó Carrillo:

> ¿Quieren que nos preocupemos de la crisis, de la solución de la crisis? ¡Muy bien, pacto político, un sistema democrático en el que la clase obrera participe realmente, en el que la clase obrera se sienta concernida como corresponsable en la dirección del Estado! Pero mientras estemos en la situación de hoy, mientras la clase obrera está abajo, prácticamente enterrada por el peso de la opresión, no solamente patronal, sino política, nosotros no vamos a negociar la crisis. [...] Si quieren que nos ocupemos de verdad de la crisis, vamos a hacer el pacto político, vamos a cambiar el sistema político y nos preocuparemos de verdad de las soluciones de la crisis [...]. Si no actuamos así, camaradas, abandonaríamos lo que es hoy nuestra posición de fuerza. Si nosotros nos ponemos a negociar ahora bajo este régimen, y en estas condiciones, la salida a la crisis, ¿qué hacemos?: entregarles una gran parte de las armas de que disponemos a ellos, cuando nuestro deber es utilizarlas con toda la fuerza y con toda la inteligencia.[84]

El secretario general, de todas maneras, avisaba de que se debía evitar que las movilizaciones desembocaran en gestos extremos, o adquirieran un contenido demasiado radical. De modo que el partido, desde el principio de la Transición, renunció explícitamente a provocar una situación revolucionaria, convencido de que esa vía ya no era transitable sin el apoyo de una clase obrera y una sociedad que, en general, mostraban una orientación moderada.[85] Por eso se presentó como un actor político responsable, y las instrucciones dadas a los dirigentes de Comisiones en la reunión de septiembre eran claras al respecto:

> Camaradas, lo que no podemos confundir es la ocupación de los sindicatos y la ocupación de las fábricas. Nada de ocupar las fábricas o las empresas. En este período, nada que vaya más allá de los objetivos democráticos, de la fase en que estamos. Se pueden ocupar los sindicatos. No se pueden ocupar las empresas. Todavía no planteamos la batalla a la clase capitalista como tal. Y eso debe ser muy claro si no queremos aislarnos, si no queremos romper ese frente democrático que está desarrollándose, si no queremos saltar las etapas, si no queremos «portugalizar» el proceso español. [...] No debemos vacilar en combatir. Pero lo que tenemos que medir muy bien es que los objetivos sean objetivos que unan al conjunto de la oposición democrática, que no nos aíslen, que no atemoricen a sectores que tienen que ser nuestros aliados.[86]

La dirección del partido se planteaba una dinámica de «movilización controlada», también porque las «exigencias de coalición» hacían esperar que los comunistas impidieran que la conflictividad superara cierto umbral. No hay que olvidar que en el seno de la propia Junta había sectores moderados que podían coincidir en la reclamación de libertades, pero cuyo apoyo a cualquier intento de abatir el sistema capitalista hubiera sido como mínimo improbable.

Un discurso semejante se plantea a propósito de los sujetos que se configuraban como aliados potenciales de los comunistas, en particular los reunidos en la Plataforma de Convergencia Democrática, con la cual la JDE había iniciado negociaciones en julio para una eventual unificación.[87] Carrillo sabía, por ejemplo, que Ruiz-Giménez había mantenido una conversación con Juan Carlos en la cual había comunicado a éste que tenía «un elevado concepto del sentido de la responsabilidad, moderación, etc., de los dirigentes del PC y de CCOO... Por otra parte, eran muy amigos suyos, y estimaban en mucho la amistad y la unidad con él [...], y eso les llevará a aceptar de hecho, aunque fuese protestando de palabra, una tregua durante el período de transición, a no realizar nada que alterase el orden seriamente».[88] Si bien los comunistas rechazaban la pretensión de Ruiz-Giménez de controlarlos, así como la idea de dar una tregua al nuevo rey, también resultaba evidente para ellos que una eventual radicalización de las movilizaciones habría dificultado su diálogo con Izquierda Democrática y otras fuerzas de orientación moderada.

Desde un punto de vista más general, se puede afirmar que la renuncia preventiva a dar un contenido revolucionario a las protestas que se producirían tras la muerte de Franco era coherente con la trayectoria seguida por el PCE desde mediados de los años cincuenta. Durante veinte años, de hecho, el partido había intentado construirse una nueva imagen, tratando de legitimarse a los ojos de la opinión pública como un actor político fiable, ajeno a cualquier extremismo y compatible con los valores vigentes en las sociedades occidentales. Un logro que, en ningún caso, deseaba poner en peligro llegado el momento decisivo. El cambio político pacífico que preconizaba ya la Política de Reconciliación Nacional no era compatible con una conflictividad extrema, y ésta se veía como una peligrosa fuente de tensiones sociales en un país ya azotado por el terrorismo.[89]

En septiembre, el PCE había puesto las bases de la que tendría que haber sido la estrategia comunista dentro del movimiento obrero en la nueva fase de la historia española que iba a comenzar muy pronto. A finales de octubre, la Junta Democrática transmitió a las JJDD una instrucción para «iniciar inmediatamente la preparación de la Acción Democrática Nacional, ligando las reivindicaciones inmediatas de todos los sectores de la población a la alternativa política» que se proponía con la ruptura, explicando a las masas que sus intereses sólo podrían satisfacerse dentro de un marco democrático.[90] En aquel momento, las CCOO difundieron un manifiesto titulado de manera emblemática *Contra el continuismo juancarlista*, donde, aparte de llamar a la movilización general a través de «masivas manifestaciones de apoyo a las libertades y a la democracia», invitaban a los enlaces y jurados de la oposición obrera a proceder a la ocupación efectiva de la OSE para poner en marcha, de inmediato, una alternativa sindical democrática, «cogiendo en sus manos todos los resortes del aparato sindical» e «impulsando el ejercicio de todos los derechos sindicales de reunión y expresión en los locales de "Sindicatos" y en los centros de trabajo».[91] Una semanas más tarde, en espera del «inevitable hecho biológico», las Comisiones impulsaron las primeras reacciones contra el decreto de congelación salarial.[92] El Régimen, por su parte, en el ámbito de la «Operación Lucero», diseñada para garantizar el orden público cuando se produjera la muerte de Franco, a mitad de noviembre realizó algunas detenciones preventivas, entre ellas las de algunos conocidos dirigentes comunistas como Sánchez Montero, López Salinas y Díaz Cardiel.[93] Los diversos actores en juego tomaban posiciones en el tablero.

El 20 de noviembre, apenas recibida la noticia del fallecimiento de Franco, el secretario general del PCE emitió una declaración en *Radio España Independiente* que condensaba brevemente los dos principales objetivos a conseguir para llevar a cabo la ruptura democrática: salida a la superficie y unidad transversal de la oposición.[94] Dos objetivos complementarios en la estrategia del partido, pues si bien las movilizaciones servían para exhibir la fuerza de la oposición, los comunistas consideraban que estas presiones no conseguirían, por sí solas, el cambio político, si no se acompañaban de un amplio acuerdo político «por arriba» que, reuniendo en un único organismo a los representantes de la Junta y de la Plataforma, junto a otros sectores que fueran convenciéndose de la necesidad de la democracia, marcaría definitivamente el final del sistema franquista.

La primera salida del PCE a la luz pública se produjo el 27 de noviembre en Madrid con la «marcha a Carabanchel», cuando unas siete mil personas se manifestaron ante uno de los símbolos de la represión política franquista para reclamar la amnistía. En diciembre comenzó un auténtico protagonismo del movimiento obrero que, como ha señalado Valenzuela, ha sido una de las características de muchos procesos de transición a la democracia.[95] Coincidiendo con la formación del primer Gobierno de la monarquía, y en rechazo del continuismo juancarlista, los días 10, 11 y 12 se registraron numerosos conflictos laborales, además de manifestaciones en diversos puntos del país. Según las cifras ofrecidas por CCOO, los focos más importantes fueron Cataluña y Madrid, con unos cien mil huelguistas, y si bien los datos oficiales rebajaban notablemente esas estimaciones, de todas maneras admitían que en la capital, sólo el día 11, habían seguido la convocatoria 18.000 trabajadores del metal y de la construcción. El 15 y 16, en Asturias, por iniciativa de la Junta Democrática Regional, se realizaron dos jornadas de lucha que afectaron especialmente a las comarcas de Avilés y Gijón: los despidos y otras sanciones efectuadas por las empresas en represalia contra los huelguistas estuvieron en el origen de sucesivas manifestaciones y concentraciones ante la sede de la OSE durante las semanas siguientes. También en el País Vasco aumentó el nivel de conflictividad, aunque aquí la influencia comunista fuera más débil ante la hegemonía de los grupos nacionalistas y de extrema izquierda.[96]

En enero, las movilizaciones promovidas por el PCE y CCOO llegaron a su punto más elevado, con epicentro en Madrid. El Comité Provincial del partido se había reunido el 23 de diciembre para examinar la situación sociopolítica, y en los días siguientes con los militantes comunistas más activos dentro del movimiento obrero para delinear un plano de acción y establecer la necesaria coordinación. Mientras tanto, algunos centros de producción, como por ejemplo la Standard, pasaban por una situación de conflictividad permanente.[97]

La oleada de huelgas en la capital comenzó por el Metro. El partido atribuía una gran importancia a los transportes, porque tratándose de un servicio público que utilizaban a diario miles de ciudadanos su paralización producía un enorme impacto y mucha mayor visibilidad respecto a las huelgas realizadas en pequeñas empresas. Por eso, el PCE había creado poco tiempo antes un Comité de transporte, vinculado al Comité Provincial. En una reunión celebrada el 2 de enero, aquél acordó la convocatoria de una huelga que, refrendada en una asamblea de trabajadores, comenzó el día 5 y culminó los días 7 y 8 con la paralización prácticamente total de todas las líneas del Metro.

La dimensión de la huelga del Metro madrileño tuvo una enorme repercusión en la opinión pública. La prensa oficial acusó a los participantes de querer sabotear la convivencia civil e invocó el recurso a las medidas de fuerza por parte de las autoridades. Manuel Fraga, nuevo ministro de Gobernación, procedió a una militarización parcial del Metro el día 7 para evitar el bloqueo total, y el día 9 se formó una mesa de negociación para satisfacer al menos las reivindicaciones puramente económicas de los huelguistas. El nuevo ministro de Relaciones Sindicales, Martín Villa, preocupado por una situación que parecía desbordar la capacidad del Gobierno para controlar el orden público, actuó de mediador entre la empresa y los representantes de los trabajadores. Las CCOO se erigieron, de esa forma, en interlocutor privilegiado para las autoridades, no sólo porque constituían el punto de referencia de la protesta, sino también porque podían aprovechar el hecho de que en las últimas elecciones sindicales, las CUD hubieran conquistado 37 de los 57 cargos de enlace del Metro.[98]

La huelga del Metro sirvió para atraer la atención de la opinión pública sobre una serie de cuestiones cruciales que tenían que ser afrontadas de manera urgente, y que el diario *La Vanguardia* sintetizaba en los siguiente interrogantes: «¿Por qué la huelga se plantea ilegalmente? ¿Quiénes llevan la representación de los trabajadores? ¿Qué papel desempeñan los sindicatos en la cuestión? ¿Con quién trata la empresa [...]?».[99] En esa situación resultaba cada día más difícil distinguir entre lo que era legal y lo que seguía siendo ilegal.

Al mismo tiempo, en una escalada iniciada el día 7, las movilizaciones se extendían por otros sectores, y el día 10 la Junta Democrática de Madrid-Región y la Plataforma de Convergencia de Madrid difundieron el siguiente comunicado conjunto:

> El movimiento obrero madrileño está cuestionando desde un principio la actuación del Gobierno de Arias Navarro. Un Gobierno que no ha modificado una sola línea de la legislación franquista [...] No hay democracia ni reforma desde el poder. [...] Los trabajadores de Madrid, partiendo de sus reivindicaciones, expresan las aspiraciones de la población, la urgencia de

las libertades democráticas. [...] A partir del lunes 12 de enero, los trabajadores del Metal, Construcción, Telefónica, Banca y otros sectores reiterarán las acciones de huelga en defensa de sus intereses, contra la congelación salarial, por el ejercicio de las libertades ciudadanas. [...] [La Plataforma y la Convergencia] llaman el pueblo de Madrid, y a todas las organizaciones políticas democráticas a intensificar, extender y aunar las acciones en marcha que conducirán a la RUPTURA DEMOCRÁTICA.[100]

Respondiendo a ese llamamiento, entre los días 12 y 17 unos 400.000 trabajadores secundaron la huelga en sectores tradicionalmente reivindicativos, como el metal y la construcción, pero también en otros que se habían incorporado más recientemente a la movilización, caso del bancario, las aseguradoras y las artes gráficas. El día 13 se declaró la huelga en Correos y al día siguiente se procedió a su militarización, apelando a su naturaleza de servicio público esencial. Muchos de esos conflictos siguieron dinámicas muy semejantes a las que habían caracterizado la huelga del Metro, desarrollándose a través de asambleas de base y combinando el aprovechamiento de la fuerza del choque del movimiento de masa con la negociación desde posiciones más o menos legales. Además, a esas huelgas obreras se fueron sumando movimientos que tenían como protagonistas a otros sectores de la sociedad, desde las asociaciones de vecinos al movimiento estudiantil, en una protesta cada vez más coral en nombre de la democracia y la amnistía.[101] Esta última fue el tema que, más que ningún otro, tuvo la capacidad de aglutinar a los distintos sectores de la oposición y a amplias capas de la sociedad, superando las barreras sociales y políticas hasta convertirse en la reivindicación central de las movilizaciones que tuvieron lugar durante esa primera fase de la Transición.[102]

Mientras esa conflictividad llegaba al ápice, el PCE publicó una declaración que insistía en su esfuerzo por restar apoyos al sistema vigente, sirviéndose del poder de presión que le conferirían las movilizaciones sociales. En ella, el partido destacaba la disponibilidad de los trabajadores al diálogo, aunque recordaba que cualquier solución concertada de la crisis tenía como requisito previo la instauración de la democracia. Parafraseando una antigua expresión política, se puede afirmar que los comunistas sostenían el principio de *no pact without rappresentation*:

> La clase obrera y el conjunto de los trabajadores no tienen hoy otro medio de acción que la huelga y las manifestaciones; pero es indudable que, en un cambio político, en el que la clase obrera alcanzase la posibilidad de participar directamente en la solución de los problemas nacionales, los trabajadores no rehuirían su responsabilidad y estarían dispuestos a contribuir a una solución progresista de la crisis que tuviera en cuenta el interés general del país. Esto sólo sería posible con el restablecimiento pleno de las libertades.[103]

El 16 de enero, Madrid vivía una situación que algunos llegaron a percibir como prerrevolucionaria.[104] Sin embargo, el día 17, los dirigentes de la protesta iniciaron un neto cambio de tendencia con la finalidad de no incrementar aún más el nivel de enfrentamiento. De hecho, los comunistas promovieron la formación de una Comisión Negociadora para entablar conversaciones con las empresas y autoridades que ofreciera una salida rápida y concertada a los conflictos. El día 20, una manifestación por las calles de Madrid convocada por la Junta reunió a unas treinta mil personas, y ese mismo día la Comisión Negociadora hizo público su primer documento donde exponía sus demandas a la contraparte empresarial-gubernamental: aumento de salarios, desmilitarización o anulación de las sanciones, las detenciones y los despidos producidos a causa de las huelgas. La mayor parte serían satisfechas en los días siguientes. La oleada de huelgas que había golpeado a la capital el mes de enero de 1976 llegaba así a su conclusión, en medio de duras polémicas con la izquierda radical, que acusaba al PCE de «revisionista» y de haber traicionado una revolución que parecía al alcance de la mano. La ORT, por ejemplo, declaró:

> Este Partido [el PCE] le pone un límite a las acciones de masas, un límite a las formas de lucha. Necesita apoyarse en las masas y está por su movilización, pero manteniéndola en una situación que no sobrepase una especie de marejadilla, a veces impulsándola de forma desorganizada, a veces frenándola [...].

> El Partido de Santiago Carrillo [...] es el máximo responsable de las limitaciones de la ofensiva popular de estos dos meses. [...] Sus posiciones de conciliación con el enemigo le llevan [...] a poner límites a la acción de las masas.[105]

Para el PCE, que como hemos visto había renunciado ya en septiembre a intentar abrir una situación verdaderamente revolucionaria, la decisión de poner freno a las movilizaciones de enero estaba justificada por la imposibilidad real de llegar a corto plazo a una huelga general, aunque las apariencias pudieran indicar lo contrario, porque las movilizaciones habían alcanzado su punto máximo a partir del cual sólo cabía esperar una progresiva disminución. De ahí que fuera más útil plantear unas negociaciones cuando aún se estaba en una posición de fuerza, puesto que había señales de que los trabajadores estaban empezando a dar muestras de cansancio después de casi dos meses de conflictividad constante. A ese agotamiento del primer impulso movilizador había que sumar la represión, que se incrementó a partir del día 10 en forma de centenares de despidos, arrestos y militarización de los servicios públicos. Desde el punto de vista del PCE, prolongar la protesta sólo hubiera servido para aislar la vanguardia de las masas, favoreciendo a los grupos extremistas y aumentando exponencialmente las posibilidades de enfrentamientos violentos con las fuerzas del orden. Una retirada a tiempo, por el contrario, daba la posibilidad de recuperar energías para una nueva ofensiva en un segundo momento.[106]

A mitad de enero, el partido, de acuerdo con la decisión de frenar las movilizaciones, llevó a cabo asimismo un cambio de enorme importancia en su discurso público: de la prensa y los documentos del PCE y de CCOO prácticamente desapareció la invocación a la huelga general y a la Acción Democrática Nacional. Es decir, uno de los conceptos claves elaborados por los comunistas durante la dictadura, definido durante décadas como el máximo objetivo a conseguir para restaurar las libertades, era dejado de lado justo cuando llegaba el momento de ponerlo en práctica, tras la muerte del dictador y en una coyuntura caracterizada por una movilización social sin precedentes.

Un giro que puede parecer sorprendente, pero que se explica

considerando que, según el modelo trazado por el PCE, la huelga general sólo habría podido triunfar como detonador del cambio si la movilización de masas hubiera sido acompañada por un amplio acuerdo entre las fuerzas políticas. En Madrid, en enero, se había cumplido la primera de las dos condiciones, pero no la segunda. El partido confiaba en que el clima generado por la oleada de protestas habría conducido finalmente a la unidad de todas las fuerzas de la oposición, e incluso a la formación de un auténtico gobierno de concentración nacional que, superando los límites de la Junta y de la Plataforma, se presentara ante la opinión pública como la única instancia capaz de superar la crisis política y económica. Pero esa expectativa de un pacto unitario entre todos los partidos democráticos no se había cumplido, más allá de algunos manifiestos conjuntos a nivel local, y, pese a los esfuerzos de CCOO, ni siquiera se había constituido un Comité de Huelga integrado por todas las organizaciones de la oposición sindical. No resultaba fácil superar de una vez por todas las viejas diferencias que durante años habían dividido al antifranquismo.

Para completar el análisis hay que tener en cuenta otro factor: acostumbrado a sus propias letanías sobre la debilidad del Régimen, el partido había minusvalorado su capacidad de resistencia. La muerte del dictador no había llevado a ninguna situación de vacío de poder, y el franquismo, a diferencia del fascismo italiano, no se derrumbó como «un castillo de naipes». Su aparato represivo daba muestras cada día de su capacidad para enfrentarse a la «subversión» y, como evidenciaron los estudios sociológicos de la época, aunque sólo una parte minoritaria de la sociedad mantenía su adhesión a los valores y las instituciones de la dictadura, la mitad del país mostraba una actitud políticamente ausente y, por lo tanto, acababa favoreciendo el mantenimiento del *statu quo*.[107] Si se considera que muchos españoles partidarios de la democracia preferían ser prudentes y no participar en manifestaciones políticas, se comprende por qué la oleada de movilizaciones habida entre finales de 1975 y principios de 1976, a pesar de sus dimensiones, no llegó a transformarse en el «levantamiento nacional y popular» que esperaba el PCE en la vigilia.[108]

Así que, en el momento decisivo, el modelo ideal de huelga

general preconizado por los comunistas no se había cumplido y era bastante improbable que en un futuro cercano se presentara una coyuntura política, económica y social más favorable. El PCE había perdido la cita con la historia: cuando pensaba poder combatir, y vencer, una guerra relámpago, se vio obligado a una lucha de trincheras que se iba a desarrollar en unos plazos de tiempo mucho más largos de los previstos. En consecuencia, cambió su táctica, y el voluntarismo que había sostenido durante dos décadas el mito de la huelga general pasó a verse como contraproducente en el escenario abierto con la muerte del dictador, cuando las movilizaciones dejaron de ser un objetivo en sí mismo y quedaron totalmente subordinadas a los objetivos políticos.[109] El voluntarismo dio paso entonces a un acentuado pragmatismo.

Claudín ha escrito que, en la segunda mitad de enero, Carrillo inauguró de hecho una nueva política «plena de prudencia y moderación, orientada al compromiso con el poder».[110] Fue en ese momento cuando, consciente de los obstáculos para un derrocamiento rápido del sistema institucional franquista, empezó a delinearse la perspectiva de una «ruptura pactada». En ese contexto insistir en los llamamientos a la huelga general no sólo habría puesto en peligro los esfuerzos del partido por seguir ampliando sus alianzas, sino también habría conducido a un probable deterioro de su imagen ante la opinión pública. La prensa progubernamental, en efecto, en sus ataques contra las movilizaciones de enero había insistido mucho en el hecho de que unas huelgas «salvajes» producidas en una situación de grave crisis económica sólo podían conducir al estrangulamiento de la economía del país y a un sabotaje del proceso de democratización en curso.[111]

Para contrarrestar esas afirmaciones y remarcar su actitud responsable, el PCE y CCOO desarrollaron un discurso público que ponía el acento en la madurez del movimiento obrero madrileño, el cual, en lugar de continuar las huelgas desencadenando todos los recursos de que disponía, había preferido renunciar a obtener más fuerza de ellas en beneficio de la apertura de las negociación. Como afirmaba *Mundo Obrero*:

> La clase obrera ha dejado claro que nada más lejos de su intención que crear una situación caótica en la economía del país. Ha recurrido a la huelga porque era su único cauce, pero también ha sido ella quien, iniciando la negociación, ha tomado la iniciativa en la salida del conflicto. No ha sido el Gobierno. [...] Los hechos han demostrado que la clase obrera no pretende hundir la economía del país.[112]

En realidad, desde hacía ya mucho tiempo la acción de los comunistas se caracterizaba por una dinámica que combinaba presión y negociación, si acaso se había modificado el equilibrio entre ambos polos, más a favor del segundo ahora que las luchas obreras quedaban subordinadas a metas que iban mucho más allá de las reivindicaciones económicas, ante todo a la integración sistémica del partido.[113] Eso no quiere decir que el PCE y CCOO renunciaran a las movilizaciones, que siguieron de manera muy intensa en sus demandas económicas y democráticas, dando visibilidad al mismo tiempo a su poder de convocatoria frente a otros sujetos sociopolíticos. Pero impusieron a la conflictividad una lógica que Víctor Alba resumió con estas palabras: «[El PCE] cuando consigue dirigir una huelga, la manipula de tal forma que sirve finalmente para tranquilizar a los capitalistas y dar al PCE una imagen de Partido «responsable», con el cual se puede uno entender».[114] Los comunistas utilizaron con eficacia esa táctica de movilización-negociación, puesto que los largos años de *entrismo* les había proporcionado mecanismos institucionales y legales a través de los cuales encauzar las protestas obreras y llegar a su solución pacífica, contribuyendo así a evitar una excesiva radicalización de los conflictos.[115]

Las huelgas y las manifestaciones en las calles por la libertad y la amnistía se fueron extendiendo por toda la geografía española entre enero y febrero. Los picos más elevados se registraron en el País Vasco, Asturias y, sobre todo, Cataluña.[116] En Sabadell tuvo lugar una extraordinaria movilización ciudadana que podría considerarse, pese a su escala local, como la experiencia más cercana a la tan deseada Acción Democrática:[117] el hecho de que *Mundo Obrero* le dedicara sólo una breve noticia en la cuarta página es la mejor prueba del giro moderado que estaba experimentando el PCE.[118]

A principios de marzo, según el ministro Fraga, en Vitoria se estaba produciendo «una ocupación de la ciudad, como la de Petrogrado en 1917».[119] El conflicto había empezado en enero en Forjas Alavesas y se había ido extendiendo a otras empresas de la zona, concitando un amplio apoyo de la población. La movilización se había desarrollado fuera de los canales representativos de la OSE e independientemente de organizaciones sindicales o políticas, mediante una dinámica esencialmente asamblearia. Precisamente esa ausencia de enlaces y jurados en los que apoyarse hacía más difícil la solución de la protesta. El 3 de marzo una violenta intervención de la policía para desalojar a los trabajadores reunidos en la iglesia de San Francisco provocó la muerte de cuatro obreros –otro moriría poco después a causa de las lesiones–, así como numerosos heridos.[120]

Los trágicos hechos de Vitoria supusieron un punto sin retorno en el proceso de la Transición. Mostraron, en primer lugar, que el gobierno seguía recurriendo a métodos represivos brutales, incompatibles con la imagen del proceso democrático que se trataba de transmitir hacia el exterior: en España se seguía muriendo sólo por ejercer pacíficamente el derecho de reunión, que las autoridades se resistían a reconocer. Ese día quedó en evidencia, asimismo, el fracaso del proyecto pseudorreformista de Arias-Fraga, y tanto en las filas del Gobierno como de la oposición tomó cuerpo la idea de abrir una negociación para evitar un enfrentamiento que corría el riesgo, o así se percibía, de llevar al país a una situación caótica.[121]

El PCE leyó los acontecimientos de Vitoria como una confirmación ulterior de la validez de la línea que había adoptado desde enero, según la cual las organizaciones obreras tenían el deber de «disciplinar» los conflictos y de reconducirlos hacia la negociación antes de que se radicalizaran en una espiral de tensión que complicara ulteriormente el proceso de cambio. Desde el punto de vista de la política general comunista, el 3 de marzo marcó el paso de la estrategia de «ruptura democrática» a la de «ruptura pactada». El día 8, en efecto, una declaración del partido afirmaba:

> El Partido Comunista, como el conjunto de la oposición democrática, considera que las acciones democráticas deben conducir a un amplio pacto para garantizar el paso pacífico de la dictadura a la democracia y el enfoque con soluciones constructivas a los problemas de la crisis económica. [...] El Partido Comunista considera como una tarea inaplazable la unión de todas las fuerzas democráticas en un organismo político capaz de negociar con las instituciones permanentes del Estado un cambio de poder.[122]

Unos días más tarde esa idea era explicitada y articulada en otra declaración del Comité Ejecutivo del PCE, que lanzaba cuatro propuestas para resolver el problema político:

1. Culminación de las relaciones de unidad con el establecimiento urgente de un pacto de unidad formal de unidad y acción democrática entre las fuerzas de la Junta Democrática de España, de la Plataforma de Convergencia Democrática, los diversos órganos de unidad existentes en las nacionalidades y regiones del país, y los partidos y fuerzas democráticas que aún se hallan al margen de unos y otros organismos unitarios. La oposición sólo podrá pactar la ruptura si actúa unida. Si procede desunida, si este o el otro partido o grupo pretendiera pactar al margen de los demás, se convertiría en simple juguete e instrumento del poder.
2. Concitar en torno a este pacto la adhesión y el apoyo de los más amplios sectores populares, sociales y económicos y del mayor número de personalidades representativas del país.
3. A partir de este pacto democrático, proponer públicamente la apertura de una negociación a los elementos que se declaran reformistas y a representantes de las Fuerzas Armadas y de la Iglesia, con el fin de un acuerdo sobre la posible composición, programa y forma de instalar en el poder a un Gobierno provisional o transitorio auténticamente representativo de los más amplios sectores sociales, capaz de presidir, con garantías para todos, un proceso constituyente.
4. Mientras se desenvuelve esta negociación, exigir que

derechos como el de huelga, reunión y manifestación pacíficas sin discriminación para ningún partido, sean respetados; que se respete igualmente la libertad de información y se dicte una amnistía, o cuando menos se ponga en libertad a los presos políticos y sociales y se autorice el regreso de los exiliados sin excepciones.[123]

La «ruptura pactada», en palabras de Carrillo, «era una fórmula nacida del convencimiento de que la oposición democrática no tenía ni el poder ni la voluntad de poner fin al sistema, produciendo una ruptura con sus propias fuerzas».[124] Para aumentar su fuerza de negociación ante el Gobierno, la oposición debía antes que nada culminar su unidad. A finales de marzo, cuando los acontecimientos demostraron que se trataba de una exigencia inaplazable, se alcanzó un acuerdo de fusión entre la Junta y la Plataforma. Con un manifiesto titulado *A los pueblos de España*, se presentó a la opinión pública Coordinación Democrática, pronto conocida como la «Platajunta».[125]

Desde ese momento las movilizaciones pasaron a un segundo plano respecto a la perspectiva de una negociación con el poder,[126] por eso el PCE concentró sus mayores esfuerzos en los aspectos organizativos. Trató de aumentar su presencia pública forzando la legalidad vigente, bien a través de la distribución de carnés, bien mediante la convocatoria de actos como, por ejemplo, las conferencias realizadas por sus dirigentes en la universidad o en los colegios profesionales. Carrillo, quien había entrado clandestinamente en España en febrero, se instaló en Madrid y tomó las riendas del partido en sus manos junto a un estrecho grupo de colaboradores, entre quienes estaban Manuel Azcárate, Pilar Brabo y Jaime Ballesteros. Este último se convirtió en el intermediario entre el secretario general y los comités presentes en los distintos ámbitos donde el partido desplegaba su actividad. Además, Carrillo viajó a numerosos puntos del país para establecer contacto directo con los núcleos locales del partido. En abril, con ocasión de una visita a Rumanía, recibió, a través de Ceaucescu, un mensaje de Juan Carlos: a cambio de una tregua social, el rey se mostraba dispuesto a legalizar el PCE, pero en un segundo momento respecto a otros partidos, y una vez que la democracia se pudiera considerar asegurada. El secretario general no podía aceptar esas condiciones discriminatorias, pero interpretó que el gesto del soberano demostraba el papel clave que la legalización de su partido había adquirido en la situación española, lo cual abría las perspectivas para un posible diálogo.[127]

El 1 de julio de 1976 cayó el primer Gobierno de la monarquía. Arias había fracasado por la contradicción de fondo de su proyecto político, que Fernández-Miranda ha sintetizado de este modo:

> [Arias] soñaba con una democracia dulce y amaestrada, sin saber lo que realmente quería, pues lo único que sabía era que quería otra cosa sin dejar de conservar lo que tenía. [...] Quería una Monarquía administrada por ellos, la continuidad administrada por ellos, una situación posfranquista administrada por ellos.[128]

En términos semejantes se expresaba *El País* en mayo de 1976, en un editorial de su primer número:

> El *reformismo* del poder ha naufragado porque no ha sido sincero. En una palabra: porque no ha sido verdadera y realmente reformista.[129]

Unos días antes, el mismo Juan Carlos, en una célebre entrevista al *Newsweek*, había declarado que Arias estaba demostrando «más inmovilismo que movilidad», y que eso estaba produciendo «un desastre sin paliativos.»[129]

La presión del PCE y CCOO, sin duda contribuyó de manera decisiva a la caída de Arias. Como ha señalado Robert Dahl, un gobierno autoritario comienza a abrirse y a buscar formas de diálogo con la oposición sólo cuando ésta adquiere una dimensión tal que los costes de la represión superan los beneficios para quienes detentan el poder.[131] Únicamente durante el primer trimestre de 1976 habían tenido lugar 17.731 huelgas, en las que habían participado más de 1.800.000 personas,[132] sin contar con un número indefinido de manifestaciones y protestas sociales de diversos tipos. Esas manifestaciones, en las cuales los comunistas habían desempeñado un papel protagonista, vieron la emergencia de la sociedad civil formada bajo la dictadura y demostraron que la vía a la democracia limitada no tenía salida. El rey y los sectores reformistas del Régimen se dieron cuenta de que la viabilidad, e incluso la legitimidad del nuevo sistema, pasaban por integrar a la oposición, que cada día ocupaba las portadas de la prensa, recordando a la opinión pública nacional e internacional que en España las libertades aún eran negadas.[133]

La caída de Arias, por tanto, debe anotarse, en el haber de la presión «desde abajo», como su máxima contribución al nacimiento de la democracia española, tal como la conocemos. Pero las movilizaciones por sí solas no habrían sido suficientes para alcanzar esa meta: si hubieran continuado trabajando en una lógica de enfrentamiento, probablemente habrían terminado por alienarse las simpatías de una sociedad que mostraba tantas ansias de libertad como apego al orden, y que estaba fuertemente condicionada por el recuerdo traumático de la Guerra Civil.[134] En ese sentido, la progresiva moderación puesta en marcha por los comunistas, tanto en la política general como en la línea seguida con los movimientos de masas, cumplió una función decisiva al impedir la radicalización del proceso de cambio y la repetición de hechos que podían degenerar fácilmente en tragedia, como había ocurrido en Vitoria. En consecuencia, contribuyó a convencer a una parte de los sectores (ex)franquistas que no sólo era posible, sino necesario, instaurar un diálogo con el anterior enemigo para buscar juntos una solución a la crisis española. Es cierto que el PCE y CCOO no habían tenido la fuerza necesaria para imponer la ruptura, pero con una mezcla de movilización y negociación habían conseguido hacer inviable tanto el mero continuismo como la pseudorreforma que, en fases sucesivas, había intentado el primer gobierno de la monarquía.

Fishman ha recordado que, tras la muerte de Franco, el movimiento obrero tuvo que ejercer una doble tarea: contribuir a la afirmación de la democracia mediante movilizaciones y, al mismo tiempo, asumir una estructura y una forma adecuadas al nuevo régimen de libertad.[135] Así, durante la Transición, CCOO acabó optando por el pragmatismo no sólo en relación con las protestas obreras, sino también respecto a las diversas opciones concernientes al modelo organizativo a adoptar.

Como hemos visto, desde su origen las Comisiones se presentaban como el embrión de una futura central sindical unitaria a la que tendría que haber confluido el resto de organizaciones del movimiento obrero. Desde el otoño de 1975 esa hipótesis fue asumiendo formas cada vez más concretas y definidas, en medio de un debate sobre el futuro del sindicalismo español planteado entre las distintas fuerzas obreras en artículos de prensa, manifiestos, panfletos o mesas redondas. Comisiones trató de enfatizar las razones que hacían preferible la unidad sobre el pluralismo sindical, ante todo la idea, repetida desde muchos años antes, de que la división del movimiento obrero lo debilitaba ante la burguesía. Se temía que las fracturas existentes en el plano político se reprodujeran en el sindical, de manera que las centrales sindicales acabaran compitiendo entre sí para conquistar mayores espacios, en lugar de colaborar en la emancipación de la clase obrera. El recuerdo de la Segunda República actuaba en sentido negativo sobre las supuestas consecuencias de esa división.

En cambio, un sindicato unitario podía erigirse en portavoz de los intereses del conjunto de los trabajadores, y de esa unidad sacaría más fuerza de negociación y mayores recursos, por ejemplo en la cuestión del patrimonio sindical. Dado que pertenecía a todos los trabajadores que habían pagado las cuotas de afiliación obligatoria durante años, intentar repartirlo sólo podía dar lugar a desavenencias y recriminaciones mutuas.[136] Por supuesto se trataría de un sindicato unitario que, a diferencia de los creados bajo regímenes autoritarios, se guiaría por criterios internos ampliamente democráticos. Apoyándose en una de las características de CCOO, se sostenía que la asamblea de todos los trabajadores habría seguido siendo la base y el motor de la acción sindical, y la comisión su expresión orgánica. Desde la empresa hasta el vértice nacional se instituirían mecanismos representativos a todos los niveles, que garantizaran el pluralismo interno y la tutela de las minorías, así como «la presencia real y efectiva de todas las corrientes existentes en el seno del movimiento obrero», mediante un previsto sistema proporcional para los órganos electivos. Al mismo tiempo, se afirmaba que todas las decisiones particularmente relevantes se adoptarían por mayoría cualificada de tres cuartos.[137] En suma, el PCE y CCOO rechazaban la idea de que unidad y libertad sindical fueran incompatibles.

Tomando las distancias respecto a la vecina experiencia de la Intersindical portuguesa, los comunistas españoles defendían que la central unitaria no podía nacer por decreto, sino cuando los trabajadores se pronunciaran democráticamente en ese sentido en el transcurso un Congreso Sindical Constituyente, concebido como la culminación de un largo proceso de debate desarrollado desde la base. Mientras tanto, sobre todo después de que se hiciera efectiva la «ruptura democrática» a nivel político-institucional, se preveía un periodo de transición donde las cuestiones sindicales ordinarias y la organización del Congreso Constituyente serían gestionadas por organismos de dirección provisionales, recurriendo a quienes ya ocupaban cargos dentro de la OSE, y por representantes de todos los sectores del movimiento obrero.[138]

Las otras fuerzas obreras, desde UGT a USO, pasando por la CNT, se pronunciaron también a favor de la unidad sindical, al menos teóricamente.[139] Su convergencia hacia ella, sin embargo, chocaba con la división entre un movimiento obrero «histórico» y otro «nuevo», y entre uno de signo comunista y otro de orientación socialista.[140] Ambas fracturas se superponían a menudo, haciendo especialmente difíciles los contactos y la colaboración entre CCOO, «nuevas» y comunistas, y la UGT, «histórica» y socialista.

Esta última contemplaba con notable reticencia la idea de la unificación y defendió la preservación de su identidad, pensando que en un escenario de pluralismo sindical el prestigio de sus siglas y los apoyos internacionales, aparte de su renovación interna desde finales de los años sesenta, le asegurarían un espacio central que, por el contrario, correría el riesgo de ser fagocitado por CCOO, en caso de que se llevara a cabo la unidad. Ya no se trataba sólo de la tradicional desconfianza socialista hacia las maniobras del PCE, sino de que, al rechazar la participación en las elecciones sindicales, los ugetistas no contaban con cargos electivos dentro de la OSE. En el caso de que las estructuras del Vertical franquista sirvieran de base a las del nuevo sindicato unitario, a nadie se le escapaba que UGT partía en una situación de desventaja respecto a CCOO. De ahí que la central socialista pusiera como condición para negociar cualquier acuerdo unitario con otras fuerzas que éstas renunciaran a su representación dentro de la OSE, haciendo dimitir a sus enlaces y jurados.[141] Una propuesta que las Comisiones juzgaron inaceptable, por cuanto suponía prescindir de quienes precisamente, en su opinión, deberían encargarse de poner en marcha las formas de gestión y lucha democrática dentro del viejo aparato Vertical hasta vaciarlo definitivamente de cualquier contenido autoritario como paso previo a la celebración del Congreso Constituyente.[142]

Mientras estas profundas divergencias tácticas e ideológicas comprometían las relaciones entre CCOO y UGT, USO se configuraba como una especie de punto de intersección entre las dos, participando de algunas características de ambas: al igual que las Comisiones, USO era un fruto del nuevo movimiento obrero y, como UGT, pertenecía a la familia socialista. Por eso no debe sorprender que a iniciativa suya se iniciaran las conversaciones que desembocaron en la experiencia sindical unitaria más significativa de la Transición: la Coordinadora de Organizaciones Sindicales (COS). Los primeros contactos tuvieron lugar entre USO y CCOO en marzo de 1976 con la intención de ampliarlos lo antes posible a UGT y, eventualmente, a la CNT. El objetivo inmediato consistía en establecer un pacto de «unidad de acción» que tuviera como primera misión la de cambiar el marco político y sindical, pero que también constituyera más adelante la base para edificar la «unidad orgánica». La central anarcosindicalista rehusó participar, mientras que la UGT, en cambio, gracias al impulso de la recién creada «Platajunta», se incorporó a las conversaciones en abril. La COS, sin embargo, a causa de las diferencias entre sus miembros necesitó un largo periodo de gestación hasta que se presentó en público el 22 de julio.[143]

Mientras tanto, CCOO había modificado sustancialmente su línea. Durante los primeros meses tras la muerte de Franco habían evitado definirse como sindicato, prefiriendo mantener un carácter más fluido y sin prever normas de afiliación. Esta decisión estaba íntimamente ligada a su pretensión de erigirse en el movimiento organizado de «todos» los trabajadores, es decir, en la principal instancia unitaria del panorama sindical español desde una posición más incluyente que exclusiva. Así podía mantener viva la tensión hacia la unidad mejor que asumiendo un perfil definido como sindicato, lo que necesariamente hubiera supuesto una distinción entre afiliados y no afiliados.

A pesar de esos esfuerzos, en la primavera de 1976 parecía ya inevitable la coexistencia de varios sindicatos en un marco de pluralismo, una realidad con la cual CCOO tenía que hacer las cuentas si no quería ver esfumarse la influencia que ejercía sobre gran parte de la masa laboral. No sólo se había puesto en marcha el proceso de reconstrucción de la CNT,[144] sino que en abril se celebró legalmente en Madrid, aunque camuflado bajo unas supuestas jornadas de estudio, el XXX Congreso de UGT, una prueba más del trato preferencial que las autoridades estaban dando a los socialistas en detrimento de la oposición comunista y de la intención de aquéllos por ocupar mayores espacios públicos. Por su parte, desde enero el Gobierno había emprendido con Martín Villa una reforma sindical que se concretó en un primer proyecto de ley presentado ante las Cortes el 7 de mayo, en virtud del cual se reconocía por primera vez en cuarenta años el derecho de los trabajadores y empresarios a organizarse libre y autónomamente, aunque en otros muchos aspectos no pasara, al igual que el proyecto Arias, de ser una apertura limitada.[145]

Dado el fermento que atravesaba el mundo sindical, CCOO ya no podía permitirse seguir con un estatus indefinido. Aprovechando el hecho de que se había concluido la fase más intensa de las movilizaciones, en mayo de 1976 difundieron un documento en el cual resaltaban «la urgente necesidad de prepararse como organización, sin dejar de ser movimiento», para afirmar después que «si hasta el presente hemos buscado sobre todo la movilización, a partir de ahora hay que volcarse en conseguir, además de esa movilización, que cientos de miles de trabajadores se vinculen de una forma u otra a CCOO».[146] Con esa finalidad, el 28 de mayo empezaron a distribuir bonos entre los trabajadores para financiarse y reclutar simpatizantes: una fórmula ambigua a medio camino entre la afiliación formal y la total ausencia de vínculos, adoptada de forma provisional.¹⁴⁷ De todas maneras, ya se había atravesado el Rubicón, y, de ahí a pocos meses, ese primer paso acabaría llevando a la transformación del movimiento organizado en una confederación sindical.

HACIA EL PACTO

El nombramiento del sucesor de Arias provocó desilusión y perplejidad entre quienes esperaban una señal clara de cambio. Adolfo Suárez era, hasta entonces, secretario general del Movimiento, y su gobierno seguía estando exclusivamente compuesto por personal político procedente de la dictadura.¹⁴⁸ Así, el PCE expresó su categórico rechazo, definiéndolo como un «Gobierno de verano», que estaba «dominado por la mediocridad», y le parecía una demostración de que los detentadores del poder continuaban ignorando las demandas de libertad y democracia del pueblo.¹⁴⁹ En realidad, Carrillo reconocía desde las páginas de *Mundo Obrero* que el primer discurso de Suárez contenía palabras «sensatas», pero la carrera anterior del nuevo presidente y su obstinación en excluir a la oposición despojaban de cualquier credibilidad sus ofertas de diálogo.¹⁵⁰

A finales de julio el partido, gracias al apoyo del PCI, celebró en Roma una reunión plenaria de su Comité Central, acompañada de amplias manifestaciones, en lo que supuso la primera aparición en público de su grupo dirigente al completo. Marcelino Camacho, sentándose al lado de Carrillo, hacía oficial por primera vez su condición de miembro de la cúpula del partido, que hasta ese momento siempre había negado. La reunión romana, más allá de su importante impacto propagandístico, no introdujo modificaciones significativas a la posición adoptada respecto al gobierno ni en la reivindicación de un pacto político, a cambio del cual el PCE se mostraba dispuesto a dar su colaboración para una salida negociada de la crisis.¹⁵¹ Los comunistas seguían insistiendo en dejar claro su ideal democrático, conscientes de que ésta sería la justificación para su eventual exclusión del futuro sistema político. En ese sentido, su discurso venía ahora reforzado por el nuevo giro ideológico llevado a cabo en la Conferencia de Partidos Comunistas y Obreros de Europa celebrada en junio en Berlín, giro que pronto pasó a conocerse con el nombre de «eurocomunismo».[152]

Desde los acontecimientos que acabaron con la llamada Primavera de Praga, el partido había tomado un camino sin retorno en sus relaciones con la URSS, como evidenciaron dos discursos de Manuel Azcárate. El primero, pronunciado en 1972 durante el VIII Congreso del PCE sobre el cambio de posición respecto a la integración europea, y el segundo en 1973 en una reunión plenaria del Comité Central. En ambos casos se había criticado la política exterior de los países del llamado «socialismo real», que obedecía a una razón de Estado, según Azcárate, en virtud de la cual se tendía a conservar y extender la propia cuota de poder en el escenario mundial, incluso en perjuicio de los partidos y países «hermanos».[153] En consecuencia, los partidos comunistas de todo el mundo, aun salvaguardando la necesaria solidaridad internacionalista, debían desarrollar su propia política si no querían convertirse en simples satélites de otros estados. Para ello proponía avanzar en un nuevo tipo de internacionalismo basado ya no en la fidelidad absoluta al PCUS, sino en la igualdad de los partidos y la libertad de cada uno para desarrollar su propia vía nacional al socialismo. La alternativa se planteaba en estos términos:

> O un partido independiente como el nuestro (que por eso mismo se puede convertir en dirigente efectivo de la revolución en su propio país [...]); o una serie de partiditos condenados a estar manipulados por presiones externas; en función incluso de los conflictos entre Estados socialistas.[154]

La mayor novedad, de todas maneras, estaba en el análisis que Azcárate hacía de la política interna de los países socialistas. Por primera vez, el PCE dirigía críticas explícitas al modelo vigente en la URSS, denunciando su degeneración burocrática y la ausencia de democracia.[155] Una toma de posición neta que ayudaría a que la presencia del PCE en la vida política española fuera más efectiva, así como en el ámbito europeo e internacional.[156] La disciplina internacionalista daba ulteriormente paso a la estrategia nacional. Los dirigentes soviéticos replicaron a las declaraciones de Azcárate con un artículo publicado en el número de febrero de 1974 de la revista *Partinaia Jisn*, en el cual se acusaba al dirigente español nada menos que de utilizar los mismos argumentos que los enemigos declarados del régimen soviético:

> Si se examina esta intervención desde el ángulo de las relaciones entre nuestros dos partidos, se puede decir sólo una cosa: que de ninguna manera sirve al reforzamiento de estas relaciones. En efecto, M. Azcárate, en realidad, pone en duda la línea de principios del pcus en las relaciones internacionales y en el movimiento comunista. [...] Llega hasta a inmiscuirse groseramente en los asuntos internos de nuestro partido [...]. No puede dejar de surgir la cuestión de si la referida intervención no es una tentativa premeditada de empeorar las relaciones entre el pcus y el pce. En cualquier caso –y esto se puede decir con toda precisión– semejantes intervenciones no sirven a la causa del reforzamiento de la amistad e, incluso, simplemente, al desarrollo de las relaciones normales del pce con los demás partidos comunistas.[157]

Dos meses más tarde, en otra reunión del Comité Central, efectivamente Carrillo reconoció que las relaciones con el pcus estaban cada vez más «deterioradas», y resumió así la evolución de la política internacional del pce:

> Durante muchos años el Partido no ha tenido una política internacional propia. [...] Durante largo tiempo, hemos seguido invariablemente al pcus. [...] ¿A partir de qué momento, de qué problemas comenzó a tomar cuerpo entre nosotros la idea de la necesidad de independencia? [...] A partir del momento en que tomamos conciencia clara de que para abrir la situación en España necesitábamos una política internacional propia; [...] actitud propia ante el Mercado Común, y posibilidades de utilizar éste contra la dictadura; conciencia del desarrollo de las relaciones intereuropeas, de los problemas comunes a este continente, de la necesidad de una alternativa democrática y socialista a la Europa de los monopolios. Es decir, la necesidad

de independencia surge de nuestra política nacional, de la interrelación entre ésta y la situación europea.[158]

Desde esa perspectiva, la formulación del eurocomunismo representaba para el PCE la culminación de una larga trayectoria en la construcción de un modelo de socialismo compatible con los valores de la democracia, el pluralismo y la libertad, aunque para ello hubiera tenido que distanciarse de la casa madre soviética. Una evolución semejante a la seguida por los otros dos grandes partidos comunistas europeos, es decir, el PCI y el PCF.[159] El siguiente paso fue dar contenido al eurocomunismo y, en el manifiesto conjunto difundido al terminar la célebre reunión eurocomunista que tendría lugar en Madrid en marzo de 1977, se resumía de la siguiente manera:

> En la construcción de una nueva sociedad, los comunistas españoles, franceses e italianos están resueltos a actuar en el pluralismo de las fuerzas políticas y sociales y en el respeto, garantía y desarrollo de todas las libertades individuales y colectivas. [...] Esta voluntad de construir el socialismo en la democracia y en la libertad inspira las concepciones elaboradas con plena independencia por cada uno de los tres partidos.[160]

Con el lanzamiento de la política eurocomunista, los partidos español, italiano y francés trataban de dar mayor visibilidad a su *national approach*, es decir, a la búsqueda de legitimidad dentro de sus respectivos países. En un momento, por otra parte, caracterizado por la transformación de sus sistemas políticos, sobre todo en España con la transición a la democracia, lo que obligaba a los comunistas a hacer más atractiva su imagen para insertarse en las dinámicas de cambio y aumentar sus espacios y cuotas de poder en los nuevos equilibrios que se estaban delineando.[161]

Menos de un mes después de la reunión plenaria de Roma, en agosto de 1976, Alfonso Osorio, ministro de la Presidencia, propuso a José Mario Armero, presidente de la agencia de prensa *Europa Press*, que estableciera un contacto secreto con Carrillo en nombre de Suárez. Este último estaba demostrando una clara voluntad de romper con la línea seguida por su predecesor para poner en marcha un proceso real de reforma. El día 15 de julio había aprobado una modificación del Código Penal que despejaba el camino para una futura legalización de los partidos políticos, y el 30 del mismo mes había promulgado un decreto-ley de amnistía para los delitos políticos y de opinión.[162] Suárez empezó así a construir un modelo de legitimidad fundamentado en su capacidad de promover un cambio efectivo y ordenado al mismo tiempo,[163] y con esa intención había contactado con las principales fuerzas de la oposición. Armero se reunió con Carrillo en Cannes el 28 de agosto, y diez días después lo vio en París, si bien en estos primeros contactos no hubo un verdadero diálogo, ni menos aún negociación, porque el emisario gubernamental se limitó a escuchar de la boca del secretario general la posición y las intenciones del PCE para luego referírselas a Suárez.[164]

En realidad, el presidente del Gobierno aún concebía un proceso sin el PCE, y así lo había asegurado a la cúpula militar el 8 de septiembre.[165] Suárez mantuvo en secreto sus contactos con los partidos de la oposición para evitar las reacciones negativas por parte de los sectores más conservadores; en cambio, su nuevo ministro de Relaciones Sindicales, Enrique de la Mata, mantenía encuentros públicamente con los exponentes del sindicalismo ilegal. El 7 de septiembre se reunió con los representantes de CCOO, quienes se declararon dispuestos a colaborar en la superación de la crisis siempre que el gobierno restableciera las libertades sindicales y políticas. En caso contrario, amenazaban con un «otoño caliente».[166] Del clima de tensión que rodeaba estos intentos es buena prueba el hecho de que el general Santiago y Díaz de Mendívil, vicepresidente del Gobierno, presentara su dimisión el día 22 de ese mes al considerar inaceptable dichos contactos del ministro Enrique de la Mata con una organización de tipo comunista.[167]

Por su parte, CCOO se hallaba en ese momento en medio de su transformación en una confederación. Contemporáneamente a la distribución de los bonos, desde mayo había comenzado una ronda de consultas entre las bases antes de tomar una decisión sobre el modelo sindical a construir,[168] al mismo tiempo que se reforzaban las estructuras organizativas, con la reunificación en junio de la CONE y CECO que llevó al nacimiento de Comisiones Obreras de Euskadi. Se convocó, asimismo, una reunión general para discutir el futuro, que debía celebrarse legalmente en Madrid del 27 al 29 de junio, con la participación de unos dos mil delegados procedentes de todo el país, pero el ministro Fraga denegó la autorización que, sin embargo, sí había concedido para el Congreso de UGT. Entonces se decidió celebrarlo clandestinamente en la capital catalana: tuvo lugar así, el 11 de julio, en la iglesia de Sant Medir, la célebre Asamblea de Barcelona, aunque las condiciones de ilegalidad determinaron una reducción significativa del número de delegados, unos 650, y del tiempo a disposición, que pasó a ser un solo día.

La interesada discriminación del Gobierno no hacía sino incidir aún más en las divisiones, que alejaban cada vez más las esperanzas unitarias. Resultaba evidente que UGT, aun habiendo aceptado participar en las conversaciones que llevaron a la constitución de la COS, atribuía a una eventual plataforma sindical común sólo un carácter coyuntural. De hecho, los problemas de fondo que obstaculizaban su colaboración con CCOO se estaban acentuando y multiplicando. En junio, por ejemplo, UGT, en ocasiones junto a la CNT, atacó a Comisiones por su presunta tendencia a monopolizar las movilizaciones obreras, capitalizarlas en su beneficio e incluso atribuirse el mérito cuando ni siquiera había participado en ellas.[169] Sin UGT era bastante improbable, además, que USO aceptara su disolución en un sindicato unitario con CCOO.[170]

Puede decirse que la Asamblea de Barcelona iba a inaugurar una tercera etapa en la evolución de Comisiones: tras la fase de espontaneísmo y la de organización del movimiento bajo las siglas de CCOO, ahora se trataba de dotarlo de una estructura y una fisonomía adecuadas para participar en un nuevo marco democrático y de pluralismo sindical. En la Asamblea, todas las intervenciones de los miembros dirigentes del PCE –Camacho, Ariza, Muñiz Zapico y Cipriano García– coincidieron en señalar las grandes dificultades para un acuerdo con UGT y USO, así como las maniobras del Gobierno para hacer inviable un sindicalismo unitario. En consecuencia, indicaron como objetivo primordial el de reforzar los aspectos organizativos para la conversión de CCOO en un auténtico sindicato. Ariza, por ejemplo, afirmó:

> La unidad es posible. Pero conocéis que hay muchos obstáculos para conseguirla. Incluso puede ser que pasen años antes de llegar a ella. Tampoco podemos olvidar que la reforma sindical sigue adelante. En cualquier momento podemos encontrarnos con que la ley proclame el pluralismo y abra las puertas al derecho de sindicación. Ante la muy probable legalización de este derecho y la posible actuación legal de una serie de asociaciones y sindicatos mientras a nosotros se nos persigue. ¿Qué respuesta va a dar CCOO? [...] En el camino hacia el Congreso Sindical Constituyente va a transcurrir cierto tiempo. ¿Qué situación vamos a mantener hasta entonces? Compañeros: estamos obligados a estructurar fuertemente nuestra organización.[171]

Poniendo el acento sobre el hecho de que se trataba de una decisión obligada por las circunstancias sociopolíticas, el proyecto unitario quedaría pronto como un ideal, mientras en la práctica se construía un «sindicato más». A nivel retórico se intentó evitar una ruptura con los rasgos identitarios que habían caracterizado hasta entonces la trayectoria de Comisiones, hablando de un «sindicato de nuevo tipo», en el cual la dinámica asamblearia habría continuado siendo central y en cuyas actividades seguirían teniendo sitio los no afiliados.[172]

Estas posiciones fueron aprobadas por el 90% de los presentes, mientras que el 10% restante, constituido por los representantes de la ORT y del PTE, presentó una propuesta alternativa en la que se reafirmaban los valores de la unidad sindical y la necesidad de construirla desde abajo, a través de organismos unitarios en cada empresa, para ir subiendo poco a poco de nivel. Los dos partidos demostraban una buena dosis de «optimismo histórico»,[173] en su convencimiento de que así obtendrían el apoyo mayoritario de los trabajadores, y las direcciones de UGT y USO se verían obligadas a transigir para no verse marginadas.[174] La ORT y el PTE formaron a partir de ese momento lo que se definió explícitamente como «corriente minoritaria» dentro de Comisiones, en contraposición con la mayoritaria, identificada sustancialmente con la línea del PCE, que controlaba el Secretariado elegido el 11 de julio de 1975.

Precisamente, el Secretariado, dándose cuenta definitivamente de que la COS no iría más allá de la unidad de acción, y considerando que la apertura de conversaciones por parte del Gobierno tenía como finalidad la instauración de un sistema de pluralismo sindical, celebró una reunión extraordinaria el 28 de septiembre de 1976. Una vez concluida, emitió un comunicado para invitar a «todas las Comisiones, desde las empresas, localidades, ramas, etc., a abrir una vasta campaña de afiliación a CCOO, paso inmediato [...] hacia la culminación de la estructuración como sindicato de nuevo tipo».[175] Un par de días más tarde, ante el CC del PSUC, López Bulla afirmó:

> Hay que partir, por doloroso que sea, que la pluralidad sindical es un hecho. Más aún: que de ahora en adelante lo que pasará a un primer plano es el fortalecimiento de cada central sindical por separado, en detrimento de la búsqueda de la unidad sindical orgánica. [...] Hay, pues, que situarse en el terreno de la pluralidad sindical. [...] Es necesario, ahora y sin pérdida de tiempo, marchar en la vía de la reconversión de las Comisiones Obreras, tal cual las conocemos, pero a la vez ampliándolas, extendiéndolas y consolidándolas, hacia el Sindicato de las Comisiones Obreras.[176]

La transformación oficial de CCOO en Confederación Sindical se produjo el 17 de octubre, después de ser aprobada en una sesión plenaria de la Coordinadora por 105 votos a favor, 22 en contra y 12 abstenciones. Al día siguiente comenzó el reparto de carnés de afiliación.[177] Mientras tanto, el Gobierno comenzaba la obra de derrumbe del aparato de la OSE creando una Administración Institucional de Servicios Socio-Profesionales (AISS), que se ocuparía de gestionar el tránsito hacia un régimen de libertad sindical.[178]

La ORT y el PTE reaccionaron duramente y acusaron al PCE de haber traicionado el espíritu unitario de los orígenes del sindicato. En las páginas de *En Lucha* aparecían afirmaciones como la siguiente: «La Confederación Sindical nace abandonando los principios y la práctica unitaria y democrática de las propias CCOO. [...] La Confederación Sindical, por más que utilice su nombre, nada tiene que ver con CCOO».[179] El 7 de noviembre, la corriente minoritaria celebró la Asamblea de Coslada, en respuesta a la de Barcelona, y allí defendió la necesidad de proceder a «la creación de los sindicatos unitarios nacidos de las asambleas de fábrica, y su federación, para levantar la gran Central Sindical Unitaria de todos los trabajadores».[180] Entre octubre y noviembre, los representantes de la ORT y del PTE fueron expulsados de CCOO, cuyo equipo dirigente, al menos a nivel de Secretariado, quedó totalmente bajo control del PCE.[181]

El pragmatismo que caracterizó la acción del partido de Carrillo durante la Transición determinó así no sólo un apaciguamiento de las movilizaciones tras la muerte de Franco, sino también un abandono del ideal de una gran central «unitaria en la libertad». Es cierto que la correlación de fuerzas y la línea mantenida por los socialistas dejaron poco margen de maniobra para otra alternativa, y es probable que, de seguir abogando por la unidad sindical, CCOO hubiera acabado perdiendo gran parte de esa influencia tan trabajosamente conseguida bajo la dictadura, a favor de una UGT en franca recuperación. Poco antes de la presentación oficial de la Confederación Sindical de CCOO se registraron casos de militantes que se adhirieron a la central socialista.[182]

A partir de la primavera, en el seno del movimiento obrero las exigencias organizativas habían prevalecido sobre las dinámicas de lucha. Los niveles de conflictividad habían permanecido muy elevados, tanto que 1976 se cerró con un balance de 40.179 huelgas, pero con la excepción del caso vasco,[183] no se habían traducido en movilizaciones de masa con una proyección pública comparable a las de principios de año. La oposición había renunciado, como hemos visto, a un enfrentamiento irreducible y prolongado, pero aún trató de realizar una última prueba de fuerza concentrando todas sus energías en la organización de una nueva gran jornada de lucha, la última que tendría lugar durante la Transición, convocada para el 12 de noviembre.

Dicha acción no estaba dirigida a provocar la caída de Suárez, que en aquel momento no parecía una posibilidad plausible, sino a recuperar la iniciativa de lo que hoy llamaríamos la «agenda política». Suárez se había demostrado hábil en el uso de los medios a su disposición, desde la prensa a los aparatos estatales, y en ese momento la iniciativa estaba en manos del Gobierno, tras la aprobación en las Cortes de la Ley para la Reforma Política, que sería sometida a referéndum el 15 de diciembre. Ahora era él quien dictaba el modo y el ritmo del cambio, logrando, además, legitimar a la monarquía como garante de un cambio «en orden» que concitaba cada vez mayores niveles de popularidad.[184] El 19 de octubre, Carrillo anotaba en su diario: «Es indudable que Suárez tiene ahora la iniciativa».[185]

La «Platajunta» criticó la Ley para la Reforma Política, más que por su contenido, por los modos autoritarios y unilaterales de su elaboración. Porque, pese a sus declaraciones en sentido contrario, Suárez siguió sin contar con la oposición y sin legalizar los partidos políticos, aunque pretendía que la oposición aceptara y apoyara sus decisiones en bien del país hasta que la democracia le fuera «concedida».[186] En consecuencia, la «Platajunta» se pronunció por el boicot al referéndum si no eran restablecidas previamente unas condiciones de libertad e igualdad de condiciones, que para el PCE debían acompañarse por la formación de un Gobierno de concentración que representara a todas las fuerzas políticas.[187] La jornada de lucha del 12 de noviembre se insertaría en ese contexto de oposición a la reforma Suárez, y de presión para participar en la gestión del cambio, por lo que puede afirmarse que, de hecho, su primer objetivo era alzar la voz para hacerse oír y dar pasos efectivos hacia un diálogo entre ambas partes. En coherencia, por tanto, con la vieja estrategia de combinar las demostraciones de fuerza en las calles con la búsqueda de una negociación en lo alto, como demuestra el llamado «Documento de Valencia»: elaborado a principios de octubre por Coordinación Democrática y los grupos regionales con los cuales se fundiría más tarde para crear la Plataforma de Organismos Democráticos (POD), invitaba a la «movilización ciudadana, pacífica y responsable, para urgir la negociación y conseguir en ella el cambio democrático».[188]

La jornada fue convocada por la COS a mediados de octubre,

siguiendo el guión utilizado por los comunistas durante los años anteriores: se prefirió que fueran las fuerzas sindicales las que llamaran a la acción, y los partidos se limitaron a dar su apoyo. Se destacaron igualmente las motivaciones económicas, en particular el congelamiento salarial y la suspensión del art. 35 de la Ley de Relaciones Laborales, lo que daba mayor libertad de despido. La naturaleza esencialmente política de la protesta resultaba evidente, de todas maneras, porque la COS estaba tomando parte activa en la campaña abstencionista contra el referéndum.[189]

Para preparar la jornada, se crearon comités de huelga en numerosos centros de trabajo, con reuniones casi diarias, y se llevó a cabo una considerable actividad de organización y propaganda oral y escrita.[190] Las asambleas fueron, una vez más, las propulsoras de la movilización: así, por ejemplo, el 5 de noviembre tuvieron lugar en Madrid nada menos que 150 reuniones y asambleas de breve duración para explicar la jornada de lucha y discutir los modos concretos de participación. En Cataluña se implicaron los trabajadores de los principales centros productivos en las zonas de Barcelona, Baix Llobregat, Sabadell y Tarrasa, mientras que en Asturias la preparación adquirió buen ritmo en las cuencas mineras y en empresas claves del sector como Ensidesa y Hunosa. Además, la COS parecía muy activa en el País Vasco y Andalucía.[191] Se envió una carta al vicepresidente y ministro de Defensa, Gutiérrez Mellado, para solicitar que la jornada se pudiera celebrar normalmente y «sin sacar los soldados a la calle en contra de quienes desean manifestarse pacíficamente».[192]

Martín Villa, ahora ministro de Gobernación, fue el encargado por el Gobierno de impedir el éxito de la movilización, para lo cual formó un amplio equipo «dedicado a analizar las informaciones sobre la misma, contrarrestar la propaganda, planificar las acciones que había que desarrollar, coordinar las actuaciones de las fuerzas de seguridad y de los servicios de administración, elaborar directrices operativas y dar instrucciones a los gobernadores civiles».[193] Ni siquiera faltaron las detenciones preventivas de dirigentes y activistas obreros, que sumándose a las del día 12, alcanzaron la cifra de unas 400. Las autoridades prestaron atención especial al sector de los transportes, estratégico por «la importante contribución que a la participación huelguística masiva» podía proporcionar, «sobre todo en las grandes ciudades, la paralización de los medios públicos de transporte». Por eso se decretó la militarización de tres líneas del Metro de Madrid, al menos durante las primeras horas de la mañana, pues se sabía que varios cientos de sus dependientes secundarían la huelga.¹⁹⁴ La víspera de la huelga, las previsiones gubernamentales eran las siguientes: «Las diversas circunstancias actuales del país parecen dejar ver la posibilidad de que, aunque sin llegar a la amplitud pretendida, la acción del día 12 sea lo más aproximado a una huelga general nacional dentro de lo conocido en los últimos años».¹⁹⁵

Llegado el día, la jornada de lucha logró un elevadísimo número de participantes –2.479.500 huelguistas según los convocantes, medio millón según el Gobierno–, pero no llegó a adquirir la dimensión esperada ni a paralizar el país, para empezar porque su impacto quedó circunscrito a las áreas fabriles de Madrid, Cataluña, País Vasco y, en menor medida, Asturias, Sevilla y Valencia.¹⁹⁶ Con ella culminaba el pulso entre el poder y la oposición, con un resultado que podría calificarse de empate. Como han escrito Nicolás Sartorius y Alberto Sabio, el 12 de noviembre quedó definitivamente en evidencia que el panorama sociopolítico se basaba en un «equilibrio de debilidades», y que ese equilibrio empujaba hacia el acuerdo.¹⁹⁷ El Gobierno, por su parte, no podía cerrar los ojos ante la potencia demostrada por la oposición, al organizar la mayor movilización desde los tiempos de la Segunda República, y sin duda ello le convenció de la necesidad de entablar negociaciones con ella después del referéndum. En lo que se refiere a lo que nos ocupa, probablemente fue en este momento cuando Suárez se dio cuenta de la imposibilidad de excluir al PCE del proceso, a la vista de su gran capacidad de movilización a través de CCOO, como acaba de demostrar una vez más.

Los partidos de la oposición, al ver cómo se esfumaba la última tentativa de imponer integralmente sus demandas, pero sin abandonar la campaña abstencionista contra el referéndum, comenzaron de hecho a mirar más allá, a la idea de llegar a las elecciones que preveía la Ley de Reforma Política en las mejores condiciones posibles.¹⁹⁸ Ante el previsible triunfo del sí en el referéndum se resignaron a seguir la línea trazada por Suárez y, a principios de diciembre, constituían una Comisión Negociadora encargada de mantener conversaciones con el Gobierno.[199] Así, la jornada del 12 de noviembre fue la primera y la última acción significativa realizada por la COS antes de que las divergencias internas que la habían marcado desde su génesis, en especial la insistencia de UGT para que CCOO y USO cesaran a sus enlaces y jurados, acabaran provocando su disolución en marzo de 1977.[200]

Los resultados del 12 de noviembre llevaron al PCE a dar un ulterior paso en su camino hacia la moderación. El día 23, en la primera reunión plenaria del PCE celebrada en España después de varias décadas, Carrillo afirmó: «El Gobierno arrebató la iniciativa a la oposición y la conserva con capacidad momentánea de continuar aplicando su plan. La oposición se encuentra en condiciones difíciles».[201] Constatadas las dificultades, los comunistas concentraron sus esfuerzos en alcanzar la única meta a la que no podían renunciar, es decir, su propia legalización. Todo lo demás pasó a ser secundario, incluidos los que habían sido los objetivos del programa máximo del partido hasta entonces. Así, en el comunicado emitido al finalizar la reunión, se fijaban las condiciones para la participación del PCE en el referéndum a favor del sí, no se hacía mención alguna de la amnistía ni de un posible Gobierno de concentración nacional. Se pedía sólo que se legalizaran previamente todos los partidos, y que se les diera plena libertad de organizar actos y hacer propaganda.[202] Este pragmatismo se reflejó también en el abandono del discurso antifranquista y en su contribución al hoy llamado «pacto del olvido» sobre la memoria de la dictadura. Es decir, por las exigencias de integración en el sistema se renunció a un recurso fundamental, el de su papel central como «partido del antifranquismo», que podría haberle dado ventaja moral sobre otras fuerzas de la izquierda.[203]

El 15 de diciembre, la Ley para la Reforma Política fue aprobada con el 94,17% de los votos, y con una abstención en torno al 22% del censo.[204] El proyecto de reforma de Suárez llegaba así a puerto, vaciando de contenido la alternativa de ruptura democrática.[205] Para entonces, casi todos los partidos estaban casi seguros de poder participar en las futuras elecciones, con la excepción del comunista, cuya legalización se había convertido en una de las mayores incógnitas de la primera fase de la Transición por las resistencias que encontraba en los sectores conservadores y el propio Gobierno.[206] En una reunión de la oposición celebrada en casa de Areilza a finales de noviembre, Carrillo había afirmado claramente que «si al PC se le deja fuera del juego electoral, se habrá prácticamente roto la posibilidad de toda negociación de pacto o tregua social. Y no habrá solución tampoco para la crisis económica [...]. Si el PC queda como una oposición extraparlamentaria y callejera, el equilibrio de la monarquía se cuarteará peligrosamente».[207] La capacidad de movilización seguía siendo la única arma con que contaban los comunistas para obtener su legalización.

Eso fue evidente el 10 de diciembre cuando Carrillo, con la intención de forzar al Gobierno a tomar una posición respecto a la cuestión comunista, hizo su primera aparición pública en territorio español durante una rueda de prensa en un local del centro de Madrid. Sus palabras fueron significativamente moderadas, dejando entrever su cambio de actitud respecto a la opción monárquica y las primeras señales de abandono del dogma leninista.[208] Mientras tanto, entre los días 5 al 8 de ese mes, se había celebrado legalmente el Congreso del PSOE,[209] lo cual hacía aún más aceptable la hipótesis de que se intentara plantear una democracia marginando al PCE. De ahí la idea de Carrillo de precipitar la situación, forzando al Gobierno a tomar una decisión al respecto. Camacho ha escrito a propósito: «Con la rueda de prensa [Carrillo] había colocado hábilmente entre la espada y la pared al gobierno Suárez, que de lo contrario no se hubiera planteado su caso concreto, que era, además, el de todos los comunistas».[209]

El día 22 de diciembre Carrillo era detenido como máximo dirigente de un partido ilegal. Esperando esa reacción, el partido había preparado movilizaciones para reclamar su liberación, hasta convertirlo en un símbolo del reconocimiento comunista. Al día siguiente, miles de personas se manifestaron en toda España y en numerosos países europeos solicitando su libertad. La tarde del mismo día 23 el PCE enviaba una carta a Suárez en la que escribía: «El Comité Ejecutivo ha llamado a todos los militantes y organizaciones del Partido Comunista a desplegar la máxima iniciativa en la acción por la libertad de Santiago Carrillo, a promover y encabezar una gran movilización que irá en ascenso hasta que esa libertad sea un hecho».[211] En los días siguientes continuaron las manifestaciones y las acciones callejeras, en una prueba de fuerza que mostraba su potencial de movilización y las consecuencias de su eventual exclusión del sistema político.[212] Finalmente, el día 30 el Gobierno cedió y Carrillo fue liberado: según Osorio, el secretario comunista «había jugado con audacia y había ganado».[213]

A finales de 1976 el presidente del Gobierno parecía cada vez más convencido de la necesidad de legalizar a los comunistas por varios motivos. Ante todo, el PCE había adquirido unas credenciales democráticas en el curso de los años, y la formulación del eurocomunismo a mitad de los años setenta, con su propuesta de conciliar socialismo y pluralismo, así como su claro distanciamiento de Moscú, parecían dejar sin sentido las barreras legales, de acuerdo con la Ley sobre el Derecho de Asociación Política, contra los partidos totalitarios «sometidos a una disciplina internacional».[214] La prensa que daba expresión a los sectores sociales más conservadores no dejaba de recurrir al viejo anticomunismo,[215] pero Suárez se convenció en esas semanas de que unas elecciones sin participación de los comunistas perderían gran parte de su credibilidad, que arreciarían contra él las acusaciones de imponer una democracia incompleta y aumentarían las dificultades para la necesaria integración española en Europa. Un paso importante, que tampoco podía darse por descontado, fue la unidad de toda la oposición a favor de la legalización del PCE, lo que dejaba al Gobierno más aislado en esta cuestión, pese a sus intentos por evitarlo fomentando las divisiones.[216]

Tales consideraciones deben sumarse a las que tienen que ver con el tema específico de las relaciones entre el PCE y CCOO. Si Suárez era cada vez más consciente de que no se podía evitar la legalización del más amplio movimiento de masas existente en el país, dejando fuera de la ley al partido que lo controlaba,[217] además había recibido garantías de Carrillo, a través de intermediarios, de que su partido, una vez legalizado, contribuiría activamente a la estabilización política y económica, sirviéndose de CCOO para llegar a un pacto social que parecía cada vez más urgente.[218] En caso contrario, se corría el riesgo de favorecer las tendencias más extremistas y de que éstas volcaran «sus esfuerzos en el mundo laboral a través de CCOO», lo cual supondría un «campo propicio» para llevar a cabo «unos fines puramente negativos».[219] Reflexiones que compartía buena parte de la opinión pública. Como escribía Vidal-Beneyto en *El País:*

> Condenar a la ilegalidad a uno de ellos [de los partidos de la oposición] –que, además, es hoy el de más amplia y eficaz implantación en la base– es, primero, dejarle fuera de juego; después, empujarle a la exasperación social y política, y, finalmente, obligarle a impugnar un sistema cuya consolidación depende, en gran medida, de la actitud de las fuerzas que en parte representa. Desde esta perspectiva, la prohibición del PCE se presenta como una práctica suicida para la democracia española.[220]

Unos argumentos que terminaron por convencer incluso a la derecha moderada de la conveniencia, o al menos la inevitabilidad, de la legalización. Así, el diario católico *Ya* afirmaba:

> No vamos a negar nuestra opinión. Vemos muy difícil que en la situación actual se pueda mantener en la clandestinidad a dicho partido [el PCE]. No creemos en su buena fe democrática, por muy eurocomunista que se llame, y esperamos siempre de él la trampa; pero creemos que los riesgos de mantenerle en la ilegalidad son muchos mayores que unas ventajas que nosotros, al menos, no descubrimos por ninguna parte, y salvo en muy contados círculos, cada vez se impone más esta idea. [...] Seguir considerando ilegal al comunismo es empujarle al campo donde por sus características (minorías fuertemente disciplinadas y de eficacia contrastada para la agitación) tiene más fuerza y sacarle del campo electoral, donde, en cambio, es más débil.[221]

Por tanto, en la salida del PCE de la ilegalidad pesó tal vez más su potencial de movilización derivado de su influencia sobre CCOO y su disposición a colaborar en un pacto social, que la renovación de su imagen, lastrada aún para una parte de la sociedad española por los tópicos utilizados durante cuarenta años por la propaganda franquista. En un clima de general preocupación por el orden público, el control de CCOO favoreció la estrategia del partido y su poder de negociación.

La liberación de Carrillo constituyó el primer paso hacia la definitiva salida de las catacumbas del partido, como demuestra el hecho de que empezara a tomar parte en las negociaciones entre el Gobierno y la oposición desde enero de 1977.[222] Persistían, por supuesto, algunas resistencias a la legalización nada desdeñables, como las procedentes del ejército, y no deja de ser paradójico que exministros de la dictadura, como Fraga o López Rodó, criticaran al PCE por ser poco democrático.

Un momento crucial, y al mismo tiempo dramático, que allanó el camino hacia la legalización fue la llamada «matanza de Atocha»: el 24 de enero de 1977 varios terroristas de extrema derecha asesinaron a cinco personas en un despacho de abogados laboralistas vinculado a CCOO, situado en la madrileña calle de Atocha. Se trataba, evidentemente, de una provocación destinada a desestabilizar el proceso político, en una semana marcada por los actos violentos, hasta el punto de que pasó a ser conocida como la «semana trágica» de la Transición.[223] Las principales fuerzas políticas condenaron el atentado, y aunque algunas mostraron su temor a una reacción violenta de los comunistas en las calles, el partido y CCOO invitaron a la calma. El 26 de enero, día del funeral, Carrillo escribió:

> El crimen de la calle de Atocha [...] tenía una finalidad clara: enfrentar el Ejército con el pueblo, volver al viejo y falso planteamiento de oponer a comunistas y Ejército, impedir el acuerdo entre Gobierno y fuerzas democráticas, desestabilizar el país y crear el clima favorable a un retroceso político. [...] Sentimos ira y cólera por el crimen fascista y la oleada de violencia que grupos ultras e irresponsables tratan de levantar en este país. Pero nuestra ira y nuestra cólera deben ser frías e inteligentes. Quizá haya quien piense que teníamos que haber salido a la calle a gritarlas, pero eso nos hubiera enfrentado con otros españoles que, como nosotros, están interesados en

un cambio político hacia la democracia. Lo importante hoy es dar un paso más hacia la reconciliación nacional.[224]

Al día siguiente del atentado CCOO hizo un llamamiento a sus militantes para mantener «la máxima serenidad y al mismo tiempo la mayor firmeza en expresar su protesta», convocando a «un paro generalizado y pacífico, impidiendo todo tipo de acciones» susceptibles de «conducir a provocaciones y enfrentamientos».[225] El día 26, medio millón de trabajadores de todo el país suspendieron la producción en señal de duelo.[226] Pero fue, sobre todo, el funeral, protegido por un servicio de orden de más de tres mil militantes preparado por el PCE, el que con sus imágenes de miles de personas marchando en absoluto silencio se transformó en una demostración al mismo tiempo de orden, de actitud pacífica y de fuerza de los comunistas. La prensa destacó ese comportamiento y lo valoró como una demostración del espíritu conciliador y como una lección de sabiduría política del PCE.[227.] La puerta para su legalización estaba ya abierta.

El Gobierno, mientras tanto, recibía información de varios sondeos que había encargado, según los cuales el peso electoral de los comunistas difícilmente superaría el 10%. Tranquilizado por esos datos, Suárez se entrevistó con Carrillo el 28 de febrero, cuando los otros grandes partidos ya habían sido legalizados, y le comunicó su disposición a legalizar el PCE, siempre que éste renunciara a sus aspiraciones republicanas, aceptara públicamente la monarquía y garantizara la contribución de sus bases al orden público. Carrillo aceptó. Después de que el presidente del Gobierno intentara una última maniobra fallida para cargar la decisión sobre el Tribunal Supremo, el 9 de abril se anunció finalmente la legalización del PCE. Era vigilia de Pascua, el «Sábado Santo Rojo», como quedó para la historia el día en que el partido salió definitivamente de las catacumbas.

EL PRINCIPIO DE UNA NUEVA ÉPOCA

El 15 de abril de 1977, el PCE aceptó públicamente la monarquía. Trece días después fueron legalizadas las CCOO. El 15 de junio tuvieron lugar las primeras elecciones democráticas desde 1936, en las que el PCE obtuvo el 9,2% de los votos, situándose como tercer partido después de la Unión de Centro Democrático (UCD) de Suárez (34,7%) y el PSOE (29,2%). Para muchos, los resultados defraudaron las expectativas y buscaron las causas en el retraso forzado del partido en la preparación de la campaña electoral, en la influencia que sobre una parte de la sociedad seguía teniendo la propaganda anticomunista realizada por la dictadura durante cuarenta años o en la memoria traumática de la Guerra Civil, que arrojaba una sombra alargada sobre el PCE, tanto en la derecha como en la izquierda. Por otra parte, el PSOE ya ocupaba el espacio al que aspiraba el partido de Carrillo con el eurocomunismo, y contaba con la ventaja no sólo de parecer más democrático y pragmático, sino también de una historia y una tradición anteriores a los conflictivos años treinta.[228]

A pesar de que los más conocidos dirigentes de CCOO fueron incluidos en las listas del PCE, éste prefirió que el sindicato diera libertad de voto a sus afiliados con la idea de preservar su independencia formal y evitar posibles divisiones internas.[229] Considerando que nada menos que el 45% de quienes votaron a CCOO en las elecciones sindicales de 1978 habían votado al PSOE en las Generales del año anterior,[230] resulta evidente que el partido de Carrillo no logró traducir en términos electorales el control que ejercía sobre la Confederación Sindical. La «comunistización» de las bases de Comisiones había sido incompleta, y *a posteriori* parecía evidente que muchos de quienes militaron en ellas lo habían hecho pese a la hegemonía del PCE, es decir, de manera utilitarista, al verlas como el único instrumento disponible para defender sus intereses económicos y, en general, para luchar contra la dictadura. Sin embargo, seguían siendo fieles a identidades políticas distintas de la comunista.

Las CCOO, en cambio, se beneficiaron de la popularidad adquirida en los dos decenios anteriores, y se convirtieron en la central sindical con mayor tasa de afiliación –el 31,1% en 1978, frente al 14,6% de UGT– y con mejores resultados en las elecciones de empresa: el 34,5% en 1978, respecto al 21,7% de UGT. La retórica sobre un «sindicalismo de nuevo tipo» aún se mantendría algunos años, pero en el nuevo contexto «normalizado» no había espacio para los mecanismos asamblearios ni para las aspiraciones más o menos unitarias.

El gobierno de la UCD surgido de las primeras elecciones democráticas, aunque sin mayoría absoluta en el Parlamento, recurrió ampliamente a la buena disposición de los comunistas para colaborar, junto con el resto de partidos, en la solución de los mayores problemas políticos y económicos planteados. Esa solución adquiría casi un carácter «fundacional» del nuevo sistema, lo que explica cómo se alcanzó el pacto que abrió el periodo de «consenso», que tuvo en los Pactos de la Moncloa y la Constitución sus frutos. Especialmente, los Pactos de la Moncloa demostraron que las exigencias de la política acabaron prevaleciendo sobre las reivindicaciones obreras, hasta hacer de los sindicatos, en palabras de Camacho, los «parientes pobres de la Transición».[231] Firmados en octubre de 1977 por UCD, el PSOE y el PCE, y dirigidos sobre todo a la estabilización y al relanzamiento de la economía, contemplaban una serie de medidas de saneamiento y una rígida contención salarial para frenar la elevada inflación. En contrapartida, los partidos de izquierda lograron que fueran revisados algunos artículos del Código Penal para garantizar los derechos civiles y cancelar algunas normas heredadas del franquismo. Los pactos representaron la materialización de ese pacto social del que se hablaba desde hacía dos años, pero el precio a pagar por el PCE por su participación fue hacer que CCOO convenciera a los trabajadores de la necesidad de perder poder adquisitivo, evitando huelgas y manifestaciones.[232] El partido de Carrillo recibía ahora una «legitimación a través de la desmovilización».

En las páginas anteriores hemos visto cómo, en la primera fase de la Transición, la línea del PCE se caracterizó por una moderación cada vez más acentuada. Las exigencias de reconocimiento e integración en el sistema, así como su voluntad de contribuir y asegurar el proceso de cambio democrático evitando la radicalización de las tensiones sociales, condujeron al partido al abandono progresivo de todos sus objetivos máximos, pero también de algunas de sus principales señas de identidad como, por ejemplo, la reivindicación republicana. En el plano de sus relaciones con

CCOO, renunció asimismo a incrementar la conflictividad obrera, sobre todo en la primavera de 1976, cuando acabó subordinando la gran oleada de movilización a sus objetivos políticos. La prevalencia de la táctica sobre la estrategia permitió al PCE legitimarse hacia el exterior, pero alimentó el desencanto de una parte de sus filas. Así, en 1980 nada menos que el 53% de los cuadros de empresa de CCOO creía que en la primera fase de la Transición se había perdido una oportunidad histórica para crear una democracia más avanzada basada en el impulso de la movilización popular.[233] Recriminaciones latentes al principio, pero que con el paso de los años acabaron confluyendo en aquel heterogéneo río de críticas contra la gestión carrillista que llevó al partido a una profunda crisis.

NOTAS

[1] TUSELL, J., QUEIPO DE LLANO, G., *Tiempo de incertidumbre. Carlos Arias Navarro entre el franquismo y la Transición (1973-1976)*, Barcelona, Crítica, 2003. Para una excelente crítica del proyecto político de Arias: GALLEGO, F., *El mito de la Transición*, Barcelona, Crítica, 2008.

[2] MORODO, R., *La transición política*, Madrid, Tecnos, 1984.

[3] LINZ, J., *Innovative leadership in the transition to democracy and a new democracy: the case of Spain*, New Heaven, Yale University Press, 1987; STEPAN, A., «Paths towards redemocratization», en SCHMITTER, P., WITHEHEAD, L., O'DONNELL, G. (eds.), *Transitions from authoritarian rule. Comparative perspectives*, Londres, John Hopkins University, 1986, pp. 64-84; POWELL, C., *El piloto del cambio*, Barcelona, Planeta, 1991; Íd., *España en democracia*, Barcelona, Plaza & Janés, 2001.

[4] BALFOUR, S., cit.; MOLINERO, C., YSÀS, P., *Productores disciplinados...*, cit.; FOWERAKER, J., cit.; DOMÈNECH, X., «El cambio político: materiales para una perspectiva desde abajo», en *Historia del Presente*, n.º 1, 2002, pp. 46-67.

[5] MARAVALL, J. M., *La política de la Transición*, Madrid, Taurus, 1985.

[6] JULIÁ, S., «En torno a los proyectos de Transición y sus imprevistos resultados», en MOLINERO, C. (ed.), *La Transición, treinta años después*, Barcelona, Península, 2006, pp. 59-80.

[7] WEBER, M., *La política como profesión*, Madrid, Biblioteca Nueva, 2007.

[8] *Informes de la DGS*, julio 1972, AHFPM, Fondo Jaime Sartorius, sig. 4-9; *Fiscalía del TOP*, 1972, AHPCE, MO, c. 87.

⁹ CAMACHO, M., *Confieso...*, cit., p. 339.
¹⁰ CARRILLO LINARES, A., LEMUS, E., «Entre realidad y veracidad: los 10 de Carabanchel o cómo afloró a la superficie la lucha por la Democracia», en AA.VV., *Tiempos de Silencio*, Valencia, PUV, 1999, pp. 313-320.
¹¹ *Queridos camaradas*, 7-V-1973, AHPCE, Represión franquista, c. 39; *Carta de (32)*, 27-XII-1972, *Querido (1)*, 5-XII-1972, AHPCE, NyR, Madrid, jj. 575, 585.
¹² JÁUREGUI, F., VEGA, P., cit., pp. 827 y ss.; *Queridos camaradas*, 15-IX-1973, AHPCE, MO, j. 491.
¹³ *Carta de Juan Muñiz Zapico*, 1973, AHPCE, Represión franquista, c. 43.
¹⁴ *Queridos camaradas*, 7-V-1973, cit.; *Reunión del CE del PCE con militantes comunistas en el movimiento obrero*, enero 1973, cit., cinta 6, pp. 11 y ss., cinta 8, pp. 13 y ss., cinta 10, pp. 31 y ss.
¹⁵ Todo el material citado se encuentra en el *Boletín Informativo de la DECO*, enero 1973.
¹⁶ *El juicio contra la libertad sindical*, 1973, AHPCE, MO, c. 87; *Boletín Informativo de la DECO*, marzo 1973; *CCOO ante el Proceso 1.001*, julio 1973, AHPCE, MO, c. 84; *En preparación de la campaña del 1001*, julio 1973, AHFPI, ORT, sig. 10-8; *Carta de la ORT al PCE*, 1973, AHPCE, NyR, Madrid, j. 625; *Informe sobre el Proceso 1.001*, 8-II-1975, AHFPI, PSOE, sig. AE-636-13.
¹⁷ Ver, para los detalles sobre la solidaridad internacional desarrollada entre los años 1973 y 1975, el material contenido en el AHFPM, DECO, sig. 6-3, 8-15, 8-16, 8-17, 8-18, 8-21.
¹⁸ *More on «Carabanchel Ten» Trial*, 14-XII-1973, National Archives and Records Administration (NARA), Central Foreign Policy Files (CFPF), Telegrams.
¹⁹ «Appello di CGIL-CISL-UIL per Camacho», *L'Unità*, 15-XII-1973.
²⁰ Ver los numerosos artículos y llamamientos publicados en *L'Unità* entre el 15 y el 30 de diciembre de 1973.
²¹ *El juicio contra la libertad sindical*, 1973, cit.; *Boletín informativo del comité de lucha contra el Proceso 1.001*, 5-I-1974, AHPCE, MO, c. 87; *Informe sobre el movimiento obrero en Sevilla, Asturias y Galicia*, 4-II-1974, *Carta de Llobregat*, 16-I-1974, AHPCE, MO, c. 89; *Reunión Coordinadora*, 3-IV-1974, AHPCE, MO, c. 83.
²² TOP, *Sentencia 506/73*.
²³ «*Carabanchel Ten» Hearing Held*, 13-II-1975, NARA, CFPF, Telegrams; *Informe de Víctor*, mayo 1975, AHPCE, Activistas, c. 93.
²⁴ TUSELL, J., QUEIPO DE LLANO, G., *Tiempo de incertidumbre...*, cit., pp. 74 y ss.
²⁵ *Discurso de Carrillo*, 1974, p. 10, AHPCE, Dirigentes, c. 6.
²⁶ CARRILLO, S., *Memorias*, cit., pp. 580-581, 590 y ss.; MORÁN, G., cit., pp. 493 y ss.; TIERNO GALVÁN, E., *Cabos sueltos*, Barcelona, Bruguera, 1981, pp. 446 y ss.; JULIÁ, S., *Los socialistas...*, cit., p. 445; JÁU-

REGUI, F., VEGA, P., cit., pp. 874 y ss.; *La Junta Democrática de España*, marzo 1975, cit.; *Carta de Aurelio*, 1-VII-1974, AHPCE, Activistas, c. 93.

[27] CARRILLO, S., «La situación política en España y a aparición de la Junta Democrática», *Nuestra Bandera*, n. 76, 1974, pp. 3-9.

[28] «Declaración de la Junta Democrática de España al pueblo español», *Nuestra Bandera*, n. 76, 1974, pp. 11-15.

[29] *Manifiesto de la Reconciliación*, 1-IV-1975, AHPCE, Documentos, carp. 56.

[30] CARRILLO, S., «La situación política en España y a aparición de la Junta Democrática», cit., p. 6.

[31] *Declaración de la Junta Democrática de Madrid*, junio 1975, p. 4, AHPCE, Documentos, carp. 56.

[32] Ver las valoraciones expresadas en el *Status Report on Two Opposition Alliances*, 23-X-1974, NARA, CFPF, Telegrams. Para el impacto del golpe militar en Chile de 1973 sobre el PCE ver: SÁNCHEZ RODRÍGUEZ, J., cit., pp. 173 y ss.

[33] Resulta curioso anotar que el *ABC* criticaba el acto en los términos siguientes: «Nada que afecte a la política española puede decirlo o condicionarlo nadie desde fuera. No es patriótico, no es ético siquiera, jugar a acciones políticas en el extranjero sin auténtica representación legítima y con la despreocupación injustificable de enturbiar y dificultar la convivencia española». *ABC*, 14-III-1975.

[34] «Declaración de la Junta Democrática de España al pueblo español», cit.

[35] *II Conferencia nacional del PCE*, septiembre 1975, in AHPCE, Documentos, carp. 56; *Informe de la JD de Madrid*, mayo 1975, in AHPCE, NyR, Madrid, j. 740; *La Junta Democrática de España*, marzo 1975, cit.; «La dinámica de las Juntas Democráticas», *Mundo Obrero*, 1-4-1975; VIDAL-BENEYTO, J., *Memoria democrática*, Madrid, FOCA, 2007, pp. 103 y ss.

[36] *Discurso de Carrillo*, 1974, cit., pp. 17-18.

[37] *Pleno de la JD de Madrid*, 13-V-1975, AHPCE, NyR, Madrid, j. 740. Sobre el movimiento vecinal, y su colaboración con el obrero, ver: ORTIZ HERAS, M. (ed.), *Movimientos sociales en la crisis de la dictadura y la Transición*, Ciudad Real, Almud, 2008; QUINTANA, V., SÁNCHEZ, P. (eds.), *Memoria ciudadana y movimiento vecinal*, Madrid, La Catarata, 2008; MOLINERO, C., YSÀS, P. (eds.), *Construint la ciutat democràtica. El moviment veïnal durant el tardofranquisme i la transició*, Barcelona, Icària, 2010; DOMÈNECH, X. (ed.), *Movimiento vecinal y cambio político*, monográfico de *Historia del Presente*, n.º 16, 2010.

[38] *Informe por el CP el la conferencia de las organizaciones madrileñas del PCE*, 1974, pp. 14-15, AHPCE, NyR, Madrid, c. 65; *Carta de Alejandro*, 2-XII-1974, AHPCE, Activistas, c. 93; *Queridos camaradas*, 29-X-1974, *Carta de Asturias*, 31-V-1975, AHPCE, NyR, Asturias, c. 80; *Carta de Granada*, 8-II-1975, AHPCE, NyR, Andalucía, j. 941.

[39] Además del PSOE y la Izquierda Democrática, entre las dieciséis organizaciones que integraban la Plataforma se encontraban, por ejemplo, la UGT, la ORT, el Consejo Consultivo Vasco y el MCE. *Manifiesto de la Plataforma de Convergencia Democrática*, julio 1975, AHFPI, PSOE, sig. 685-24; *Carta de Carrillo*, 23-XI-1974, AHPCE, Activistas, c. 93; *Queridos camaradas*, 7-VII-1975, AHPCE, NyR, Madrid, j. 749.
[40] *Informe de Llobregat y Roberto*, 27-VIII-1974, AHPCE, MO, c. 89.
[41] *Informe del CP para la discusión interna*, abril 1975, AHPCE, NyR, Asturias, jj. 457-458; *CCOO de Galicia apoya a la JDE y participa en la JJDD de Galicia*, sin fecha, AHPCE, MO, c. 86; «Declaración del Pleno del CE del PCE», *Mundo Obrero*, 22-I-1975.
[42] *Manifiesto de la Reconciliación*, 1-IV-1975, cit.
[43] MOLINERO, C., YSÀS, P., *Productores disciplinados...*, cit., pp. 95 y ss., 222 y ss.
[44] *Assessment of Juan Carlos and Prospects for Transition*, 24-VIII-1974, NARA, CFPF, Telegrams.
[45] *Informe sin título*, 28-X-1973, AHPCE, MO, jj. 492-493
[46] RIERA, I., BOTELLA, J., *El Baix Llobregat. 15 años de luchas obreras*, Barcelona, Blume, 1976, pp. 105-128; BALFOUR, S., cit., pp. 220 y ss.
[47] *Carta de Aurelio*, 26-III-1974, AHPCE, Activistas, c. 93; *Informe de Víctor*, mayo 1975, cit.; *Informe por el CP el la conferencia de las organizaciones madrileñas del PCE*, 1974, cit., pp. 39 y ss. *Camaradas regresados al país*, 1974-1975, AHPCE, Datos de Organización, jj. 48-52.
[48] *Información sobre el movimiento obrero madrileño*, 2-XII-1974, *Informes sobre el movimiento obrero*, 1975, AHPCE, NyR, Madrid, jj. 691, 703-705; *Carta de Alejandro*, 16-XII-1974, AHPCE, Activistas, c. 93; *Memoria del Gobierno Civil de Madrid, correspondiente al año 1974*, AGA, MG, c. 32/11445. Para un análisis de los conflictos laborales durante este periodo, y su relación con la crisis económica, ver: «Paros, cierres, manifestaciones, intervenciones de la fuerza pública», *Triunfo*, 14-XII-1974, pp. 18-23.
[49] *Informe por el CP el la conferencia de las organizaciones madrileñas del PCE*, 1974, cit., p. 19; *Spanish strikes and labor situation*, 29-XI-1974, NARA, CFPF, Telegrams.
[50] IBARRA, P., cit., pp. 284-314.
[51] *Informe de la Reunión General de CCOO*, enero 1975, AHCCOOA, Comisiones Obreras Clandestinas, sig. 9.1; IRIARTE, J. V., cit., p. 180; *Informe de la Reunión General de CCOO*, julio 1974, AHPCE, NyR, Cataluña, c. 59.
[52] LLOBREGAT, R., «El desarrollo de las luchas obreras en el primer mes del año», *Nuestra Bandera*, n. 78, enero-febrero 1975, pp. 11-14; *Informe de la Reunión General de CCOO*, enero 1975, cit.; GARCÍA PIÑEIRO, R., ERICE SEBARES, F., cit., pp. 174-177; Carta de Juliá, mayo 1975, AHPCE, NyR, Cataluña, j. 2664; «Hacia la huelga nacional», *Mundo*

Obrero, 19-II-1975. Sobre la huelga de los actores ver, por ejemplo: «Punto muerto en la huelga de actores», *Informaciones*, 8-II-1975. Sobre la UMD ver: BUSQUETS, J., *Militares y demócrata*s, Barcelona, Plaza & Janés, 1999.

53 *Declaración del PCE*, abril 1975, AHFPM, Jaime Sartorius, sig. 11-1.
54 *Carta de Alejandro*, 19-V-1975, AHPCE, Activistas, c. 93; *Carta sin título*, mayo 1975, *Queridos camaradas*, 26-V-1975, AHPCE, NyR, Madrid, jj. 738, 748.
55 *Cartas de Alejandro*, 19-V-1975 y 1-VI-1975, AHPCE, Activistas, c. 93; *A los trabajadores y al pueblo de Madrid*, mayo 1975, AHCCOOA, Comisiones Obreras Clandestinas, sig. 11.15.
56 «Las tres jornadas de acción democrática», *Mundo Obrero*, 30-V-1975.
57 *Carta de Alejandro*, 1-VI-1975, cit.
58 *Carta de Santiago*, 26-V-1975, AHPCE, Activistas, c. 93.
59 *Declaración de la Junta Democrática de Madrid*, junio 1975, AHPCE, Documentos, carp. 56; *Comunicado de la Coordinadora General de CCOO*, 16-VI-1975, AHPCE, MO, c. 83; *Mundo Obrero*, 14-VI-1975; «4 de junio: victoria del pueblo madrileño», *En Lucha*, 25-VI-1975.
60 «Parados, pero, ¿cuántos?», *Triunfo*, 14-VI-1975. Para una versión filogubernamental ver, por ejemplo: «El fracaso de la Junta», *El Alcázar*, 5-VI-1975; «Escasa resonancia de la denominada «jornada de lucha»», *ABC*, 5-VI-1975.
61 DE RIQUER, B., cit., p. 720.
62 SOTO, Á., «Auge y caída de la Organización Sindical Española», cit., pp. 266-267.
63 COMÍN, A., «Unas elecciones históricas», *Triunfo*, 31-V-1975.
64 CARRILLO, S., *Hacia el post-franquismo (Pleno ampliado del CC del PCE)*, abril 1974, p. 24, AHPCE, Dirigentes, c. 6.
65 *Informes sobre el movimiento obrero*, 1975, cit., p. 2.
66 *Informe de Madrid*, 1975, p. 10, AHPCE, NyR, Madrid, j. 730. Ver los diversos documentos publicados en el *Boletín Informativo de la DECO*, mayo 1975. Ver también los llamamientos a la participación aparecidos en los números de mayo de *Mundo Obrero*.
67 *Los problemas de la clase obrera*, número extraordinario de *Cuadernos para el Diálogo*, junio 1975; *Ante las elecciones sindicales*, marzo 1975, AHFPI, ORT, sig. 8-22; AROCA, M., *La Unión Sindical Obrera (USO): del nacimiento del Nuevo Movimiento Obrero a la búsqueda de espacios sindicales en la Transición, paper* presentado en el seminario *Exilio y antifranquismo*, organizado por el CIHDE en la UNED, Historia del Presente, pp.113-131
68 *Reunión CE de UGT*, 12-IV-1975, AHFFLC, UGT en el exilio, sig. 254-34.
69 *Doblón*, 5-VII-1975. Con los «enanos» se hacía referencia a las declaraciones de Girón según las cuales había «enanos infiltrados» en la OSE.

70 *Assessment of Syndical elections*, 12-VII-1975, NARA, CFPF, Telegrams; «Balance electoral», *Triunfo*, 5-VII-1975; SOTO, Á., «Auge y caída de la Organización Sindical Española», cit., pp. 275-276; CUE, G., «Las elecciones sindicales de 1975 en la historia del sindicalismo español de posguerra», en *Revista de Estudios Sindicales*, n. 41, 1977, pp. 27-42.

71 *Carta de Alejandro*, 30-VI-1975, AHPCE, Activistas, c. 93; *Primeros resultados de las elecciones de enlaces sindicales*, 1975, AHPCE, MO, jj. 529-530; *Carta de Asturias*, 12-VII-1975, AHPCE, NyR, Asturias, c. 80; *El movimiento obrero en Galicia*, agosto 1975, AHPCE, MO, j. 539; *Informe de Navarra*, 13-XI-1975, AHPCE, NyR, Euskadi, j. 919; *Comunicado de la Coordinadora Regional de CCOO de Andalucía*, julio 1975, AHCCOOA, Comisiones Obreras Clandestinas, sig. 9.6; «Elecciones sindicales», *Mundo Obrero*, 30-VI-1975; «Tras las elecciones sindicales», *Mundo Obrero*, 7-VII-1975; RUIZ, D. (ed.), cit.

72 BOIX, I., PUJADAS, M., *Conversaciones sindicales con dirigentes obreros*, Barcelona, Avance, 1975; MORENO, J. F., «Ni legalitis ni clandestinitis», en *Gaceta de Derecho Social*, enero-febrero 1976, pp. 10-11.

73 «Irregularidades para un veto», *Triunfo*, 5-VII-1975.

74 *Second phase of Syndical elections*, 15-X-1975, *Political and economic trends*, 26-VII-75, NARA, CFPF, Telegrams.

75 MARTÍN VILLA, R., *Al servicio del Estado*, Barcelona, Planeta, 1984, pp. 15-16.

76 TUSELL, J., QUEIPO DE LLANO, G., *Tiempo de incertidumbre...*, cit., pp. 204 y ss. Para la reacción en Italia, ver por ejemplo: ABC, 27-IX-1975, *Informaciones*, 29-IX-1975.

77 El discurso pronunciado por Juan Carlos ante las Cortes el 22 de noviembre de 1975 puede consultarse en SÁNCHEZ NAVARRO, Á. J. (ed.), *La transición española en sus documentos*, Madrid, CEPC/BOE, 1998, pp. 185-190. La versión clásica sobre la presunta orientación democrática de Juan Carlos desde antes del nombramiento de Suárez en POWELL, C., *El piloto...*, cit. Un análisis crítico de esta interpretación en GALLEGO, F., cit., pp. 209 y ss. Ver asimismo el interesante texto de MUÑOZ, J., «Hacia la transición: Monarquía y República en los debates de la prensa», en LARIO, Á. (ed.), *Monarquía y República en la España Contemporánea*, Madrid, UNED-Biblioteca Nueva, 2007, pp. 329-349.

78 TUSELL, J., QUEIPO DE LLANO, G., *Tiempo de incertidumbre...*, cit., pp. 253 y ss.; MOLINERO, C., YSÀS, P., *La anatomía del franquismo*, cit., pp. 229-249; SOTO, Á., *Transición y cambio en España*, Madrid, Alianza, 2005, pp. 57 y ss.

79 *II Conferencia del Partido Comunista de España*, septiembre 1975, AHPCE, Documentos, carp. 56.

80 *Franco desaparecido. Las tareas del movimiento obrero para que el franquismo desaparezca también*, noviembre 1975, p. 14, AHPCE, Dirigentes, c. 6, carp. 2.2.

[81] La expresión ha sido acuñada posteriormente por Nicolás SARTORIUS y Alberto SABIO en su libro *El final de la dictadura. La conquista de la democracia en España*, Madrid, Temas de Hoy, 2007.

[82] GARCÍA DELGADO, J. L. (ed.), *Economía española en la transición y la democracia*, Madrid, CIS, 1990; SERRANO SANZ, J. M., «Crisis económica y transición política», en *Ayer*, n.º 15, 1994, pp. 135-164.

[83] *Franco desaparecido. Las tareas del movimiento obrero para que el franquismo desaparezca también*, cit., p. 19.

[84] *Ibídem*, p. 20.

[85] PÉREZ DÍAZ, V., *Clase obrera, partidos y sindicatos*, Madrid, Instituto Nacional de Industria, 1979, p. 23; MARAVALL J. M., *La política...*, cit., p. 32.

[86] *Franco desaparecido. Las tareas del movimiento obrero para que el franquismo desaparezca también*, cit., p. 32.

[87] *Circular de la Comisión Permanente de la Junta Democrática de España a las Juntas Democráticas*, 24-VII-1975, AHPCE, NyR, Madrid, c. 65.

[88] *Carta de Víctor*, 28-VI-1975, p. 3, AHPCE, NyR, Madrid, c. 65.

[89] AVILÉS, J. (ed.), *Terrorismo en la España democrática*, monográfico de *Historia del Presente*, n.º 14, 2009.

[90] *Instrucciones reservadas de la Comisión Permanente de la Junta Democrática de España a las Juntas Democráticas*, 22-X-1975, AHPCE, NyR, Madrid, j. 768.

[91] *Contra el continuismo juancarlista*, 27-X-1975, AHPCE, MO, c. 83, carp. 3.

[92] *Carta de Alejandro*, 16-XI-1975, AHPCE, Activistas, c. 93.

[93] «Movilización solidaria urgente», *Mundo Obrero*, 18-XI-1976.

[94] Declaración publicada en *Mundo Obrero*, 25-XI-1975.

[95] VALENZUELA, S. J., «Labor Movements in Transitions to Democracy», en *Comparative Politics*, n. 21, 1989, pp. 445-472.

[96] *Comunicado del Secretariado de la Coordinadora General de CCOO*, diciembre 1975, AHPCE, MO, c. 83, carp. 3; «Las jornadas de acción del 10 al 12 de diciembre», *Mundo Obrero*, 17-XII-1975; *Queridos camaradas*, 13-XII-1975, *Queridos (1)*, 27-XII-1975, AHPCE, NyR, Asturias, jj. 478, 482. Para los datos oficiales ver los números del *ABC* y *La Vanguardia* del 11 y 12 de diciembre de 1975.

[97] *Carta de Carlos*, 4-I-1976, AHPCE, Activistas, c. 93.

[98] *Carta de Carlos*, 12-I-1976, AHPCE, Activistas, c. 93; DÍAZ CARDIEL, V., PLA, J. F., TEJERO, A., TRIANA, E., *Madrid en huelga: enero 1976*, Madrid, Ayuso, 1976, pp. 93-101; FRAGA, M., *En busca del tiempo servido*, Barcelona, Planeta, 1987, p. 30; *ABC*, 7-I-1976; *Madrid subway strike continues*, 9-I-1976, NARA, CFPF, Telegrams.

[99] «Una huelga subterránea», *La Vanguardia*, 8-I-1976.

[100] *Al pueblo de Madrid*, 10-I-1976, AHFPM, DECO, sig. 7-12.

[101] «A la huelga cien, a la huelga mil», en *Gaceta de Derecho Social*, enero-febrero 1976, pp. 4-18; DÍAZ-CARDIEL, V., PLA, J. F., TEJERO, A., TRIANA, E., cit.; *De octubre a octubre. 1976-1977: un año de experiencias de la Unión Sindical de Madrid-Región*, Madr, CCOO, 1978, pp. 11-14; GALLEGO, F., cit., pp. 351 y ss.; VALDEVIRA, G., cit., pp. 204 y ss.

[102] AGUILAR, P., «La amnesia y la memoria. Las movilizaciones por la amnistía en la transición a la democracia», en PÉREZ LEDESMA, M., CRUZ, R. (eds.), *Cultura y acción colectiva en la España contemporánea*, Madrid, Alianza, 1997, pp. 327-357.

[103] «Declaración política del Partido Comunista de España», *Mundo Obrero*, 14-I-1976. Ver también el *Documento de los cien*, difundido por CCOO, que se expresaba en términos semejantes: *A la opinión pública*, enero 1976, AHCCOOA, Comisiones Obreras Clandestinas, sig. 9.3.

[104] LÓPEZ RODÓ, L., *Claves de la Transición. Memorias (IV)*, Barcelona, Plaza & Janés, 1993, p. 210.

[105] *Informe sin título*, enero 1976, p. 5, AHFPI, ORT, sig. 4-11. Ver también la valoración dada a posteriori en el *III Pleno del Comité Central*, 2-4 junio 1978, AHFPI, ORT, sig. 10-2.

[106] Estos argumentos han sido ampliamente expuestos en un libro que, publicado pocos meses después de los acontecimientos, tenía como finalidad clara la defensa del comportamiento de los comunistas ante los ataques de quienes les acusaban de haber traicionado una eventual meta revolucionaria: DÍAZ CARDIEL, V., PLA, J. F., TEJERO, A., TRIANA, E., cit. Ver también: *Querido Santiago*, 26-I-1976, AHPCE, Activistas, c. 93; *Mundo Obrero*, 27-I-1976; PIÑEDO, A., «Las lecciones de una gran huelga», en *Gaceta de Derecho Social*, enero-febrero 1976, pp. 41-43. Resultan interesantes, además, las consideraciones de la Jefatura Superior de Policía de Barcelona citadas en SÁNCHEZ-TERÁN, S., *De Franco a la Generalitat*, Barcelona, Planeta, 1988, p. 36.

[107] LÓPEZ PINA, A., ARANGUREN, E. L., *La cultura política de la España de Franco*, Madrid, Taurus, 1976; LÓPEZ PINTOR, R., *La opinión pública española. Del franquismo a la democracia*, Madrid, CIS, 1983.

[108] CLAUDÍN, F., *Santiago Carrillo...*, cit., p. 232, BALFOUR, S., cit., p. 236.

[109] Ver las reflexiones contenidas en GALLEGO, F., cit., p. 284.

[110] CLAUDÍN, F., *Santiago Carrillo...*, cit., p. 233.

[111] Ver la crítica de este enfoque típica de la prensa progubernamental realizada en «¿Solución negociada?», *Triunfo*, 24-I-1976.

[112] «Conferencia de prensa del PCE en Madrid», *Mundo Obrero*, 4-II-1976.

[113] Ver, por ejemplo, cómo se trata el tema de las huelgas en «Luchas obreras y movimiento democrático», *Mundo Obrero*, 25-II-1976. Véase también VEGA, R., *Comisiones Obreras de Asturias...*, cit., p. 98.

[114] *Declaraciones de Víctor Alba*, 27-9-1976, AGA, MIT, GE, c. 640.

[115] DURÁN, R., *Contención y trasgresión*, Madrid, CEPC, 2000.
[116] Para una descripción de las numerosas movilizaciones de esta fase: SARTORIUS, N., SABIO, A., cit., pp. 51 y ss.; MARAVALL, J. M., *La política...*, cit., pp. 26 y ss.
[117] DOMÈNECH, X., *Quan el carrer va deixar de ser seu*, Barcelona, Abadía de Montserrat, 2002.
[118] «La Acción Democrática de Sabadell», *Mundo Obrero*, 4-III-1976. Para la valoración del PSUC, notablemente más entusiasta, ver: MOLINERO, C., YSÀS, P., *Els anys del PSUC. El partit de l'antifranquisme*, Barcelona, L'Avenç, 2010, pp. 185 y ss.
[119] FRAGA, M., cit., p. 38.
[120] GUINDAL, M., GIMÉNEZ, J., *El libro negro de Vitoria*, Madrid, Ediciones 99, 1976.
[121] TUSELL, J., QUEIPO DE LLANO, G., *Tiempo de incertidumbre...*, cit., pp. 295-296.
[122] «Declaración del CE del PCE, 8-III-1976», *Mundo Obrero*, 11-III-1976.
[123] «Declaración del CE del PCE, 20-III-1976», *Mundo Obrero*, 24-III-1976. Ver también: BRABO, P., «El pacto necesario», *Cambio 16*, 12-IV-1976.
[124] CARRILLO, S., *Memorias*, cit., p. 622.
[125] «A los pueblos de España», *Mundo Obrero*, 30-III-1976.
[126] VIDAL-BENEYTO, J., cit., p. 118.
[127] CARRILLO, S., *El año de la peluca*, Barcelona, Ediciones B, 1987; MORÁN, G., cit., pp. 506 y ss.; *III Conferencia de la organización de Madrid*, mayo 1976, AHPCE, NyR, Madrid, c. 65.
[128] FERNÁNDEZ-MIRANDA, P. y A., *Lo que el Rey me ha pedido. Torcuato Fernández-Miranda y la reforma política*, Barcelona, Plaza & Janés, 1995, p. 173.
[129] *El País*, 4-V-1976.
[130] *Newsweek*, 25-IV-1976.
[131] DAHL, R., *Polyarchy*, New Haven, Yale University Press, 1971.
[132] SOTO, Á., «Conflictividad social y transición sindical», en TUSELL, J., SOTO, Á. (eds.), *Historia de la Transición (1975-1986)*, Madrid, Alianza, 1996, p. 379.
[133] TUSELL, J., QUEIPO DE LLANO, G., *Tiempo de incertidumbre...*, cit., pp. 320 y ss.; ALEXANDER, G., «Riesgo político y consolidación democrática: una reinterpretación del caso español», en *Revista Española de Ciencia Política*, n.º 5, 2001, pp. 49-77; REDERO, M., «Apuntes para una interpretación de la transición política en España», en Ayer, n.º 36, 1999, pp. 261-281.
[134] *Informe sociológico sobre el cambio político en España. 1975-1981. IV Informe FOESSA*, Madrid, Euramérica, 1981, pp. 151-154; AGUILAR, P., *Memoria y olvido de la Guerra Civil española*, Madrid, Alianza, 1996.

[135] FISHMAN, R., cit., p. 2.
[136] *Manifiesto de la unidad sindical*, enero 1976, AHPCE, MO, c. 83; «Marcelino Camacho: «La unidad, vital»», *Triunfo*, 10-I-1976, pp. 38-39; CAMACHO, M., *Charlas en la prisión...*, cit.; SARTORIUS, N., *El resurgir del movimiento obrero*, Barcelona, Laia, 1975; ARIZA, J., *Comisiones Obreras*, cit.
[137] *Consecuencias del éxito de las últimas elecciones*, 12-XI-1975, AHPCE, MO, c. 87, carp. 2; intervención de CAMACHO en «Mesa redonda: Reforma o ruptura», en *Cuadernos para el Diálogo*, enero 1976, p. 13; SABORIDO, E., «La unidad y la alternativa sindical de los trabajadores», en *Gaceta de Derecho Social*, abril 1976, p. 23; FRUTOS, F., «Táctica y estrategia», en *Gaceta de Derecho Social*, junio 1976, pp. 20-21.
[138] *Manifiesto de la unidad sindical*, enero 1976, cit., p. 12; *Manifiesto-Programa del PCE*, septiembre 1975, AHPCE, Documentos, carp. 56; *Consecuencias del éxito de las ultimas elecciones*, 12-XI-1975. Para la crítica del modelo portugués: CARRILLO, S., «Discurso en una reunión de militantes», *Nuestra Bandera*, marzo-junio 1975, pp. 3-14.
[139] «Encuesta: unidad o pluralismo sindical», en *Cuadernos para el Diálogo*, marzo 1975, pp. 16-20.
[140] KÖHLER, H. D., *El movimiento sindical en España*, Madrid, Fundamentos, 2001, p. 93.
[141] *Hacia una salida sindical*, 1976, Circular CE, 25-IV-1976, AHFFLC, UGT en el exilio, sig. 389-20 e 255-2; MATEOS, A., *Exilio y clandestinidad. La reconstrucción de UGT, 1939-1977*, Madrid, UNED, 2002.
[142] *Sobre el movimiento obrero*, 1976, AHCCOOA, Comisiones Obreras Clandestinas, sig. 9.1.
[143] MARÍN, J. M., «La Coordinadora de Organizaciones Sindicales (COS): una experiencia de unidad de acción sindical durante la transición», en *Espacio, Tiempo y Forma*, n.º 9, 1996, pp. 295-313; *Dossier «Coordinadora Sindical»*, 5-VI-1976, AHFFLC, Fondo Zufiaur, sig. 790-5.
[144] GÓMEZ CASAS, J., *El relanzamiento de la CNT, 1975-1979*, Madrid, CNT-AIT, 1984; CARMONA, P., *Transiciones. CNT (1976-1981)*, Madrid, FAL, 2004.
[145] Instituto de Estudios Laborales y de Seguridad Social, *La reforma sindical en el primer gobierno del Rey (diciembre 1975-junio 1976)*, Madrid, Informes de Documentación Social, 1977.
[146] *Sobre el reforzamiento de CCOO*, mayo 1976, AHCCOOA, Comisiones Obreras Clandestinas, sig. 9.4.
[147] *Ibídem*; MARCOS, J., «CCOO por la unidad libremente decidida», en *Gaceta de Derecho Social*, junio 1976, pp. 10-12; CAMACHO, M., *Confieso...*, cit., p. 441.
[148] FERNÁNDEZ-MIRANDA. P. y A., cit., pp. 204-214. Para algunas reacciones de la prensa española e internacional, ver: SÁNCHEZ NAVARRO. Á. J. (ed.), cit., pp. 277-287.

[149] *Declaración del CE del PCE*, 9-VII-1976, AHPCE, Documentos, carp. 57.
[150] CARRILLO, S., «Tras la inevitable caída de Arias, la precaria ascensión de Suárez», *Mundo Obrero*, 7-VII-1976.
[151] CARRILLO, S., *De la clandestinidad a la legalidad. Informe presentado al pleno del CC del PCE*, 28-31 julio 1976, AHPCE, Dirigentes, c. 6.
[152] MARCOU, L., *El movimiento comunista internacional desde 1945*, Madrid, Siglo XXI, 1981; CALDUCH, R., «El movimiento comunista europeo frente al Eurocomunismo: la Conferencia de Berlín-Este», en *Revista de Instituciones Europeas*, n.º 4, 1977, pp. 61-74; *Intervención de Santiago Carrillo en la Conferencia de PPCC y OO de Europa*, suplemento de *Mundo Obrero*, 1976.
[153] *Actas del VIII Congreso del Partido Comunista de España*, 1972, cit., pp. 188-189.
[154] *Informe de Manuel Azcárate al CC del PCE*, septiembre 1973, pp. 21-22, AHPCE, Dirigentes, c. 1, carp. 9.
[155] *Actas del VIII Congreso del Partido Comunista de España*, 1972, cit., p. 188.
[156] *Informe de Manuel Azcárate al CC del PCE*, septiembre 1973, cit., p. 29.
[157] Hacemos referencia aquí a una versión del artículo traducida en español: *Artículo publicado en la revista 'Partinaia Jisn' (febrero 1974, Moscú)*, p. 45, AHPCE, Dirigentes, c. 1, carp. 9.
[158] *Hacia el Post-franquismo. Informe presentado por S. Carrillo en el pleno del CC del PCE*, abril 1974, pp. 34, 36-37, AHPCE, Dirigentes, c. 6.
[159] KINDERSLEY (ed.), cit.; BOGGS, C., PLOKE, D. (eds.), *The politics of Eurocommunism: socialism in transition*, Londres, MacMillan, 1980; GODSON, R. (ed.), *Eurocommunism: Implications for East and West*, Londres, MacMillan, 1978; MACHÍN, H. (ed.), *National Communism in Western Europe. A third way for socialism?*, Londres, Methuen, 1983; ANTONIAN, A., *Toward a Theory of Eurocommunism*, Nueva York, Greenwood Press, 1987. Entre las contribuciones más recientes, ver: PONS, S., *Berlinguer e la fine del comunismo*, Turín, Einaudi, 2006. Para el caso del PCE: SÁNCHEZ RODRÍGUEZ, J., cit., pp. 195 y ss.
[160] «Comunicado conjunto de los PPCC de Italia, Francia y España. 3 de marzo de 1977», *Mundo Obrero*, 7-III-1977.
[161] SÁNCHEZ MILLÁS, P., «Eurocomunismo. ¿Estrategia conjunta o coincidente mecanismo para tres consolidaciones internas diferentes?», en BUENO, M., HINOJOSA, J., GARCÍA, C. (eds.), cit., Vol. II, pp. 385-398.
[162] MOLINERO, C., YSÀS, P., *La anatomía del franquismo*, cit., p. 250.
[163] DEL ÁGUILA, R., «La dinámica de la legitimidad en el discurso político de la Transición», en COTARELO, R. (ed.), *Transición política y consolidación democrática. España (1975-1986)*, Madrid, CIS, 1992, pp. 47-76.

¹⁶⁴ Dado que Carrillo no quería revelar que estaba viviendo clandestinamente en Madrid, designó a Jaime Ballesteros como su portavoz para futuros contactos en territorio español: OSORIO, A., *Trayectoria política de un Ministro de la Corona*, Barcelona, Planeta, 1980, p. 166; CARRILLO, S., *Memorias*, cit., pp. 630-631.

¹⁶⁵ OSORIO, A., cit., p. 169; Bardavio J., *Sábado Santo Rojo*, Madrid, UVE, 1980, p. 60.

¹⁶⁶ *Resumen de las cuestiones planteadas por la delegación de CCOO en su entrevista con el ministro de Relaciones Sindicales el día 7 de septiembre en Madrid*, AHFPI, ORT, Otras Organizaciones, sig. 3-4; *Informe*, 7-IX-1976, AGA, MIT, GE, c. 689.

¹⁶⁷ LÓPEZ RODÓ, L., cit., p. 274.

¹⁶⁸ «Asambleas mil», en *Gaceta de Derecho Social*, junio 1976, pp. 30-37.

¹⁶⁹ «Nota conjunta de CNT y UGT de Asturias», *ABC*, 15-VI-1976; *Nota informativa de la Dirección General de Coordinación*, 18-VI-1976, AGA, MIT, GE, c. 424.

¹⁷⁰ Ver el análisis de las dificultades que caracterizaban en esta fase las relaciones entre los diversos grupos sindicales realizado por MARÍN, J. M., *Los sindicatos y la reconversión industrial durante la transición*, Madrid, Consejo Económico y Social, 1997, pp. 34-40.

¹⁷¹ *Asamblea General de CCOO. Barcelona 1976*, Barcelona, Laia, 1976, p. 64.

¹⁷² *Comunicado de CCOO*, 29-IX-1976, AHPCE, MO, c. 85; ARIZA, J., *Comisiones Obreras*, cit., pp. 79-84.

¹⁷³ ROCA VIDAL, J. M., *Poder y pueblo. Un análisis del discurso de la prensa de la izquierda radical sobre la Constitución Española de 1978*, Madrid, Complutense.

¹⁷⁴ *Asamblea General de CCOO. Barcelona 1976*, pp. 55-57. Para la alternativa de la ORT ver también: «De no existir Comisiones Obreras existirían siete sindicatos más», *En Lucha*, 22-V-1976; «El futuro sindical se labra desde ahora», *En Lucha*, 29-V-1976.

¹⁷⁵ *Comunicado de CCOO*, 29-IX-1976, cit. Ver también dos importantes documentos aprobados en la misma reunión: *Proyecto de bases provisionales para unas normas de afiliación*, y *Esbozo de las grandes líneas para la elaboración de un programa*, 29-IX-1976, AHPCE, MO, c. 83.

¹⁷⁶ *Pleno del CC del PSUC*, septiembre 1976, pp. 8-9, AHPCE, Dirigentes, c. 23, carp. 5.

¹⁷⁷ *Pueblo*, 18-X-1976; *Diario 16*, 19-X-1976.

¹⁷⁸ SOTO, Á., «Conflictividad social y transición sindical», cit., pp. 390-391.

¹⁷⁹ «Asamblea de CCOO», *En Lucha*, 13-XI-1976; «Los dirigentes revisionistas del PCE provocan la división de CCOO», *En Lucha*, 23-X-1976.

¹⁸⁰ *Comunicado del I Pleno del CC de la ORT*, noviembre 1976, AHFPI, ORT;

Asamblea de Coslada. Actas, 7-XI-1976, AHPCE, MO, c. 83, carp. 1.

[181] «Sindicato y unidad», *Mundo Obrero*, 24-X-1976; ARIZA, J., *La Confederación Sindical de Comisiones Obreras*, Barcelona, Avance, 1977; «Consumada la escisión en CCOO de la construcción en Burgos», *Informaciones*, 12-X-1976; *Pueblo*, 22-XI-1976.

[182] «Siguen las defecciones desde las Comisiones Obreras hacia la UGT», *Pueblo*, 6-X-1976.

[183] «Seiscientos mil huelguistas en el País Vasco», *El País*, 28-IX-1976.

[184] ALONSO-CASTRILLO, S., *La apuesta del centro. Historia de la UCD*, Madrid, Alianza, 1996.

[185] CARRILLO, S., *El año...*, cit., p. 58.

[186] «España necesita una verdadera democracia», *El País*, 22-IX-1976.

[187] «El PCE rechaza la reforma Suárez», *Mundo Obrero*, 15-IX-1976; «Coordinación Democrática rechaza el proyecto de reforma política», *ABC*, 19-IX-1976.

[188] «El documento de la ruptura en la calle», *Informaciones*, 4-X-1976.

[189] «Ante la jornada de paro», *Mundo Obrero*, 7-XI-1976; MARÍN J. M., *Los sindicatos...*, cit., pp. 45-48; *Acta de la reunión del Secretariado de la UD de CCOO de Madrid*, 19-XI-1976, AHFPM, USMR, sig. 1-1; «COS. Razones de la abstención», *Mundo Obrero*, 8-XII-1976.

[190] *Nota informativa del Servicio de Información*, noviembre 1976, *Informe relativo a la huelga general del próximo día 12*, 10-XI-1976, AGA, MIT, GE, c. 694.

[191] *Reunión del Secretariado de la Coordinadora General de CCOO*, 2-XI-1976, AHFPM, Secretariado Confederal, sig. 70-13; *Trabajadores, trabajadores*, 18-X-1976, AHFFLC, Fondo Zufiaur, sig. 790-5; «La COS llama a asambleas de fábricas», *Diario 16*, 30-X-1976; *Ya*, 6-XI-1976.

[192] *Informe confidencial*, 10-XI-1976, AGA, MIT, GE, c. 694.

[193] MARTÍN VILLA, R., cit., p. 55.

[194] *Nota informativa del Servicio de Información*, noviembre 1976, cit., p. 2; *Jefatura de información. Asunto: metropolitano madrileño*, 11-XI-1976, AGA, MIT, GE, c. 694.

[195] *Nota informativa del Servicio de Información*, noviembre 1976, cit., p. 4.

[196] *12 de noviembre: jornada de paro*, noviembre 1976, AHPCE, MO, c. 83; PRIETO J., «Huelga discutida», *Cuadernos para el Diálogo*, 26-XI-1976, p. 52; *El País*, 13-XI-1976.

[197] SARTORIUS, N., SABIO, A., cit., pp. 117-118.

[198] GALLEGO, F., cit., p. 452.

[199] *El País*, 2-XII-1976. En la Comisión Negociadora por el PCE se incluyó a Carrillo, pero encontrándose éste aún en la clandestinidad entró en su lugar Sánchez Montero.

[200] MARÍN, J. M., «La Coordinadora de Organizaciones Sindicales (COS): una experiencia de unidad de acción sindical durante la transición», cit.

201 Citato in MORÁN, G., cit., p. 530.
202 «Comunicado del CE del PCE. 23-XI-1976», *Mundo Obrero*, 5-XII-1976.
203 BOTELLA, J., «Spanish Communism in Crisis», en WALLER, M., FENNEMA, M. (eds.), *Communist Parties in Western Europe. Decline or Adaptation?*, Londres, Blacwell, 1988, pp. 69-85.
204 Para las razones del «sí» ver: *Informe sociológico sobre el cambio político en España. 1975-1981. IV Informe FOESSA*, cit., pp. 99-103. Il PCE reaccionó diciendo que, en realidad, la victoria del «sí» no descalificaba a la oposición por cuanto confirmaba que los españoles querían democracia independientemente de quién la trajera: «Referéndum, a pesar de sus promotores», *Mundo Obrero*, 26-XII-1976.
205 JULIÁ, S., «Sociedad y política», en TUÑON DE LARA, M. (ed.), *Transición y democracia*, Barcelona, Labor, 1992, pp. 74-75.
206 VARELA-GUINOT, H., *La legalización del Partido Comunista de España*, Madrid, Instituto Juan March, 1990.
207 AREILZA, J. M., *Cuadernos de la Transición*, Barcelona, Planeta, 1983, p. 72.
208 «Rueda de prensa del Secretario General del PCE», *Mundo Obrero*, 26-XII-1976.
209 Para la política socialista en esta fase ver: MATEOS, A., «Una transición dentro de la transición. Auge, unidad y conversión de los socialistas», en TUSELL, J., SOTO, Á. (eds.), cit., pp. 216-235; JULIÁ, S., *Los socialistas...*, cit., pp. 469 y ss.
210 CAMACHO, M., *Confieso...*, cit., p. 409; CARRILLO, S., *Memorias*, cit., pp. 636 y ss.
211 *Carta al Presidente del Gobierno y a la opinión pública*, 23-XII-1976, AHPCE, Documentos, carp. 57.
212 Para las movilizaciones y las distintas reacciones, ver: «La libertad de Carrillo arrancada por el pueblo», *Mundo Obrero*, 28-XII-1976; «Carrillo: la solución está próxima», *Diario 16*, 24-XII-1976; «El Partido Comunista amenaza al Gobierno», *El Alcazar*, 24-XII-1976.
213 OSORIO, A., cit., p. 258.
214 Véase, sólo a modo de ejemplo: FALLACI, O., «Il sangue della Spagna. Intervista a Santiago Carrillo», *L'Europeo*, 10-X-1975; «Declaraciones de Hugh Thomas», *Arriba*, 18-I-1977; *The Spanish Communist Party Then and Now*, 14-IV-1976, NARA, CFPF, Telegrams. Ver también los numerosos recortes de prensa conservados en AHPCE, Documentos, carp. 58.
215 «Ante la legalización del máximo enemigo de la libertad», *ABC*, 1-II-1977.
216 *Informe PCE*, enero 1977, Archivo Histórico de la Presidencia de Gobierno (AHPG), legajo 288, carp. 1.
217 *CCOO y Asociaciones de vecinos*, 1976, AHPG, legajo 1951, carp. A-37.

218 AREILZA, J. M., «Salir de la crisis», *El País*, 28-X-1976; Íd., *Cuadernos...*, cit., p. 72. Ver en este sentido la actitud pragmática de la burguesía catalana respecto a la legalización de los comunistas descrita en SÁNCHEZ-TERÁN, S., cit., p. 65.
219 *Informe PCE*, enero 1977, cit.
220 VIDAL-BENEYTO, J., «La obstinación de los hechos», *El País*, 3-XII-1976.
221 «Carrillo y su partido», *Ya*, 24-XII-1976.
222 *ABC*, 13-I-1977.
223 Los muertos fueron los abogados Enrique Valdevira, Luis Javier Benavides y Francisco Javier Sauquillo, el estudiante Serafín Holgado de Antonio y el técnico administrativo Ángel Rodríguez. Ver RUIZ-HUERTA, A., *La memoria incómoda. Los abogados de Atocha*, Burgos, Dossoles, 2006; CABREJAS, G., «La matanza de Atocha y la Semana Negra de la transición española», en BUENO, M., HINOJOSA, J., GARCÍA, C. (eds.), cit., Vol. II, pp. 399-412; «Una semana negra», *Diario 16*, 29-I-1977.
224 CARRILLO, S., «Reconciliación para la democracia», *Mundo Obrero*, 27-1-1977. Ver, asimismo: SÁNCHEZ MONTERO, S., *Camino de libertad...*, cit., pp. 337-338.
225 *Comunicado del Secretariado de la Confederación Sindical de CCOO y del Secretariado de la Unión Sindical de CCOO de Madrid*, 25-I-1977, AHPCE, MO, c. 83.
226 *Reacciones ante los asesinatos*, 25-I-1977, AHFPM, DECO, sig. 21-17; *Resolución del Secretariado*, 15-II-1977, AHFPM, Secretariado Confederal, sig. 66-8.
227 «El Gobierno Civil resalta la serenidad de la jornada» y «Casi medio millón de trabajadores pararon ayer en España», *Informaciones*, 27-I-1977; «Adiós en silencio», *Diario 16*, 27-I-1977; «Orden, serenidad y respeto», *Ya*, 27-I-1977; VARELA-GUINOT, H., cit., pp. 17-18.
228 MUJAL-LEÓN, E., «The Spanish Communists and the Search for Electoral Space», en PENNIMAN, H., MUJAL-LEÓN, E. (eds.), *Spain at the Polls (1977-1982)*, Duke University Press, 1985, pp. 160-187; *Informe sociológico sobre el cambio político en España. 1975-1981. IV Informe FOESSA*, cit., p. 236.
229 *Candidaturas electorales*, abril 1977, AHPCE, Documentos, carp. 58; *¿Que hacer ante las elecciones generales?*, 1977, AHCCOOA, Comisiones Obreras Clandestinas, sig. 9.3; GUNTHER, R., SANI, G., SHABAD, G., *El sistema de partidos políticos en España*, Madrid, CIS/Siglo XXI, 1986, pp. 236-237.
230 PÉREZ DÍAZ, V., *Clase obrera...*, cit., p. 109.
231 CAMACHO, M., *Confieso...*, cit., p. 439.
232 TAMAMES, R., *Una explicación de los acuerdos de la Moncloa*, octubre

1977, AHPCE, Documentos, carp. 58; ARAYA, R., «Asegurar el pan y la libertad. La postura de Comisiones Obreras ante el Pacto de la Moncloa», en *Historia del Presente*, n.º 14, 2009, pp. 151-164.

[233] FISHMAN, R., cit., pp. 163-173.

CONCLUSIONES

Al finalizar la Guerra Civil, las fuerzas que habían combatido en defensa de la República no podían imaginar que la dictadura de Franco iba a durar casi cuarenta años. Por eso adoptaron una estrategia a corto plazo, ligándola a una perspectiva más general de lucha contra el fascismo que justo entonces se empezaba a librar en Europa. Sin embargo, el franquismo mostró una inesperada capacidad de supervivencia y, a finales de los años cuarenta, parecía ya claro que no se produciría ninguna clase de intervención exterior para derrocarlo. La oposición tuvo entonces que adaptar su estrategia a un plazo mucho más largo.

Para el PCE esto significó el abandono de la guerrilla y la puesta en práctica de la táctica *entrista,* que conllevó un largo proceso de enraizamiento en varios ámbitos de la sociedad, en particular el obrero, en función tanto del aumento de su propia presencia como de las posibilidades de llevar a cabo una lucha de masas contra la dictadura. En el contexto de ese cambio estratégico, los comunistas emprendieron una revisión de su política general en sentido democrático y pacífico, destinada a presentarse como interlocutores creíbles para las otras fuerzas de la oposición y para la naciente disidencia dentro del franquismo. Una revisión que tuvo su primera formulación a mediados de los años cincuenta en la propuesta de Reconciliación Nacional, basada en un modelo donde la acción política de la cúpula del partido y la conciencia de la importancia de las presiones «desde abajo» estaban intrínsecamente conectadas, hasta el punto de que ambas dimensiones acabaron por alimentarse mutuamente.

De todas las fuerzas de la izquierda histórica, el PCE pronto se convirtió en la que demostró mayor capacidad de influir en las dinámicas de conflictividad que volvieron a aflorar a la escena pública con las movilizaciones barcelonesas de 1951 y que, durante los años siguientes, no dejaron de crecer hasta culminar en la oleada de huelgas de 1962. Se trataba de un nuevo movimiento obrero, que se nutría de una nueva generación de militantes y que asumía formas organizativas y operativas en gran medida extrañas a las tradiciones del sindicalismo histórico. La atención de los comunistas se focalizó especialmente, ya desde los primeros años cincuenta, en el fenómeno de las llamadas «comisiones obreras», y desde entonces el PCE dedicó buena parte de sus esfuerzos a dotarlas de mayor eficacia al mismo tiempo que las convertía en instrumentos fundamentales de su nueva línea política. Para ello trató de hacerlas estables, de articularlas y de coordinarlas en todo el territorio nacional, impulsando su actividad gracias al aprovechamiento de las posibilidades que ofrecía el aparato del sindicato oficial, la OSE, para en una fase ulterior proceder a su politización cada vez más intensa.

Gran parte de esas expectativas se cumplieron a lo largo de los años sesenta, cuando integrándose en la espiral abierta por la modernización económica y los consiguientes cambios en las actitudes sociales, los comunistas llevaron a cabo una profunda transformación cuantitativa y cualitativa de las comisiones obreras, hasta crear un movimiento organizado bajo las siglas de CCOO. Con esta afirmación no se pretende en ningún caso negar la aportación de otros grupos al nacimiento y evolución del movimiento obrero, sobre todo de los católicos, que durante una fase contribuyeron con recursos considerables. Lo que se quiere es poner el acento en el hecho de que incluso las acciones y la aportación de esos grupos se insertaron en un horizonte cuyos rasgos fundamentales habían sido, o estaban siendo, delineados esencialmente por el PCE.

Entre las fuerzas que tomaron parte en la génesis de Comisiones, ese partido era el único que disponía efectivamente de un proyecto elaborado y que actuó de manera más o menos sistemática para llevarlo a cabo. Son estos factores los que le permitieron promover y orientar, aunque no sin dificultad, el proceso que llevó al nacimiento de CCOO entre 1962 y 1966, culminado en 1967 con la creación de su Coordinadora General. En otras palabras, la espontaneidad que había caracterizado a las comisiones originarias dio paso a una operación de estructuración consciente y sustancialmente planificada por la cúpula del PCE, y puesta en práctica por sus militantes en los centros de trabajo dentro de España. Ellos se dedicaron a consolidar el movimiento y a tejer unas redes territoriales que más tarde harían posible la articulación y la coordinación del movimiento a escala local, regional y nacional, y dieron a Comisiones un bagaje teórico y unos métodos de acción que se materializaron en un auténtico movimiento sociopolítico organizado.

El PCE, por tanto, fue el artífice de CCOO, y después de haberlas forjado aseguró su supervivencia en momentos especialmente difíciles. Así ocurrió en la fase comprendida entre 1968 y 1971 cuando, ante un significativo incremento represivo, los comunistas rechazaron la posibilidad de volver a las catacumbas y adoptaron una serie de contramedidas que permitieron a Comisiones superar los golpes recibidos y llegar al crepúsculo de la dictadura conservando, e incluso incrementando sustancialmente, su capacidad de acción y su presencia pública. En este sentido, la aportación del PCE resultó determinante para la extraordinaria proyección internacional de CCOO, sobre todo tras la creación de la DECO, y gracias también a una amplia red de contactos internacionales con partidos y sindicatos «hermanos».

Las Comisiones se presentaron siempre como un movimiento independiente, pero si esto podía ser cierto en sus primeros tiempos, no lo fue desde que el PCE estableció sobre ellas una «hegemonía de hecho». En su interior, los comunistas constituyeron el grupo con mayor motivación y preparación política, con más táctica y experiencia en la lucha clandestina, y eso les permitió, al mismo tiempo que estructuraban el movimiento, asegurarse una posición predominante en los principales núcleos estables de Comisiones y, sobre todo, en sus organismos de coordinación y dirección. De este modo, el partido logró que el movimiento organizado actuara siguiendo, en sustancia, sus directrices.

Pero también hay que precisar que los comunistas que actuaban dentro de CCOO, aunque obviamente tuvieran que obedecer fielmente las instrucciones que llegaban de la dirección del partido en Francia, gozaron de cierta flexibilidad a la hora de aplicarlas, decidiendo la mejor manera de adaptarlas a las circunstancias concretas en las que se veían obligados a actuar en cada caso. Tras el fracaso del *jornadismo* inicial y de la OSO, la cúpula del partido en el exilio se dio cuenta progresivamente de que no resultaba posible una transposición mecánica a la base de las órdenes emanadas desde arriba. De ahí que se fuera haciendo más receptiva a los estímulos y las opiniones de quienes trabajaban en el interior, concediéndoles mayores márgenes de autonomía que, aun dentro de los esquemas del «centralismo democrático» y de la fuerte disciplina típica de los partidos comunistas, hubiera sido impensable para los viejos militantes de los años cuarenta.

El PCE trató siempre de disimular en lo posible esa preponderancia dentro de CCOO, por ejemplo ocultando el hecho de que algunos de los principales líderes obreros estaban afiliados al partido o incluso eran miembros de su Comité Central. Su control sobre el movimiento, sin embargo, fue la causa principal de que Comisiones no desarrollara plenamente el carácter plural originario y llegara a constituirse en una central sindical unitaria. De hecho, todos los grupos que participaron en CCOO en el curso de aquellos años no dejaron de denunciar la posición hegemónica ocupada por los comunistas, y en la mayor parte de los casos acabaron alejándose del movimiento por ese motivo. El mismo que llevó a otras fuerzas sindicales, en particular a UGT, a mostrar siempre grandes reticencias acerca de la posibilidad de colaborar con Comisiones. Las expectativas de alcanzar un sindicalismo unitario tras la dictadura no llegaron a hacerse realidad, ante todo porque encontraron un obstáculo insalvable en el hecho de que el principal sujeto de la oposición obrera estaba controlado por el PCE, lo que todavía provocaba desconfianza, cuando no neto rechazo, entre las filas del propio antifranquismo.

Si el PCE fue la fuerza que más contribuyó a la formación de una identidad de CCOO durante el franquismo, determinando sus rasgos más característicos y sus métodos de acción, las CCOO influyeron a su vez en la identidad que fue adquiriendo el partido durante esos mismos años. Sobre todo alimentaron la orientación democrática emprendida en los años cincuenta con la política de Reconciliación Nacional y culminada, ya en los años setenta, con la formulación del llamado «eurocomunismo». La cantera de activistas de CCOO procedía de la profunda renovación generacional producida entre finales de los años cincuenta y primeros sesenta, y a través de ellos el PCE pudo reclutar a una nueva generación de militantes ajenos a los rígidos esquemas ideológicos de sus predecesores. Por otra parte, en el seno de Comisiones los comunistas tuvieron que trabajar codo con codo con militantes independientes o de otras fuerzas políticas, lo que favoreció su mayor predisposición al diálogo y la moderación de su discurso. Factores que contribuyeron a la construcción a nivel de base de una cultura militante más flexible y abierta respecto al pasado, que repercutió a su vez en los cuadros dirigentes del partido, reforzando la convicción dentro del PCE de que era necesario profundizar el contenido democrático de su política si de verdad quería desempeñar un papel decisivo en la situación española.

Sin duda, las dinámicas desarrolladas «desde abajo» mediante Comisiones permitieron al partido dar grandes pasos para alcanzar lo que siempre había constituido el objetivo central de su política, es decir, la búsqueda de una amplia alianza antifranquista. Sólo así el PCE pudo salir gradualmente de su aislamiento, sobre todo desde finales de los años sesenta, hasta formar parte de los sucesivos organismos unitarios de la oposición. Si logró ese resultado no fue sólo gracias al reforzamiento de sus credenciales democráticas, sino también, y especialmente, a la relevancia adquirida por CCOO. Los otros grupos del antifranquismo llegaron a convencerse de que ya no era posible seguir excluyendo a los comunistas de eventuales alianzas, considerando que dirigían el principal movimiento de masas de la oposición. Gracias a Comisiones, los comunistas obtuvieron, antes que una plena legitimación democrática, lo que puede definirse como una «legitimación a través de la lucha».

En cuanto a la contribución del PCE y de CCOO a la crisis de la dictadura y a la afirmación de la democracia, en primer lugar hay que señalar que la aplicación sistemática del *entrismo* erosionó el aparato de la OSE y despojó de cualquier atisbo de legitimidad al sindicalismo oficial, como se puso en evidencia definitivamente con los resultados de las elecciones de 1975. Así, además de abrir «espacios de libertad» cada vez mayores dentro de una de las principales instituciones del Régimen hasta convertirla en una «cáscara vacía», hicieron naufragar uno de los principales propósitos fundacionales del franquismo, como era la represión del movimiento obrero y el fin de la lucha de clases. La progresiva ocupación de los cargos de «enlaces» y «jurados» por parte de representantes de CCOO dotó a éstas de una gran proyección pública y de un estatus de semioficialidad.

Las Comisiones, por usar la terminología gramsciana, se fueron configurando como una de aquellas «fortalezas y casamatas» que, rompiendo el rígido encuadramiento y control social promovido por el Régimen, favoreció el surgimiento de una esfera pública alternativa e hizo posible el regreso de la sociedad civil. La colaboración de base dentro de CCOO entre militantes comunistas y los de otras fuerzas políticas, en particular católicos, no sólo dio ulterior profundidad a la nueva línea del PCE y confirmó en los hechos su renovada imagen tolerante y lejana de cualquier extremismo. También preparó el terreno social para una transición pacífica, rompiendo los viejos esquemas de la Guerra Civil y mostrando a muchos españoles cómo, más allá de las diferencias ideológicas, sus intereses esenciales coincidían y era posible trabajar juntos en la construcción de un espacio público libre y compartido.

Las posiciones legales conquistadas por CCOO y su amplia base de activistas permitieron al PCE llevar a cabo huelgas y protestas de dimensiones inimaginables para un partido clandestino. A la erosión interna del edificio franquista se fue sumando el ataque frontal, sobre todo cuando los comunistas se fueron introduciendo en las dinámicas de conflictividad social, agudizándolas y favoreciendo su crecimiento hasta alcanzar niveles alarmantes para la dictadura. Incluso después del fracaso del *jornadismo* el PCE se resistió a abandonar el objetivo de la huelga general que, de hecho, siguió siendo su mito movilizador fundamental hasta 1976. Durante los años sesenta, sin embargo, modificó sustancialmente las modalidades de su ejecución, centrándose en primer lugar sobre las reivindicaciones económicas, de manera que pudieran atraer a más trabajadores, y convocando no directamente, sino a través de CCOO para ocultar su participación y evitar la desconfianza que una gran parte de la población mostraba hacia las iniciativas con un explícito signo comunista. La eficacia de esta nueva fórmula quedó demostrada con las jornadas de lucha madrileñas de enero y octubre de 1967, que contaron con la participación de miles de personas convocadas por las bases de Comisiones.

Además de esos ensayos de huelga general, que de todas maneras fueron muy contados, CCOO promovió continuamente huelgas, manifestaciones y protestas de varios tipos, a las que fueron dotando de un contenido político cada vez mayor. En algunas zonas, localidades o empresas el estado de conflictividad llegó a ser casi permanente. Además, las Comisiones demostraron su capacidad de relacionarse con otros movimientos sociales, como el estudiantil o el ciudadano, hasta erigirse prácticamente en un símbolo y un punto de referencia para toda la oposición a la dictadura. No fue casualidad que, durante los años sesenta y setenta, el PCE y CCOO constituyeran las principales dianas de la represión franquista. Pero reaccionaron a ella con eficacia, haciendo que se volviera contra el propio régimen a través de amplias campañas de propaganda y de solidaridad, como ocurrió con el famoso «Proceso 1.001». Los comunistas generaron, así, una contribución fundamental para poner en discusión la legitimidad de ejercicio de la dictadura, poniendo en evidencia la capacidad de ésta para mantener la disciplina laboral y el orden público en general, alimentando y catalizando el malestar de la población y, a través de todo ello, dando cada vez mayor visibilidad a las demandas de democracia procedentes de la sociedad.

Al principio de la Transición, el PCE se configuró como un actor político clave, ante todo porque su control sobre CCOO resultó determinante para desencadenar la oleada de huelgas que siguió a la muerte de Franco. También porque, al mismo tiempo, frenó las protestas para que no se radicalizaran en exceso, en un clima de preocupación por el orden público y por la posibilidad de que se plantearan situaciones difíciles de gestionar o incluso violentas, como demostraron los acontecimientos de Vitoria. Así, ya desde finales de enero de 1976 los comunistas renunciaron de hecho a la perspectiva de una huelga general dirigida a la «ruptura democrática», para empezar porque llegado el momento decisivo no se había alcanzado la unidad orgánica de la oposición necesaria para presentar al país una alternativa política creíble y viable.

Desde la primavera los comunistas llevaron a cabo una sustancial desmovilización de la protesta obrera y, aun persistiendo en amplias zonas del país un estado de conflictividad permanente debido tanto a los problemas que afectaban a los trabajadores a causa de la crisis económica, como a la exigencia que tenía el partido todavía de exhibir capacidad de movilización, evitaron que volviera a los niveles que había alcanzado en los primeros meses del año. Además, el desarrollo de la práctica *entrista* en los años anteriores hizo que, en el momento de la muerte de Franco, los trabajadores tuvieran a su disposición, al menos en cierta medida, unos canales para la resolución pacífica de los conflictos laborales, lo que sin duda contribuyó a amortiguar las tendencias más extremas de la protesta.

Desde marzo-abril de 1976, el PCE relegó la movilización en la calle para concentrar sus esfuerzos en la posibilidad de entablar una negociación con los sectores del poder que estuvieran dispuestos verdaderamente a impulsar una reforma en sentido democrático. En realidad la caída de Arias no se produjo sólo como consecuencia de las presiones «desde abajo», sino también a la progresiva moderación del discurso de la oposición y, en el tema que nos ocupa, a la disponibilidad de los comunistas a frenar las protestas a favor del diálogo, lo cual convenció al rey Juan Carlos, a la opinión pública y a gran parte del *establishment* sociopolítico de que había espacio para una solución política compartida. Durante el primer gobierno de Suárez el PCE utilizó su influencia sobre CCOO en función de su integración en el sistema y, de hecho, la prueba de fuerza del 12 de noviembre de 1976, así como las movilizaciones sucesivas a la detención de Carrillo, deben entenderse desde esa perspectiva.

Tanto fue así que incluso la clave de la legalización del PCE residió en su facultad de controlar a Comisiones. Una demostración de responsabilidad política que convirtió al partido en un interlocutor imprescindible a la hora de elaborar un pacto social para afrontar los problemas planteados, en primer lugar los económicos. Por otro lado, la fuerza movilizadora de los comunistas desaconsejaba dejarlos fuera del nuevo sistema sociopolítico si no se quería que éste tuviera que afrontar, en poco tiempo, el peligro de una desestabilización. De todo ello se deduce que la relación con CCOO permitió al PCE ser uno de los principales artífices de la democracia española, con resultados tan importantes como la propia legalización del partido y su participación en algunos acontecimientos fundacionales de la nueva época, como los Pactos de la Moncloa.

No hay que olvidar, sin embargo, que el proyecto originario elaborado por el partido en relación a Comisiones contenía algunos ambiciosos objetivos máximos que no pudo conseguir. Basta pensar en que CCOO no logró convertirse en la gran central sindical unitaria de todos los trabajadores en la nueva democracia española y, en consecuencia, tampoco llegaría a ser aquel instrumento teorizado en los años sesenta para superar la democracia parlamentaria en el camino de una democracia político-social. CCOO se limitaría a ejercer las funciones de un sindicato ordinario, uno más. Los resultados de las primeras elecciones democráticas demostraron, además, que en el interior de Comisiones no se había producido esa completa «adhesión-impregnación» perseguida por el PCE. En consecuencia, el control comunista no se tradujo en «comunistización», y la base del movimiento no se convirtió en esa despensa de votos que el partido esperaba.

En junio de 1977 los españoles fueron llamados a las urnas a celebrar el primer paso de un sistema democrático y pluralista. No deja de resultar paradójico que a hacerlo posible hubiera contribuido, bajo muchos puntos de vista, el desarrollo paciente de una directriz transmitida al PCE por Stalin veintinueve años antes.

SIGLAS

ADN:	Acción Democrática Nacional
AFTC:	Alianza de las Fuerzas del Trabajo y de la Cultura
CCOO:	Comisiones Obreras
CNT:	Confederación Nacional del Trabajo
CUD:	Candidaturas Unitarias y Democráticas
DECO:	Delegación Exterior de Comisiones Obreras
FLP:	Frente de Liberación Popular
FOC:	Front Obrer de Catalunya
FUSOA:	Fondo Unitario de Solidaridad Obrera de Asturias
HNP:	Huelga Nacional Pacífica/Política
HOAC:	Hermandades Obreras de Acción Católica
JDE:	Junta Democrática de España
JOC:	Juventud Obrera Católica
JRN:	Jornada de Reconciliación Nacional
OIT:	Organización Internacional del Trabajo
ORT:	Organización Revolucionaria de Trabajadores
OSE:	Organización Sindical Española
OSO:	Oposición Sindical Obrera
PCE:	Partido Comunista de España
PRN:	Política de Reconciliación Nacional
PSOE:	Partido Socialista Obrero Español
PSUC:	Partit Socialista Unificat de Catalunya
PTE:	Partido del Trabajo de España
REI:	Radio España Independiente
TOP:	Tribunal de Orden Público
UGT:	Unión General de Trabajadores
USO:	Unión Sindical Obrera

FUENTES

Archivos

Archivo Histórico del Partido Comunista de España (AHPCE)

Fondos:
Documentos PCE
Plenos Comité Central
Plenos Comité Ejecutivo
Congresos
Dirigentes
Movimiento Obrero
Activistas
Represión Franquista
Nacionalidades y Regiones
Relaciones Internacionales
Fuerzas de la Cultura
Tesis y Manuscritos
Radio España Independiente
Iglesia
Organización

Archivo de la Fundación Primero de Mayo - Archivo Histórico de Comisiones Obreras (AHFPM)

Fondos:
Secretariado Confederal de Comisiones Obreras
Unión Sindical de Madrid Región
Delegación Exterior de Comisiones Obreras
Jaime Sartorius
María Luisa Suárez
Biografías obreras

Archivo Histórico de Comisiones Obreras de Andalucía (AHCCOOA)

Fondos:
Comisiones Obreras clandestinas
Partido del Trabajo de España
Liga Comunista Revolucionaria
Organización Comunista de España (Bandera Roja)

Archivo General de la Administración (AGA)

Fondos:
Ministerio de Gobernación

Ministerio de Información y Turismo – Gabinete de Enlace
Secretaria General del Movimiento
Sindicatos

Archivo Histórico de la Fundación Francisco Largo Caballero (AHFFLC)

Fondos:

Unión General de Trabajadores (UGT) en el exilio
Benito Alonso
José María Zufiaur

Archivo Histórico de la Fundación Pablo Iglesias (AHFPI)

Fondos:

Partido Socialista Obrero Español (PSOE)
Organización Revolucionaria de Trabajadores (ORT)
National Archives and Records Administration (NARA)

Fondos:

Central Foreign Policy Files
Archivo Histórico de la Presidencia de Gobierno (AHPG)
Archivo Histórico de la Fundación Salvador Seguí (AHFSS)

Principales fuentes de prensa

ABC
Boletín de la HOAC
Boletín de la UGT
Boletín Informativo de la DECO
Cuadernos para el Diálogo
El Militante
El País
El Socialista
En Lucha
Gaceta de Derecho Social
Hora de Madrid
Informaciones
La Vanguardia
Lucha Obrera
Madrid
Metal
Mundo Obrero
Nuestra Bandera
Presencia
Treball

BIBLIOGRAFÍA

AA.VV., *Comisiones Obreras: memoria democrática, proyecto solidario*, Madrid, Fundación 1° de Mayo, 2001.
AA.VV., *El encuentro. Diálogo sobre «El Diálogo»*, Barcelona, Laia, 1977.
AA.VV., *El movimiento guerrillero de los años cuarenta*, Madrid, FIM, 1990.
AA.VV., *Informe sociológico sobre el cambio político en España. 1975-1981. IV Informe FOESSA*, Madrid, Euramerica, 1981.
AA.VV., *La oposición libertaria al régimen de Franco*, Madrid, Fundación Salvador Seguí, 1993.
AGOSTI, A., *Togliatti*, Turín, UTET, 1996.
AGUILAR, P., *Memoria y olvido de la Guerra Civil española*, Madrid, Alianza, 1996.
ALBA, V., *El Partido Comunista en España. Ensayo de interpretación histórica*, Barcelona, Planeta, 1979.
ALBEROLA, O., GRANSAC, A., *El anarquismo español y la acción revolucionaria*, París, Ruedo Ibérico, 1975.
ALONSO-CASTRILLO, S., *La apuesta del centro. Historia de la UCD*, Madrid, Alianza, 1996.
ÁLVAREZ COBELAS, J., *Envenenados de cuerpo y alma. La oposición universitaria al franquismo en Madrid (1939-1970)*, Madrid, Siglo XXI, 2004.
ÁLVAREZ, S., *Memorias V. La larga marcha de una lucha sin cuartel*, A Coruña, Edicios do Castro, 1994.
AMSDEN, J., *Collective bargaining and class conflict in Spain*, Londres, London School of Economics and Political Science, 1972.
APARICIO, M. A., *El sindicalismo vertical y la formación del Estado franquista*, Barcelona, Eunibar, 1980.
ARASA, D., *Años 40: los maquis y el PCE*, Barcelona, Argos Vergara, 1984.
—, *La invasión de los maquis*, Barcelona, Belacqua, 2004.
AREILZA, J. M., *Cuadernos de la Transición*, Barcelona, Planeta, 1983.
—, *Diario de un ministro de la Monarquía*, Barcelona, Planeta, 1983.
ARIZA, J., *Comisiones Obreras*, Barcelona, Avance, 1976.
—, *La Confederación Sindical de Comisiones Obreras*, Barcelona, Avance, 1977.
AZCÁRATE, M., *Crisis del eurocomunismo*, Barcelona, Argos Vergara, 1982.
—, *Derrotas y esperanzas. La República, la Guerra Civil y la Resistencia. Memorias*, Barcelona, Tusquets, 1994.
BABIANO, J., *Emigrantes, cronómetros y huelgas. Un estudio sobre el trabajo y los trabajadores durante el franquismo (Madrid, 1951-1977)*, Madrid, Siglo XXI, 1995.
—, *Paternalismo industrial y disciplina fabril en España (1938-1958)*, Madrid, Consejo Económico y Social, 1998.

BALFOUR, S., *La dictadura, los trabajadores y la ciudad. El movimiento obrero en el área metropolitana de Barcelona (1939-1988)*, Valencia, Edicions Alfons El Magnànim, 1994.
BALLBÉ, M., *Orden público y militarismo en la España constitucional*, Madrid, Alianza, 1985.
BARCIELA, C. (ed.), *Autarquía y mercado negro. El fracaso económico del primer franquismo (1939-1959)*, Barcelona, Crítica, 2003.
BARDAVIO, J., *Sábado Santo Rojo*, Madrid, UVE, 1980.
BARROSO, A., *Sacerdotes bajo la atenta mirada del régimen franquista. Los conflictos sociopolíticos de la Iglesia en el País Vasco desde 1960 a 1975*, Bilbao, Desclée de Brouwer, 1995.
BATISTA, A., *La Brigada Social*, Barcelona, Empúries, 1995.
BENITO DEL POZO, C., *La clase obrera asturiana durante el franquismo*, Madrid, Siglo XXI, 1993.
BERZAL, E., «Cristianos en el nuevo movimiento obrero en España», en *Historia Social*, n.º 54, 2006.
—, *Sotanas rebeldes*, Valladolid, Diputación de Valladolid, 2007.
BIZCARRONDO, M., ELORZA, A., *Queridos camaradas*, Barcelona, Planeta, 1999.
BLÁZQUEZ, F., *La traición de los clérigos en la España de Franco. Crónica de una intolerancia (1936-1975)*, Madrid, Trotta, 1991.
BOIX, I., PUJADAS, M., *Conversaciones sindicales con dirigentes obreros*, Barcelona, Avance, 1975.
BUENO, M., GÁLVEZ, S. (eds.), *Nosotros los comunistas*, Sevilla, FIM-Atrapasueños, 2009.
—, HINOJOSA, J., GARCÍA, C. (eds.), *Historia del PCE. I Congreso, 1920-1977*, 2 Vol., Madrid, FIM, 2007.
BUSQUETS, J., *Militares y demócratas*, Barcelona, Plaza & Janés, 1999.
CALAMAI, M., *Storia del movimento operaio spagnolo dal 1960 al 1975*, Bari, De Donato, 1975.
CAMACHO, M., *Charlas en la prisión. El movimiento obrero sindical*, Barcelona, Laia, 1976.
—, *Confieso que he luchado. Memorias*, Madrid, Temas de Hoy, 1990.
CAÑELLAS, A., «La tecnocracia franquista: el sentido ideológico del desarrollo económico», en *Studia Historica. Historia Contemporánea*, n. 24, 2006, pp. 257-288.
CARNERO ARBAT, T. (ed.), *Modernización, desarrollo político y cambio social*, Madrid, Alianza, 1992.
CARR, R., FUSI, J. P., *España, de la dictadura a la democracia*, Barcelona, Planeta, 1979.
CARRERAS, J. J., RUIZ CARNICER, M. A. (eds.), *La Universidad española bajo el régimen de Franco*, Zaragoza, Fernando el Católico, 1991.
CARRERAS, A., TAFUNELL, X., *Historia económica de la España contemporánea*, Barcelona, Crítica, 2003.

CARRERO BLANCO, L., *Discursos y escritos*, Madrid, Instituto de Estudios Políticos, 1974.
CARRILLO, S., *Después de Franco, ¿Qué?*, París, Editions Sociales, 1965.
—, *El año de la peluca*, Barcelona, Ediciones B, 1987.
—, *Eurocomunismo y Estado*, Barcelona, Crítica, 1977.
—, *Mañana España. Conversaciones con Régis Debray y Max Gallo*, Madrid, Akal, 1976.
—, *Memoria de la Transición: la vida política española y el PCE*, Barcelona, Grijalbo, 1983.
—, *Memorias*, Barcelona, Planeta, 1993.
—, *Nuevos enfoques a problemas de hoy*, París, Editions Sociales, 1967.
CARRIÓN, P. J., «La delegación del PCE en México (1939-1956). Origen y límite de una voluntad de liderazgo de la oposición», en *Espacio, Tiempo y Forma*, n.º 16, 2004, pp. 309-336.
CARVAJAL URQUIJO, P., *Julián Grimau: el último muerto de la Guerra Civil*, Madrid, Aguilar, 2003.
CASALI, L. (ed.), *Per una definizione della dittatura franchista*, Milán, Franco Angeli, 1990.
CASTAÑO COLOMER, J., *La JOC en España (1946-1970)*, Salamanca, Sígueme, 1977.
CAVALLARO, M. E., *Los orígenes de la integración de España en Europa*, Madrid, Silex, 2009.
CAZORLA, A., *Las políticas de la victoria. La consolidación del nuevo Estado franquista (1938-1953)*, Madrid, Marcial Pons, 2000.
CHRISTIE, S., *Franco me hizo terrorista*, Madrid, Temas de Hoy, 2005.
CHULIÁ, E., *El poder y la palabra*, Madrid, Biblioteca Nueva, 2001.
CLAUDÍN, F., *Documentos de una divergencia comunista*, Barcelona, El Viejo Topo, 1978.
—, *Santiago Carrillo. Crónica de un Secretario General*, Barcelona, Planeta, 1983.
COLOMER, J., *Els estudiants de Barcelona sota el franquisme*, 2 Vol., Barcelona, Curiel, 1978.
COMISIÓN NACIONAL DE LA HOAC (ed.), *USO. En sus documentos. Unión Sindical Obrera (1960-1975)*, Madrid, HOAC, 1976.
COTARELO, R. (ed.), *Transición política y consolidación democrática*, Madrid, CIS, 1992.
CREXELL, J., *La Caputxinada*, Barcelona, Edicions 62, 1987.
CRUZ, R., *El Partido Comunista de España en la Segunda República*, Madrid, Alianza, 1987.
CUE, G., «Las elecciones sindicales de 1975 en la historia del sindicalismo español de posguerra», en *Revista de Estudios Sindicales*, n.º 41, 1977, pp. 27-42.
DAHL, R., *Polyarchy*, New Haven, Yale University Press, 1971.
DE MIGUEL, A., *Sociología del franquismo*, Barcelona, Euros, 1975.
DE RIQUER, B., *La dictadura de Franco*, Barcelona, Crítica/Marcial Pons, 2010.

DEL ÁGUILA, J. J., *El TOP. La represión de la libertad (1963-1977)*, Barcelona, Planeta, 2001.
—, (ed.), *Las sentencias del Tribunal de Orden Público*, Madrid, Fundación Abogados de Atocha/Xunta de Galicia, 2010.
DEL ARCO, M. A., «Morir de hambre. Autarquía, escasez y enfermedad en la España del primer franquismo», en *Pasado y Memoria*, n. 5, 2006, pp. 241-258.
DI FEBO, G., JULIÀ, S., *El Franquismo*, Barcelona, Paidós, 2005.
—, MORO, R. (eds.), *Fascismo e franchismo*, Soveria Mannelli, Rubbettino, 2005.
DÍAZ CARDIEL, V., PLA, J. F., TEJERO, A., TRIANA, E., *Madrid en huelga: enero 1976*, Madrid, Ayuso, 1976.
DÍAZ, J. A., *Luchas internas en Comisiones Obreras. Barcelona 1964-1970*, Barcelona, Bruguera, 1977.
DÍAZ-SALAZAR, R., *Nuevo socialismo y cristianos de izquierda*, Madrid, HOAC, 2001.
—, *Iglesia, dictadura y democracia*, Madrid, HOAC, 1981.
DIMITROV, G., *Diario. Gli anni di Mosca (1934-1945)*, Turín, Einaudi, 2002.
DOMÈNECH, X., *Clase obrera, antifranquismo y cambio político. Pequeños grandes cambios, 1956-1969*, Madrid, Los Libros de la Catarata, 2008.
—, «El cambio político: materiales para una perspectiva desde abajo», en *Historia del Presente*, n.º 1, 2002, pp. 46-67.
—, *Quan el carrer va deixar de ser seu*, Barcelona, Abadia de Montserrat, 2002.
DOMÍNGUEZ, J., «Las Vanguardias Obreras en la lucha por la democracia», en *XX Siglos*, n.º 16, 1993, pp. 63-72.
—, *Organizaciones obreras cristianas en la oposición al franquismo (1951-1975)*, Bilbao, Mensajero, 1985.
DURÁN, R., *Contención y transgresión*, Madrid, CEPC, 2000.
EDO, L., *La CNT en la encrucijada*, Barcelona, Flor del Viento, 2006.
ELLWOOD, S., *Prietas las filas. Historia de la Falange Española (1933-1983)*, Barcelona, Crítica, 1984.
ERICE, F. (ed.), *Los comunistas en Asturias (1920-1982)*, Gijón, Trea, 1996.
ESTRUCH, J., *El PCE en la clandestinidad (1939-1956)*, Madrid, Siglo XXI, 1982.
FAGEN, P., *Exiles and citizens: Spanish republicans in México*, Austin, University of Texas Press, 1973.
FANÉS, F., *La vaga de tramvies del 1951*, Barcelona, Laia, 1977.
FERNÁNDEZ DE CASTRO, I., MARTÍNEZ, J. (eds.), *España hoy*, París, Ruedo Ibérico, 1963.
FERNÁNDEZ-MIRANDA, P. y A., *Lo que el Rey me ha pedido. Torcuato Fernández-Miranda y la reforma política*, Barcelona, Plaza & Janés, 1995.

FERNÁNDEZ RODRÍGUEZ, C., *Madrid clandestino. La reestructuración del PCE, 1939-1945*, Madrid, Fundación Domingo Malagón, 2002.
FERRARY, A., *El franquismo: minorías políticas y conflictos ideológicos, (1936-1956)*, Pamplona, EUNSA, 1993.
FERRI, L., MUIXI, J., SANJUÁN, E., *Las huelgas contra Franco (1939-1956)*, Barcelona, Planeta, 1978.
FISHMAN, R., *Organización obrera y retorno a la democracia en España*, Madrid, Siglo XXI, 1996.
FLORES, M., GALLERANO, N., *Sul Pci. Un'interpretazione storica*, Bolonia, Il Mulino, 1992.
FONTANA, J. (ed.), *España bajo el franquismo*, Barcelona, Crítica, 2000.
FORMENT, A., *José Martínez: la epopeya de Ruedo Ibérico*, Barcelona, Anagrama, 2000.
FOWERAKER, J., *La democracia española. Los verdaderos artífices de la democracia en España*, Madrid, Arias Montano, 1990.
FRAGA, M., *En busca del tiempo servido*, Barcelona, Planeta, 1987.
FRANCO, F., *Manuscritos de Franco*, Madrid, Otero, 1990.
FRANCO SALGADO-ARAUJO, F., *Mis conversaciones privadas con Franco*, Barcelona, Planeta, 1976.
GABRIEL, P. (ed.), *Comisions Obreres de Catalunya (1964-1989)*, Barcelona, CERES, 1989.
GALLEGO, F., *El mito de la Transición*, Barcelona, Crítica, 2008.
GARCÍA ALCALÁ, J. A., *Historia del Felipe (FLP, FOC y ESBA). De Julio Cerón a la Liga Comunista Revolucionaria*, Madrid, Centro de Estudios Políticos y Constitucionales, 2001.
GARCÍA DELGADO, J. L. (ed.), *Economía española en la transición y la democracia*, Madrid, CIS, 1990.
GARCÍA-NIETO, J. N., BUSQUETS, A., MARIMÓN, S., *La nueva ley sindical: análisis de una protesta*, Barcelona, Estela, 1970.
GARCÍA PIÑEIRO, R., *Los mineros asturianos bajo el franquismo (1937-1962)*, Madrid, Siglo XXI/Fundación 1º de Mayo, 1990.
GENTILE, E., DI FEBO, G., SUEIRO, S., TUSELL, J. (eds.), *Fascismo y franquismo cara a cara*, Madrid, Biblioteca Nueva, 2004.
GILLESPIE, R., *The Spanish Socialist Party. A History of Factionalism*, Nueva York, Oxford University Press, 1989.
GIMÉNEZ, J. H., GUINDAL, M., *El libro negro de Vitoria*, Madrid, Ediciones 99, 1976.
GINARD I FÉRON, D., *Heriberto Quiñones y el movimiento comunista en España, 1931-1942*, Palma de Mallorca, Documenta Balear, 2000.
GÓMEZ ALÉN, J., *As CC.OO de Galicia e a conflictividade laboral durante o franquismo*, Vigo, Edicións Xerais de Galicia, 1995.
—, SANTIDRIÁN ARIAS, V. M., *Historia de Comisións Obreiras de Galicia nos seus documentos*, A Coruña, Edicios do Castro, 1996.

GÓMEZ CASAS, J., *El relanzamiento de la CNT, 1975-1979*, Madrid, CNT-AIT, 1984.
GÓMEZ PARRA, R., *La guerrilla antifranquista. 1945-49*, Madrid, Editorial Revolución, 1983.
GÓMEZ RODA, J. A., *Comisiones Obreras y represión franquista*, Valencia, Universitat de Valencia, 2004.
GONZÁLEZ-BALADO, J. L., *Padre Llanos: un jesuita en el suburbio*, Madrid, Temas de Hoy, 1991.
GRACIA, J., *La vida rescatada de Dionisio Ridruejo*, Barcelona, Anagrama, 2008.
GUERRA CAMPOS, J. (ed.), *Crisis y conflicto en la Acción Católica Española y en otros órganos nacionales de apostolado seglar desde 1964. Documentos*, Madrid, Ediciones ADUE, 1989.
GUINDAL, M., SERRANO, R., *La otra transición. Nicolás Redondo y el sindicalismo socialista*, Madrid, Unión Editorial, 1986.
GUNTHER, R., SANI, G., SHABAD, G., *El sistema de partidos políticos en España*, Madrid, CIS/Siglo XXI, 1986.
HEINE, H., *La oposición política al franquismo. De 1939 a 1952*, Barcelona, Crítica, 1983.
HERMANOS, J., *La fin de l'espoir*, París, Julliard, 1950.
HERMET, G., *Los católicos en la España franquista*, 2 Vol., Madrid, CIS, 1987.
—, *Los comunistas en España*, París, Ruedo Ibérico, 1972.
HERNÁNDEZ, F., *Comunistas sin partido. Jesús Hernández, ministro en la Guerra Civil, disidente en el exilio*, Madrid, Raíces, 2007.
—, «La jornada de reconciliación nacional del 5 de mayo de 1958», en *Espacio, Tiempo y Forma*, n.º 20, 2008, pp. 281-293.
HERNÁNDEZ SANDOICA, E., RUIZ CARNICER, M. A., BALDÓ LACOMBA, M., *Estudiantes contra Franco (1939-1975). Oposición política y movilización juvenil*, Madrid, La Esfera de los Libros, 2007.
HERNANDO, L., «Buscando el compromiso: la negociación del Pacto de San Juan de Luz», en *Espacio, Tiempo y Forma*, n. 18, 2006, pp. 225-244.
HERRERÍN, A., *El dinero del exilio*, Madrid, Siglo XXI, 2007.
—, *La CNT durante el franquismo. Clandestinidad y exilio (1939-1975)*, Madrid, Siglo XXI, 2004.
HORMIGO GONZÁLEZ, J., *Tiempos difíciles. Memorias de un trabajador*, Sevilla, Librería Andaluza, 1999.
IBARRA GÜELL, P., *El movimiento obrero en Vizcaya: 1967-1977. Ideología, organización y conflictividad*, Bilbao, Universidad del País Vasco, 1987.
IBÁRRURI, D., *Memorias de Pasionaria*, Barcelona, Planeta, 1984.
JÁUREGUI, F., VEGA, P., *Crónica del antifranquismo*, Barcelona, Planeta, 2007.
JIMÉNEZ DE ABERASTURI, J. C., SAN SEBASTIÁN, K. (eds.), *La huel-*

ga general del 1º de mayo de 1947 (articulos y documentos), San Sebastián, Centro de Documentación de Historia Contemporánea del País Vasco, 1991.

JULIÁ, S., *Los socialistas en la política española*, Madrid, Taurus, 1997.

—, (ed.), *Víctimas de la Guerra Civil*, Madrid, Temas de Hoy, 2004.

KINDERSLEY, R. (ed.), *In search of Eurocommunism*, Londres, MacMillan, 1981.

KÖHLER, H.-D., *El movimiento sindical en España. Transición democrática, regionalismo, modernización económica*, Madrid, Fundamentos, 2001.

KRASIKOV, A., *From Dictatorship to Democracy. Spanish reportage*, Oxford, Pergamon Press, 1984.

LAIZ, C., *La lucha final. Los partidos de la izquierda radical durante la transición española*, Madrid, Los Libros de la Catarata, 1995.

LANERO, M., *Una milicia de la justicia. La política judicial del primer franquismo*, Madrid, Centro de Estudios Constitucionales, 1996.

LARDÍN I OLIVER, A., *Activitats comunistes clandestines. Sumari de la causa 555-IV-51 contra Gregorio López Raimundo i altres lluitadors antifranquistes*, Barcelona, Edicions 62, 2006.

LARDÍN I OLIVER, A., «La acción clandestina comunista en Cataluña durante el primer franquismo (1939-1958)», en *Historia del Presente*, n. 6, 2005, pp. 171-190.

—, *Obrers comunistes. El PSUC a les empreses catalanes durant el primer franquisme (1939-1959)*, Valls, Cossetània, 2007.

LAVAU, G., *À quoi sert le Parti communiste français?*, París, Fayard, 1981.

LAZAR, M., *Maisons Rouges. Les partis communistes français et italien de la Libération à nos jours*, París, Aubier, 1992.

LEMUS, E., «Permanencia y reconstrucción del PCE en Andalucía en la Posguerra (1939-1949)», en *Espacio, Tiempo y Forma*, n. 11, 1998, pp. 483-506.

LENIN, V. I., *¿Qué hacer?*, México D. F., Ediciones de Cultura Popular, 1979.

LINZ, J., «An authoritarian regime. Spain», en Allardt E., Littunen Y. (eds.), *Cleavages, Ideologies and Party Systems*, Helsinki, Westmark Society, 1964, pp. 291-341.

—, *Innovative leadership in the transition to democracy and a new democracy: the case of Spain*, New Heaven, Yale University Press, 1987.

—, DE MIGUEL, A., «La representación sindical vista por los empresarios», en *Fomento Social*, n. 78, 1965, pp. 115-147.

LIPSET, S., «Some social requisites of democracy: economic development and political legitimacy», en *American Political Science Review*, n. 53, 1959, pp. 69-105.

LÍSTER, E., *Así destruyó Carrillo el PCE*, Barcelona, Planeta, 1983.

—, *¡Basta! Una aportación a la lucha por la recuperación del Partido*, Madrid, Del Toro Editor, 1978.

—, *De la experiencia de la lucha guerrillera en España (1939-1951)*, sin fecha.
LIZCANO, P., *La generación del 56. La Universidad contra Franco*, Madrid, S&C, 2006.
LÓPEZ GARCÍA, B., *Aproximación a la historia de la HOAC. 1946-1981*, Madrid, HOAC, 1995.
LÓPEZ PINA, A., ARANGUREN, E. L., *La cultura política de la España de Franco*, Madrid, Taurus, 1976.
LÓPEZ PINTOR, R., *La opinión pública española. Del franquismo a la democracia*, Madrid, CIS, 1983.
LÓPEZ RAIMUNDO, G., *Para la historia del PSUC. La salida a la superficie y la conquista de la democracia*, Barcelona, Península, 2006.
LÓPEZ RODÓ, L., *La larga marcha hacia la Monarquía*, Barcelona, Noguer, 1977.
—, *Claves de la Transición. Memorias (IV)*, Barcelona, Plaza & Janés, 1993.
LORENZO ESPINOSA, J. M., *Rebelión en la Ría (Vizcaya 1947: obreros, empresarios y falangistas)*, Bilbao, Universidad de Deusto, 1988.
LUDEVID, M., *Cuarenta años de Sindicato Vertical. Aproximación a la Organización Sindical Española*, Barcelona, Laia, 1977.
MACHIN, H. (ed.), *National Communism in Western Europe. A third way for socialism?*, Londres, Methuen, 1983.
MANGINI, S., *Rojos y rebeldes. La cultura de la disidencia durante el franquismo*, Barcelona, Anthropos, 1987.
MARAVALL, J. M., *Dictadura y disentimiento político: obreros y estudiantes bajo el franquismo*, Madrid, Alfaguara, 1978.
—, *La política de la Transición*, Madrid, Taurus, 1985.
MARCOU, L., *El movimiento comunista internacional desde 1945*, Madrid, Siglo XXI, 1981.
MARÍN, E. N., ALTED VIGIL, A., *Disidencias en el franquismo (1939-1975)*, Murcia, Diego Marín Editor, 1999.
MARÍN, J. M., «La Coordinadora de Organizacione Sindicales (COS): una experiencia de unidad de acción sindical durante la transición», en *Espacio, Tiempo y Forma*, n. 9, 1996, pp. 295-313.
—, *Los sindicatos y la reconversión industrial durante la transición*, Madrid, Consejo Económico y Social, 1997.
MARTÍN DE LA GUARDIA, R. M., «La Organización Sindical Española ante la ley de febrero de 1971: tácticas propagandísticas en la conformación de un estado de opinión», en *Investigaciones Históricas*, n.º 11, 1991, pp. 273-296.
MARTÍN DE SANTA OLALLA, P., *De la victoria al concordato. Las relaciones Iglesia-Estado durante el «primer franquismo» (1939-1953)*, Barcelona, Laertes, 2003.
—, *La Iglesia que se enfrentó a Franco*, Madrid, Dilex, 2005.
MARTÍN RAMOS, J. L., *Rojos contra Franco*, Barcelona, Edhasa, 2002.

MARTÍN VILLA, R., *Al servicio del Estado,* Barcelona, Planeta, 1984.
MARTÍNEZ FORONDA, A.*, La conquista de la libertad: historia de Comisiones Obreras de Andalucía (1962-2000),* Cádiz, Fundación de Estudios Sindicales, 2003.
MARTÍNEZ LÓPEZ, D., CRUZ ARTACHO, S., *Protesta obrera y sindicalismo en una región idílica: historia de Comisiones Obreras en la provincia de Jaén,* Jaén, Universidad de Jaén, 2003.
MARTORELL, M., *Jesús Monzón: el líder comunista olvidado por la historia,* Pamplona, Pamiela, 2000.
MARX, K., *Acerca de los sindicatos,* México D. F., Quinto Sol, 1979.
MATA, M., *La huelga de Bandas. Análisis de un conflicto laboral,* Madrid, ZYX, 1967.
MATE, R., *Una interpretación histórica de la USO (por un socialismo autogestionario),* Madrid, Carlos Oya, 1977.
MATEOS, A., «Comunistas, socialistas y sindicalistas ante las elecciones del Sindicato Vertical», en *Espacio, Tiempo y Forma,* n.º 1, 1988, pp. 379-412.
—, *El PSOE contra Franco. Continuidad y renovación del socialismo español, 1953-1974,* Madrid, Pablo Iglesias, 1993.
—, *Las izquierdas españolas desde la Guerra Civil hasta 1982: organizaciones, culturas políticas y movimientos sociales,* Madrid, UNED, 1997.
—, *La denuncia del Sindicato Vertical. Las relaciones entre España y la Organización Internacional del Trabajo (1939-1969),* Madrid, Consejo Económico y Social, 1997.
—, *Exilio y clandestinidad. La reconstrucción de UGT, 1939-1977,* Madrid, UNED, 2002.
—, *Historia de la UGT. Vol. 5. Contra la dictadura franquista, 1939-1975,* Madrid, Siglo XXI, 2008.
—, (ed.), *La España de los Cincuenta,* Madrid, Eneida, 2008.
—, *La batalla de México,* Madrid, Alianza, 2009.
MENDEZONA, R., *La Pirenaica. Historia de una emisora clandestina,* Madrid, El Autor, 1981.
MOLINERO, C., *La Transición, treinta años después,* Barcelona, Península, 2006.
MOLINERO, C., YSÀS, P., *Els anys del PSUC. El partit de l'antifranquisme,* Barcelona, L'Avenç, 2010.
—, *La anatomía del franquismo. De la supervivencia a la agonía, 1945-1977,* Barcelona, Crítica, 2008.
—, *Patria, justicia y pan. Nivel de vida i condicions de treball a Catalunya, 1939-1959,* Barcelona, Edicions de la Magrana, 1985.
—, *Productores disciplinados y minorías subversivas: clase obrera y conflictividad laboral en la España franquista,* Madrid, Siglo XXI, 1998.
MONTERO, F., *La Acción Católica y el franquismo,* Madrid, UNED, 2000.
—, *La Iglesia. De la colaboración a la disidencia,* Madrid, Encuentro, 2009.

MORÁN, G., *Adolfo Suárez. Historia de una ambición*, Barcelona, Planeta, 1979.
—, Miseria y grandeza del Partido Comunista de España (1939-1985), Barcelona, Planeta, 1986.
MORENTE, F., *Dionisio Ridruejo: del fascismo al antifranquismo*, Madrid, Síntesis, 2006.
MORODO, R., *La transición política*, Madrid, Tecnos, 1984.
MUJAL-LEÓN, E., *Communism and political change in Spain*, Bloomington, Indiana University Press, 1983.
MUÑOZ SORO, J., *Cuadernos para el Diálogo (1963-1976)*, Madrid, Marcial Pons, 2006.
MURCIA, A., *Obreros y obispos en el franquismo*, Madrid, HOAC, 1995.
NAVAJAS, C., ITURRIAGA, D. (eds.), *Crisis, dictaduras, democracia*, Logroño, Universidad de La Rioja, 2008.
NEGLIE, P., *Fratelli in camicia nera. Comunisti e fascisti dal corporativismo alla CGIL (1928-1948)*, Bolonia, Il Mulino, 1996.
NIETO, F., «La constitución de la organización comunista de los intelectuales. Madrid, 1953-1954», en *Espacio, Tiempo y Forma*, n.º 20, 2008, pp. 229-247.
O'DONNELL, G., SCHMITTER, P. C., WHITEHEAT, L. (eds.), *Transiciones desde un gobierno autoritario: Europa meridional*, Barcelona, Paidós, 1994.
ORTUÑO ANAYA, P., *Los socialistas europeos y la Transición española*, Madrid, Marcial Pons, 2005.
OSORIO, A., *Trayectoria política de un Ministro de la Corona*, Barcelona, Planeta, 1980.
PÁNIKER, S., *Conversaciones en Madrid*, Barcelona, Kairós, 1969.
PAYNE, S., *El régimen de Franco, 1936-1975*, Madrid, Alianza, 1987.
PAZ, A., *CNT 1939-1951. El anarquismo contra el Estado franquista*, Madrid, Fundación Anselmo Lorenzo, 2001.
PENNIMAN, H. R., MUJAL-LEÓN, E. (eds.), *Spain at the polls, 1977, 1979, and 1982. A study of the national elections*, Duke University Press, 1985.
PÉREZ DÍAZ, V., *Clase obrera, partidos y sindicatos*, Madrid, Instituto Nacional de Industria, 1979.
—, *El retorno de la sociedad civil*, Madrid, Instituto de Estudios Económicos, 1987.
PÉREZ, J. A., *Los años del acero*, Madrid, Biblioteca Nueva, 2001.
PÉREZ, J., *Los curas obreros en España*, Madrid, Nueva Utopía, 2004.
PIÑOL, J. M., *La transición democrática de la Iglesia católica española*, Madrid, Trotta, 1999.
POWELL, C., *El piloto del cambio*, Barcelona, Planeta, 1991.
—, *España en democracia, 1975-2000*, Barcelona, Plaza & Janés, 2001.

PRESTON, P., *El triunfo de la democracia en España*, Barcelona, Plaza & Janés, 1986.

—, *España en crisis: la evolución y decadencia del régimen de Franco*, Madrid, Ediciones F.C.E., 1978.

REIGOSA, C., *La agonía del león. Esperanza y tragedia del maquis*, Madrid, Alianza, 2004.

RICHARDS, M., «Falange, Autarky and Crisis: The Barcelona General Strike of 1951», en *European History Quarterly*, n.º 29 (4), 1999, pp. 543-585.

RICO, E., *Queríamos la revolución. Crónicas del Felipe*, Barcelona, Flor del Viento, 1998.

RIERA, I., BOTELLA, J., *El Baix Llobregat. 15 años de luchas obreras*, Barcelona, Blume, 1976.

ROCA, J. M. (ed.), *El proyecto radical. Auge y declive de la izquierda revolucionaria en España (1964-1992)*, Madrid, Los Libros de la Catarata, 1994.

RODRIGO, J., Cautivos. *Campos de concentración en la España franquista*, Barcelona, Crítica, 2005.

RODRÍGUEZ TEJADA, S., *Zonas de libertad*, 2 Vol., Valencia, PUV, 2009.

ROMERO, E., *Tragicomedia de España. Unas memorias sin contemplaciones*, Barcelona, Planeta, 1985.

ROSS, K., *May '68 and its afterlives*, Chicago, University of Chicago Press, 2002.

ROSSANDA, R., *Un viaggio inutile*, Turín, Einaudi, 2008.

RUBIO, A., *Un partido en la oposición: el Partido Socialista Popular*, Granada, Editorial Comares, 1996.

RUIZ AYÚCAR, A., *El Partido Comunista. 37 años de clandestinidad*, Madrid, Editorial San Martín, 1976.

RUIZ CARNICER, M. A., *El Sindicato Español Universitario (SEU), 1939-1965*, Madrid, Siglo XXI, 1996.

RUIZ-HUERTA, A., *La memoria incómoda. Los abogados de Atocha*, Burgos, Dossoles, 2006.

RUIZ, D., «De la guerrilla a las fábricas. Oposición al franquismo del Partido Comunista de España (1948-1962)», en *Espacio, Tiempo y Forma*, n.º 13, 2000, pp. 105-124.

—, *La España democrática*, Madrid, Síntesis, 2007.

—, (ed.), *Historia de Comisiones Obreras (1958- 1988)*, Madrid, Siglo XXI, 1993.

RUIZ GALACHO, E., *Historia de las Comisiones Obreras de Sevilla: primera parte, de la dictadura franquista a la legalización*, Sevilla, Universidad de Sevilla, 2002.

SACALUGA, J. A., *La resistencia socialista en Asturias (1937-1962)*, Madrid, Pablo Iglesias, 1986.

SALA, A., DURÁN, E., *Crítica de la izquierda autoritaria en Cataluña*, París, Ruedo Ibérico, 1975.

SÁNCHEZ CERVELLÓ, J., *Maquis: el puño que golpeó al franquismo*, Barcelona, Flor del Viento, 2003.
SÁNCHEZ MONTERO, S., *Camino de libertad. Memorias*, Madrid, Temas de Hoy, 1997.
SÁNCHEZ MOSQUERA, M., *Del miedo genético a la protesta. Memoria de los disidentes del franquismo*, Sevilla, Archivo Histórico de CCOO de Andalucía, 2008.
SÁNCHEZ RODRÍGUEZ, J., *Teoría y práctica democrática en el PCE. 1956-1982*, Madrid, FIM, 2004.
SÁNCHEZ-TERÁN, S., *De Franco a la Generalitat*, Barcelona, Planeta, 1988.
SANROMA, J., *La política de los comunistas en el período de transición*, Madrid, ORT, 1979.
SANTIDRIÁN, V. M., *Historia do PCE en Galicia (1920-1968)*, A Coruña, Edicios do Castro, 2002.
SANZ DÍAZ, B., *Rojos y demócratas. La oposición al franquismo en la Universidad de Valencia (1939-1975)*, Valencia, PUV, 2002.
SANZ OLLER, J., *Entre el fraude y la esperanza. Las Comisiones Obreras de Barcelona*, Paris, Ruedo Ibérico, 1972.
SARTORIUS, N., *El resurgir del movimiento obrero*, Barcelona, Laia, 1975.
—, *El sindicalismo de nuevo tipo. Ensayos sobre Comisiones Obreras*, Barcelona, Laia, 1975.
—, ALFAYA, J., *La memoria insumisa. Sobre la dictadura de Franco*, Madrid, Espasa, 1999.
—, SABIO, A., *El final de la dictadura. La conquista de la democracia en España*, Madrid, Temas de Hoy, 2007.
SATRÚSTEGUI, J. (ed.), *Cuando la Transición se hizo posible: el «Contubernio de Munich»*, Madrid, Tecnos, 1993.
SEMPRÚN, J., *Autobiografía de Federico Sánchez*, Barcelona, Planeta, 1977.
SERRANO, S., *Maquis. Historia de la guerrilla antifranquista*, Madrid, Temas de Hoy, 2006.
SOTO, Á., *¿Atado y bien atado? Institucionalización y crisis del franquismo*, Madrid, Biblioteca Nueva, 2005.
—, «Auge y caída de la Organización Sindical Española», en *Espacio, Tiempo y Forma*, n.º 8, 1995, pp. 247-276.
—, *Clase obrera, conflicto laboral y representación sindical. Evolución sociolaboral de Madrid*, Madrid, GPS, 1994.
—, «Huelgas en el franquismo: causas laborales-consecuencias política», en *Historia Social*, n.º 30, 1998, pp. 39-62.
—, «No todo fue igual. Cambios en las relaciones laborales, trabajo y nivel de vida de los españoles», en *Pasado y Memoria*, n.º 5, 2006, pp. 15-43.
SOTO, F., *A ras de tierra*, Madrid, Akal, 1976.
THOMPSON, E. P., *La formación de la clase obrera en Inglaterra*, 2 Vol., Barcelona, Crítica, 1989.

TIERNO GALVÁN, E., *Cabos sueltos*, Barcelona, Bruguera, 1981.
TOGLIATTI, P., *Lezioni sul fascismo*, Roma, Editori Riuniti, 1970.
TOWNSON, N. (ed.), *España en cambio. El segundo franquismo, 1959-1975*, Madrid, Siglo XXI, 2009.
TRIBUNA OBRERA, *Comisiones Obreras y Eurocomunismo*, Madrid, 1978.
TUÑON DE LARA, M., BIESCAS, J. A., *España bajo la dictadura franquista*, Barcelona, Labor, 1982.
—, (ed.), *Transición y democracia*, Barcelona, Labor, 1992.
TUSELL, J., *Franco y los católicos*, Madrid, Alianza, 1984.
—, *La dictadura de Franco*, Barcelona, Altaya, 1996.
—, *La oposición democrática al franquismo (1939-1962)*, Barcelona, Planeta, 1977.
—, ALTED, A., MATEOS, A. (eds.), *La oposición al régimen de Franco*, 2 Vol., Madrid, UNED, 1990.
—, QUEIPO DE LLANO, G., *Franco y Mussolini: la política española durante la Segunda Guerra Mundial*, Barcelona, Península, 2006.
—, QUEIPO DE LLANO, G., Tiempo de incertidumbre. Carlos Arias Navarro entre el franquismo y la Transición (1973-1976), Barcelona, Crítica, 2003.
—, SOTO, Á. (eds.), *Historia de la Transición (1975-1986)*, Madrid, Alianza, 1996.
—, SUEIRO, S., MARÍN, J. M., CASANOVA, M. (eds.), *El régimen de Franco (1936-1975). Política y relaciones exteriores,* Madrid, UNED, 1993.
VALDEVIRA, G., *La oposición estudiantil al franquismo*, Madrid, Síntesis, 2006.
VALENZUELA, S. J., «Labor Movements in Transitions to Democracy», en *Comparative Politics,* n. 21, 1989, pp. 445-472.
VARELA-GUINOT, H., *La legalización del Partido Comunista de España: élites, opinión pública y símbolos en la transición española*, Madrid, Juan March, 1990.
VEGA, R., *Comisiones Obreras de Asturias en la Transición y la Democracia,* Oviedo, CCOO de Asturias, 1995.
—, (ed.), *El camino que marcaba Asturias. Las huelgas de 1962 en España y su repercusión internacional,* Gijón, TREA, 2002.
—, (ed.), *Las huelgas de 1962: hay una luz en Asturias,* Gijón, TREA, 2002.
—, GORDON, C., *Juan Muñiz Zapico, Juanín*, Oviedo, KRK, 2007.
—, SERRANO, B., *Clandestinidad, represión y lucha política: el movimiento obrero en Gijón bajo el franquismo (1937-1962),* Gijón, Ayuntamiento de Gijón, 1998.
VIDAL-BENEYTO, J., *Memoria democrática*, Madrid, FOCA, 2007.
VILAR, S., *Historia del antifranquismo (1939-1975)*, Barcelona, Plaza&Janés, 1984.

—, *La oposición a la dictadura. Protagonistas de la España democrática*, París, Ediciones Sociales, 1969.

—, *Por qué se ha destruido el PCE*, Barcelona, Plaza&Janés, 1986.

VIÑAS, Á., *En las garras del águila. Los pactos con Estados Unidos: de Francisco Franco a Felipe González*, Barcelona, Crítica, 2003.

WALLER, M., FENNEMA, M. (eds.), *Communist Parties in Western Europe. Decline or Adaptation?*, Londres, Blacwell, 1988.

WINGEATE, PIKE D., *In the service of Stalin. The spanish communists in exile, 1939-1945*, Oxford, Clarendon Press, 1993.

—, *Jours de gloire, jours de honte. Le Parti communiste d'Espagne en France depuis son arrivée en 1939 juaqu'à son départ en 1950*, París, Societé d'édition d'enseignement supérieur, 1984.

YSÀS, P., *Disidencia y subversión. La lucha del régimen franquista por su supervivencia, 1960-1975*, Barcelona, Crítica, 2004.

ZARAGOZA, F., *Radio Pirenaica: la voz de la esperanza antifranquista*, Madrid, Marcial Pons, 2008.

ZUFIAUR, J. M., *Unión Sindical Obrera*, Barcelona, Avance-Mañana, 1976.

Esta obra titulada
Fuera de la catacumbas
La política del PCE y el movimiento obrero,
de la que es autor Emanuele Treglia,
n.º 28 de la colección Puntos de Vista
de Editorial Eneida,
se terminó de imprimir
el día 10 de marzo del año 2012